21世纪房地产系列精品教材

房地产投资分析

（第2版）

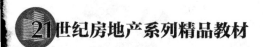

周小平　熊志刚　王军艳◎编著

Real Estate Investment Analysis

清華大學出版社
北京

内容简介

本书以房地产投资分析程序为主线，理论结合实践，由浅入深、层层深入地介绍了房地产投资分析的相关知识。全书共分 10 章，分别为：第 1 章绪论；第 2 章房地产投资分析基本原理；第 3 章房地产市场分析；第 4 章区位条件分析；第 5 章基础数据估算；第 6 章财务分析；第 7 章不确定性分析；第 8 章风险分析；第 9 章社会影响分析；第 10 章投资决策。

本书可用作普通高等院校房地产经营管理、土地资源管理、工程管理、城市经济等专业本科生的教材使用，也可用作房地产、工程管理、不动产评估及投资咨询等从业人员的工作参考书。

图书在版编目（CIP）数据

房地产投资分析/周小平，熊志刚，王军艳编著. —2 版. —北京：清华大学出版社，2016（2022.9重印）
（21 世纪房地产系列精品教材）
ISBN 978-7-302-43175-6

I. ①房… II. ①周… ②熊… ③王… III. ①房地产投资-投资分析-教材 IV. ①F293.35

中国版本图书馆 CIP 数据核字（2016）第 034853 号

责任编辑：杜春杰
封面设计：刘　超
版式设计：魏　远
责任校对：王　云
责任印制：朱雨萌

出版发行：清华大学出版社
网　　址：http://www.tup.com.cn，http://www.wqbook.com
地　　址：北京清华大学学研大厦 A 座　　邮　　编：100084
社 总 机：010-83470000　　邮　　购：010-62786544
投稿与读者服务：010-62776969，c-service@tup.tsinghua.edu.cn
质 量 反 馈：010-62772015，zhiliang@tup.tsinghua.edu.cn
印 装 者：三河市金元印装有限公司
经　　销：全国新华书店
开　　本：185mm×230mm　印　　张：27.5　插　　页：3　字　　数：598 千字
版　　次：2011 年 8 月第 1 版　2016 年 6 月第 2 版　印　　次：2022 年 9 月第 7 次印刷
定　　价：69.80 元

产品编号：063979-03

丛书编委会

（以汉语拼音为序）

丛书顾问寄语

研究规律和国情比臆测价格和猜赌政策更重要。严肃学者与江湖术士的区别就在于前者致力于对客观规律和基本国情的归纳与总结。

——陈淮

作为国民经济支柱产业的房地产业，其对应的学科建设亟待加强，这也是本丛书编辑、出版的意义所在。

——顾云昌

房地产经营管理是一门新的学科，尚不够成熟。推动这一学科的建设成为摆在经济管理学者面前的任务，董藩等一批青年学者在这方面已经做了不少工作。这套丛书的出版，是他们的又一次努力，值得肯定。

——胡乃武

房地产与政治、经济、社会、民生等紧密相联，出版房地产专业教材是系统培养专业人才的长远之计，这项工作虽然是基础性的，但做好它意义重大。

——聂梅生

董藩教授及其团队一直在学习、研究和传播房地产知识，为中国房地产学科的建立和专业人才的培养做出了积极贡献。

——秦虹

计划经济的历史中没有房地产这个专业，福利分房制则让开发与市场脱节。这十多年的市场化建设尚未成熟，急需普及基本知识。学院派的教师们努力地编辑与总结经验，希望能为市场建设尽微薄之力。这套较为完整的丛书，会对管理与从事这一行业的人，提供必要的帮助。

——任志强

房地产实践的发展需要专业理论的指导，也需要专业人才的加入。而这两点，都有赖于专业教育的发展。认识董藩教授已近 20 年，深知他称得上是中国房地产学科的搭建者和带头人。

——王健林

梳理专业知识，服务学科建设；解读经济规律，促进行业发展。

——**谢家瑾**

房地产业是国民经济的主导产业和支柱产业，但房地产教育却还处于初级状态。要发展房地产专业教育，教材建设是最基础的工作。希望本套教材的出版对此有明显的推进作用。

——**郑超愚**

深化认识，夯实根基，是实施科学管理，促进房地产业平稳、健康发展的基础。相信这套丛书的出版，对业内和相关人士认识房地产市场规律、掌握房地产基础知识将起到积极的推动作用。

——朱中一

丛书序言

——大力推进房地产专业教育和知识普及工作

1998年以来，中国房地产业快速发展，已成为国民经济的主导产业和支柱产业，取得了令世人瞩目的成就，尤其是在改善广大城镇居民住房条件、改变城镇面貌、促进经济增长、扩大就业四个方面，更是发挥了其他行业所无法替代的巨大作用。这一切，仅从中国城镇人均居住面积的变化便不难看出：新中国成立初期4.5平方米，但到了1978年，反而下降到了3.6平方米；1990年为7.1平方米，到了1998年也只有9.3平方米。现在我们的居住条件已经达到人均近40平方米了。

然而，随着房地产业的发展，一系列问题和矛盾也出现了。诸如房价问题，住房保障和宏观调控问题，政府对房地产市场的干预以及市场机制运行阻力增加等，这些问题和矛盾倘若得不到有效解决，势必给房地产业的可持续发展埋下隐患。

这些问题的出现，均与大众和决策层对房地产市场认识的偏差甚至错误联系在一起，而这些认识上的缺欠，又与房地产教育的短缺、房地产理论的落后、房地产专业知识普及的乏力是密切相连的。这种境况的出现，既有必然的逻辑，又有偶然事件的诱使。而要改变这种现实，必须抓好房地产教育、房地产理论研究工作，同时大力推进房地产专业知识的普及工作。房地产教材的编写，就是一项实实在在的工作内容。为搭建起中国的房地产学科，十几年来，我与我的合作者一直在积极探索。

早在2000—2001年，在东北财经大学出版社编辑谭焕忠先生的鼓励和运作下，我就主编了“最新房地产经营管理丛书”，在这方面做了积极尝试，受到房地产业内和财经教育界的关注。后来我们又对这套丛书进行了修订、完善，个别分册还出版了第三版和第四版，成为普通高等教育“十一五”国家级规划教材。但是，随着时间的推移，这些教材又有了更新的必要。为此，从2009年开始，我们与清华大学出版社合作，邀请国内多所知名高校的房地产专家、学者，重新编著了一套“21世纪房地产经营管理系列教材”，包括《房地产经济学》《房地产开发》《房地产投资分析》《房地产市场营销》《房地产金融》《房地产开发企业会计》《房地产估价》《房地产法律与制度》《房地产管理信息系统》《物业管理》《住房保障制度》《房地产合同管理》等。

从整套教材来看，不仅有介绍房地产行业基本知识的《房地产经济学》，还将房地产行业和项目所涉及的主要业务知识分册进行了讲解。浏览一下这套丛书各分册的书名就会发现，其中暗含着“投资分析—开发—监理—营销—物业管理—估价”这样的纵向逻辑脉络，主要阶段基本知识的讲解全部囊括其中；同时，又顺着横向逻辑关系对与房地产有关的金融、会计、法规知识按照教材体系做了详细整理。读完该套教材后，读者对房地产行业的理论、业务知识、分析方法、法律规定便有了基本了解。身边准备这么一套房地产专业书籍，遇到什么问题也基本都能从中找到答案。非常重要的一点是，我们充分考虑到房地产行业的实践性，十分注重理论联系实际。当读者阅读过我们的教材之后，也会深刻体会到该套教材的这一显著特征。

在前面多年房地产教学、科研和教材编写基础上的该套教材，与以往的教材相比，无论基础知识的梳理、内容的安排，不同分册间知识的衔接，还是文字的表述、写作的规范性，都又有了明显进步。所以，该套教材出版后再次引起房地产、工程管理和物业管理专业领域和房地产业界的普遍关注，十分畅销。

随着时间的推移，该套“21 世纪房地产经营管理系列教材”又到了该修订的时间。清华大学出版社根据各方意见，对该套丛书做了筛选，出版社杜春杰老师与相关作者进行了沟通。大家按照安排，在保持原貌基础上，对本教材中涉及的过时的表述、案例、政策、数据、参考文献等都做了必要的更新，力求向精品化教材的方向发展，丛书的名称也因此更改为“21 世纪房地产专业精品教材”。

无论是在第一版的编写中，还是在这次修订中，我们都得到了胡乃武、王健林、任志强等学界前辈、同行专家和行业领袖的大力支持。我要特别感谢王健林和任志强两位著名企业家对我的团队和北京师范大学房地产研究中心的长期支持与鼓励。同时，我们还参阅了很多教材、著作、论文和新闻稿件，在每本书的注释或参考文献中都有专门列示，也要感谢这些作者。清华大学出版社的杜春杰编辑为本套丛书的出版和这次修订付出了巨大心血。在此，我们对相关顾问和编辑表示深深的谢意。

由于水平、能力等原因，修订后的这套教材仍可能存在一些错误或不足之处，有些我们有所感知，有些还未认识到。欢迎大家继续批评指正，以便下次修订时加以完善。

董　藩

2016 年 1 月于北京

第 2 版前言

在中国房地产市场处于收缩阶段的 2012—2014 年，房地产开发企业当年完成投资额占全社会固定资产投资总额的 19%左右，商品房销售额与社会消费品零售总额之比约为 30%，房地产业仍然是名副其实的国民经济支柱产业。房地产因具有商品属性和投资品属性及良好的抗通胀能力，以及能够带来持续的现金流和易于金融产品化等特点，使得房地产投资成为当今社会最重要的投资渠道。

2013 年以来，中国的房地产投资增速下滑，三四线城市房地产市场陷入寒冬，一线城市的房地产在高地价和高资金成本的压力下，单个项目盈利水平也受到极大的限制。中国的房地产投资走向了一个新的阶段，粗放经营获取暴利的时代成为历史，精细管理出效益已经成为必然。房地产投资分析已经成为房地产开发企业最重要的一个投资环节，是决定项目投资成败的关键。同样，房地产投资分析也成为房地产置业投资人士的必修课。

为了让教材知识适应新形势下的市场需求，培养合格的房地产投资分析专业人士，为房地产投资者提供进修自学的专业教材，实现理论与实践、经典与形势的结合，五年前，北京师范大学周小平副教授、北京纳合投资管理有限公司总经理熊志刚先生和北京智汇天成土地科技有限公司王军艳先生联合编写了这本《房地产投资分析》。本次改版，对第 1 版中各章节内容进行了修正和提升，更为重要的是，广泛收集和筛选房地产投资分析实际案例，增加了房地产市场分析、房地产区位分析、基础数据估算、财务分析、社会影响分析的具体案例，希望帮助读者更好地学习和理解。

中国的房地产市场受到政策变化影响比较大，市场数据处理工作建设不完善，房地产投资分析受到较大的限制，很多理论知识还在摸索实践阶段，在这一领域还有许多问题值得研究探讨，在编写此书的过程中，我们得到了清华大学出版社、北京师范大学、北京纳合投资管理有限公司等社会各界的支持，并大量参考引用了各位行业前辈和专家的著作，不能一一列出，在此一并表示感谢。由于作者学识有限，时间仓促，书中难免有不妥之处，在此恳请广大读者批评指正。联系邮箱 xzhg1981@126.com。

编　者

2016 年 2 月

第 1 版前言

房地产业作为支柱产业，促进了国民经济的增长，为投资者带来了丰厚的投资收益，房地产也成为了国家和私人财富的最重要组成部分。房地产业的高速发展和房地产自身所具有的稀缺性和异质性，使得房地产投资成为当今社会最重要的投资渠道。

近 10 年间，中国的房地产业飞速发展，中国房地产投资总量从 2003 年的 10 154 亿元，逐年增加，到 2012 年达到 71 804 亿元，增加了 6 倍多，占当年中国国内生产总值的比重已经超过了 13%。由于房地产投资额巨大，杠杆作用又比较强，其投资应当是一种“静如处子，动如脱兔”的行为，但是在这种近乎疯狂的市场行情下，投资人开始丧失了理智，忽视了房地产投资分析，只追求“动如脱兔”的出手，而没有“静如处子”的冷静分析。当前，快速成长的市场掩盖了这种疯狂投资的风险，但是，这种风险最终是要暴露的。2008 年、2010 年的房地产宏观调控都曾将投资人的热情打到冰点，也使得部分投资人蒙受了投资损失。

“谋定而后动”，这是投资的基本原则，随着中国市场经济体制的逐步完善和房地产市场逐步成熟，房地产投资更加需要精准的投资分析和敏锐的投资视角。但是，投资人对房地产投资分析知识的匮乏和房地产投资分析专业人士的稀缺，与房地产市场的快速发展形成了鲜明对比。为了破解这种困境，减少房地产投资失误，让投资人能够理性面对房地产投资，避免市场的大起大落，房地产投资分析知识的普及和人才的培训成为迫在眉睫的任务。

为了让高等教育适应新形势下的市场需求，培养合格的房地产投资分析专业人才，同时为房地产投资者提供专业指导，促进理论与实践的结合，北京师范大学管理学院副教授周小平女士，中天华资产评估有限公司副总经理、北京仁达房地产评估有限公司副总经理、中天华房地产投资咨询有限公司执行董事兼总经理熊志刚先生和北京国盛房地产评估有限公司副总经理王军艳先生联合编写了这本《房地产投资分析》，希望能够尽自己所能，为中国房地产投资分析人才的培养和房地产市场的持续、健康发展贡献一份力量。

中国的房地产市场刚刚摆脱计划经济体制的束缚，目前还处于初级发展阶段。房地产投资分析在中国属于新知识，虽有很多成型的分析工具，但仍处于探索阶段，还有许多问题值得研究探讨。在编写本书的过程中，我们得到了清华大学出版社、中天华投资顾问机构、北京银通安泰房地产评估机构等社会各界的支持，北京师范大学房地产研究中心董藩教授给予了前瞻性的指导，研究生宋丽洁、柴铎、叶颖、周拯、武瑞姝、杨奕、玛尔巴哈等同学做了扎实的校对工作；同时，大量参考、引用了各位行业前辈和专家的著作，不能一一列出，在此一并表示感谢。由于编者学识有限，时间仓促，书中难免有不妥之处，在此恳请广大读者批评指正。

编　者

2011 年 1 月

目　　录

第 1 章　绪论..1
学习目标..1
导言..1
1.1　基础概念..1
1.1.1　投资概述..1
1.1.2　投资价值..2
1.1.3　市场价值..3
1.1.4　投资价值与市场价值的关系..4
1.1.5　交易价格..4
1.2　房地产投资概述..6
1.2.1　房地产投资的内涵..6
1.2.2　房地产投资的分类..9
1.2.3　房地产投资的作用..10
1.2.4　房地产投资的影响因素..12
1.3　房地产投资分析概述..13
1.3.1　房地产投资分析的任务..14
1.3.2　房地产投资分析的内容..15
1.3.3　房地产投资分析的方法..16
综合练习..17
推荐阅读..17
第 2 章　房地产投资分析基本原理..18
学习目标..18
导言..18
2.1　投资三要素原理..18
2.1.1　收益..18
2.1.2　成本..19
2.1.3　预期..19

2.2 土地报酬递减规律......20

2.2.1 报酬与土地报酬......20

2.2.2 土地报酬递减规律及发展......21

2.2.3 土地报酬变化的基本原理......23

2.2.4 土地报酬递减规律对土地集约经营的制约作用......27

2.3 资金时间价值原理......29

2.3.1 资金时间价值的概述......29

2.3.2 利息与利率......31

2.3.3 名义利率与实际利率......32

2.3.4 现金流量图......33

2.3.5 资金等值......34

2.4 房地产市场四象限理论......36

2.4.1 房地产资产市场与消费市场......36

2.4.2 房地产市场四象限划分及其内在联系......38

2.4.3 外在因素对四象限模型均衡状态的影响......41

2.5 资产定价模型......44

2.5.1 资产定价模型简介......44

2.5.2 资产定价模型的假设条件......45

2.5.3 资产定价模型的优缺点......46

2.5.4 资产定价模型的应用......46

综合练习......47

推荐阅读......48

第3章 房地产市场分析......49

学习目标......49

导言......49

3.1 房地产市场概述......49

3.1.1 房地产市场的特征......49

3.1.2 房地产市场的功能......51

3.1.3 房地产市场的结构......52

3.1.4 房地产市场的分类......53

3.1.5 房地产市场供求的影响因素......53

3.2 房地产市场分析概述......56

3.2.1 房地产市场分析的必要性......56

3.2.2　房地产市场分析的限制……57
3.2.3　房地产市场分析的程序……58
3.2.4　房地产市场分析的内容……58
3.3　房地产市场调查……59
3.3.1　房地产市场调查的内容……59
3.3.2　房地产市场调查的方法……63
3.3.3　房地产市场调查的程序……65
专栏 3-1　美国营销协会市场调查报告标准大纲……67
3.4　房地产市场预测……67
3.4.1　房地产市场预测的种类……67
3.4.2　房地产市场预测的方法……68
3.4.3　房地产市场预测的程序……73
3.5　房地产市场分析案例……75
综合练习……85
推荐阅读……85
第 4 章　区位条件分析……86
学习目标……86
导言……86
4.1　区位与房地产价值……86
4.1.1　区位……86
4.1.2　城市功能分区……88
4.1.3　区位与房地产价值的关系……90
4.2　区位条件分析概述……91
4.2.1　区位分析的内容……91
4.2.2　区位的影响因素……93
4.3　不同类型房地产区位分析……94
4.3.1　住宅项目区位分析……94
4.3.2　商业项目区位分析……95
4.3.3　写字楼项目区位分析……97
4.3.4　工业项目区位分析……98
4.4　房地产区位分析案例……98
综合练习……113
推荐阅读……114

第 5 章　基础数据估算 115
学习目标 115
导言 115
5.1　房地产投资与成本费用估算 115
5.1.1　房地产投资与成本费用的概念和构成 115
5.1.2　房地产投资与成本费用估算的要求和依据 118
5.1.3　房地产投资与成本费用估算的方法 119
5.1.4　房地产投资与成本费用的具体估算 120
5.2　融资与资金成本分析 124
5.2.1　融资分析 124
5.2.2　资金成本概述 128
5.2.3　融资方案优化标准 133
5.3　收入与税金估算 136
5.3.1　收入概述 136
5.3.2　收入估算 136
5.3.3　税金估算 141
5.4　基础数据估算案例 145
5.4.1　成本收入测算 145
5.4.2　成本测算 145
综合练习 183
推荐阅读 183

第 6 章　财务分析 184
学习目标 184
导言 184
6.1　财务分析概述 184
6.1.1　财务分析的含义 184
6.1.2　财务分析的作用 185
6.1.3　财务分析的步骤 186
6.2　财务基本报表 187
6.2.1　现金流量表 187
6.2.2　资金来源与运用表 191
6.2.3　利润表 193
6.2.4　资产负债表 197

6.3 静态财务分析 200
6.3.1 利润率 200
6.3.2 投资利税率 202
6.3.3 静态投资回收期 202
6.3.4 借款偿还期 204
6.3.5 财务比率 205
6.3.6 还本付息比率 206
6.4 动态财务分析 207
6.4.1 财务净现值 207
6.4.2 财务内部收益率 209
6.4.3 动态投资回收期 212
6.5 财务分析案例 214
6.5.1 财务分析报告逻辑 214
6.5.2 财务分析背景研究 215
6.5.3 项目实施进度计划安排 217
6.5.4 项目投资估算和资金筹措计划安排 219
6.5.5 建设项目财务分析 225
6.5.6 建设项目不确定性分析 231
综合练习 233
推荐阅读 233

第 7 章 不确定性分析 234
学习目标 234
导言 234
7.1 不确定性分析概述 234
7.1.1 不确定性与不确定性分析的含义 234
7.1.2 房地产投资的主要不确定性因素 235
7.1.3 不确定性分析的方法与作用 239
7.2 盈亏平衡分析 240
7.2.1 盈亏平衡分析概述 240
7.2.2 线性盈亏平衡分析 242
7.2.3 非线性盈亏平衡分析 245
7.3 敏感性分析 247
7.3.1 敏感性分析概述 247

7.3.2 单变量敏感性分析......249
7.3.3 多变量敏感性分析......250
7.3.4 敏感性分析的优缺点......252
7.3.5 敏感性分析案例......252
7.4 概率分析......256
7.4.1 概率分析的含义......256
7.4.2 概率分布......257
7.4.3 期望值......259
7.4.4 离散度......259
7.4.5 变异系数......260
7.4.6 置信区间与置信概率......261
7.4.7 概率分析步骤......262
综合练习......265
推荐阅读......265

第8章 风险分析......267

学习目标......267
导言......267
8.1 风险分析概述......267
8.1.1 风险......267
8.1.2 房地产投资风险......272
8.1.3 房地产投资风险分析......278
8.2 风险识别......279
8.2.1 风险识别的含义与方法......279
8.2.2 头脑风暴法......279
8.2.3 德尔菲法......280
8.2.4 幕景分析法......282
8.2.5 故障树分析法......282
8.2.6 筛选监测诊断技术法......284
8.3 风险估计与评价......285
8.3.1 风险估计与评价概述......285
8.3.2 蒙特卡洛模拟法......285
8.3.3 层次分析法......287
8.4 房地产投资组合风险......289

8.4.1 房地产投资组合的定义......289
8.4.2 房地产投资组合的选择模型......290
8.4.3 房地产投资组合的风险分析......291
8.4.4 房地产投资组合的风险与回报......293
8.5 房地产投资风险管理......298
8.5.1 风险管理概述......298
8.5.2 风险预控......299
8.5.3 风险回避......299
8.5.4 风险转移......299
8.5.5 风险组合......300
8.5.6 风险自留......301
综合练习......301
推荐阅读......302

第9章 社会影响分析......303
学习目标......303
导言......303
9.1 社会影响分析概述......303
9.1.1 房地产投资社会影响分析的含义及特征......303
9.1.2 房地产投资社会影响分析的作用与范围......305
9.1.3 房地产投资社会影响分析的内容......307
9.1.4 房地产投资社会影响分析的步骤......308
9.1.5 房地产投资社会影响分析的方法......310
9.2 社会信息调查......314
9.2.1 房地产投资社会影响分析所需的社会信息......314
9.2.2 社会信息的调查步骤......315
9.2.3 社会信息的调查方法......315
9.3 利益相关者分析......320
9.3.1 利益相关者分析的含义......320
9.3.2 利益相关者分析的步骤......320
9.4 社会影响分析案例......321
9.4.1 待开发宗地现状......322
9.4.2 社会影响分析......322
9.4.3 互适性分析......323

9.4.4 社会风险及对策分析……324
9.4.5 社会影响分析结论……325
综合练习……325
推荐阅读……326

第10章 投资决策……327
学习目标……327
导言……327
10.1 投资决策概述……327
10.1.1 房地产投资决策的含义……327
10.1.2 房地产投资决策的类型……328
10.1.3 房地产投资决策的要求……330
10.1.4 房地产投资决策的程序……331
10.1.5 房地产投资决策的方法……332
10.2 方案比选概述……333
10.2.1 房地产投资方案比选的含义……333
10.2.2 房地产投资方案的类型……334
10.2.3 房地产投资方案比选的指标……335
10.2.4 房地产投资方案比选的方法……339
10.2.5 房地产投资方案比选的注意事项……340
10.3 不同类型方案的比选……342
10.3.1 互斥型方案的比选……342
10.3.2 独立型方案的比选……347
10.3.3 混合型方案的比选……349
综合练习……352
推荐阅读……352

参考文献……353

附录A 可行性研究报告案例……354

附录B 项目申请报告案例……375

第1章 绪　论

学习目标

通过对本章的学习，学生应掌握如下内容：

1. 房地产价值、价格的含义及其相互关系；
2. 房地产投资的内涵、分类、影响因素；
3. 房地产投资分析的概念、目标；
4. 房地产投资分析的任务、方法、内容。

导言

房地产投资是国民经济发展的重要推动力，是人类财富的核心所在。何为房地产投资？房地产投资分析为房地产投资提供哪些帮助？在房地产投资分析中经常所用到的价值与价格有什么关系？这些构成了房地产投资分析的基础知识，也是本章将要阐述的。

1.1 基础概念

1.1.1 投资概述

1. 投资及投资要素

投资是经济主体（国家、企业、个人）以获得未来货币增值或收益为目的，预先垫付一定量的货币与实物，经营某项资产的经济行为。从广义上来讲，用于投资的资源可以是各种生产要素，如资金、土地、人力、技术、管理、智力等；从狭义上来讲，用于投资的资源特指资金。

投资行为的四项基本要素包括投资主体、投资客体、投资目标和投资方式。

(1) 投资主体即投资者，是指组织投资活动、筹集和提供投资资金、进行投资决策并实施投资的行为主体。

（2）投资客体即投资对象或标的物，如房地产、设备、技术、股票等。

（3）投资目标是指投资活动要达到的目的和投资者的投资动机。一般而言，投资目标按其所反映利益的性质不同分为三类：反映经济利益的盈利性目标，是以资本的回收和增值为表象的；反映社会效益的社会性目标，是以社会综合效益为表象的；反映环境效益的环境性目标，是以投资环境的改善为表象的。其中，盈利性目标是投资的动力源。

（4）投资方式是指投资过程或投资活动的运行方式，通常可分为直接投资和间接投资两类。直接投资是指把资金直接投入建设项目，形成实物资产（房屋、设备、建筑地块等）或投入社会生产经营活动（商业、开发等）的投资；间接投资是指通过购置有价证券（期货、债券、股票等）或融出资金进行的投资。

2. 投资的分类

投资的分类有多种方式，一般按照投资与获得收益的方式、投资期的长短进行分类。

（1）按投资与获得收益的方式不同，投资可分为直接投资和间接投资。直接投资是将资金投入到实业中，通过购买、生产、销售实物产品或商品而获得投资收益。例如，投资建厂、投资开发商品房。

间接投资是将资金投放到金融市场上，通过收取股利、利息或获得资本利得而获得投资收益。在间接投资中，投资者得到的是利息或股利，经营者得到的是经营利润。投资者通过购买证券（如政府和公司的债券、公司股票等）或融出资金，转移了货币资本的使用权，将货币资本转化为证券或金融凭证所有权。投资人不直接运用这些资本从事生产经营。

直接投资所取得的资产一般为实物资产，而间接投资则取得金融资产。

（2）按照投资期的长短不同，投资可分为固定资产投资和流动资金投资。固定资产投资是指形成企业固定资产、无形资产和递延资产的投资。所谓固定资产是指使用年限超过一年、单位在规定标准以上，且在使用中保持其物质形态不变的资产，包括房屋、建筑物、机器设备、电子设备、运输及其他设备。无形资产是指可以为企业长期带来效益，却没有实物形态的资产，包括商标权、商誉、专利权、非技术权、著作权、土地使用权等。递延资产是不能全部计入当年损益，而应在以后若干年度内分期摊销的有关资本性支出，包括开办费、租入固定资产的改良支出、固定资产的大修理支出等。

流动资金投资是指为了维持企业生产经营而投入的必要周转资金。所谓流动资金是指流动资产与流动负债的差额。应当指出，这里所讲的流动资产是指为了维持企业正常经营所需要的周转资金和存货，包括各种必要的现金、存款、应收款及预付款和存货。

1.1.2 投资价值

投资者在进行投资前，都会仔细研究投资对象，判断其是否会给投资者带来收益，评估其所具有的投资价值。投资价值就是投资对象预期的未来收益的价值。房地产投资价值则是指某一物业预期未来收益的价值。在具体评估房地产投资价值时，它可以理解为权益现值加上债务现值的总现值，其中债务现值是抵押融资总额，权益现值包括项目持有期内的预期税后现金流量的现值和持有期末处置物业所得收益的现值；也可以理解为潜在购买者愿意为某一物业支付的最高价格，或者是潜在卖方愿意接受的最低价格，其计算结果是根据项目所能产生的税后现金流量和投资者所能接受的最低收益而得到的投资者购置该资产所支付的最大款额。房地产投资价值反映了投资者对某一房地产未来产生收益的能力的预测和判断，同时还反映投资者对房地产可能的持有期、销售价格、经营成本、税收情况、融资状况以及影响房地产投资项目净利润的所有其他因素的推测与判断。

投资价值不是一个现实而是一种预测，也不是一个唯一值。对于投资价值的判断，主要基于投资者对投资对象自身及未来市场的认知、预测，投资价值的确定更多地受制于投资者的个人因素，这些个人因素包括：投资者对投资对象未来产生利润或收益能力的预期；投资者对投资对象可能持有期的假定；投资者对投资对象销售价格的判断；投资者在个人所得税方面的不同；投资者融资前景的差异；投资者对市场其他投资机会的考虑；投资者对于风险的态度等。不同的投资者对未来经营收益的预期不同，所得税状况不同，对推迟消费意愿和承担风险的态度也不同。因此，就房地产而言，这进一步说明了不同的投资者对同一个房地产投资价值的判断是不一样的。

1.1.3 市场价值

市场价值是指在完全竞争开放的市场中，买卖双方对市场熟悉并且都处于理智状态下的最可能交易价格。市场价值的假设前提是买卖双方对市场的认知程度、交易时的议价能力和交易时双方的地位都是相等的。市场价值是客观的、非个人的价值。《国际评估准则》中对市场价值定义如下：“自愿买方与自愿卖方在评估基准日进行正常的市场营销之后，所达成的公平交易中某项资产应当进行交易的价值的估计数额，当事人双方应当各自精明、谨慎行事，不受任何强迫压制。”

市场价值是房地产估价中常用的术语，一般认为是待估房地产在某一个时点众多市场交易主体各自认同的最可能交易价格的平均值。

根据市场价值的定义，市场价值应具有以下要素。

（1）买方自愿。买方自愿包括两个含义：一方面不是强迫的，即具有购买动机，没有被强迫进行购买；另一方面没有特殊情况，即该购买者会根据现行市场的真实状况和现行市场的期望值进行购买。

（2）卖方自愿。卖方自愿是指卖方一方面不能急于出售，另一方面是不以投机为目的。卖方应当在进行必要的市场营销之后，根据市场条件以公开市场所能达到的最佳价格出售资产。

（3）公平交易。公平交易即买卖双方是对等的、平等的，是在没有特定或特殊关系的当事人之间的交易。

（4）资产在市场上有足够的展示时间。这是指资产应当以恰当的方式在市场上予以展示，以便让买卖双方能够充分地了解，把握资产的相关情况。

（5）当事人双方各自精明，谨慎行事。这是指双方都应把握市场，了解市场，合理地知道资产的性质和特点、实际用途、潜在用途以及评估基准日的市场状况，谨慎行事以争取在交易日为自己获得最佳利益。

市场价值反映了组成市场的市场主体对被评估房地产效用和价值的综合判断，不同于特定市场主体的判断。

1.1.4 投资价值与市场价值的关系

某一物业的投资价值，是该物业某个具体的投资者（这里的投资者是广义的，包括消费者）基于个人需要或意愿，对该物业所估计或评价的经济价值。而该物业的市场价值，是该物业对于一个典型的投资者（他代表了市场上大多数人的观点）所认同的经济价值。市场价值是客观的、非个人的价值，而投资价值是建立在主观的、个人的因素基础上的价值。在某一时点，市场价值是唯一的，而投资价值因投资者不同而不同。

投资价值与市场价值可采用相同的评估方法，但其中所选取的参数含义不尽相同。例如，投资价值与市场价值的评估都可采用收益法。价值是未来净收益的现值之和，但在评估市场价值时，收益法中的还原率是与该物业的风险程度相对应的社会一般收益率（通常称为最低期望收益率），而在评估投资价值时，投资者所要求的最低点收益率可能高于也可能低于与该物业的风险程度相对应的社会一般收益率。

投资者评估的物业的投资价值，或者说消费者对物业的评价，大于或等于该物业的市场价格，是其投资行为或交易能够实现的基本条件。当投资价值大于市场价格，说明值得购买；反之，说明不值得投资购买。换一个角度讲，每个房地产投资者都有一个心理价位，投资价值可以被看成是这个心理价位。当市场价格低于心理价位时，投资者趋向于增加投资；相反，他们将向市场出售过去所投资的房地产。

就投资价值与市场价值而言，投资价值常为房地产投资分析人员使用；市场价值（或市场价格）常为房地产评估人员使用。不过，现实生活中，房地产估价人员为开发项目或置业项目进行投资价值的分析，提供房地产市场分析报告、房地产项目的可行性研究报告，也是常见的事。例如，政府举行土地使用权拍卖、招标出让，有意购买者可以委托房地产评估人员为其评估能够承受的最高购买价格，这也是一种投资价值评估。

1.1.5 交易价格

交易价格是指在房地产市场中买卖双方通过交易行为所形成的价格。交易价格是实际发生过的数值，一般认为是历史价格。交易价格是由买卖双方通过议价过程决定的，与买卖双方对房地产市场的熟悉程度、对购买物的偏好以及购买时的心态、情绪和动机等都有密切关系。实际交易价格常常是人们预测未来交易价格的基础，但随着两次交易时间间隔的延长，交易价格的重要参考作用便会下降。

交易价格实质上是一个价格交易区间中的某一点。卖方在出售房地产时会设置一个卖价最低限，而买方在购买房地产时会设置一个买价最高限，最终的交易价格是卖价最低限与买价最高限之间的某一价格，低于卖价最低限或高于买价最高限都无法成交。由卖方最低价和买方最高价构成的区间就是价格交易区间。

在房地产交易过程中，买卖双方具有如下特点。

（1）买卖双方对房地产销售价格的看法可能不一致。

（2）买卖双方对房地产投资价值的看法可能不一致。

（3）从卖方的角度看，投资价值是其所愿意接受的最低价格；从买方的角度看，投资价值是其所愿意支付的最高价格。

在实际操作中，从卖方来说，只有当未来的交易价格大于投资价值时才会考虑出售；而对买方来说，只有当投资价值大于未来的交易价格时才会有意愿购买。因此，只有当买方所认为的投资价值大于卖方所认为的投资价值时，交易才会成功。由买方所认为的投资价值和卖方所认为的投资价值构成的区间就是交易区间。

交易区间是由买卖双方共同决定的。从业主（即未来的卖方）角度考虑，根据剩余未来收益的假设计算得出的投资价值（V_s），是卖方在物业交易过程所愿意接受的最低出售价格。低于这一下限，业主将拒绝出售。只有当业主认为最可能销售价格（V_p）大于其物业的投资价值（V_s）的情况下，交易才有可能发生；从潜在买方考虑，根据未来收益的假设计算得出的投资价值（V_s）是他所愿意支付的最高购买价格，而高于这一上限，买方将拒绝成交，只有在买方认为投资价值（V_s）大于最可能销售价格（V_p）时，交易才有可能发生，如图 1-1 所示。

但是，卖方和买方对该物业的投资价值的看法并不一致，在图 1-1 中，卖方认为该物业的投资价值为 575 000 元，而买方认为该物业的投资价值为 610 000 元。而且双方对最可能销售价格的看法也不一致，卖方可能认为最可能销售价格可以达到 590 000 元，而潜在买方则可能认为这一价格为 580 000 元。

如果一个交易要成功，买方所认为的投资价值（V_s）必须大于卖方。买方所考虑的重点是他将要支付的最高价格，而卖方所考虑的重点是他可以接受的最低点价格。这二者的结合，构成了交易价格的可能区间。每一方都只知道价格间的一端，并且也都试图了解对方的另一端。如图 1-1 所示，实际成交价格将总是落在这两个极限之间（575 000～610 000

元）的某一位置。只有当买方所愿意支付的最高价格高于或等于卖方所愿意接受的最低价格时，交易才可能成功。至于到底在这一区间的哪一位置，将取决于交易双方的议价能力和技巧，以及该种房地产是处于卖方还是买方市场。在卖方市场下，交易价格往往是偏高的；在买方市场下，交易价格往往是偏低的。

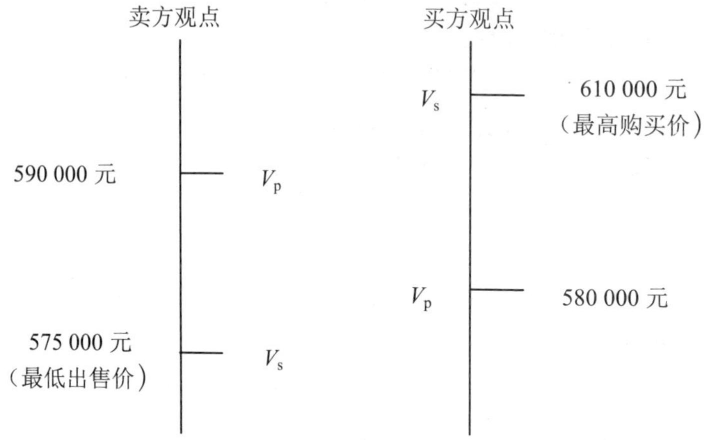

图 1-1　价值关系：交易区间

1.2　房地产投资概述

1.2.1　房地产投资的内涵

1．房地产投资的概念

房地产投资是指国家、集体或个人等投资主体，将一定的资金直接或间接地投入到房地产开发、经营、管理、服务和消费等活动中，期望获得未来房地产资产增值或收益的经济行为。从某种意义上讲，房地产投资是为了获得房地产产权（置业投资），或者是在进行房地产开发后，利用房地产（产权）交易来实现资本增值（开发投资）的行为。

房地产投资的对象，从广义上来说，包括房地产资产和房地产资产权益。前者拥有的是实物资产，属于直接投资（如房地产开发投资和房地产置业投资等）；后者拥有的是权益资产，属于间接投资（如购买房地产企业发行的股票、债券，以及购买房地产支持的证券或债券等）。

2. 房地产投资的三要素

房地产投资的三要素指的是时机、区位和质量。

（1）时机。在房地产投资中，对时机的把握很重要。选择适当的时机和房地产类型进行投资，是投资成败的关键。例如，当市场上崇尚小户型而小户型房地产又相对缺乏时，就可以对小户型房地产进行投资机会研究；当区域内低密度别墅稀少，而经济水平较高且具有良好的交通条件时，就可以考虑投资该种房地产。对时机的把握事实上是对房地产市场上各种信息的综合考虑，是将房地产市场上供需状况、区位条件、消费者偏好和经济发展趋势作为一个有机整体的系统研究。

（2）区位。区位是决定房地产价值高低的关键，对于房地产的重要性不言而喻。好的区位，增值潜力大，对于房地产投资者来说是商家必争之处。区位不仅仅是一个自然地理位置的概念，还应包括经济地理状况和交通地理状况。不同的区位适于建造不同类型的房地产，购物中心和商场之类的商业房地产应建在繁华的商业中心，在那里，顾客集中，流量大；建造别墅应选择风景优美、环境幽静、气候宜人的郊区，以满足别墅使用者寻求宁静与休闲的愿望；住宅应建在交通方便、购物便利、服务设施齐全的场所，以便于居民的工作和生活。房地产投资区位的选择对房地产投资的成败有着至关重要的作用。但是，区位的优劣是与开发商的自身经营状况紧紧联系在一起的，在一个普通的自然地理位置上也一样能创造房地产投资奇迹。例如，有的房地产开发商专门在远郊区开发高档住宅，并且销售业绩非常好。因此，区位价值是投资商的主观反映，而非地点本身所固有的。

（3）质量。质量是房地产投资开发的生命线。这里所说的质量包括两个方面，一方面是房地产物质实体质量，例如，建材质量是否达标、环保，施工质量是否合格，装修质量是否令人满意等；另一方面是服务质量，如物业管理服务等。这两者都很重要。随着经济的发展，人们对房屋质量和工作环境质量的要求越来越高。目前有些城市的消费者在购房时，已经将质量看得比价格和位置还要重要。

3. 房地产投资的特点

随着市场经济的发展，在众多的投资领域中，房地产投资吸引着越来越多的投资者。由于房地产投资受到房地产和房地产市场特性的影响，同其他类型投资（如储蓄、黄金、股票等）相比较，房地产投资具有其自身的特点。房地产投资与其他类型投资的区别如表 1-1 所示。

表 1-1 房地产投资和其他类型投资的特征比较

投资工具	获利性	风险性	变现性	便利性	专业性	评　价
房地产	中	中	低	低	中	对抗物价上涨能力强，变现较差，适合长期投资
股票投资	高	高	高	高	中	投资金额无限制，适宜各类投资者
外汇	高	高	高	低	高	投资金额较大，需要专门知识，适宜对象有限

续表

投资工具	获利性	风险性	变现性	便利性	专业性	评　　价
黄金	中	中	高	高	高	保值性相对较好，物价稳定时吃亏
期货	高	高	高	中	高	以小博大，投机性强
银行存款	低	低	高	高	低	利率低，投资收益少
短期债券	低	低	高	高	低	利率高于储蓄，收益仍然低于一般投资

（1）投资金额巨大，回收期长。房地产投资需要大量的资金，少则需几百万元，多则几千万元，甚至数十亿元。并且房地产投资具有较长的回收期，根据项目性质的不同少则数年，多则几十年，对于出租型房地产项目来说，投资回收期则需要更长的时间。

（2）投资不确定因素多，风险较大。房地产投资是国民经济基础投资活动，受国家和地区的社会经济环境因素影响大。加上需用资金量大，投资回收期长，资金周转慢，因众多不确定因素使得房地产投资风险大。房地产投资风险可以概括为政策风险、社会风险、经济风险、技术风险、自然风险和国际风险等。

（3）依赖金融部门的支持。巨额的投资，使房地产投资者在很大程度上依赖金融部门的支持。由于房地产是不动产，不会丢失，一般又具有保值增值性，所以商业银行、保险公司、抵押公司等金融机构都愿意给房地产投资者提供较高数额的贷款。房地产投资者通常可以获得70%左右的抵押贷款，甚至更高，而且还常常可以享受金融机构利率方面的优惠。这使得许多自有资金不足的投资者能够通过金融机构的支持满足其投资房地产的愿望。因此，金融机构的参与几乎成了房地产业持续发展的关键。

（4）具有专业性。房地产投资需要具备诸如法律、经济、管理、建筑、城市规划等方面的专业知识和相应的经营管理经验。因此，房地产投资一般会聘请规划设计师、房地产估价师、造价工程师、房地产经纪人等专业人士作咨询顾问。

（5）具有相互影响性。房地产投资的相互影响性是指在一个区域范围内，房地产的投资价值往往与周边情况的好坏有关。如果政府在道路、公园、学校等公共设施方面加大投资，往往能显著提高附近房地产的价值。如果投资者通过市场调查，准确预测到政府在某区域将进行大型公共设施的投资建设，那么在附近预先投资，将会得到很大的收益。另外，有些相邻房地产项目投资的成功，也会影响到其他房地产投资者的决策。

（6）具有保值、增值性。房地产经久耐用，不易损坏，能够产生较稳定的现金流，同时房地产投资通常被看作是一种应对通货膨胀的保值手段。当物价上涨、货币贬值时，由于房地产相关行业（如建材、装潢、建筑、电器等行业）的产品价格上涨，会带动不动产价格的上涨。同时，通货膨胀通常会刺激人们的消费，包括购买房地产，致使房地产价格进一步上升，因而起到投资保值作用。随着经济的发展和人民生活水平的提高，人们对房地产的需求也会日益增长，但是土地资源具有不可再生性和稀缺性，使得房地产在相当长的时间内成为供不应求的商品，房地产价格在一般情况下会不断上升。因此，从长远来看，投资房地产是一种比较可靠的增值手段。当然，有时房地产市场上也会出现短期的价格下降的情况，但一般来说，这并不影响其长期的增值特性。长期来看，房地产价格的上涨率不会落后于总体物价水平的上涨率。美国、英国的研究资料表明，房地产价格的年平均上涨率均高于同期年通货膨胀率，从我国过去十几年住宅市场价格变化情况来看，其年均增长幅度也超过同期通货膨胀的平均水平。

1.2.2 房地产投资的分类

房地产投资多种多样，依据不同的划分标准，可以划分为不同的类型。

1. 按房地产投资形式划分

按房地产投资形式，可以将其划分为直接投资和间接投资两大类。二者的主要区别在于投资者是否直接参与房地产有关投资管理工作。

（1）房地产直接投资。房地产直接投资是指投资者直接参与房地产开发或购买房地产的过程并参与有关的管理工作，包括从购地开始的开发投资和物业建成后的置业投资两种形式。房地产开发投资是指投资者从购买土地使用权开始，经过项目策划、规划设计和施工建设等过程获得房地产商品，然后将其推向市场，转让给新的投资使用者，并通过转让过程收回投资、实现开发商收益目标的投资活动。房地产开发投资包括商品房开发和土地开发投资。房地产置业投资是指投资者购买开发商新建成的房地产（市场上的增量房地产）或市场上的二手房（市场上的存量房地产），以满足自身生产经营需要或出租经营需要，并在不愿意持有该物业时可以将其转售给他人以获取转售收益的一种投资活动。这类投资的目的一般有两个：一是满足自身生活居住或生产经营的需要；二是作为投资将购入的物业出租给最终的使用者，获取较为稳定的经常性收入。置业投资一般从长期投资的角度出发，可获得保值、增值、收益和消费四个方面的利益。

（2）房地产间接投资。房地产间接投资是指投资者投资于与房地产相关的金融市场的行为，间接投资者不需要直接参与房地产经营管理活动。其具体形式包括购买房地产开发、投资企业的股票或债券，投资于房地产信托、资产管理计划、房地产基金，投资于证券市场的房地信托基金（REITs）、房地产资产支持证券或房地产抵押贷款证券等，通过金融机构融出资金投资于房地产开发、投资企业。

2. 按房地产投资的用途划分

按房地产投资的用途，可以将其划分为住宅房地产投资、商业房地产投资、工业房地产投资和特殊用途房地产投资。

（1）住宅房地产投资。住宅房地产为人们提供生活居住的场所，包括普通商品住宅、高档公寓和别墅等多种类型。住宅是人类最基本的生存条件之一，因此，在房地产投资中，住宅房地产投资市场潜力最大，投资风险也相对较小。

（2）商业房地产投资。商业房地产有时也称为经营性房地产，包括写字楼、商场、酒店和旅馆等，这类房地产主要以出租经营为主，收益较高，但同时承担的风险也较大。

（3）工业房地产投资。工业房地产通常为人们的生产活动提供空间，包括轻工业厂房、重工业厂房、高新技术产业用房等。由于受到工业生产工艺及要素的限制，工业房地产的变现性较难，其投资风险较大。

（4）特殊用途房地产投资。特殊用途房地产是除去住宅、商业、工业等典型房地产类型后剩下来的非典型的、不具有代表性的各种房地产的统称，主要包括加油站、停车场、高尔夫球场、休闲旅游房地产、温泉、码头车站、高速公路等。这类房地产交易量小，同时其经营的内容通常要得到政府的特许，因此这类房地产的投资多属于长期投资，投资者靠日常经营活动的收益来回收投资，取得投资收益。一般来说，特殊用途房地产适用性较差，因此投资风险也较大。

3. 按房地产投资经营方式划分

按房地产投资经营方式，可将其划分为出售型房地产投资、出租型房地产投资和混合型房地产投资。

（1）出售型房地产投资。这是指房地产投资以预售或开发完成后出售的方式得到收入、回收开发资金、获取开发收益，以达到预期投资目标。

（2）出租型房地产投资。这是指房地产投资以预租或开发完成后出租的方式得到收入、回收开发资金、获取开发收益，以达到预期投资目标。

（3）混合型房地产投资。混合型房地产投资是出售型和出租型的综合，是指房地产投资以预售、预租或开发完成后出售、出租、自营的各种组合方式得到收入、回收开发资金、获取开发收益，以达到预期投资目标。

1.2.3 房地产投资的作用

房地产投资是房地产业发展的重要动力，也是促进国民经济振兴与繁荣、提高人民生活水平的基础。房地产投资的作用可以从宏观作用与微观作用两个方面来分析。

1. 房地产投资的宏观作用

（1）房地产投资有利于国民经济的发展

房地产产品作为国民经济各行各业各部门进行经济和社会活动的物质载体、社会发展的基本物质条件，是国民经济的基础产业部门，有着十分重要的地位。在发达国家，房地产业的产值均占其国民经济总产值的10%～40%。1976年以来，世界各国用于建造房屋的投资占其国民生产总值的8%～12%。通过房地产业而形成固定资产一般要占其国民生产总值的50%以上。房地产投资还能够促进房地产业发展。在我国，房地产业的发展不仅能带来巨额收入，形成巨大财富，也利于推进我国土地使用制度和住房制度的改革。对于国家而言，除了可以从房地产业获得大量税收外，还可以利用土地所有权地位，通过有偿出让土地使用权取得土地出让金收益。

增加房地产投资，不仅可以直接提高房地产业的经济产出，而且也为建筑、建材、冶金、化工、通信、机械等相关产业产品提供了巨大的市场。同时，它也会刺激金融、商业、旅游业等部门的发展。据相关资料显示，房地产开发可以带动建筑材料等23大类，1 558个品种，共50多个生产部门的产品消费。房地产消费也可以带动物业服务等产业部门的发展，并对家具、家电、厨卫、中介、金融等产业的发展起到很大的推动作用。有资料表明，房地产产值增加能够使相关产业的产值增加2～4倍。

（2）房地产投资能够协调优化社会资源配置

房地产投资对社会资源配置的协调优化主要表现在房地产实物资产配置和社会资金配置的优化两个方面。房地产实物资产配置主要是指将社会上的存量房地产从经营能力弱者手中向经营能力强者手中集聚，通过市场的竞争，使经营能力强者拥有大量的可经营资源，并将经营收益通过房地产传递给房地产所有人及相关人，使房地产资产发挥最大的经济效益。例如，房地产投资者将房地产出租给金融机构使用并获取租金，退休人员将房地产“倒按揭”给银行以获取养老金。社会资金配置是指通过房地产市场（包括房地产实物资产市场和资本市场），将资金从资金运用能力较弱者手中向资金运用能力较强者手中集聚，以较强的投资能力实现社会资金的价值最大化。例如，房地产信托基金，普通公民将资金投资于房地产信托基金，由房地产信托基金进行大规模的房地产投资以获取房地产投资利润，并将利润在投资人之间进行分配。

（3）房地产投资可以有效地改善城市投资环境

增加房地产投资，可以增加政府部门的财政收入，加大政府对城市基础设施建设的投入。通过房地产开发，相当一部分城市基础设施的建设由房地产企业承担，这直接改善了城市基础设施建设落后的局面。房地产投资的增加和基础设施条件的改善，有利于城市用地规划，促进旧城改造，使得投资环境得以改善，进一步促进了城市协调发展。优越的城市基础设施条件和良好的生态环境，也给投资者创业提供了极大的便利，提高了建设效率，从而吸引越来越多的投资者前来投资，促进城市建设的可持续发展。

2. 房地产投资的微观作用

（1）房地产投资是一种增值手段

从房地产供给来看，土地具有位置的固定性和面积的有限性，其供给不能随意增加；房屋建筑面积虽然可以通过提高容积率得到增加，但也受到城市规划、建筑成本和人们消费习惯的限制，其增加幅度不可能很大。房地产不同于股票、黄金等只有投资属性，它具有投资与消费的双重属性，即投资者购买房地产后，也可以用来居住，这也使得房地产投资受到投资者欢迎。这样，在正常发展条件下，房地产常常呈现需求大于供给的现象，从而使房地产价格存在不断上升的潜力。投资房地产就可以获得这种增值潜力，是一种使投资者资产增值的手段。

（2）房地产投资的风险与收益适当

房地产投资具有一定的风险，但是同其他投资方式比较，其风险不是最大的。因此，追求高收益又不愿意承担太高的风险，房地产投资是较好的选择。所以大多数国家的社会保障基金，如养老保险基金，往往是房地产市场的重要投资者。

（3）房地产投资可以获得避税收入

房地产投资的避税收入是指因提取房地产折旧而降低纳税基数，给投资者带来收益。房地产投资的所得税是以实际经营收入扣除经营成本、贷款利息、建筑物折旧等后的净经营收入为基数乘以税率征收的。在实际经营收入相同的情况下，提取的折旧越多，所要缴纳的所得税就越少，从而起到了避税的作用。从会计的角度来说，建筑物随着其建成年限的增加，每年的收益能力都在下降，税法中规定的建筑物折旧年限一般相对建筑物的自然寿命（物理寿命）和经济寿命（建成后到其使用成本超过其产生的收益时刻的时间）要短一些。这就使建筑物每年折旧额要比它每年发生的实际损失要大一些，使房地产投资者账面上的净经营收益减少，相应地，也就减少了税收支出。房地产投资经常会运用大量的财务杠杆，不论个人还是企业每年偿付的利息可以冲减所得税。由于房地产投资占用资金多、价值高、贷款多，折旧以及利息费用等带来的节税效果相当可观，这对于提高房地产投资者的实际收益非常有利。

（4）房地产投资可以提升投资者资信等级

由于拥有房地产并不是每个人或企业容易做到的事情，投资房地产是拥有资产、具有资金实力的最好证明。因此，房地产投资可以提高投资者的资信等级，可以帮助投资者更容易获得金融机构的支持，同时也可以帮助投资者获得更多更好的投资交易机会。

1.2.4 房地产投资的影响因素

影响房地产投资的因素较多，其中主要因素有经济因素、社会因素、政治和行政因素、政策法规因素和技术因素等。

1. 经济因素

影响房地产投资的经济因素主要有经济发展状况、居民储蓄、消费水平、财政收支及金融状况、居民收入水平等。

2. 社会因素

影响房地产投资的社会因素主要有社会秩序、城市化水平、人口水平等。社会秩序包括当地社会的稳定性、安全性，当地居民对本地经济发展的参与感，对外来经济实力的认同感等。一个地区社会秩序好，就会优化投资环境，尤其是房地产的投资环境。城市化意味着人口向城市地区集中，造成城市房地产的需求不断增加，从而带动房地产投资增加。人口的不断增长，每个人都需要一定的生活空间，从而会增加对房地产的需求，使得房地产价格上扬，进而刺激房地产投资。

3. 政治和行政因素

影响房地产投资的政治和行政因素主要有政治局势、行政隶属变更、城市发展战略和城市规划等。一个国家或者某一地区政局稳定，奉行连续的有利于经济发展的政策，就会吸引很多国内外投资者投资于房地产，促进房地产业的发展。由于行政隶属变更，如将某个非建制镇升格为建制镇，或将某个市由原来的较低级别升为较高级别，无疑会促使该地区的房地产价格上涨，从而促进房地产投资。城市发展战略、城市规划、土地利用规划等对房地产投资都有很大的影响，特别是城市规划对房地产用途、建筑高度、容积率等的规定对投资的影响非常大。

4. 政策法规因素

影响房地产投资的政策因素主要有房地产政策、金融政策、税收政策；法规因素主要是指房地产相关法律法规。

房地产政策的变化直接影响到房地产投资的政策保障度、市场变化、运作模式等。金融政策方面，因为房地产投资很大一部分来自贷款，金融政策对房地产投资收益有非常重要的影响。有关房地产的税收政策是否合理，直接关系到房地产投资收益的高低。

法规方面，影响因素主要是土地和房地产以及投资的相关法律的完整性、法制的稳定性和执法的公正性。完整性是指投资项目所依赖的法律条文的覆盖面，稳定性是指法规是否变动频繁，公正性是指法律纠纷争议仲裁过程中的客观性。相关的法律越完整，法制越稳定，执法越公正，对房地产投资的促进作用也就越大。

5. 技术因素

影响房地产投资的技术因素主要包括施工技术、房屋装修技术等。良好的施工技术能够保证房地产物质实体的高质量，对房地产投资是非常有利的。此外，房屋的装修技术也是房地产价值增值的有效影响因素。

1.3 房地产投资分析概述

房地产投资分析主要是指房地产投资机会的选择和项目投资方案决策，是房地产项目投资活动进行之前的分析论证过程，其核心问题是研究投资项目的可行性以及选择最佳投资方案。

1.3.1 房地产投资分析的任务

房地产投资分析是一项高知识含量的工作，需要分析人员为投资者提供解决诸如投资方向、运作方式、投资收益、投资风险等问题的方法。这是房地产投资分析要完成的基本任务。

1. 为投资者提供投资方向

投资者在准备投资前，往往面临投资方向的问题，如地域、地址选择，物业种类选择，规模、期限选择，合作伙伴选择等。投资者有可能是最初进入该市场或是投资新手，对投资环境一无所知，需要房地产投资分析人员做全面的指导，为投资者提供一个可行的解决方案，使投资者可以依据方案进行投资活动，并取得较好的收益。

2. 为投资者提供运作方式

一项投资活动的运作包括许多方面，例如，如何获取土地使用权、如何取得建筑开工许可证、如何筹集资金、如何保证开发建设工期、如何选择合作伙伴、如何营销等问题，而这其中许多问题都是专业性极强的技术问题，仅靠投资者个人的力量是无法完成的。这就需要分析人员针对每个项目的具体情况提出可行的运作方式建议。

3. 为投资者预测投资收益

投资收益是投资者关心的根本问题，是进行投资活动的根本目的。收益水平的高低是投资者决定是否投资的重要因素。投资者需要详细了解全部投资额、自有资金及贷款额、资金分期投入额、贷款偿还期限及利率、投资回收期及内部收益率、利润率等。其中投资者最关心的是税后纯利润与投资的比例。也有一些投资者更关心投资的社会效益问题，如企业形象、人际关系等，这些专业的指标需要房地产投资分析人员进行专业的统计、测算，为投资者提供可靠的投资收益预测。

4. 为投资者分析风险并提供避险策略

风险与收益是共存的，每一个项目都存在一定的风险，分析人员要在帮助投资者计算投资收益的同时，让他们了解到所要承担的风险，并针对项目风险提供规避、防范风险的方法、策略，以使投资者能及时调整投资方案，免除或减少由风险造成的损失。如果分析人员懒于分析风险或只报喜不报忧，则是严重有悖职业道德或失职的行为。

除上述任务外，分析人员还需就投资项目可能引发的社会问题、环境问题加以阐述和分析。房地产投资的主要目标是获取高额利润，但并不意味着不考虑投资的社会效益和环境效益。因为一项社会效益和环境效益不好的房地产投资项目，不可能获得政府的批准，或者会因社会、生态问题被强行中断，从而造成巨大损失。

1.3.2 房地产投资分析的内容

根据投资分析的任务，房地产投资分析的内容一般包括以下几个方面。

1. 房地产投资的环境与市场分析

在投资前期，充分了解和把握投资环境，对于制订正确的房地产投资方案、做出正确的房地产投资决策是非常重要的。房地产投资环境分析主要关注的是与房地产的建设、销售等相关的制度、政策法规的稳定性，管理方法的合理性，以及基础设施的完备状况等。同时，政治、经济、法律、社会文化、基础设施和配套设施、自然地理六大因素的共同作用又在不同程度上影响着房地产投资环境。

市场状态直接决定着投资项目未来的收益水平。因此，房地产投资项目在投资决策确定之前，需要调查房地产市场需求情况，辨识并把握房地产市场动态。

2. 房地产项目成本估算与融资方案择优

以尽可能少的投入获取尽可能多的收益，是理性房地产投资者的必然要求和选择。客观而准确地估算项目投资额，科学地制订资金筹集方案，对于降低项目投资额、减少建设期利息等项目支出、实现利润最大化目标具有重要的意义。融资方式多种多样，投资分析人员需要根据投资者自身状况制订各种融资方案，并根据融资方式的可能性及成本率选择最优融资方案，以保证投资所需资金能够按计划获取并将资金成本控制在最低，以增强投资项目的可行性和利润率。

3. 房地产项目投资的财务分析

财务分析是对项目的盈利能力、偿还能力、资金平衡能力等进行的分析。通过市场分析、成本估算和融资方案的选取，取得一系列财务评价基础数据与参数，在客观估算项目销售收入与成本费用的基础上，采用财务内部收益率、财务净现值、投资回收期、投资利润率、借款偿还期、利息备付率、偿债备付率等财务指标评价项目的可行性。

4. 房地产项目投资的不确定性分析

在进行房地产投资项目的经济分析中，需要运用大量的技术经济数据，如销售单价、成本、收益、贷款、利率、工期等。由于这些数据都是投资分析人员根据资料对未来的可能性作出的某种估计，所以分析中必然带有某种不确定性。房地产投资项目一般都有较长的投资建设和经营期，在此期间，主客观条件的变化会使这些数据也发生变化。通过临界点分析、敏感性分析对这些不确定性因素加以分析，以揭示项目所能达到的盈利水平和面临的风险。所以，不确定性分析在房地产投资分析中具有重要意义。

5. 房地产投资项目的风险分析

房地产投资的风险主要体现在投入资金的安全性、期望收益的可靠性、投资项目的变现性和资产管理的复杂性四个方面。通常情况下，人们往往把风险划分为对市场内所有投资项目均产生影响、投资者无法控制的系统风险、仅对市场内个别项目产生影响和可以由投资者控制的个别风险。风险分析主要应用风险等级划分、风险评估方法（专家评估法、概率分析法）对风险因素加以识别，做出定量估计，分析其对项目投资决策的影响，并提出规避风险的措施。

6. 房地产投资项目的社会影响评价和环境影响评价

房地产投资项目的社会影响评价是通过分析项目涉及的各种社会因素，评价项目的社会可行性，提出项目与当地社会的协调关系，规避社会风险，促进项目顺利实施，保持社会稳定的方案。房地产项目的环境影响评价对房地产投资项目实施后可能造成的环境影响进行分析、预测和评估，提出预防或者减轻不良环境影响的对策和措施。

7. 房地产投资决策分析

投资决策是指围绕事先确定的经营目标，在拥有大量信息的基础上，借助现代化的分析手段和方法，通过定性分析的推理判断和定量分析的计算，对各种投资方案进行比较和选择的过程。前面所完成的市场与区位分析、基础数据分析估算、财务分析、不确定性分析和风险分析是房地产投资决策的基础，投资决策是对上述分析结果的综合利用。

1.3.3 房地产投资分析的方法

房地产投资分析是一门应用性学科，其分析方法主要包括以下几种。

1. 理论联系实际的方法

房地产投资分析主要是以微观经济学和工程经济学为理论基础，其中诸如投资、费用、成本、折现率、收益、价值等都有自身的内涵和定义。而这门学科又是应用型的，需要将经济学理论与房地产投资实践紧密地结合起来，这样才能真正解决实际问题。

2. 定量分析与定性分析相结合

在房地产投资分析中，既有定量分析，又有定性分析；既有客观分析，又有主观判断。在定性分析的基础上，针对房地产投资目的的实际情况和房地产市场的客观状况，分析房地产市场调研资料，确定一系列的评价指标，进行定量分析。在定量分析的基础上，进行投资方案的对比和优化，并作出投资决策或决策建议。定量分析是一个过程，是一个工具，在投资分析中占有重要地位，定量分析的结果直接影响到投资项目能否正确决策，但是定量分析最终是为定性分析服务的，房地产投资分析的最终决策建议是通过综合分析得出的。

3. 静态分析与动态分析相结合

房地产投资分析在投资决策的不同阶段，对精度的要求不一样。因此，在有的情况下，如开发商分析土地竞拍价时，需要考虑资金的时间价值；而在有的情况下，如投资人分析全部自有资金投资建成物业时，可以不考虑资金的时间价值，所以在房地产投资分析中，需要恰当地运用静态分析和动态分析方法。

4．宏观分析与微观分析相结合

房地产投资分析既要研究分析房地产投资项目所处的宏观环境，如市场环境、政策环境、社会经济发展环境等，又要从微观的角度分析房地产投资项目的运作成本、资金筹措情况、销售方式、收益指标等。

综合练习

一、基本概念

投资；投资价值；市场价值；交易价格；房地产投资；房地产投资分析

二、思考题

1．投资的基本要素有哪些？
2．投资价值的判断主要基于什么？
3．市场价值的要素主要有哪些？
4．投资价值与市场价值的关系是什么？
5．在房地产交易中，交易双方的特点有哪些？
6．房地产投资的三要素是什么？
7．房地产投资的作用有哪些？
8．房地产的影响因素有哪些？
9．房地产投资分析的任务是什么？
10．房地产投资分析的内容有哪些？
11．房地产投资分析的方法有哪些？

推荐阅读

1．谭顺．使用价值论[M]．北京：中国经济出版社，2005．

2．[英]戴维・皮尔斯．现代经济学辞典[M]．第 3 版．毕吉耀，谷爱俊，译．北京：北京航空航天大学出版社，1992．

3．[美]查尔斯・H.温茨巴奇，迈克・E．迈尔斯，苏珊娜・埃思里奇・坎农．现代不动产[M]．第 5 版．北京：中国人民大学出版社，2001．

4．曹振良．房地产经济学通论[M]．北京：北京大学出版社，2003．

第 2 章　房地产投资分析基本原理

学习目标

通过对本章的学习，学生应掌握如下内容：

1. 投资三要素的内容；
2. 土地报酬递减规律的运行路径；
3. 资金时间价值的含义；
4. 各类利率的概念与换算；
5. 认读、绘制现金流量图；
6. 资金等值的概念与计算；
7. 房地产市场四象限推演；
8. 资产定价模型方程；
9. 资产定价模型的假设条件。

导言

房地产投资分析是一门精细、精准的学科，需要有良好的基础理论作为支撑，其中投资三要素原理、土地报酬递减规律、资金时间价值原理、房地产市场四象限理论和资产定价模型是房地产投资分析人员必须掌握的基本理论，在本章将逐一展开叙述。

2.1　投资三要素原理

投资者进行投资活动的根本动力在于获取收益，只有当投资收益大于投资成本时，投资者才会有利可图，投资活动才能成功进行。因此，投资必须考虑三个基本要素：收益、成本和预期。

2.1.1　收益

获取收益是一切投资活动进行的根本前提，没有任何收益的投资活动是不可能吸引到投资者的。收益最直接的表现形式是利润，利润包括以下与风险相联系的三种不同的报酬。

（1）社会风险补偿。收益中的一部分是在良好的经济环境条件下所产生的超额利润，用以补偿经济风暴时期破产或萧条所造成的损失。

（2）承担风险的收益。由于投资者所承担的某些风险不可能被全部分散或加以保险，那么，投资者必然会有产生损失的可能性。而投资者一般是厌恶风险的——他们必须得到风险补偿才会持有这样的风险资产。

（3）创新利润。在一个持续创新的世界中，投资者能够利用这种优势得到利润或暂时的高额收入。

一般来说，收益的总体水平受国民经济周期变化的影响，收益效用支配着经济周期中投资的变动方向。投资资金总是向着收益效用较高的方向流动，当房地产投资利润高于社会平均利润时，房地产投资领域就会吸收更多的投资资金。

2.1.2 成本

影响投资成本的两个重要因素是利率和税收。利率是经济运行中直接有效的调节手段，是决定投资成本和总需求的一个重要因素。利率按其真实水平可分为实际利率和名义利率。实际利率是借款者用实际物品和劳务偿付的利息，它等于名义利率减去通货膨胀率，即

$$实际利率=名义利率-通货膨胀率$$

利率作为经济生活中的一种调节工具，具有两种职能：首先，利率能够为有意积累财富的人提供进行消费、储蓄、投资的决策依据；其次，利率也是一种资源配置的手段，促使投资者选择具有最高收益率的投资项目。随着资本积累的增多以及收益递减规律的作用，利率将会由于竞争而有所下降。当利率下降时，会刺激投资，储蓄资金有可能流向包括房地产在内的投资领域。由于房地产具有保值增值功能，因而对投资资金更有吸引力。

税收的增减，直接影响房地产投资成本。例如，房产税的征收标准和征收范围的变化会增加房地产投资成本，从而抑制投资消费需求。

2.1.3 预期

投资的第三个基本因素是投资者对未来的预期。投资的本质是对未来进行风险决策，以判断未来收益是否能够大于投入成本。而通常未来事件都是难以预测的，因此投资决策随着对未来事件预期的不同而有所不同。房地产投资一般是长线投资，因而投资者对未来的预期情况会对投资活动产生重要影响。其中对土地区位的预期和对房地产需求的预期，直接影响着房地产投资类型的决策。

投资预期主要是对未来的投资风险和收益进行预测，而风险与收益是“等价”的。也就是说，风险与预期收益之间存在着一定的转化关系，风险大的项目预期收益高，风险小

的项目预期收益低，不同的风险项目对应着不同的预期收益率。风险与收益的这种关系可以通过风险—收益等价曲线来量化，如图 2-1 所示。

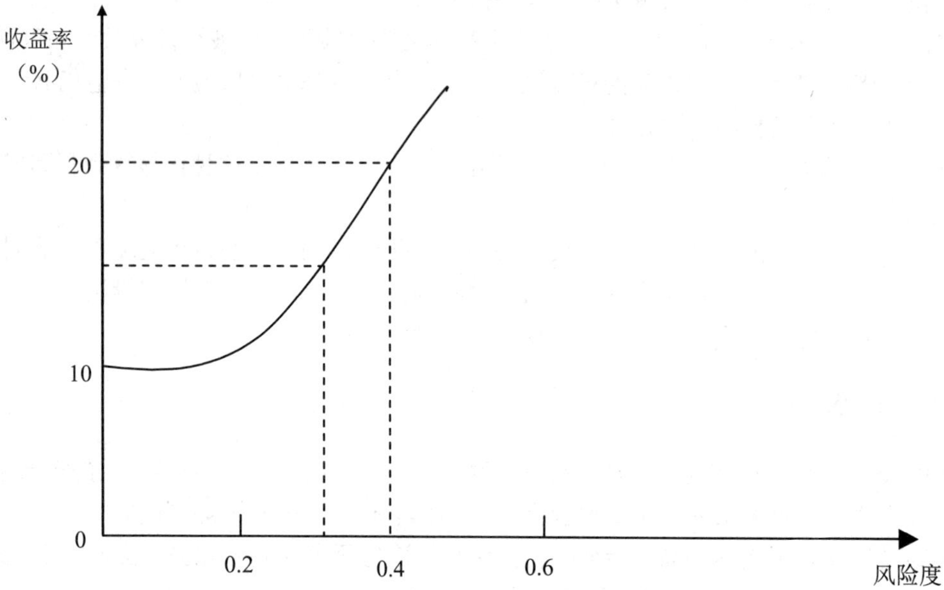

图 2-1　风险—收益等价曲线图

2.2　土地报酬递减规律

2.2.1　报酬与土地报酬

“报酬”的英文单词是“Reward”或者“Remuneration”，其含义很广，泛指在付出物质或精神的东西之后，所得到的物质或精神上的回报或享受。在商品经济条件下，报酬同时具有实物形态（使用价值）、价值形态和价格形态三种形态。从上述含义可以看出，报酬与效益相通，因此，在西方经济学中，又把“报酬递减规律”称之为“效益递减规律”。

报酬递减规律泛指在生产某种产品或消费某种商品的过程中，其他条件不变的情况下（在生产领域，是指生产技术不变、规模报酬不变、其他生产要素投入量既定；在消费领域，是指消费者偏好不变、其他商品的消费量不变等），随着某一种可变要素投入量或商品消费量的逐渐增加，总产量（总效用）、平均产量（平均效用）和边际产量（或边际效用，指每增加一单位要素投入或商品消费所带来的产量或效用的变化，可能是正值或负值）均呈现一种先递增再递减的变化规律；这里的产品产量和效用就是所谓的“报酬”。又由于三者的属性不同，总报酬、平均报酬和边际报酬曲线的变化时序、趋势也有所不同，但均遵循“递增—递减”的规律，三者之间的相互关系也是容易推导的。[①]报酬递减规律广泛存在于经济生活的方方面面，是微观经济学的一项重要定理，该定理实际上来源于对生产和消费领域各种现象的观察和实验，而不是由某个公理推导得出的。虽然各经济流派对报酬递减的理解有所不同，但是报酬递减规律已成为支撑现代微观经济学框架的一项基本共识。在现代微观经济学的效用论、生产论、成本论中，分别利用该定理推导需求曲线、生产曲线和成本曲线。

在土地经济学中，土地报酬也称土地收益或土地分红，指在一定面积土地上投入一定量劳动和资本所取得的收益。土地报酬递减规律实际上是报酬递减规律在土地生产领域的体现。

2.2.2 土地报酬递减规律及发展

在西方经济学中，土地报酬递减规律是指在一定面积的土地上连续追加资本或劳动，在一定的限度内追加部分所得的收益逐步递增，超出一定限度后，追加部分所得收益必然渐趋减少，即每单位资本或劳动收益将由递增转为递减。

下面我们结合经济学的演化发展历史来对土地报酬递减规律的发展历史进行简要梳理。

土地报酬递减规律早在四百多年前的重农主义时代就已经被西方经济学者所提出，一直被视为经济学中最基本的理论。在早期，此领域最具影响力的学者包括重农主义的代表人物杜尔阁、安德生、威斯特等。威斯特在1815年写的《资本用于土地》一书中，首先提出了“土地报酬递减规律”，他在书中写道：“劣等土地之所以必须日渐耕垦，就在于土地收益递减律之故”。

西方经济学在经历了重农主义和重商主义并存阶段后，随着1776年亚当·斯密《国富论》的完成，进入了古典政治经济学时代。在这一阶段，土地报酬递减规律被一些经济学家所接受和沿用，其中最为人所共知的就是马尔萨斯的“人口论”[②]和李嘉图的“地租论”。马尔萨斯认为，在土地报酬递减规律的限制下，地球上有限的土地难以使粮食增产的速度赶上人口增殖的速度，农业受此规律的作用，其产量增加额都是逐渐地、不变地减少下去，土地肥力是绝对递减的，技术进步不能抵消报酬递减趋势，因而随着人口的增多，生活资

---

① 虽然三者实际呈现的是一种先递增再递减的状态，但西方经济学将这种现象统一称为“报酬递减规律”。这是对19世纪70年代最先系统总结这一规律的边际学派（代表人物是英国的杰文斯、奥地利的门格尔和瑞士的瓦尔拉斯）最初称法的沿用。

② 人口论的观点是：人口总是按照几何级增长的，每25年增加1倍，而生活资料则是按算术级数增长的，这就是人口过剩、人民群众饥饿贫困的根本原因，战争和瘟疫乃是人类社会的福音，因为它们消灭了人口过剩的数量。

料将无法得到供应。据研究，马尔萨斯最早提出了“土地肥力递减规律”，他认为：“按耕作进展的比例而增加的年产量和以前的平均增加额比较起来，必然是逐渐地并不变地减少下去的”。马尔萨斯没有看到土地报酬递减规律以前所具有的递增现象，所以他把此规律应用到“人口论”中作为了佐证。古典政治经济学的集大成者李嘉图 1817 年在他的主要著作《政治经济学及赋税原理》一书中，把他的“级差地租学”与“土地报酬递减规律”联系在一起，认为“土地报酬递减规律”是级差地租产生的原因，如果在同一块土地上连续追加投资，总收获量不是逐次减少，而总是成比例递增的话，那么，社会对农产品的全部需求可在优等地上连续追加投资而取得，那就不需要从优等地过渡到耕种劣等地，也就不会产生级差地租了。

在李嘉图之后，西方经济学大体分化为两大派别[①]：一派基于边际学派所创立的“边际分析”理论对当时业已形成的经济理论进行梳理和总结，放弃了亚当·斯密和李嘉图的劳动价值论，提出了边际效用价值论；至 1890 年英国剑桥大学的马歇尔教授形成总结后，搭建起了古典经济学的基本架构。另一派以穆勒、熊彼特、马克思等为代表，坚持了古典政治经济学的劳动价值论，对古典政治经济学的地租理论加以发展，形成了政治经济学派；其中又可分为资本主义古典政治经济学和马克思主义政治经济学。虽然古典经济学和政治经济学这两个流派对于地租理论的理解有所差别，但均坚持了土地报酬递减规律。

古典经济学家把“土地报酬递减规律”广泛运用到了农业以外，以至一切经济现象，代表性的经济学家有西尼尔、克拉克、马歇尔、希克斯和萨缪尔森等。例如，萨缪尔森认为：“收益递减规律是一个经常观察到的经济和技术的重要规律，但是它并不是普遍适用的。往往你加入相当多相等份量的可变因素之后，它才生效。因为在这之前，增加可变投入量于一定数量的不变投入量中，额外收入是递增的，而不是递减的，但是递减的收益最终势必出现”。萨缪尔森将其总结表述为：“相对于其他不变投入量而言，在一定的技术水平下，增加某些可变投入量将使总产量增加；但是在某一点之后，由于增加相同的投入量而增加的产出量多半会变得越来越少。增加的收益之所以减少，是由于新增加的同一数量的可变资源只能和越来越少的不变资源在一起发生作用。”

政治经济学的地租理论发展到马克思时代，形成了较为完善的体系。马克思认为“只要合理利用土地，连续投资（劳动、资本）会使土地肥力及收获量保持持续增长，但是报酬上会出现有增有减的现象——这也是地租产生和存在的原因之一”。列宁认为“土地肥力递减规律”只是在原有的、没有改变技术水平的前提下，只能在某种程度上适应。因而它只是极其相对的“规律”。列宁十分强调科学技术，指出：“……技术进步的‘暂时’趋势使土地肥力递减的普遍规律完全不发生作用，技术的进步可以使相对（有时甚至是绝对）减少的农业人口为日益增加的居民生产越来越多的农产品”。

---

① 这里沿用一般的经济类教科书的解释，实际上，在古典政治经济学后还有历史学派等众多分支的存在，只是未形成主流。

目前，随着经济社会实践的发展，政治经济学的相对地位在下降；古典经济学则经历了大的繁荣，以萨缪尔森为代表的新古典综合派在创立近 60 年后仍然占据现代经济学的主流地位，甚至被称为“现代主流经济学派”。而在凯恩斯、萨缪尔森、弗里德曼等人之后，经济学也演化为微观经济学和宏观经济学两大体系。现在，主流经济学的分化和争论已经演化为支持政府干预经济的凯恩斯主义和主张自由放任的新古典主义（新自由主义）的争论，但“微观经济学+宏观经济学”这样的经济学体系格局已经形成并固定下来，成为现在经济学研究者的普遍共识。相应地，报酬递减规律进而土地报酬递减规律也仍然被视为微观经济学的重要基础理论，成为成本论、生产论、市场理论的重要支撑，同时也是新自由主义学派中的伦敦学派、货币学派、理性预期学派所认可并沿用的内容；随着数理经济学计量方法的引入，对于报酬递减规律进而土地报酬递减规律的理解和定量分析日趋成熟，成为指导土地开发利用的重要理论。

2.2.3　土地报酬变化的基本原理

1. 土地报酬的三种形式

研究土地报酬变化规律的意义在于揭示对土地进行变量投资的经济效果。变量资源的投入所得到的土地报酬可分为总报酬、平均报酬和边际报酬三种形式。总报酬是指在某一时点上，一定生产要素投入量所带来的全部报酬量；平均报酬则是指在某一时点上，每单位生产要素投入量所带来的平均报酬量；而边际报酬则是指某一时点上，每增加一单位生产要素投入所带来的总报酬的增量。

微观经济学解释报酬递减规律最经典的模型是“一种可变要素投入的生产函数”。在经济学中，参与任何一种产品生产的要素通常被划分为土地（G）、资本（K）、劳动（L）和企业家才能（E），由此可得出任一产品的生产函数：

$$Q=af(L, K, G, E) \tag{2-1}$$

式中，Q 代表产品产量，也就是“报酬”，这里需要着重介绍的是以下两点。

（1）生产技术水平的问题。式（2-1）中的 a 是“生产技术系数”，为一个常数，其取值通常根据既定社会生产力发展水平下生产技术的高低，a 取值越大，代表生产技术越先进，a 取值不断变大的过程也就代表生产技术的革新进步。

（2）规模报酬的问题。所谓规模报酬是指在生产技术水平不变的前提下，同比例增加每一种生产要素的投入量所带来的产量（即报酬）的增加量的变化程度有所不同。例如，将每种生产要素的投入量均变为原先的 λ 倍，则可能有以下三种情况。

情况 1：$\lambda Q = af(\lambda L, \lambda K, \lambda G, \lambda E)$

情况 2：$\lambda Q < af(\lambda L, \lambda K, \lambda G, \lambda E)$

情况 3：$\lambda Q > af(\lambda L, \lambda K, \lambda G, \lambda E)$

当情况 1 发生时，即将每种生产要素的投入量均变为原先的 λ 倍后所产生的产量也变为原先产量的 λ 倍，这种情况称为规模报酬不变；当情况 2 发生时，即将每种生产要素的投入量均变为原先的 λ 倍后所产生的产量大于原产量的 λ 倍，这种情况称之为规模报酬递增；当情况 3 发生时，即将每种生产要素的投入量均变为原先的 λ 倍后所产生的产量小于原产量的 λ 倍，这种情况称之为规模报酬递减。

在式（2-1）中：假设除了劳动之外，其他生产要素投入量均保持既定，则这时式（2-1）就变为一个一种可变要素投入的生产函数：

$$Q = af(L,\bar{K},\bar{G},\bar{E}) \tag{2-2}$$

式中，$\bar{K}$、$\bar{G}$、$\bar{E}$ 代表资本、土地、企业家才能三类要素投入量不变。那么此时产量（即报酬）Q 的生产函数就变为由劳动 L 的投入量所决定的一个生产函数：

$$Q=F(L) \tag{2-3}$$

由此，我们就能写出劳动这一要素的总产量（报酬）TP_L、平均产量（报酬）AP_L 和边际产量（报酬）MP_L 的表达式：

$$\mathrm{TP}_L = F(L) = af(L,\bar{K},\bar{G},\bar{E}) \tag{2-4}$$

$$\mathrm{AP}_L = F(L)/L = af(L,\bar{K},\bar{G},\bar{E})/L \tag{2-5}$$

$$\mathrm{MP}_L = \Delta F(L)/\Delta L = \Delta af(L,\bar{K},\bar{G},\bar{E})/\Delta L \tag{2-6}$$

当 ΔL 无穷小时，对式（2-6）取极限（即对 TP_L 求 L 的一阶导数）：

$$\mathrm{MP}_L = \lim_{xL\to 0}(\Delta af(L,\bar{K},\bar{G},\bar{E})/\Delta L)=\frac{\mathrm{dTP}}{\mathrm{d}L} \tag{2-7}$$

即某种要素的边际产量即是总产量对该要素的投入量求一阶导数，也即边际产量实际上就是总产量曲线的斜率（后面将要提到）。

当然，上面仅论述了在土地、资本、企业家才能不变，劳动可变的情况下，劳动的总产量、平均产量和边际产量；实际上，如果引入偏导数的概念，则可假设只有土地投入量是既定的，其他生产要素投入量均可变，然后分别定义式（2-4）、式（2-5）和式（2-6）中的劳动、资本、企业家才能的总产量、平均产量和边际产量，以及劳动、资本、企业家才能这三者要素组合的总产量、平均产量和边际产量，这里不再赘述。

此时，我们就能够完整地定义所谓土地报酬递减规律，即在土地量、生产水平和规模报酬既定的情况下，连续不断地向既定量的土地上投入某种生产要素或某几种生产要素的组合，所带来的总产量、平均产量和边际产量先递增再递减。需要说明的是，这是对于边际报酬递减规律最一般的解释，实际上可以看出，在式（2-4）、式（2-5）和式（2-6）中，只要边际产量呈现先递增再递减的状态，总产量和平均产量也必将呈现出先递增再递减的状态。因此，在现在流行的大部分经济学教科书中，只提出“边际报酬先递增再递减——每增加一单位要素或要素组合投入量所带来的总产量的增量先递增再递减”，而并未说总报酬、平均报酬的先递增再递减。事实上，经济学中的报酬递减规律最初也就是从大量经济实践中观察到的边际报酬递减规律总结而来的，报酬递减规律就是专指边际报酬递减规律。

下面结合总报酬、平均报酬和边际报酬三者的曲线形态，来对三者的特性进行介绍。

2. 土地报酬曲线之间的关系

土地报酬曲线可分为总报酬曲线、平均报酬曲线和边际报酬曲线。通过以上分析，可以画出当土地量不变时，其他生产要素组合所产生的总报酬、平均报酬和边际报酬的变化趋势和相互位置关系，如图 2-2 所示。

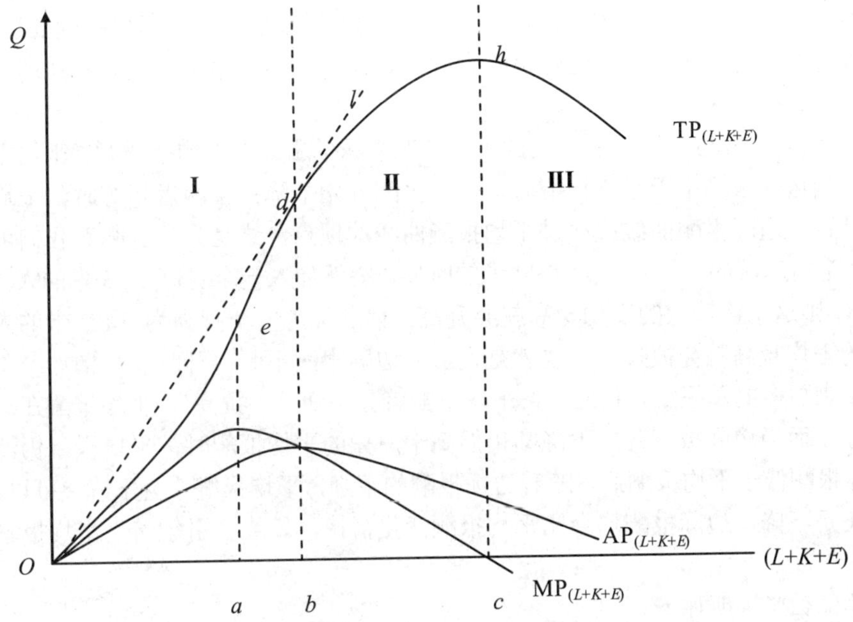

图 2-2　土地投入量不变的情况下三种要素组合的总报酬、平均报酬和边际报酬曲线

在图 2-2 中，横轴代表土地投入量不变的情况下，三种生产要素组合的投入量，纵轴则代表报酬量。曲线 $TP_{(L+K+E)}$、$AP_{(L+K+E)}$、$MP_{(L+K+E)}$分别代表三种生产要素组合的总报酬、平均报酬和边际报酬，三条曲线的变化趋势和位置关系具有以下特征。

（1）三条曲线的趋势。总报酬曲线先以较快的速度上升再以较慢的速度上升，至顶点后开始下降；平均报酬曲线和边际报酬曲线先递增再递减。

（2）总报酬曲线与平均报酬曲线的关系。在几何上，平均报酬等于总报酬曲线上每一点与原点连线的斜率，因此，当原点与总报酬曲线上某一点的连线恰好是总报酬曲线的切线时（如图 2-2 中切线 *l*），斜率最大，从而平均报酬最高。

（3）总报酬曲线与边际报酬曲线的关系。边际报酬等于总报酬曲线在各点切线的斜率。由图 2-2 可以看出，在三种要素投入组合量到达 *a* 点前，其边际报酬呈现递增的状态，也即每增加一单位三种要素组合的投入量，所带来的总报酬的增量递增；对应总报酬曲线上 O 到 e 点的部分，以越来越快的速度上升，表现为曲线形态愈发陡峭。在三种要素投入组合量到达 a 点后直至到达 c 点前，边际报酬开始下降，但仍高于 0，对应总报酬曲线上 e 到 h 点的部分，以越来越慢的速度上升，表现为曲线形态愈发平缓。当三种要素投入组合量到达 c 点后，边际报酬降低至 0，也即总报酬的一阶导数为 0，此时总报酬应达到最大；对应总报酬曲线到达顶点 h 后不再上升。此后，若再增加三种要素组合的投入量，则非但不会带来总报酬的上升，反而会带来总报酬的下降。由此可以看出，只要边际报酬是正的，总报酬就是增加的；只要边际报酬是负的，总报酬就总是减少的；当边际报酬达到最大时，总报酬的上升速度也达到最大，当边际报酬为 0 时，总报酬达到最大。边际报酬的递增和递减“引领着”总报酬的变化。

（4）边际报酬曲线与平均报酬曲线的关系。当边际报酬大于平均报酬时，平均报酬具有上升趋势；当边际报酬小于平均报酬时，平均报酬开始下降；当两者相等时，平均报酬最高。也就是说，边际报酬曲线应穿过平均报酬曲线的顶点，这是为什么呢？我们可以这样设想：当一个篮球队的平均身高为 1.90 米的时候，突然加入一个身高 1.95 米的人（相当于边际报酬），则这个篮球队的平均身高就会升高；而若加入一个身高为 1.85 米的人，则这个篮球队的平均身高就会被拉低。也就是说，当边际报酬不断上升时，每增加一单位要素投入就会带来更多的总报酬，相应地，平均报酬就会不断被“拉高”，平均报酬在这一阶段会不断升高；而当边际报酬开始下降却仍然高于原先的平均报酬时，平均报酬仍然会升高；直到边际报酬低于平均报酬后，随着边际报酬的下降，平均报酬才会下降。可以看到，无论是上升还是下降，边际报酬均会比平均报酬变化得快，始终“引领着”平均报酬的变化趋势。

以上论述的数学证明如下。

我们知道，平均报酬 $AP_{(L+K+E)}$到达顶点时，其对三种生产要素组合$(L+K+E)$一阶导数应为 0，由此对 AP 求$(L+K+E)$的导数如下：

$$\frac{\mathrm{d}}{\mathrm{d}(L+K+E)}(\mathrm{AP})=\frac{\mathrm{d}}{\mathrm{d}(L+K+E)}\left(\frac{\mathrm{TP}}{(L+K+E)}\right)=\frac{\dfrac{\mathrm{dTP}}{\mathrm{d}(L+K+E)}(L+K+E)-\mathrm{TP}}{(L+K+E)^2}=$$

$$\frac{1}{(L+K+E)}\left(\mathrm{TP}'-\frac{\mathrm{TP}}{(L+K+E)}\right)=\frac{1}{(L+K+E)}(\mathrm{MP}-\mathrm{AP})$$

令上式为 0，则有 MP=AP；也即 AP 达到最大时，恰好与 MP 相交（MP=AP），且在此之前，MP＞AP；此后 MP＜AP。

3. 土地报酬变化的阶段分析

通过前面的论述，我们可以理解为什么报酬递减规律实际上就是指边际报酬递减规律了。根据图 2-2，可以将土地投入量不变的生产情况下，三种生产要素组合的投入量划分为以下三个阶段。

第一阶段（图 2-2 中阶段 I）：从原点开始到平均报酬的顶点对应的 *b* 点。

边际报酬先升后降，平均报酬处于递增状态，从而增加三种生产要素组合投入能带来总报酬较快的增长，这个阶段停止投入是不合理的，继续增加投入将使得劳动—资本—企业家才能等生产要素组合的生产效率得到进一步提高。

第二阶段（图 2-2 中阶段 II）：平均报酬顶点对应的 *b* 点到边际报酬等于零的 *c* 点之前。

这一阶段边际报酬小于平均报酬，且边际报酬和平均报酬均随三种生产要素组合投入量的递增而下降；边际报酬和平均报酬同时递减，但在此阶段总报酬持续上升，以至达到最高点。

在通常情况下，聪明的企业家会将要素投入量维持在第二个阶段，但具体选择多少变动要素投入量，还要取决于土地产品价格和投入要素价格（这是微观经济学市场论所讨论的内容，这里不再赘述）。

第三阶段（图 2-2 中阶段 III）：边际报酬为零，总报酬达到最大之后。

投入劳动的边际报酬和生产弹性均为负数，而且平均报酬继续递减，总报酬也趋于下降。因此在这一阶段继续增加投入显然是不合理的。

为什么会出现土地报酬的三个阶段呢？这主要是由土地利用的合理与否所引起的，亦即投入的变量资源与固定资源的配合比例协调与否以及协调程度的大小所引起的。一开始，投入的变量资源少，报酬虽然增加，但总产量不高，主要是土地的生产力不能充分发挥；第三阶段则由于投入变量资源过多而超出了土地的承受力，又使土地报酬出现下降，总产量降低。只有在第二阶段投入与产出平衡，属合理的集约经营。所以土地报酬规律对合理利用土地，集约生产和生产资源的合理配合都有很大的指导意义（比例原理）。值得一提的是，当科学技术水平提高，社会进步，报酬会随着变量资源投入的增加而增加，总报酬的最高点升高，整个图形会向右推移。这里的报酬曲线三阶段，应该理解为在一定的科技水平和社会制度的前提下，当科技进步、社会制度改变时，曲线的形状不变，但报酬会出现增加运动。实际上也就是我们在本节一开始所讨论的内容，即生产技术水平和规模报酬不变。

2.2.4　土地报酬递减规律对土地集约经营的制约作用

人口增长和社会经济的发展导致对农产品的需求越来越多，与此同时，由于工业、交通、城市、住宅等的建设，耕地流失加速，导致本来数量就有限的土地资源变得更加稀缺。这样，土地集约经营自然成为世界性土地利用方式的必然趋势。但是集约经营也要有一定的限度，并不是集约度越高越好。那么，究竟何种集约度才算合理呢？这主要取决于当时的农产品社会需求量、农业技术水平、农业投资能力；同时，也要看土地资源本身的生产力（肥力），包括土地的质量、人地比例、地理位置、交通运输条件和利用土地所得收益的大小等。这些因素是相互依存、相互制约的。例如，土地的生产力与土地的集约度：土地的生产力决定于土地自身的受容力[①]（Capacity）与生产效率[②]（Production Efficiency），受容力愈大的土地，在利用时就可以推进更大的集约度，受容力越小的土地，则其集约度亦应越小；生产效率高的土地，其集约度亦高，否则，相反。

土地的受容力和生产率限制了土地利用的集约度，即土地利用的集约经营有一定的限度，超过这个限度就会带来不利的结果。西方经济学家把集约度的最高限度称为土地利用的集约边际，把集约度的最低限度称为土地利用的粗放边际。当土地经营还处于粗放边际以下时，就不应该去盲目垦荒，扩充耕地，而应该把主要精力放在经营好现有的耕地上。否则，必然会造成现有耕地质量的进一步下降，不仅浪费了宝贵的土地资源，而且破坏了生态环境。目前，我国现有 2/3 的耕地还处于中低产水平，即经营还处于粗放边际以下，“实现耕地总量动态平衡”的目标不一定是横向扩展，增加数量，亦可以是纵向挖潜，提高质量，尤以后者为重心。当土地经营超过了集约边际时，就要减少对土地的投入，以免浪费生产资源和污染环境，如果此时农产品供应还不能满足人类社会的要求，就必须考虑增加耕地的数量。

以上分析表明，对土地实行集约经营，所获得的报酬高，即随着集约度的提高，报酬也呈上升趋势，那么这个经营是合理的，否则是不合理的，甚至是有害的。用土地报酬运动的三阶段具体分析，在第一阶段内，每增投一单位变量资源，都能使产量急剧增加，每一单位平均报酬是递增的，因而是平均报酬和总报酬都递增的阶段。但是，由于本阶段投入的变量资源与固定资源在配合上数量不足，影响生产潜力不能充分发挥出来。所以这一阶段，虽然总利润额不高，但投入少，收效大（即单位投入的边际利润高）。因而在投入能力（包括资金、劳动）有限而土地资源相对较多的情况下，人们容易走粗放经营的道路。由于建设用地利用相对集约，土地产出比农用地高，即报酬大，所以地价相对较高，而耕地利用相对粗放，报酬相对较低，所以地价低，因此新增建设用地是侵占耕地的主要途径。为充分发挥土地的生产潜力，就应连续增加变量资源的投入，以使总产量和平均产量连续提高，而不应停留在本阶段的任何一点止步不前，否则将不能集约利用土地资源，而限制农业产量的进一步增长。即在报酬第一阶段内，因变量资源的投入不足（即没有达到集约

---

① 土地受容力（转化力、经济能力）是资产阶级农业经济学研究测度土地生产力大小的一个概念。它是指在一定经济技术条件下，土地这一生产因素与其他生产因素配合在最有利的比例时，所受容其他因素的数量及产出能力。凡是能够收容其他因素多且产出率高的，则受容力大；能够收容其他因素少的，产出率低的，则受容力小。

② 土地生产效率，亦即土地的生产率，指单位面积土地上所生产产品的数量或产值。土地生产率=产量（产值）/土地总面积。

经营的粗放边际)，因而是一种类似粗放经营或掠夺式的经营方式。也就是说，这一阶段的集约度低，还可以增加变量资源的投放量，扩大集约度。第二阶段是边际报酬和平均报酬同时递减的阶段，唯在此阶段内的两报酬递减，对于生产的发展不仅没有妨害，而且随着变量资源投入的不断增加，继续使总产量上升，以至最后终于达到了最高点(这个最高点，是在现有技术水平等给定条件下的最高点)。这表明，在集约经营中只要总产量在增长，就不必担心边际报酬和平均报酬的递减。但是一旦总产量达到最高点以后，变量资源的投放就达到了最终点，而不宜继续增加其投放量。这就是说，在报酬的第二阶段，虽然边际报酬和平均报酬呈下降趋势，但总报酬仍在上升，因而经营的集约度是合理的。当总报酬达到最高点时，表明已达到集约边际，再增加变量资源的投放，将进入报酬的第三阶段。在第三阶段，变量资源投入的增加不仅带来边际报酬的负增长和平均报酬的进一步递减，而且导致了总报酬的递减。可见，反映在各项投入产出效果上，已无任何利益可图，因而是生产投资的终止阶段。否则如果继续投资、投劳，则必将增大损失，投入越多，损失越多。即超过了集约边际的投资，是不合理的集约经营，已超出了土地的受容力。由于集约边际限制了对土地的投入，因此，农业生产要保证一定总产量，就必须有一定的耕地面积作保障。

既然土地报酬运动规律对土地利用的集约经营有如此的制约作用，所以，我们在确定土地利用的集约度时，必须根据当时的社会经济和技术条件以及生产力水平，依据报酬运动规律，从中做出最优选择，以便自觉据此确定和调节投入变量资源和固定资源的适当比例关系。

2.3 资金时间价值原理

2.3.1 资金时间价值的概述

1. 资金时间价值的定义

房地产投资具有投资周期长、资金量大等特点，在进行房地产投资分析时，需要对不同时点上的资金进行比较。因此，资金的时间价值在房地产投资分析中至关重要。

由于通货膨胀、承担风险、货币增值等因素的影响，资金的价值会随时间发生变化。今天可以用来投资的一笔资金，比将来可获得的同样数额的资金更有价值。因为当前可用的资金能够立即用来投资并带来收益，而将来的资金则无法用于当前的投资，也无法立即获得相应的收益。资金的时间价值是资金放弃即时使用的机会，在一段时间以后所要求获得的补偿，补偿的数量与资金放弃使用的时间成正比，放弃使用的时间越长要求所获得的补偿也越多。具体地说，等额资金在不同时间点上所表现出的价值差别，就是资金的时间价值。

通过以上分析，可以将资金时间价值作如下定义：资金时间价值是指一定量资金在不同时点上的价值量的差额，也就是资金在投资和再投资过程中随着时间的推移而发生的增值。

资金的时间价值是客观存在的，对房地产投资项目进行正确的评价，不仅要考虑投资项目投入与产出的大小，还要考虑投入与产出之间发生的时间。例如，有两个房地产投资项目，甲项目投入8 000万元，能获得纯利润800万元，乙项目也是投入8 000万元，但能获得纯利润900万元。那么哪个项目更好一点呢？在此，不能简单地判断得出乙项目较甲项目优的结论，因为还不知道这两个投资项目的开发利润，如果甲项目投资开发期是一年，而乙项目投资开发期是三年，则有可能甲项目优于乙项目。

分析和计量资金的时间价值，就是要估计资金时间价值对投资项目效益的影响，使得投资效益分析和投资决策结果更符合实际情况。由于上述的乙项目占用资金的时间比甲项目长两年，如果这两年中8 000万元资金的时间价值大于100万元，则乙项目的投资效益显然就不如甲项目好了。

2. 资金时间价值的内涵

对于资金的时间价值，可以从以下两个方面理解。

（1）资金的增值特性。随着时间的推移，资金的价值会增加，这种现象叫资金增值。在市场经济条件下，资金伴随着生产与交换的不断进行，能够为投资者带来利润，表现为资金的增值。从投资者的角度来看，资金的增值特性使其具有时间价值。

（2）对放弃消费的补偿。资金一旦用于投资，就不能用于即期消费。牺牲即期消费是为了能在将来得到更多的消费，个人储蓄的动机和国家积累的目的都在于此。从消费者的角度来看，资金的时间价值体现为放弃即期消费所应得到的补偿。

3. 资金时间价值的影响因素及计算方法

资金时间价值的大小，取决于多方面的因素。从投资的角度来看，主要有：投资利润率，即单位投资所能取得的利润；通货膨胀率，即对因货币贬值造成的损失所应得到的补偿；风险因素，即对因风险可能带来的损失所应获得的补偿。在技术经济分析中，对资金时间价值的计算方法与银行利息的计算方法相同。实际上，银行利息也是一种资金时间价值的表现方式，利率是资金时间价值的一种标志。由于资金存在时间价值，就无法直接比较不同时点上发生的现金流量。因此，要通过一系列的换算，在同一时点上进行对比，才能符合客观的实际情况。这种考虑资金时间价值的经济分析方法，提高了方案评价和选择的科学性和可靠性。

通过分析投资项目资金的时间价值，可以更好地了解资本的使用效率。投资项目的资金时间价值是所使用资本的机会成本，只有当投资项目的实际收益水平高于这个机会成本时，该投资项目才是可行的。

在一定的利率条件下，资金的价值是数量和时间的函数。假设资金的价值为 V，则有

$$V=f(\text{数量},\text{时间})$$

在上式中，V 与面值有关，f 与占用资金的时间有关。占用资金的时间越长，其价值就越大。

2.3.2　利息与利率

1. 利息与利率的含义

从资金所有者来看，也就是对贷款人来说，利息是对资金所有者延迟享受的补偿；从资金使用者来看，也就是对借款人来说，利息是对其占用资金在经济上所付出的代价。换言之，利息是指占用资金所付出的代价，或者是放弃使用资金而得到的补偿，是资金时间价值的表现形式。

单位时间内的利息与本金之比称为利率。利率是资金时间价值的一种标志，是衡量资金时间价值高低的重要指标，一般用百分比表示。

$$\text{利率}=\frac{\text{单位时间内的利息}}{\text{本金}}\times 100\%$$

利率的表现形式是多种多样的，可分为基础利率、存款利率、债券利率、贷款利率等。

2. 计息周期与计息方式

用来表示利率的时间单位称为计息周期。计息周期可以是年，也可以是季或月等，但通常采用的时间单位为年。

利息的计算方式有单利计息和复利计息两种。单利计息是指利息由本金一次计算而得到，在进行单利计息时，不计入先前计息周期中利息的时间价值，即不对利息再计息，仅计算本金的利息，其利息总额与借贷时间成正比。其计算公式为

$$I=Pni$$

$$F=P+I=P(1+in)$$

式中：I——利息；

F——本利和；

P——本金；

n——计息周期；

i——利率。

复利计息是指考虑利息时间价值的计息方式，将上期利息结转为本金一并计算本期利息的计算方式。其计算公式为

$$F_n=P(1+i)^n$$

$$I_n=F_n-P=P(1+i)^n-P=P[(1+i)^n-1]$$

式中：F_n——本利和；

I_n——利息；

P、n、i 的含义同上式。

复利反映利息的本质特征，即利息作为资本也参加了社会再生产的过程。因此，在实际生活中得到了广泛的应用，如我国现行财税制度规定，投资贷款实行的差别利率按复利计算，在房地产投资分析中如无特殊说明，一般采用复利计息。

2.3.3 名义利率与实际利率

1. 名义利率与实际利率的概念

在实际经济活动中，计息周期有年、季度、月、周、日等，也就是说，计息周期可以短于一年。这样就出现了不同计息周期的利率换算问题。也就是说，当利率标明的时间单位与计息周期不一致时，就出现了名义利率和实际利率的区别。

计息周期为一年时的利率称为名义利率，也就是按年计息的利率。实际利率又称有效利率，是指在名义利率包含的单位时间内，按周期利率复利计息所形成的总利率，是每年末终值比年初值的增长率。

通常，金融机构公布的利率是年利率，而实际计算利息时，有的按月计算复利，有的按季度计算复利，还有的按半年计算复利。

2. 名义利率与实际利率的关系

已知某年初有资金 P，名义利率为 r，一年内计息 m 次，则计息周期利率为 r/m，一年后产生的本利和为 F，实际利率为 i，用复利计息的公式为

$$F=P\left(1+\frac{r}{m}\right)^m$$

$$I=F-P=P\left(1+\frac{r}{m}\right)^m-P=P\left[\left(1+\frac{r}{m}\right)^m-1\right]$$

$$i=\frac{I}{P}=\left(1+\frac{r}{m}\right)^m-1$$

例：假设本金为 100 元，年利率为 12%，分别计算一年计复利一次、半年计复利一次和每月计复利一次的情况下，一年后的本利和、利息、实际利率。

一年计复利一次，年利率为 12%，$m=1$，一年后的本利和、利息、实际利率为

$$F_1=100\times(1+12\%)^1=112\text{（元）}$$

$$I_1=100\times12\%=12\text{（元）}$$

$$i_1=I_1/P=12/100=12\%$$

半年计复利一次，半年利率=12%/2=6%，$m=2$，一年后的本利和、利息、实际利率为

$$F_2=100\times(1+6\%)^2=112.36\text{（元）}$$

$$I_2=100\times[(1+6\%)^2-1]=12.36\text{（元）}$$

$$i_2=I_2/P=12.36/100=12.36\%$$

每月计复利一次，月利率=12%/12=1%，$m=12$，一年后的本利和、利息、实际利率为

$$F_3=100\times(1+1\%)^{12}=112.68\text{（元）}$$

$$I_3=100\times[(1+1\%)^{12}-1]=12.68\text{（元）}$$

$$i_3=I_3/P=12.68/100=12.68\%$$

通过上述分析和计算，可以得出名义利率和实际利率存在着下述关系。

（1）实际利率比名义利率更能反映资金的时间价值。

（2）名义利率越大，计息周期越短，实际利率与名义利率的差异就越大。

（3）当每年计息周期数 $m=1$ 时，名义利率与实际利率相等。

（4）当每年计息周期数 $m>1$ 时，实际利率大于名义利率。

（5）当每年计息周期数 $m\to\infty$时，名义利率与实际利率的关系为：$i=e^r-1$。

2.3.4　现金流量图

一般来说，货币支出称为现金流出，货币流入称为现金流入。某一时刻的货币支出与货币流入均称为现金流量，两者之间的差额称为净现金流量。

对于房地产开发投资活动来说，销售收入、租金收入、开发成本、出租成本、税金等都可以构成房地产投资项目的现金流量。

现金流量图是反映投资项目在投资评价期内现金流入和流出的活动状况图。在现金流量图上（见图 2-3），以横轴为时间轴，向右延伸表示时间的延续，轴上的每一刻度表示一个时间单位，两个刻度之间的时间长度称为计息周期，可取年、半年、季度或月等，时间间隔相等。横坐标轴上的“0”点通常表示当前时点，也可表示资金运动的时间始点或某一基准时刻。时点“1”表示第 1 个计息周期的结束，同时又是第 2 个计息周期的开始，依此类推。现金流量图上的垂直箭头，箭头向上表示正现金流量或者收入，箭头向下表示负现金流量或者支出，箭头所在的垂直线的长短表示现金流量绝对值的大小。如果现金流出或者现金流入不是发生在计息周期的期初或者期末，而是发生在计息周期期间，如果不特殊说明，一般将该现金流量看作是在期末发生，这被称为期末惯例。例如，对于房屋的维修

费，每年的维修时间不确定，就可以看作是在年末发生。如果在计息周期内是均匀投入，这时可以将投入看作是期中投入。

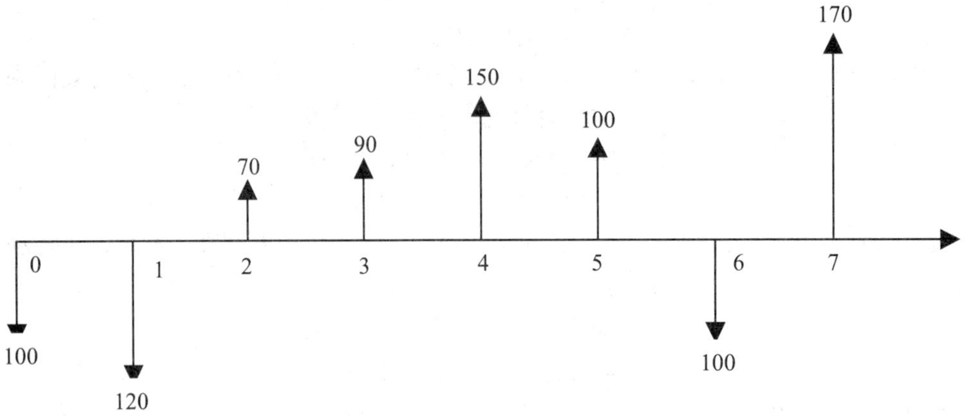

图 2-3　某房地产开发公司现金流量图

2.3.5　资金等值

1. 资金等值的概念

等值是资金时间价值计算中一个十分重要的概念。资金等值是指在考虑时间因素的情况下，不同时点发生的两笔及以上的绝对值不等的资金额，按资金的时间价值尺度，所计算出来的价值相等。资金在某一时点上等值，则它在任意其他时点上也等值。

通常情况下，在资金等值计算中，人们把资金运动起点时的金额称为现值，把资金运动结束时与现值等值的金额称为终值或未来值，把资金运动过程中某一时间点上与现值等值的金额称为时值。另外，把未来时点发生的资金用资金时间价值的尺度（如利率 i）折算成现在时点相应资金数额的过程，称为贴现（或折现）。

2. 资金等值的计算

根据资金的支付方式不同，资金等值计算方法也不相同，下面根据常用的资金支付方式介绍资金等值的计算方法。

（1）一次支付的现值系数与终值系数

在现金流量图的时间点 t=0 时的资金现值为 P，利率 i 已定，则复利计息的 n 个计息周期后的终值 F 为

$$F=P(1+i)^n$$

式中，“$(1+i)^n$”称为“一次支付终值系数”。

根据上述公式，在已知 F 和 i 时，就可以计算复利计息条件下的 P 为

$$P=F/(1+i)^n$$

式中，“$1/(1+i)^n$”称为“一次支付现值系数”。

（2）等额序列支付的现值系数和资金回收系数

等额序列支付是指在每一个计息周期期末都有一个等额支付金额 A。其现值的计算思路是将每一个 A（记作 a_1、a_2、a_3、…、a_n，$a_1=a_2=a_3=\cdots=a_n$）看作是其计息周期期末的 F，用一次支付现值系数分别计算每一个 A 的现值，并将这些现值相加以得到 P，则计算过程为

$$\begin{aligned}P&=[a_1/(1+r)]+[a_2/(1+r)^2]+[a_3/(1+r)^3]+\cdots+[a_n/(1+r)^n]\\&=A[(1+i)^n-1]/[i(1+i)^n]\\&=(A/i)[1-1/(1+i)^n]\end{aligned}$$

式中，“$[(1+i)^n-1]/[i(1+i)^n]$”称为“等额序列支付现值系数”。

根据上述公式，在已知 P 和 i 的情况下，就可以计算复利计息条件下的等额支付额 A，其计算公式为

$$A=P[i(1+i)^n]/[(1+i)^n-1]=Pi+Pi/[(1+i)^n-1]$$

式中，“$[i(1+i)^n]/[(1+i)^n-1]$”称为“等额资金回收系数”。

（3）等额序列支付的终值系数和存储基金系数

等额序列支付的终值系数和存储基金系数就是在已知 A 的情况下求 F 和已知 F 的情况下求 A。在前面已讲解了等额序列支付的现值系数和资金回收系数，根据 P 与 F 的关系公式，可以推导出

$$A=Fi/[(1+i)^n-1]$$

式中，“$i/[(1+i)^n-1]$”称为“等额序列支付存储基金系数”。

$$F=A[(1+i)^n-1]/i$$

式中，“$[(1+i)^n-1]/i$”称为“等额序列支付终值系数”。

（4）等差序列的现值系数和年费用系数

等差序列是指资金的流出或流入在每个计息期之间等额递增或递减。这种等额递增或递减在房地产市场中一般表现为租金、维修费或折旧等。将等差额记作 G，第一年的资金流出或流入为 A_1，第 n 年的资金流出或流入为 $A_1+(n-1)G$，则计算等差序列的现值为

$$P=A_1[(1+i)^n-1]/[i(1+i)^n]+(G/i)\{\{[(1+i)^n-1]/i(1+i)^n\}-n/(1+i)^n\}$$

式中，“$\{[(1+i)^n-1]/i(1+i)^n\}-n/(1+i)^n$”称为“等差序列现值系数”。

如果将等差序列的现金流量变换为等额序列的现金流量 A，则

$$A=A_1\pm G\{1/i-[n/(1+i)^n-1]\}$$

式中，“$1/i-[n/(1+i)^n-1]$”称为“等差序列年费用系数”。

（5）等比序列的现值系数和年费用系数

等比序列是指资金的流出或流入在每个计息期之间以固定的比例递增或递减。这种等比递增或递减在房地产市场的租金和折旧中也有所体现。将递增或递减比例记作 g，第 n 年的资金流出或流入为 $A_1(1+g)^n$，则计算等比序列的现值为

$$P= [A_1/(i-g)]\{1-[(1+g)/(1-i)]^n\} \qquad （当 i\neq g 时）$$

$$P= A_1 n/(1+i) \qquad （当 i=g 时）$$

如果将等比序列的现金流量变换为等额序列的现金流量 A，则

$$A= A_1 i/(i-g)\{1- [(1+g)^n-1]/[(1+i)^n-1]\}$$

2.4 房地产市场四象限理论

从房地产市场生产和流通的各个环节来看，可以将房地产市场划分为资产市场和消费市场两个市场。在房地产资产市场和消费市场内部，分别存在着诸多影响因素，它们之间相互作用、相互影响，从而决定了整个房地产市场的运作过程。房地产四象限理论就是通过分析房地产资产市场和消费市场内在影响因素之间的关系，将房地产市场划分为租金、价格、开发量、存量四个象限，并利用四象限中各影响因素的作用机理对房地产市场进行分析。

2.4.1 房地产资产市场与消费市场

1. 房地产资产市场

房地产资产市场是在房地产资产需求和供给的共同作用下形成的资产市场。房地产资产市场构成了房地产市场四象限中的价格和开发量两个象限。

房地产作为一种特殊的商品，具有消费与投资的双重特性，投资的特性根源于房地产资产的增值保值性，所以房地产价格是在资产或资本市场中形成的。在资产或资本市场上，房地产资产的需求与供给长期趋于平衡。因此，住宅价格在很大程度上取决于希望拥有住宅的家庭数量和可以被人们拥有的住宅数量。类似地，零售商业中心物业的价格或价值取决于希望拥有这类物业的投资者的数量。在这两种情况中，如果其他条件都不发生变化，拥有这些资产的需求增加会导致其价格上升，而过多的房地产资产供给会导致其价格下降。

房地产资产的新增供给主要来源于新项目的开发建设，并且取决于这些房地产的资产价格和开发成本的关系。从长远看，在房地产资产市场上，房地产的市场价格应该等于房地产的开发成本。然而就短期来看，由于房地产建设过程中存在滞后和拖延现象，也就是时滞的存在，使价格和成本之间发生较大的背离。假如市场需求突然增加，而房地产资产

的供给在短期内难以快速增加，供给相对固定，肯定会导致物业价格的上升。当房地产价格高于房地产开发成本时，就会吸引更多的资本进入房地产开发领域，出现更多新的房地产开发项目。随着新项目被逐步推向市场，需求逐渐得到满足，供求再次失衡，价格开始向开发成本回落。

2. 房地产消费市场

房地产消费市场是房地产使用空间需求与供给所共同作用而形成的使用权交易市场。房地产消费市场构成了房地产市场四象限中的租金和存量两个象限。

房地产资产需求增加的影响因素除了价格外，最重要的就是反映房地产资产收益能力的租金水平。在房地产使用市场上，需求来源于房地产的使用者，这些使用者一般是承租人或业主，主要用于生产或生活。对企业来说，房地产所提供的空间是其众多生产要素中的一种，和其他要素一样，其使用数量取决于企业的产出水平和与之相关的空间使用成本。一个家庭，其住房消费需求数量取决于其收入水平以及住房消费与其他事物（如服装或文化娱乐等）消费成本的相对比较。对于企业、家庭来说，使用物业的成本就是为了获得一定期限的房屋使用权所支付的费用，即租金。

租金是根据房地产消费市场上的空间使用情况而定的，而不是根据资产市场上的所有权价值确定的。在房地产消费市场上，使用空间的供给量是一定的（来源于房地产资产市场）。对房地产的需求取决于租金和诸如公司的生产水平、收入水平或者家庭数量等一些其他的外在因素。房地产消费市场的作用就是确定一个租金水平，在这个水平上使房地产的消费需求与房地产使用空间的供给长期趋于平衡。在其他因素保持不变的情况下，当家庭数量增加或企业扩大生产规模时，需求就会上升，在供给固定的情况下，租金就会上涨。

3. 房地产市场的内在因素及其关系

房地产市场与一般商品市场一样，会受到供给与需求的影响，并最终通过市场价格的调整来达到短期与长期的市场平衡。由于房地产具有位置固定性、使用期限长、投资需求量大、易受政策影响等特点，造成房地产市场的运作过程与一般商品的市场运作过程有着明显的不同，主要表现为：房地产的交易实质上是房地产权益的交易；房地产市场是一个地区性市场；房地产市场易于出现不均衡和垄断现象等。

房地产的供给与需求除了受外部因素影响外，还受内在影响因素的制约，下面就房地产市场的内在影响因素进行分析。

房地产市场的内在影响因素有房地产市场需求量（D）、房地产市场租金（用租金表示的房地产价格，R）、房地产市场开发量（C）、房地产市场供给量（S）、房地产市场转让价格（P）和房地产市场开发成本（$f(c)$）。这六个内在影响因素之间的关系如下。

（1）R-D：如图 2-4（a）所示，房地产消费市场中，市场租金与需求量之间呈反方向变化，这种变化关系同时也表明市场对房地产的需求量取决于房地产的市场租金。

（2）*C-S*：如图 2-4（b）所示，在房地产消费市场中，开发量与市场供给量之间呈同方向变化。

（3）*R-P*：如图 2-4（c）所示，在房地产资产市场中，由于房地产的交易价格可表现为市场租金（*R*）和转让价格（*P*）两种方式，在其他条件不变的情况下，房地产的市场租金越高，其转让价格也会随之提高，两者呈现同方向变化。

（4）*C-f*(*c*)：如图 2-4（d）所示，在房地产投资市场中，随着对土地、资金、原材料需求量的增加，开发成本通常是随着开发量的增加而增加。

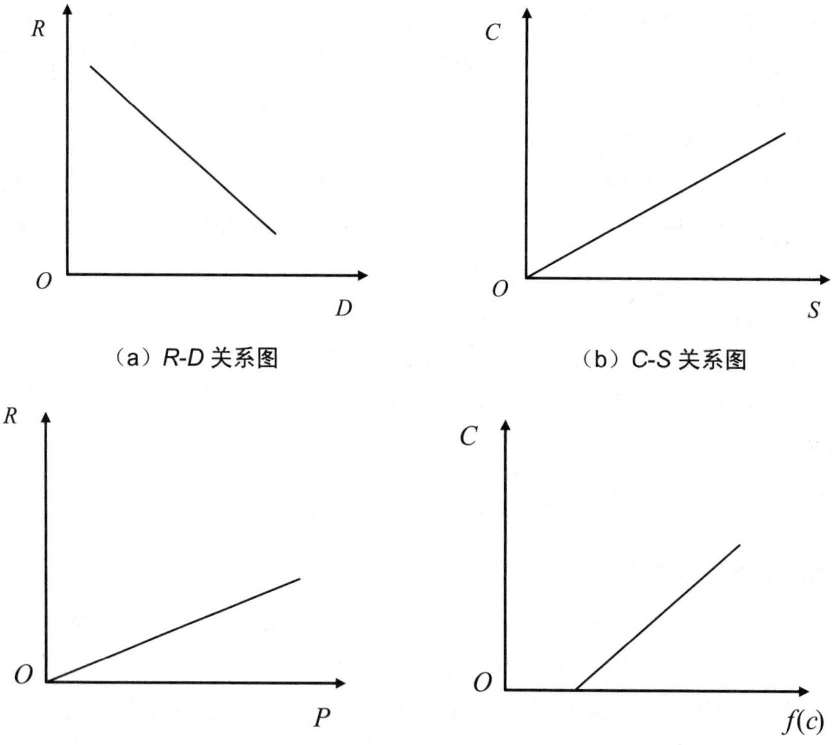

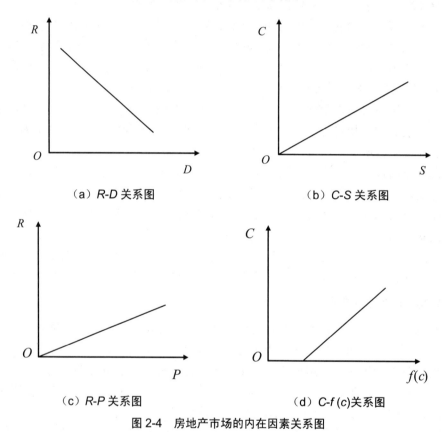

（a）*R-D* 关系图　（b）*C-S* 关系图

（c）*R-P* 关系图　（d）*C-f*(*c*)关系图

图 2-4　房地产市场的内在因素关系图

2.4.2　房地产市场四象限划分及其内在联系

1. 房地产市场四象限划分

房地产市场四象限理论是把房地产市场划分为消费市场和资产市场，两者之间有两个结合处。第一个结合处，消费市场上形成的租金水平是决定房地产资产需求的关键因素，毕竟在获得一项资产时，投资者实际上是在购买当前或将来的现金流量，因此，消费市场上的租金变化会立即影响到资产市场上的所有权需求。第二，两个市场在开发或者建设部分也有结合处，如果新建设量增加且资产的供给量也随之增长的话，不仅会使资产市场上的价格下滑，也会使消费市场上的租金随之下调。利用消费市场中的市场供给量和市场需求量之间的平衡、资产市场中的市场转让价格和开发成本之间的平衡，建立房地产市场四象限模型，并利用该模型分析两个市场之间的关系，如图 2-5 所示。

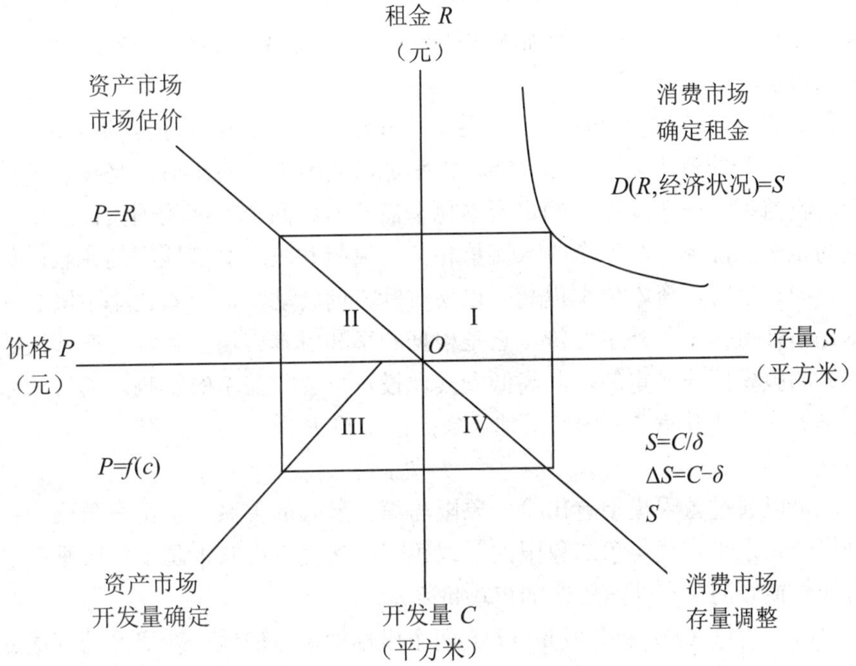

图 2-5　房地产市场四象限模型

在房地产市场四象限中，右侧的第一、第四象限代表消费市场，左侧的第二、第三象限代表资产市场。

2. 房地产市场四象限的内在联系

根据房地产市场内在因素的关联性，对房地产市场四象限模型从第一象限开始逐步向第四象限分析，下面分析中所采用的单位均为空间计量单位。

第一象限有租金（R）和存量（S）两个坐标轴。曲线表明在一定的经济条件下，对房地产消费的需求数量取决于租金水平。如果消费需求数量不变（非弹性需求），那么曲线则会几乎变成一条完全垂直的直线；如果消费需求量相对于租金的变化特别敏感（弹性需求），则曲线就会变得更为水平。如果社会经济状况发生变化，则整个曲线就会移动，当经济衰退时，曲线就会向下移动，表明消费需求减少；反之，则曲线会向上移动，表明消费需求增多。

为了使消费需求量 D 和房地产存量 S 达到平衡，必须确定适当的租金水平 R，使需求量等于存量。需求量是租金 R 和经济状况的函数：

$$D(R,\ \text{经济状况})=S$$

消费市场上的存量供给是由资产市场决定的，因此在图 2-5 中，对于横轴上的某一数量的存量，向上画一条垂直直线与需求曲线相交，然后从交点再画一条水平线与纵轴相交，相交点即该存量下的租金标准。

第二象限有租金（R）和价格（P）两个坐标轴。以原点作为起点的这条射线，其斜率代表了房地产资产的资本化率（i）。资本化率是租金和价格的比值，是投资者持有房地产资产的当前收益率。一般来说，确定资本化率需要考虑四个方面的因素：经济活动中的利率、预期的租金上涨率、与租金收入流量相关的风险和政府对房地产的税收政策。当射线以顺时针方向转动时，资本化率提高；以逆时针方向转动时，资本化率下降。在这个象限中，资本化率被看作一种外生变量，它是根据利率和资本市场上各种资产（股票、债券、短期存款）的投资回报而定的，其高低受其他投资机会收益率的影响。通过该象限，可以用租金水平 R 和资本化率 i 来确定房地产资产的价格 P 为

$$P=R/i$$

同时，可以通过象限模型看出第一象限与第二象限的关系，从第一象限中的某种租金水平，画出一条水平直线与第二象限的射线相交，从交点再向下画出一条垂直于横轴的直线，该直线与横轴的交点便是资产的市场价格。

第三象限有价格（P）和开发量（C）两个坐标轴，对房地产新资产的形成原因进行了解释。这里的曲线代表房地产的重置成本（$f(c)$）。假设新项目开发建设的重置成本是随着房地产开发量 C 的增多而增加，则曲线向左下方延伸。它在价格横轴的截距是保持一定规模的新建设量所要求的最低单位价格。假如开发成本几乎不受开发数量的影响，则这条射线会接近于垂直；如果建设过程中由于瓶颈因素、稀缺的土地和其他一些影响开发的因素致使供给非弹性变化，则这条射线将会变得较为水平。从第二象限某个给定的房地产资产价格向下垂直画出一条直线，再从该直线与开发成本相交点画出一条水平线与纵轴相交，由纵轴交点便可以确定在此价格水平下的开发量，此时开发商获取超额利润；反之，如果开发数量大于这个平衡数量，则开发商会无利可图。所以新的房地产开发量 C 应该保持在物业价格 P 等于房地产开发成本 $f(c)$的水平上，即

$$P=f(c)$$

在第四象限，年度新开发量（增量）C 被转换成为房地产的长期存量 S。在一定时期

内，存量变化 ΔS 等于新建房地产数量减去由于房屋拆除（折旧）导致的存量损失。如果折旧率以 δ 表示，则

$$\Delta S=C-\delta S$$

以原点作为起点的这条射线代表了开发量和存量的关系。从纵轴上的一点画一条水平线与射线相交，从交点画一条垂直线交于横轴上的一点，该点即为该开发量所对应的存量，设在新增开发量之前的市场存量为 S_1，新增开发量之后的市场存量为 S_2，则

$$S_2=\triangle S+S_1= C-\delta S_1+S_1=C+(1-\delta)S_1$$

如果新开发量 C 是以市场既有存量 S_1 为基数乘以一个新增开发系数，并且该新增开发系数等于折旧系数 δ，则

$$C=\delta S_1$$

$$S_2=\delta S_1+(1-\delta)S_1=S_1=C/\delta$$

通过上述换算，在假定房地产市场上的开发量新增系数等于折旧系数时，房地产市场存量为

$$S=C/\delta$$

通过房地产市场四象限模型，从某个存量值开始，在消费市场确定租金，这个租金可以通过资产市场转换成房地产价格；接着，这些资产价格可形成新的开发建设量；再转回到消费市场，这些新的开发建设量最终会形成新的存量水平。当存量的开始水平和结束水平相同时，消费市场和资产市场达到均衡状态。假如结束时的存量与开始时的存量之间有差异，那么消费市场和资产市场将并不处于完全的均衡状态。如果市场处于不均衡状态，则市场自动会进行调整；假如初始存量超过结束时的存量，则租金、价格和新开发建设量必须增长以达到均衡；假如初始存量低于结束时的存量，租金、价格和新开发建设量必须减少，使其达到均衡。

2.4.3　外在因素对四象限模型均衡状态的影响

房地产市场的外在影响因素较多，但其核心在于宏观经济、土地政策和利率，下面就对这三个主要外在因素对四象限模型均衡状态的影响进行分析。

1. 宏观经济

如图 2-6 所示，经济增长时，第一象限内的需求曲线将向右上方移动，这表明在当前的租金水平下有较为强劲的房地产消费需求，在生产、家庭收入和家庭数量增加的情况下，这种情况就会发生。在可供消费的房地产数量保持一定的情况下，如果物业的消费需求要与能够用于消费的物业相等，租金就必须相应地提高，依次又会促使第二象限资产价格提高，使第三象限开发量增加，最后导致第四象限房地产存量增加。同样道理，如果经济下

滑，则第一象限的需求曲线将向左下方移动。宏观经济的变化会导致存量的开始水平和结束水平存在差异，则市场会进一步进行调整。

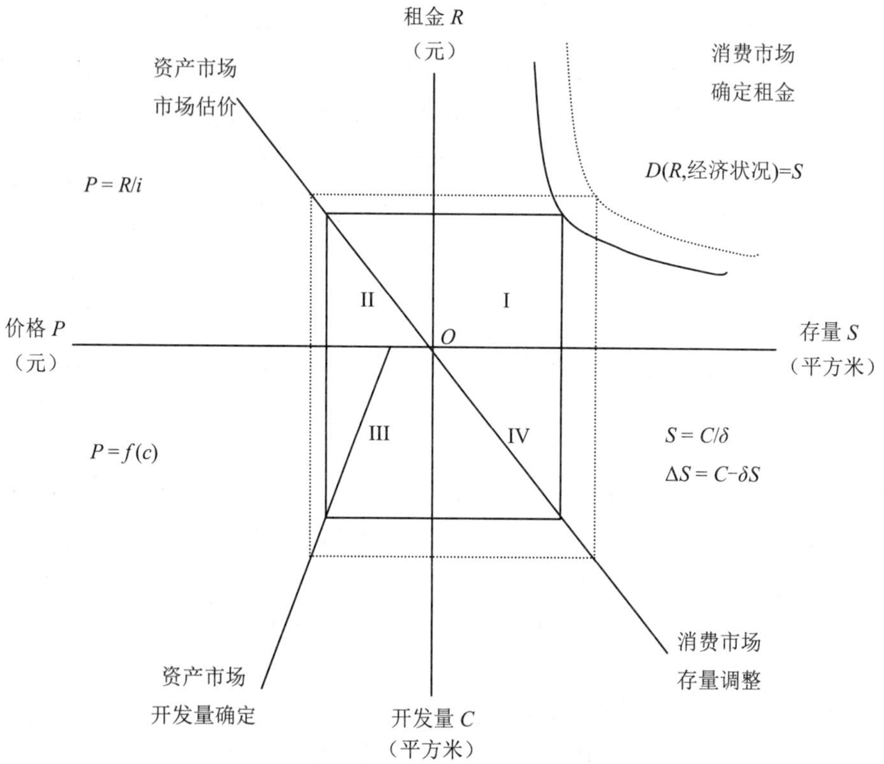

图 2-6　宏观经济增长下的房地产市场四象限模型

经济增长后的市场平衡为虚线所示的矩形，在各个象限中，它均位于原市场均衡线的外侧。一般认为，租金对于需求是缺乏弹性的，开发成本对于新开发建设量是缺乏弹性的，所以经济增长对需求和新开发建设量的影响相对较大，对价格的影响相对于开发建设量较小。

2. 土地政策

通过四象限模型分析，控制土地供给会使开发成本增加，在四象限模型中表现在第三象限内的成本曲线向左移动，如图 2-7 所示。在资产价格保持相对固定的情况下，新增开发量曲线的左移将会降低新项目开发建设的数量，并最终降低房地产的存量。随着第一象限中房地产存量的减少，租金水平将不得不提升，进而在第二象限中形成较高的资产价格。当资产的初始价格和结束价格相等时，就达到了新的均衡，此时的均衡矩形将严格位于原矩形的左上方，租金和资产价格上升。由此可见，当土地政策进行调整时会通过影响开发量而改变房地产市场的均衡状态，从而影响房地产市场租金和价格。

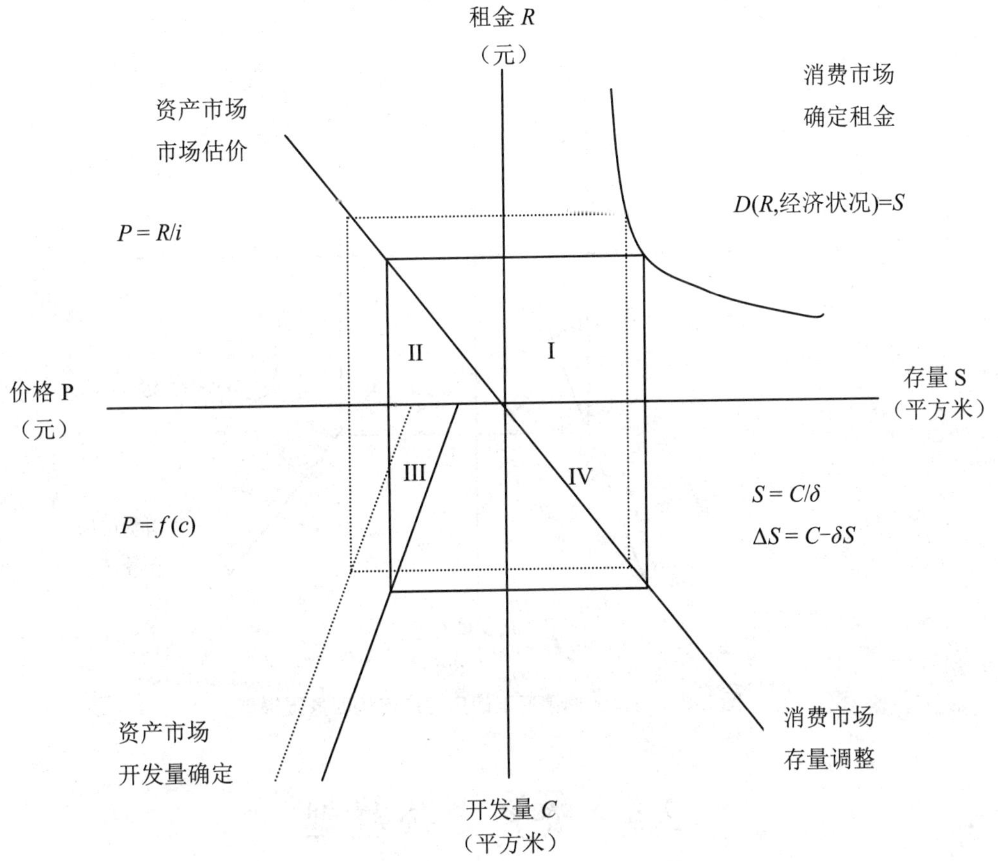

图 2-7　土地政策收紧下的房地产市场四象限模型

3. 利率

在四象限模型中，长期利率上调，会提高开发商的运营成本以及投资者对房地产投资的收益要求，这种情况将会使得资本化率射线（第二象限）沿着顺时针方向旋转，如图 2-8 所示。对消费市场上的某一相对固定的租金水平，房地产当前收益或资本化率的提高，会降低资产价格，从而导致开发量的减少。最终，这种情况会导致房地产存量的减少和消费市场上的租金上涨。只有在初始租金水平与结束时的租金水平相等时，才会达到均衡。这种新均衡状态形成的矩形比初始矩形位置靠上些，也要比初始矩形更小一些。

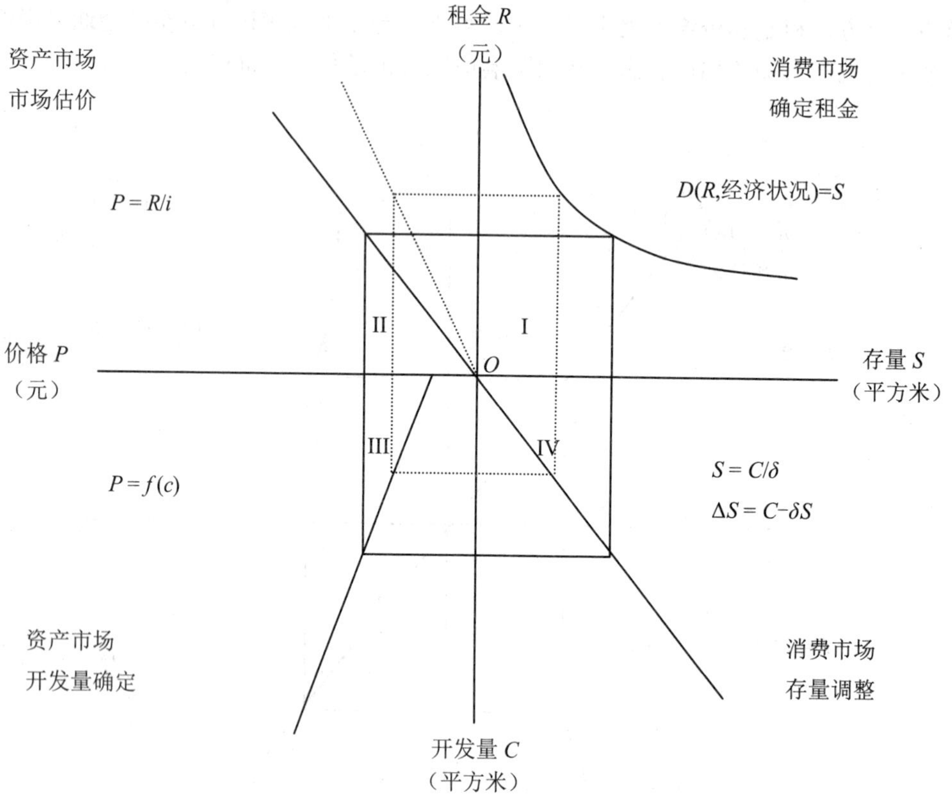

图 2-8　利率上调情况下的房地产市场四象限模型

2.5　资产定价模型

2.5.1　资产定价模型简介

现代资本资产定价模型（Capital Asset Pricing Model，CAPM），简称资产定价模型，是夏普等学者在 1964 年前后提出来的，夏普也因此获得 1990 年诺贝尔经济学奖。资产定价模型是第一个关于资产定价的均衡模型，也是第一个在不确定条件下，使投资者实现效用最大化的资产定价模型。资产定价模型最初是针对证券市场而设计的，随着对该模型的深入研究，其对包括房地产市场在内的其他投资也具有很好的借鉴作用。

资产定价模型是描述资产期望收益率与其风险之间关系的方程，该方程为

$$r_i=r_f+\beta_i\,(r_m-r_f)$$

式中：r_i——第 i 种投资的预期收益率；

r_{f}——无风险收益率（Risk Free Rate）；

r_{m}——市场期望收益率（Expected Market Return）；

β_i——第 i 种投资的风险系数。

资产定价模型认为，风险资产的收益由两部分组成：一部分是无风险资产的收益，由 r_{f} 表示；另一部分是市场风险补偿，由（$r_{\mathrm{m}}-r_{\mathrm{f}}$）表示。其 β 系数表示系统风险的大小，这就意味着高风险资产必然伴随着高收益。当然，并非风险资产承担的风险都需要补偿，需要补偿的只是系统风险。由于系统风险不能由分散化而消除，必须伴随相应的收益来吸引投资者投资，相反，非系统风险由于可以分散掉，则无须补偿。资产定价模型还指出最佳的投资组合是市场组合，市场组合的非系统风险最小，所有的风险投资者都会持有市场组合。一个针对实践的推论就是最优的投资策略是对全市场指数的被动投资。

该模型的首要意义是建立了资本风险与收益的关系，明确指出期望收益率就是无风险收益率与风险补偿两者之和，揭示了报酬的内部结构，因此，对资产定价模型进行深入研究在理论和实践上都有着重要的意义。

2.5.2　资产定价模型的假设条件

资产定价模型是建立在下列假定条件基础之上的。

（1）市场包含足够的投资者，他们中的任何一个人的买卖行为均不能影响市场上的价格，而且他们均有平等的投资机会，可以根据自己的想法买卖任何数量的任何可交易资产。

（2）市场完备，没有交易费用或所得税，所有交易资产均可以无限细分。

（3）市场信息是公开、完备的，所有的投资者都不需要任何费用即可得到所有的投资机会的信息，因此他们对所有的投资机会的期望收益率、标准差和协方差均有相同的估计。

（4）在相应的范围内，所有的投资者均能借或贷任何数目的资金，而且不会影响利率；同时，不存在通货膨胀，且折现率不变，对所有投资者来说，贷款利率都等于无风险利率。

（5）所有投资者具有相同的投资期限，而且只有一期。

（6）所有投资者都遵守主宰原则（Dominance Rule），即同一风险水平下，选择收益率较高的资产；同一收益率水平下，选择风险较低的资产。同时，投资者都具有不满足性，即对任何投资者，财富越多越好，而效用是财富的函数，财富又是投资收益率的函数，因此可以认为效用为收益率的函数。

（7）所有投资者对未来具有一致性的预期，都正确认识到所有资产的收益服从联合的正态分布，市场上的效率边界只有一条。

2.5.3 资产定价模型的优缺点

1. 资产定价模型的优点

资产定价模型最大的优点在于简单、明确。它把任何一种风险资产的价格都划分为三个因素：无风险收益率、风险的价格和风险的计算单位，并把这三个因素有机结合在一起。

资产定价模型的另一优点在于它的实用性。通过该模型，投资者可以根据绝对风险而不是总风险来对各种竞争报价的资产作出评价和选择。这种方法已经被市场上的投资者广为采纳，用来解决投资决策中的一般性问题。

2. 资产定价模型的缺点

资产定价模型虽然具有简单、明确及实用的优点，同时也难以回避其自身的缺点。

首先，资产定价模型的假设前提是难以实现的。例如，实际状况中的市场是有交易成本、资讯成本及税费，为不完全市场；实际上投资人的预期并非同质；实际上贷款利率大于无风险利率，并且贷款利率对于不同投资者是不一定相等的；实际上投资人的“做市”行为时有发生；实际市场上的投资者数目众多，他们的资产持有期间不可能完全相同，而且现在进行长期投资的投资者越来越多。

其次，资产定价模型中的β系数难以确定。由于部分投资缺乏历史数据，其β值难以测算。此外，由于经济的不断发展变化，各种资产的β值也会产生相应的变化，因此，依靠历史数据估算出的β值对未来的指导作用也要打折扣。

由于上述缺点，经济学家和金融家仍在不断探求比资产定价模型更为准确的资本市场理论，并且也创造了一些颇具特色的其他资本市场理论。但是目前尚未有一种理论模型可以取代资产定价模型。

2.5.4 资产定价模型的应用

1. 资产分类，优化资源配置

一般利用资产定价模型中的风险因素β对投资进行分类。例如，第一种投资资产的β=2，那么当市场收益率上涨1%时，这种投资的收益率预计平均上涨2%，但是，当市场收益率下降1%时，这种投资的收益率预计下跌2%；第二种投资资产的β=0.5，那么当市场收益率上涨1%时，这种投资的收益率预计平均上涨0.5%，但是，当市场收益率下降1%时，这种投资的收益率预计下跌0.5%，因此，可以认为第一种投资比第二种投资更具有风险性。根据投资风险不同对投资资产进行分类，不同类别的投资具有不同的收益特征，根据投资者的要求或投资者的风险偏好，进行资产组合管理，从而优化资产配置。

2. 资产定价，指导投资者的投资行为

资产定价模型假定所有的投资者都运用投资组合理论在合理资产组合里寻找投资机会。资产定价模型是基于风险资产的期望收益均衡基础上的预测模型。但如果实际市场中的收益是均衡的，我们就可以将它与实际收益率进行比较，从而发现价值被高估或低估的资产，并根据低价买入、高价卖出的原则指导投资行为。

3. 资产组合管理的业绩评估依赖于资产定价模型

在投资组合管理中，为了实现投资组合收益最大化，会利用资产定价模型对各类投资组合资产进行评估并选择。为了考察投资管理人的投资业绩水平（绩效水平）或某个投资组合资产的投资业绩水平（收益能力），投资人需要进行业绩评估。

业绩评估与组合管理中的投资组合资产评估一样，业绩评估的方法和准则依然离不开资产定价模型的发展。资产定价模型在组合投资管理中具有非常重要的作用，这一理论模型可以直接应用于实践。不同的理论模型能带来不同的经济利益，同样，不同的经济利益也在一定程度上反映了模型的优劣、正确与否。

综合练习

一、基本概念

报酬递减规律；总报酬；平均报酬；边际报酬；土地受容力；土地生产效率；资金时间价值；利息；利率；计息周期；单利计息；复利计息；名义利率；实际利率；资金等值

二、思考题

1. 投资三要素是什么？
2. 在商品经济条件下，报酬具有哪几种形态？
3. 土地报酬的形式是什么？
4. 土地报酬出现三个阶段的原因是什么？
5. 利息的计算方式主要有哪些？
6. 房地产市场包括哪四个象限？
7. 资产定价模型的方程是什么？
8. 资产定价模型的假定条件有哪些？

推荐阅读

1．[美]威廉姆·B.布鲁格曼，杰夫瑞·D.费雪．房地产融资与投资[M]．逯艳若，张令东，任国军，译．北京：机械工业出版社，2003．

2．中国证券业协会．证券投资分析[M]．北京：中国财政经济出版社，2010．

3．於忠祥．土地经济学[M]．合肥：安徽人民出版社，2001．

4．孙天娇．基于四象限模型的房地产业与国民经济发展研究[J]．当代经济，2009（4·下）．

第 3 章　房地产市场分析

学习目标

通过对本章的学习，学生应掌握如下内容：

1. 房地产市场的特征与功能；
2. 房地产市场的结构；
3. 房地产市场供求的影响因素；
4. 房地产市场分析的限制条件；
5. 房地产市场分析的内容；
6. 房地产市场调查的内容、方法与程序；
7. 房地产市场预测的种类、方法与程序。

导言

房地产投资分析是将房地产投资项目放在房地产市场的大环境中进行分析，所以房地产市场分析是做好房地产投资分析的第一步，房地产市场分析是从市场调查入手，依据调查所得数据，按照科学的方法进行分析并预测市场状况。本章将详细阐述房地产市场、房地产市场分析的基本知识、操作方法等知识。

3.1　房地产市场概述

3.1.1　房地产市场的特征

1. 房地产市场是信息不充分的市场

由于房地产市场与完全竞争市场的四个条件[①]相差较远，因此，信息不对称性是房地产

[①] 完全竞争市场的四个条件分别是：有大量的买者与卖者，任何一个买者与卖者都不能单独影响这种商品的价格；产品是同质的、无差别的；各种生产要素可以完全自由流动；市场信息畅通，生产者和消费者都能充分地掌握它们。

市场的重要特征。市场信息主要包括供求信息、产品信息等。证券市场是信息最充分的市场，商品（股票、证券）价格明码标价，变化即知，公开交易。而在房地产市场上，房地产交易是买卖双方进行认真谈判的过程。某一物业的潜在买方既不知道市场上的一些买方已经出了什么样的价格，也不知道另一些买方准备出什么样的价格。对于卖方而言，他必须在不了解是否还有其他出价的情况下，决定接受或者拒绝现在的出价。一些具体交易和定价都是在不公开的情况下进行的，交易结果很大程度上不能真实地反映物业价值。

2. 房地产市场的区域性强

房地产商品具有不可移动性，这就决定了它的生产地点就是消费地点。房屋在市场上流通是房屋相关权利的流通，只能通过消费者自己的移动来实现房屋消费，而不能通过房屋的移动来实现。由于消费者移动往往受到多种因素的制约，所以有效的消费需求一般只能限于一定区域范围内有条件的消费者，取决于一个区域的经济社会发展程度和繁荣水平。房地产商品的这种固定性，决定了房地产市场具有明显的区域性。这一区域性表现为：不同地区市场发育和完善程度千差万别；同一类型产品地域价差大；市场供求圈小，市场辐射功能弱等。也就是说，一个地方房地产的稀缺不能由另一个地方房地产的富余来补充，房地产市场所包括的范围越大，对房地产投资者的意义就越小。

3. 房地产市场具有垄断性

房地产市场的垄断性体现在三个方面，第一，在土地公有制国家，土地一级市场被政府所垄断；第二，在任何体制下，具有该宗土地所有权或使用权的人具有排他性；第三，由于房地产（含土地）的异质性，任何一处房地产（土地）都是唯一的、不可复制的，容易产生垄断地租。

4. 房地产市场是房地产权益的交易市场

由于房地产具有固定性，其交易过程只有货币的单方面的“商流”，而没有物质实体的“物流”，在交易中转移的只是房地产权属，每一次交换行为都是对房地产权利的重新界定，因而必须以契约等法律文件为依据，权利的界定只有在法律的保护下才有效力，这充分体现了权利主导性。因此，房地产市场是房地产权益的交易市场。

5. 房地产市场存在时滞

某一因素的变动经过一定的时间传导后才被另一因素获取并导致后者发生变化，这一传导过程所使用的时间造成后者不能在前者发生变化的同时做出反应，这种时间的滞后性称之为时滞。房地产投资由于投资大、周期长，存在明显的时滞。在市场处在供不应求的时期，生产者觉察到市场机会，投资进行开发，但当房屋建成真正投入市场时，由于已经过了很长的一段时间，很可能这时的市场情况已经饱和了；而在供过于求的时候，生产者决定停止投资开发，但在建项目此时停工会造成更大的亏损，一般投资者只能继续投资开发直至竣工，以减少投资损失。

6. 房地产市场的反经济周期性

一般市场的行情都同经济增长同方向波动，而房地产市场存在某种反经济周期的趋势。因为房地产不仅可直接用于消费，还具有保值与增值的功能，所以当经济不景气时，人们为避免货币贬值而购买房地产。另一方面，在经济繁荣时，社会的大部分资金为其他产业部门吸收，投入到房地产行业的资金减少，限制了房地产业的发展；当经济不景气时，恰恰有一批资金从其他产业部门转移到房地产业，又促进了房地产业的发展。例如，房地产市场的反经济周期性在 2008—2009 年的中国房地产市场具有明显的表现，由于世界金融危机的爆发和恶化，世界经济陷入了低迷，中国的经济形势也急剧恶化，特别是对外贸易，但中国的房地产市场却异军突起，房地产价格增长率超过了 20%。

7. 房地产市场服务的专业性

由于房地产市场是一个垄断的、信息不充分的不完全竞争的市场，同时，房地产市场受宏观政策的影响较大，加之房地产业本身是一个各种科学技术综合运用的产业。因此，房地产市场的服务具有极强的专业性，如土地估价师、房地产估价师、造价工程师、律师、建筑设计师、房地产经纪人、物业管理师等专业人士所提供的专业服务。随着房地产市场的发展、细分，房地产市场服务也呈现出分工更加专业化的趋势。

3.1.2　房地产市场的功能

房地产市场可以根据房地产市场规律对房地产资产的供求进行调整，实现房地产资产的优化配置，传导市场信息，为宏观管理决策提供依据。

1. 调节供求的功能

根据微观经济学原理，产品的价格对供给和需求均有影响。价格对供给的影响是正方向的，即随着价格的上升，供给增加；对需求的影响是负方向的，即随着价格的上升，需求减少。市场通过价格的变化，可以调节供求总量和供求结构，从而使供求达到平衡。

在实际当中，房地产商品的总供给与需求以及某类房地产商品的供给与需求通常是不平衡的。市场可以通过价格的变化使这种不平衡保持在一定的限度之内。房地产市场的调节功能主要表现在三个方面：首先，是显示房地产市场需求变化；其次，是指导供给以适应需求的变化；最后，是引导需求适应供给条件的变化。

2. 优化资源配置的功能

由于土地资源的有限性以及房地产市场时滞的存在，房地产资源必须在各种用途和众多想拥有物业的人和机构之间进行分配。通过市场机制的调节作用，实行合理的房地产价格，在达到令买卖双方都能接受的市场均衡价格的条件下，使房地产资源向能够利用资源创造更高价值的人或机构集聚，以促进房地产资源的优化配置，实现房地产资源利用价值最大化，优化城镇用地结构，提高房地产资源使用效率。

3. 政府宏观管理的基础

房地产业是国民经济，尤其是城市经济发展的基础产业，是国民经济发展的支柱产业之一，对整个国民经济影响较大，所以各国政府都对房地产业进行严格的宏观管理。

国家对房地产业的宏观管理有两种途径：一种是直接管理；另一种是间接调控。在市场经济条件下，后者是主要途径。国家对房地产业的间接调控是指利用产业政策、行政、法律、经济等手段来引导、监督和服务房地产市场，以促进和规范房地产业的发展。然而制定完善的房地产市场管理政策，首先要了解房地产市场，通过对房地产市场提供的供求及发展趋势等信息的分析研究，才能制定出既符合市场需要、可操作性强，又能体现政府意志的管理政策。建立完善、发达的房地产市场是政府宏观管理的基础。

3.1.3 房地产市场的结构

房地产市场是一个多功能的综合性市场，目前我国房地产市场可划分为三个不同的层次，即一级市场、二级市场和三级市场。

1. 房地产一级市场

房地产一级市场是指国家以土地所有者的身份，将土地使用权出让或出租给房地产经营者与使用者的交易市场。在该级市场中，表现为政府与经营者和使用者之间的交易行为，政府直接参与交易活动，并且具有垄断性。

2. 房地产二级市场

房地产二级市场是指房地产开发经营企业将已取得开发经营权的土地及其开发建造好的建筑物一并转让给房地产消费者的市场。二级市场的主要交易对象是新建造好后第一次上市出售的房地产，所以二级市场也被称为房地产增量市场。

3. 房地产三级市场

房地产三级市场是指房地产商品所有者（企业、单位和个人），将取得一定年限的土地使用权和房产所有权进行转让或出售的交易市场，包括房屋买卖、租赁、土地转让、房地产抵押等交易活动。三级市场上并没有固定的卖方和买方，几乎所有的土地使用者、房产所有者和使用者，包括企事业单位、机关、个人都可成为市场主体，价格也主要在市场中自由竞争形成。三级市场具有调节消费需求的性质，房地产呈横向流通，是使用者、消费者、经营者之间的平等转移。

一、二、三级市场共同构成一个完整的有机的房地产市场体系，其整体功能的发挥可以促进房地产资源的优化配置和房地产业的全面协调发展。

3.1.4 房地产市场的分类

在我国，基于不同的研究目的，进行房地产分类的标准及分类的结果也就不同。通常，我国的房地产市场可以按区域、用途、功能和交易方式等进行分类。

1. 按照区域划分

根据房地产的地域特性不同，可以将房地产市场分为地域市场，如北京房地产市场、安徽房地产市场、华北房地产市场、华东房地产市场等。

2. 按照用途划分

根据房地产用途的不同，可以将房地产市场划分为住宅市场、商业房地产市场、工业房地产市场及特殊用途房地产市场等，并且每一个分类还可以再进行细分，如将住宅市场继续划分为别墅市场、公寓市场、普通住宅市场等。

3. 按照功能划分

根据房地产市场中各子市场的功能不同，可以将房地产市场划分为房产市场、土地市场、房地产金融市场、房地产信息技术市场等。

4. 按照交易方式划分

根据房地产交易的方式不同，可以将房地产市场划分为房地产销售市场、租赁市场、担保市场和保险市场等。

除了上述四种最主要的划分方式外，还可以按照交易顺序、购置目的、权属交易内容等对房地产市场进行划分。以上划分方式不是孤立的，有时根据需要可以将两种或多种划分方式进行组合利用，如北京地区的住宅市场、上海地区的商业房地产租赁市场等。

3.1.5 房地产市场供求的影响因素

1. 房地产市场供给的影响因素

房地产供给是房地产所有人（卖者，如开发商）在一定时期内，在某一价格水平下，能够为社会提供出售或出租的各种房地产数量。房地产供给具有实物供给和价值供给两种形态。实物供给形态是指市场上供交换的房地产数量，通常用公顷、幢、平方米表示；价值形态的供给表现为房地产的价值量。

房地产市场供给主要受以下因素的影响。

（1）房地产价格。房地产的供给量与其价格呈正相关，即房地产供给量随着房地产价格的上升而增加，随着房地产价格的下降而减少。这是符合供给定理的。不过由于房地产市场的时滞存在，房产价格的上升，不一定马上会出现市场上房屋供给量的增加。

（2）开发商目标收益率。在市场经济条件下，企业的经营目标是收益最大化。如果房地产业的收益率高，并且达到或超出了房地产开发商的目标收益率，开发商就会扩大生产，增加供给。

（3）开发成本。在一定的房地产价格水平下，开发成本的高低又直接影响到开发商所得的利润。所以，生产要素价格下降，特别是建筑材料、人工费和资金成本下降，开发商会增加供给。

（4）建筑技术。建筑技术进步可以使资源得到充分利用，减少物资消耗，降低生产成本，促进供给增加。

（5）房地产开发能力。房地产开发能力主要指可供开发的土地量及房地产建设能力。土地是稀缺资源，可供开发的土地量限制着房地产开发能力。房地产建设能力是指建材供应情况、生产效率、竣工率等情况。建筑材料是房屋生产的物资前提，它对房屋供应影响巨大。生产效率与竣工率成正比关系，生产效率低下必然造成竣工率低下、市场供给增长缓慢。

（6）融资难度。房地产产品具有投资大、建设周期长的特点。如果没有多渠道、大量的资金支持，房地产开发是难以进行的。所以，房地产开发建设资金的融资难度是影响房地产市场供给的重要因素，它直接决定房地产开发建设的规模。例如，2008 年和 2010 年出台政策限制房地产企业的 IPO 和再融资，必然会影响房地产市场的供给。

（7）国家宏观调控。国家的宏观调控手段有产业政策手段、行政手段、经济手段、法律手段、宣传教育手段。国家根据房地产市场运行状况，采取各种调控手段，对开发商的开发经营活动进行引导和约束，这将引起房地产市场供给数量和供给结构的变化。例如，2006 年以来的禁止别墅用地的供应，商品住房建设中的套型建筑面积 90 平方米以下住房（含经济适用住房）面积所占比重，必须达到开发建设总面积的 70%以上，这些政策都直接影响了房地产市场的供给结构。

2. 房地产市场需求的影响因素

房地产市场需求是指在特定时期内，在一定价格水平上人们愿意购买和承租的房地产数量。房地产市场需求共分四个层次，第一层次是房地产的边界需求，指能使现有开发能力处在充分使用状态下的需求。第二层次是房地产的潜在需求，指在不考虑价格因素的前提下所形成的需求。第三层次是房地产的有效需求，指购买者当期价格等因素下能实现的需求。第四层次是已实现需求。这四个需求层次的关系在不同的供求状况下呈现不同的关系，如图 3-1 和图 3-2 所示。

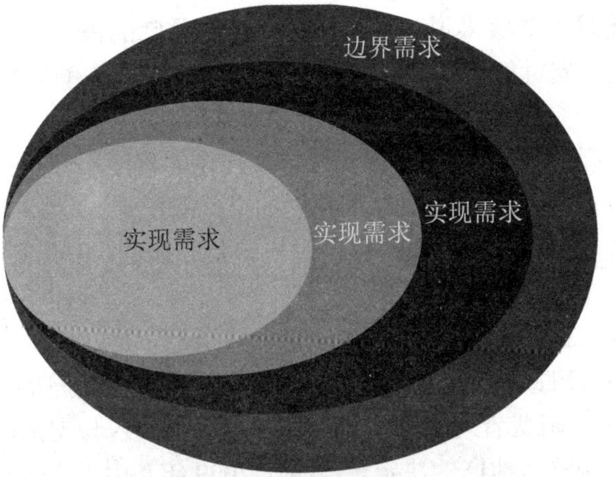

图 3-1　供给大于需求的情况下的需求层次结构图

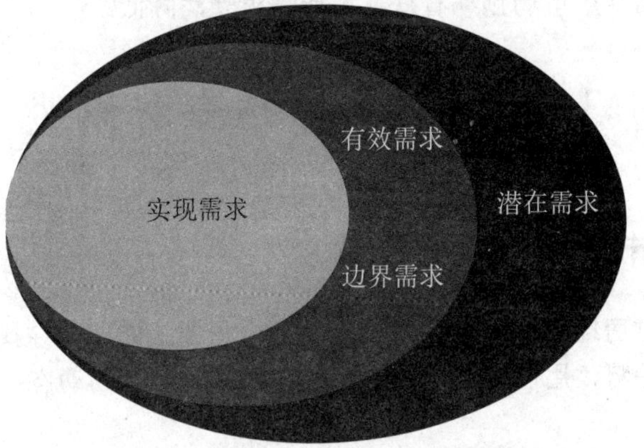

图 3-2　需求大于供给的情况下的需求层次结构图

注：在需求大于供给的情况下，通过价格调节，有效需求与边界需求趋于一致，现有开发能力可充分使用。

影响房地产市场需求的主要因素有以下几个方面。

（1）人口数量和结构的变化。人口是影响房地产需求的重要因素。首先，住房是人类生存的必不可少的物质条件，人口数量直接决定了房地产市场的潜在需求；其次，家庭人口结构决定着房地产市场需求总量和房地产需求结构，随着家庭小型化趋势发展，家庭数量在逐步增加，房地产市场的需求也以中小户型为主。

（2）房地产价格。在市场经济条件下，价格是影响需求的重要因素，商品的需求与其价格呈反向变化，房地产作为一种商品，价格是影响其需求数量及需求结构的重要因素，特别是对有效需求的形成起到关键性作用。

（3）家庭收入。家庭收入直接决定了居民的购买力，而购买力水平又决定了能否把潜在需求转化为有效需求。一般来说，城市居民对房屋住宅的需求与其家庭收入成正比例关系。家庭收入水平高，支付能力强，对住房的需求量就大；家庭收入水平低，支付能力低，对住房需求量就小。

（4）城市化进程。随着经济的发展，城市现代化的程度不断提高，城市将集中城乡中的大量人口，各行各业都要在城市中寻求发展的空间和机会。这将会增加房地产的需求。从城市发展的总进程上看，对房地产的总需求应该是旺盛的，但也不排除其需求的波动性。

（5）宏观调控。国家通过经济、行政、法律等各种宏观调控手段，可以间接或直接影响房地产市场的需求。例如，2010 年 1 月以来，特别是 4 月开始，中央政府陆续出台宏观调控政策，特别是对金融政策进行调整，迫使一直处于疯狂上涨阶段的房价开始降温。

（6）消费者预期。消费者对未来房地产市场、自身收入与支出的预期，会影响房地产消费者对现阶段是否购置房地产的决定。例如在 2009 年，由于市场预期良好，北京、上海等大城市房地产市场出现恐慌性需求，房地产价格一路飙升，进入 2010 年 4 月后，由于政策调控，消费者对房地产市场预期看跌，市场需求骤然降低。

3.2 房地产市场分析概述

3.2.1 房地产市场分析的必要性

市场分析是通过房地产市场信息的收集、分析和加工处理，寻找出其内在的规律，预测市场未来的发展趋势，用以帮助房地产市场参与者了解市场动态、把握市场机会或调整其市场行为。

随着市场化程度的提高，市场分析在房地产投资决策中的作用将日益突出。市场分析的必要性主要表现在以下几方面。

1. 房地产投资决策需要市场分析

市场分析是获得正确资料最主要的工具，可以帮助投资者掌握房地产市场需求变化的态势，预见拟投资开发项目技术是否可行，房地产产品变现能力如何，市场竞争力如何，投资绩效如何，预期收益率如何等，从而减少投资决策的盲目性。

2. 房地产经营管理需要市场分析

一方面，房地产经营者总是处于不同的经济环境之中，需要对这一环境的变化趋势有基本了解，并估计这种趋势将对房地产经营市场产生什么影响。市场分析反映了消费者收入水平、消费习惯和消费理念的变化，以及这些变化将会给房地产市场需求带来的影响，从而使房地产经营者可以对价格水平和营销渠道作出相应的调整。

另一方面，市场分析有助于对管理过程进行控制。市场分析可以尽早地提醒人们哪些管理环节出现了问题或者存在潜在的风险，从而帮助管理者对物业当前的运转质量和各种变更方案作出评价。例如，对具有可比性的租金水平和出租率进行比较，可以显示市场营销的管理水平；租户周转率的高低则反映了租户对某一楼宇或楼宇管理的满意程度。

3. 房地产价格策略的制定需要市场分析

对于卖方或出租方来说，决定房地产价格或租金的重要因素就是市场，市场分析可以显示房地产市场上物业的单位售价和租金水平的变动范围。而对于买方或承租者来说，也可以通过市场分析确定价格或租金，以判断在某个特定的市场区域内某一售价或租金水平是否合理。由此可见，市场分析有助于价格策略的制定。

3.2.2 房地产市场分析的限制

在房地产投资分析中，市场分析能够提供必要的需求与供给信息，使投资者可以相对准确地进行投资决策，因而占有极其重要的地位。但是房地产市场分析常常受到众多条件的限制，这些限制包括以下几方面。

1. 成本限制

几乎所有的研究报告都有其固定的预算，市场研究者只能在其预算范围内做调查与研究。而房地产投资的目的在于获取利润，控制成本是获取利润的重要手段，加之很多投资者对市场分析的重要性认知不足，必然也会控制市场分析成本，因此会限制房地产市场分析的深度和准确度。

2. 时间限制

市场研究是极费时间的，而决策者和投资者有时提供给市场分析人员的时间并不宽裕，他们经常要求在有限的时间里提出翔实客观的研究报告，致使分析人员在短时间内很难做到透彻、精准的分析。

3. 技能限制

一个优秀的市场分析人员应当具备多方面的技能，包括统计技术的理解、思维逻辑的方法、归纳与推定的领悟以及资料整理与取舍的技能等。分析人员的个人技能直接决定了市场分析的质量。

4. 偏好限制

人们通常都会有其主观意识上的偏好或者先入为主的成见。从搜集资料开始到资料的分析完成，这些都将渗入其研究成果中，所以分析人员的偏好有时也会影响市场分析结论的质量。

3.2.3 房地产市场分析的程序

房地产市场分析是为了求解某一个市场疑问，或者说房地产市场分析是一个房地产问题的探索与解析的过程，故房地产市场分析的程序依次是：

1. 确定分析目标

房地产市场的问题庞杂，我们需要围绕服务的项目和项目所处的阶段，选择我们需要解决的问题，我们所选择的问题就是我们的分析目标。

2. 市场调查

房地产市场分析的基础是房地产市场数据与信息，数据与信息的采集过程就是市场调查，分析人员通过一线的市场调查能够获得最有效、最新的真实数据，并能够切身体会到市场的状态。

3. 市场预测

将市场调查所获得的数据与信息进行整理，围绕分析目标设定分析指标，根据对历史数据的分析与规律的探索，对未来市场进行客观、理性的预测，这些预测的结果就是对分析目标所带问题的解答。

3.2.4 房地产市场分析的内容

房地产市场分析的内容较为复杂与多样，概括起来主要包括市场调查与市场预测。市场调查与市场预测都是以市场为客体的市场研究活动，是获取市场信息、科学认识市场的重要手段，是投资者、决策者把握市场机会、制定各项市场营销决策的基础和依据。市场调查与市场预测二者既有区别又相互联系。调查的对象是过去和现在存在的事实（现象），而预测是尚未形成的事实（现象）。市场调查是预测的基础，调查的目的既可以是为了制订经营目标和行动计划，也可以是总结经营活动的经验教训，而预测则是为了更好地把握未来。

将房地产市场分析的内容再进一步细化，可以将其归纳为以下四个方面。

1. 地区经济分析

地区经济分析是研究地区的经济环境，它包含地区经济的基本趋势分析和地区基础产业的发展趋势分析。

2. 市场概况分析

市场概况分析主要是对地区房地产各类市场未来总的趋势分析，需要从人口、公共政策、经济、法律、社会及家庭等多个方面分析市场未来趋势和项目的支持度。

3. 专业市场供求分析

在专业市场供求分析中，首先根据潜在需求的来源地及竞争物业的所在地，确定市场研究区域；其次是细分市场，进行产品细分及消费者细分，找出某一消费群体所对应的房地产产品子市场；再次是分析各子市场的供需关系，求出各子市场的供需缺口；最后将供需缺口最大的子市场确定为目标子市场，具体求出目标子市场供求缺口量（即未满足的需求量）。对于已经确定用途的房地产项目，则可以直接对项目所在的专业市场进行市场供求分析。

供给市场分析包括市场供给总量分析、供给结构分析以及供给预测分析。需求市场分析包括需求量分析和消费者分析。

4. 项目竞争分析

项目竞争分析主要包括：分析项目的法律、经济、区位等特征；根据目标物业的特征，选择、调查竞争物业；进行竞争评价，确定目标物业的竞争特点，预测一定价格和特征下项目的销售率及市场占有率（市场份额）。通过项目竞争分析确定产品定位、房型组合、公共设施分摊方式、规划特色、定价方式、付款方式、销售状况等。

3.3 房地产市场调查

3.3.1 房地产市场调查的内容

房地产市场调查是以房地产为特定对象，对相关的市场信息进行系统的搜集、整理、记录和分析，对房地产市场进行研究和预测，并最终为房地产投资项目提供决策服务的一种活动。房地产市场调查的内容非常广泛，涉及房地产市场需求和供给的各个方面。通常，房地产市场调查主要包括房地产市场环境调查、房地产市场需求调查、房地产市场供给调查和房地产市场营销活动调查四个方面的内容。

1. 房地产市场环境调查

房地产市场环境调查包括政治法律环境调查、经济环境调查、社会文化环境调查和社区环境调查等。

（1）政治法律环境调查

政治法律环境调查主要是了解对房地产市场起影响和制约作用的政治形势、国家对房地产行业管理的有关方针政策及法律法规，包括以下几方面。

① 政局的变化，包括国际和国内政治形势、政府的重大人事变动等。

② 政府制定的有关房地产开发经营的方针政策，如房地产业发展政策、房地产税收政

策、房地产金融政策、土地管理政策、人口政策和产业发展政策等。

③ 政府制定的有关法律法规，如环境保护法、土地管理法、城市房地产管理法、广告法、反不正当竞争法等。

④ 各级政府制定的有关国民经济社会发展计划、发展规划、土地利用规划、城市规划和区域规划等。

（2）经济环境调查

经济环境调查主要是为了了解财政、金融、经济发展状况和趋势等因素，包括以下几方面。

① 国家、地区或城市的经济特征，包括经济发展规模、趋势、速度和效益。

② 项目所在地区的经济结构、人口及就业状况、就学条件、基础设施情况、区域发展战略、同类竞争物业的供给情况。

③ 金融环境，包括获取资金的难度、利率、银行新增贷款趋势等。

④ 国民经济产业结构和主导产业。

⑤ 居民收入水平、消费结构和消费水平。

⑥ 物价水平及通货膨胀程度。

⑦ 项目所在地区的对外开放程度和国际经济合作的情况，对外贸易和外商投资的发展情况。

⑧ 与特定房地产开发类型和开发地点相关因素的调查。

⑨ 财政收支状况。

（3）社会文化环境调查

社会文化环境主要是居民的生活习惯、生活方式、消费观念、消费心理乃至对生活的态度、对人生的价值取向等。社会文化环境调查的内容主要包括以下几方面。

① 居民的职业构成、教育程度、文化水平等。

② 家庭人口规模及构成。

③ 居民的家庭生活习惯、审美观念及价值取向等。

④ 消费者的民族与宗教信仰、社会风俗等。

（4）社区环境调查

社区环境调查内容包括社区繁荣程度、购物条件、文化氛围、居民素质、交通和教育的便利程度、安全保障程度、卫生情况、空气和水源质量及景观等方面，社区环境直接影响着房地产产品的价格。

2. 房地产市场需求调查

房地产市场需求既可以是特定房地产市场需求的总和，也可以是专指对某一房地产产品的需求数量。房地产市场需求调查主要包括以下几个方面。

（1）房地产消费者调查

房地产消费者调查主要是调查房地产消费者的数量及其构成。主要包括以下几方面。

① 消费者对某类房地产的总需求量及其饱和点、房地产市场需求发展趋势。

② 调查房地产现实与潜在消费者的数量与结构，如地区、年龄、民族特征、性别、文化背景、职业、宗教信仰等。

③ 消费者的经济来源和经济收入水平。

④ 消费者的实际支付能力。

⑤ 消费者对房地产的产品质量、价格、服务等方面的要求和意见等。

（2）房地产消费动机调查

房地产消费动机是为满足一定的需要而产生的购买房地产产品的愿望和意念。房地产消费动机是激励房地产消费者产生房地产消费行为的内在原因。房地产消费动机调查的内容主要包括消费者的消费意向、影响消费者消费动机的因素、消费者消费动机的类型等。

（3）房地产消费行为调查

房地产消费行为是房地产消费者在房地产实际消费过程中的具体表现。对房地产消费行为的调查主要包括以下几方面。

① 消费者购买房地产商品的数量及种类。

② 消费者对房屋设计、价格、质量及位置的要求。

③ 消费者对本企业房地产商品的信赖程度和印象。

④ 房地产商品购买行为的主要决策者和影响者的情况等。

3. 房地产市场供给调查

房地产市场的供给是指在某一时期内为房地产市场提供房地产产品的状况。对其主要从以下几个方面进行调查。

（1）行情调查。行情调查主要包括以下几方面。

① 房地产市场现有产品的供给总量、供给结构、供给变化趋势、市场占有率。

② 房地产市场的销售状况与销售潜力、房地产产品的市场生命周期。

③ 房地产产品供给的充足程度、房地产企业的种类和数量、是否存在市场空隙。

④ 有关同类房地产企业的生产经营成本、价格、利润的比较。

⑤ 整个房地产产品价格水平的现状和趋势，最适合客户接受的价格水平。

⑥ 新产品定价及价格变动幅度等。

（2）现有房地产租售客户和业主对房地产的环境、功能、格局、售后服务的意见及对某种房地产产品的接受程度。

（3）新技术、新产品、新工艺、新材料的出现及其在房地产产品上的应用情况。

（4）建筑设计及施工企业的有关情况。

4. 房地产市场营销活动调查

房地产市场营销活动是包括房地产产品调查、价格调查、促销调查、广告调查等一系列活动的组合。因此房地产市场营销活动调查应围绕这些营销组合要素展开。

（1）房地产市场竞争情况调查

房地产市场竞争情况的调查主要包括竞争企业和竞争产品两方面内容。

对竞争企业的调查主要包括以下几方面。

① 竞争企业的数量、规模、实力状况。

② 竞争企业的生产能力、技术装备水平和社会信誉。

③ 竞争企业所采用的市场营销策略以及新产品的开发情况。

④ 对房地产企业未来市场竞争情况的分析、预测等。

对竞争产品的调查主要包括以下几方面。

① 竞争产品的设计、结构、质量、服务状况。

② 竞争产品的市场定价及反映状况。

③ 竞争产品的市场占有率。

④ 消费者对竞争产品的态度和接受情况等。

（2）房地产价格调查

价格调查的内容包括以下几方面。

① 影响房地产价格变化的因素，特别是国家价格政策对房地产企业定价的影响。

② 房地产市场价格的变化趋势。

③ 房地产商品价格需求弹性[①]和供给弹性[②]的大小。

④ 开发商各种不同的价格策略和定价方法对房地产租售量的影响。

⑤ 国际、国内相关房地产市场的价格。

⑥ 开发个案所在城市及街区房地产市场价格。

（3）房地产促销调查

促销调查的主要内容包括以下几方面。

① 房地产企业促销方式，广告媒介的比较、选择。

② 房地产广告效果测定。

③ 对房地产广告媒体使用情况的调查。

④ 房地产商品广告计划和预算的拟定。

[①] 价格需求弹性是指需求对价格变动的反应程度或敏感程度，其大小以需求弹性系数E_d=需求变动（%）/价格变动（%）的绝对值来表示。

[②] 价格供给弹性是指供给量相对价格变化作出的反应程度，其大小以供给弹性系数E_s=供给变动（%）/价格变动（%）的绝对值来表示。

⑤ 房地产广告代理公司的选择。
⑥ 人员促销的配备状况。
⑦ 各种营业推广活动的租售绩效。
（4）房地产营销渠道调查
房地产营销渠道调查主要包括以下几方面。
① 房地产营销渠道的选择、控制与调整情况。
② 房地产市场营销方式的采用情况、发展趋势及其原因。
③ 租售代理商的数量、素质及其租售代理的情况。
④ 房地产租售客户对租售代理商的评价。

3.3.2　房地产市场调查的方法

房地产市场调查方法是指市场调查人员在实地调查中搜集各种信息资料所采用的具体方法。根据《房地产开发项目经济评价方法》（建标[2000]205 号）的规定，市场调查的方法主要包括以下几种。

1. 普查法

普查又称全面调查，是指对调查对象总体所包含的全部单位都进行的调查。例如，对房地产市场在售项目的户型结构、面积进行普查，可获得全面的在售项目户型结构和面积数据，正确反映客观实际，效果明显。但是，当调查的对象繁多而调查的问题较为复杂时，要耗费大量人力、物力、财力，调查周期较长，所以在房地产开发经营中，只有针对特定的、有限的对象或者较简单的问题，如某一写字楼的租户意见调查，某公寓物业管理认可水平调查等，才考虑采用普查。当然，有些资料可以借调国家权威机关的普查结果，例如，可以借用全国人口普查所得到的有关数据资料等。

2. 抽样调查法

抽样调查法是指从调查对象的总体中，抽取有代表性的若干个体组成样本，对样本进行调查，然后根据调查结果可推断总体特征的方法。这是房地产市场调查中广泛采用的一种方法。

抽样调查法要求抽选出的样本必须是母体的浓缩，要能代表母体的特征。为此，样本在选择时需要满足：第一，要有足够的容量；第二，要有正确的抽取法，这样才能把调查误差降低到最低限度。抽样调查组织方法主要分为两大类：一类是随机抽样法，另一类是非随机抽样法。

（1）随机抽样法

随机抽样最主要的特征是从总体中任意抽取样本，每一个样本有相等的机会，这样的事件发生的概率是相等的，完全排除人为的主观因素的选择，可以根据调研的样本空间的结果来推断总体的情况。它又可分为如下三种具体方法。

① 简单随机抽样法。它是在母体中随机抽取若干个体为样本。抽样者不作任何有目的的选择，采用纯粹偶然的方法抽取样本，即整体中所有个体都有同等的机会被选作样本。例如，要调查一个有 8 000 户居民街区对住房需求情况，拟抽出 200 户样本分析总体。可将 8 000 户全部编上号码，采用抽签法随机抽出 200 户作为样本。有时还可以使用乱数表（随机数表）法和等距抽样法来取样。

② 分层随机抽样法，又称分类随机抽样法。它是先将母体按其属性特征分成若干类型或若干层，然后再从中随机抽取样本。如上例中，若想了解不同年龄段的人的住房需求情况，则可把全街区 8 000 个户主按 20～30 岁、31～40 岁、41～50 岁、51～60 岁、60 岁以上分出几个年龄层，然后再随机抽样，即可得到较为符合实际的数据。此法常在母体中个体分布不均衡时使用，其优点在于样本的代表性比较好，抽样误差比较小。

③ 分群随机抽样法。它是指将调查总体按一定的标准分成若干群，然后再在其中随机抽取部分群体单位进行普查的方法。在房地产市场调查中，当遇到个体分布范围广而不均匀、类别混乱不易分层时，可采用此法。而使用较多的是其中的“地域抽样法”。假如调查某市青年结婚用房需求情况，可从全市随机抽一个区，从中随机抽出一个街道，再从街道中随机抽出一个居民委员会，然后对该居民委员会所有新婚青年进行普查。

分群抽样与分层抽样的区别是：分群抽样是将样本总体划分为若干不同群体，这些群体间的性质相同，再对每个群体进行随机抽样，这样每个群体内部就存在性质不同的样本。而分层抽样是将样本总体划分为几大类，这几大类之间是有差别的，而每一类则是由性质相同的样本所构成的。

（2）非随机抽样法

非随机抽样法是按调查目的与要求，根据一定标准来选择样本，母体中每个样本被抽取的机会是不均等的，又被称为非概率抽样或不等概率抽样。非随机抽样法失去了大数定律[①]的存在基础，也就无法确定抽样误差，无法正确地说明样本的统计值在多大程度上适合于总体。它又可分为如下三种具体方法。

① 配额抽样法。它是按照一定的标准和比例分配样本数额，然后由调查者在分配的额度内任意抽取样本。配额抽样法与分层随机抽样很接近，最大的不同是分层随机抽样的各层样本是随机抽取的，而配额抽样法的各层样本是非随机的。如上例中，把全街区 8 000 个户主按 20～30 岁、31～40 岁、41～50 岁、51～60 岁、60 岁以上分出几个年龄层，然后分别在这几个年龄层中分别按照 2、3、5、4、2 的配额随机抽样。

② 任意抽样法。任意抽样法又称便利抽样或偶遇抽样，它是一种随意选取样本的方法，

[①] 大数定律是指在随机试验中，每次出现的结果不同，但是大量重复试验出现的结果的平均值却几乎总是接近于某个确定的值。

即研究者将在某一时间和环境中所遇到的每一总体单位均作为样本成员。一般是在母体同质时采用此法。“街头拦人法”就是一种偶遇抽样。

③ 判断抽样法。它是根据专家或调查者的主观判断而决定所选的样本。当样本数目不多、样本间的差异又较为明显时，采用此方法能起到一定效果。在房地产调查中，许多典型的调查，如区域土地和房地产价格调查，就是经常采用此法。

3.3.3　房地产市场调查的程序

虽然各种房地产市场调查的方法因投资者和投资项目的不同而不同，但所有调查或分析所遵循的程序或步骤却是基本相同的，如图 3-3 所示。

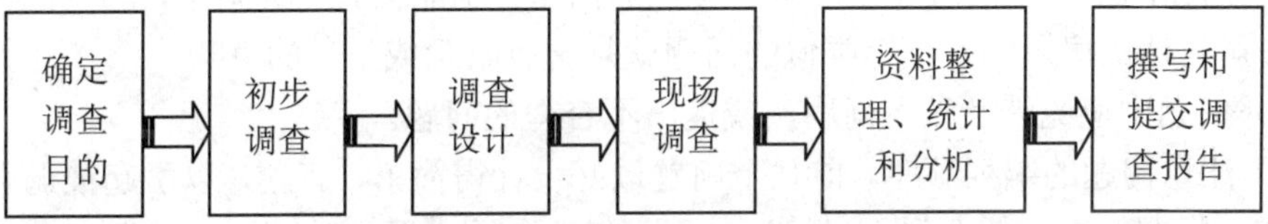

图 3-3　房地产市场调查程序图

1. 确定调查目的

市场调查首先应明确调查目的，只有当需要调查的问题被仔细、准确地定义以后，才能设计研究计划，获取切乎实际的信息。如果一开始就没有抓准目的，以后的一系列市场调查就是浪费，进而造成损失。

调查目的可以采用探测性调查、描述性调查、因果性调查和预测性调查来确定。探测性调查主要是当企业对需要研究的问题和范围不明确、无法确定应该调查哪些内容时，可以采用探测性调查来找出症结所在，然后再作进一步研究；描述性调查只是从外部联系上找出各种相关因素，并不回答因果关系问题；因果性调查是要找出事情的原因和结果；预测性调查是通过收集、分析研究过去和现在的各种市场情报资料，运用数学方法，估计在未来一定时期内，市场对某种产品的需求量及其变化趋势。

2. 初步调查

初步调查的目的是了解产生问题的一些原因，通常有如下三个过程：一是研究收集的信息材料，包括研究企业外部材料和分析企业内部资料；二是与企业有关领导人进行非正式谈话，从这些领导人的谈话中，寻找市场占有率变化的原因；三是了解市场情况，分析消费者对本公司所开发经营的房地产的态度等。

3. 调查设计

根据前面信息资料收集以及上面初步调查的结果，可以提出调查的命题，确定调查方式和方法，制订并实施调查计划。

在收集原始资料时，一般需要被调查者填写或回答各种调查表或问卷。调查表及问卷是整个调查工作的核心，其设计的好坏将直接影响调查结果。调查表和问卷的设计既要具有科学性，又要具有艺术性。

设计调查表及问卷的程序一般包括调查方式确定、问题类型确定和调查表及问卷设计等三个步骤。设计调查表及问卷需要注意下列事项。

（1）问题要力求简单清晰，使被调查人一看就能够明白问题内容。

（2）问题本身不可模棱两可，应该运用简单通俗的文字。一个问题不能有两个以上的主题或内容。

（3）问题的字里行间避免使用有引导性的问句，不能含有任何暗示，如“你喜欢由某房地产公司建造的房屋吗？”等类似的问题就是含有暗示或引导的意味。

（4）问题中避免涉及私人问题，或提出不合理的问题。

（5）注意问题的编列顺序。前几个问题最好设计得简单、有趣，以引起被调查人的兴趣与合作。问题的衔接要合理而自然，从而可以避免因主题的改变造成被调查人理解上的混淆。

房地产市场调查中普遍采用抽样调查，即从被调查总体中选择部分样本进行调查，并根据样本特性推断总体特性。在实地调查前，调查人员应该选择决定抽查的对象、方法和样本的大小。一旦明确下来，调查人员必须严格按照抽样调查的要求进行工作，以保证调查质量。

4. 现场调查

现场调查是按调查计划，通过各种方式到调查现场获取原始资料和收集由他人整理过的二手资料。现场调查工作的好坏，直接影响到调查结果是否准确。为此，必须重视现场调查人员的选拔和培训工作，确保调查人员能按规定进度和方法取得所需资料。

5. 资料整理、统计和分析

这一步骤主要是将所搜集到的各种资料进行归纳和分类，使之成为能够反映市场经济活动本质特征和适合投资者需要的资料，这是信息资料的深加工、形成分析结论的前提。

首先，要进行编辑整理。主要是把零碎的、杂乱的、分散的资料加以筛选，去粗取精，去伪存真，以保证资料的系统性、完整性和可靠性。在资料编辑整理过程中，要检查调查资料是否正确，剔除那些错误的资料；其次，要进行分类编号，就是把调查资料归入适当的类别并编上号码，以便于查找、归档和使用；再次，要进行统计，将已经分类的资料进行统计计算，制成各种计算表、统计表、统计图；最后，对各项资料中的数据进行比较分析，得出一些可以说明有关问题的统计数据，直至得出必要的结论。

6. 撰写和提交调查报告

通过资料整理、统计和分析，做出结论以后，市场营销调查部门必须提出若干建议方案，写出书面报告，提供给决策者。在编写调查报告时，要指出所采用的调查方法、调查目的、调查对象、处理调查资料的手段、通过调查得出的结论，并以此提出一些合理建议。

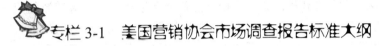

专栏 3-1 美国营销协会市场调查报告标准大纲

一、导言

1. 标题、扉页
2. 前言

（1）报告根据

（2）调查的目的与范围

（3）使用的方法

（4）致谢

3. 目录表

二、报告主体

1. 详细目的
2. 详细的解释方法
3. 调查结果的描述与解释
4. 调查结果与结论的摘要
5. 建议

三、附件

1. 样本的分配
2. 图表
3. 附录

3.4 房地产市场预测

3.4.1 房地产市场预测的种类

房地产市场预测是指运用科学的方法和手段，根据房地产市场调查所提供的信息资料，对房地产市场的未来及其变化趋势进行测算和判断，以确定未来一段时期内房地产市场的走向、需求量、供给量以及相应的租金售价水平。

房地产市场预测按照预测方法的性质，一般分为定性预测和定量预测。

1. 定性预测

定性预测又称判断预测，是预测者根据自己掌握的实际情况、实践经验和逻辑推理能力，对房地产市场的发展趋势做出的推测和判断。这种方法在社会经济生活中有广泛的应用，特别是在预测对象的影响因素难以分清主次，或其主要因素难以用数学表达式模拟时，预测者可以凭借自己的业务知识、经验和综合分析的能力，运用已掌握的历史资料和直观材料，对事物发展的趋势、方向和重大转折点做出估计与推测。

定性预测系统地规定了必须遵循的步骤，以便这些预测方法可以重复地使用，并可对不同的预测对象给出适当的预测范围。由于目前我国房地产市场上缺乏客观数据，因此定性预测在房地产市场策划中就显得非常重要，尤其是对市场的中长期预测。其特点是，主要靠经验判断未来，有时也把一些量化分析作为判断的辅助手段。

2. 定量预测

定量预测是在了解历史资料和统计数据的基础上，运用统计方法和数学模型，对市场发展趋势进行数量分析的预测方法。定量预测与统计资料、统计方法密切相关，也称统计预测，主要包括时间序列预测①和因果关系预测②。如普通商品住宅需求数量、写字楼售价或租金上涨率等。定量预测主要用于短期或中期预测。

定性分析与定量分析是对分析方法的一种性质划分，两者具有各自不同的特点。定性预测擅长于预测趋势的转折及其影响，而定量预测则只有在趋势能延续下去的前提下才有效。定量预测更具客观性、低成本、适于反复预测等，因此，通过定性预测和定量预测的综合运用和合理分工，可以明显地提高预测精度、节约成本。

3.4.2 房地产市场预测的方法

房地产市场预测的方法较多，主要包括以下几种方法。

1. 指标法

指标法又称朴素预测法，是通过一些通俗的统计指标，利用最简单的统计处理方法和有限的数据资料来进行预测的一种方法。这些统计指标包括平均数、增减量、平均增减量等。指标法的基本思想是，某些经济变量和另外一些经济变量之间有着直接的关系，这些经济变量的变化将直接影响另一些经济变量的变化。因此，可以设想通过某些经济变量的

① 时间序列预测是以时间数列所能反映的社会经济现象的发展过程和规律性，进行引申外推，预测其发展趋势的方法。

② 因果关系预测是利用事物发展的因果关系来推测事物发展趋势的方法，一般根据过去掌握的历史数据找出预测对象的变量与其相关事物的变量之间的依存关系，来建立相应的因果预测的数学模型，然后通过对数学模型的求解来进行预测。

变化趋势来预测另一些经济变量的变化趋势。

2. 德尔菲法

德尔菲法又称专家意见法，是在 20 世纪 40 年代由 O.赫尔姆和 N.达尔克首创，经过 T.J.戈尔登和兰德公司进一步发展而成的。德尔菲法是充分发挥专家们的知识、经验和判断力，并按规定的工作程序来进行的预测方法。德尔菲法的典型特征是：（1）资源利用的充分性，吸收专家参与预测，充分利用专家的经验和学识；（2）最终结论的可靠性，采用匿名或背靠背的方式，能使每一位专家独立自由地作出自己的判断；（3）最终结论的统一性，预测过程几轮反馈，使专家的意见逐渐趋同。

德尔菲法实质上是利用专家的知识和经验对那些带有很大模糊性、较复杂的问题，通过多次填写征询意见表的调查形式取得预测结论的预测方法。该方法适用于大规模、大范围、高难度、复杂问题的预测。如大多数的社会政治问题，大多数的宏观经济、地区经济、行业经济发展问题。在房地产经营预测中，主要用于全国或地区房地产业发展趋势的预测，大规模城市改造或城市规划方案的研究，大型项目开发方案及前景趋势预测等。

德尔菲法的具体实施步骤包括以下几项。

（1）组成专家小组。按照课题所需要的知识范围，确定专家。专家人数的多少可根据预测课题的大小和涉及面的宽窄而定，一般为 6～20 人。

（2）向所有专家提出所要预测的问题及有关要求，并附上有关这个问题的所有背景材料，同时请专家提出还需要什么材料。然后，由专家做书面答复。

（3）各个专家根据他们所收到的材料，提出自己的预测意见，并说明自己是怎样利用这些材料并提出预测值的。

（4）将各位专家第一次判断意见汇总，列成图表，进行对比，再分发给各位专家，让专家比较自己同他人的不同意见，修改自己的意见和判断。也可以把各位专家的意见加以整理，或请身份更高的其他专家加以评论，然后把这些意见再分送给各位专家，以便他们参考后修改自己的意见。

（5）将所有专家的修改意见收集起来，汇总，再次分发给各位专家，以便做第二次修改。逐轮收集意见并为专家反馈信息是德尔菲法的主要环节。收集意见和信息反馈一般要经过三四轮。在向专家进行反馈的时候，只给出各种意见，但并不说明发表各种意见的专家的具体姓名。这一过程重复进行，直到每一个专家不再改变自己的意见为止。

（6）对专家的意见进行综合处理。

3. 销售人员意见综合预测法

销售人员意见综合预测法是指企业直接将从事商品销售的经验丰富的人员组织起来，先由预测组织者向他们介绍预测目标、内容和预测期的市场经济形势等情况，要求销售人员利用平时掌握的信息结合提供的情况，对预测期的市场商品销售前景提出自己的预测结果和意见，最后提交给预测组织者进行综合分析，以得出最终的预测结论。这里所指的销售人员除了直接从事销售的人员外，还包括管理部门的工作人员和销售主管等人员。

销售人员意见综合预测法在实施过程中要求每一位预测者给出各自销售额的“最高”“最可能”“最低”预测值，并且就预测的“最高”“最可能”“最低”预测值出现的概率达成共识。由此方法得出的预测数据比较接近实际，这是因为销售人员直接接触市场和消费者，比较了解消费者和竞争公司的动向，所以说，销售人员所做出的销售预测有较高的可靠性。

4. 购买意向预测法

购买意向预测法是一种最常用的市场预测方法。这种方法以问卷形式征询潜在购买者未来的购买量，由此预测出市场未来的需求。由于只有潜在的购买者最清楚自己将来想购买什么样的商品及其数量，所以他们提供的情报是可靠的。由于市场需求是由未来的购买者实现的，如果潜在的购买者能如实反映其购买意向，那么，据此做出的市场需求预测将是相当有价值的。但购买意向预测法能否取得成功，主要靠潜在的购买者是否合作，如果潜在的购买者因保密、关系不好或不重视调查而采取应付的态度，就难以得到可靠、准确的预测结果。由于消费者的购买意向受时间和市场变化因素影响较大，所以购买意向法不适合长期预测。

5. 移动平均法

移动平均法又称滑动平均法、滑动平均模型法，移动平均法是用一组最近的实际数据值来预测未来的一种常见方法。其基本思想是：根据时间序列资料逐项推移，依次计算包含一定项数的序时平均值，以反映长期趋势的方法。因此，当时间序列的数值由于受周期变动和随机波动的影响，起伏较大，不易显示出事件的发展趋势时，使用移动平均法可以消除这些因素的影响，显示出事件的发展方向与趋势（即趋势线），然后依趋势线分析预测序列的长期趋势。

移动平均法可以分为简单移动平均法和加权移动平均法。

（1）简单移动平均法

简单移动平均的各元素的权重都相等。简单移动平均法的计算公式为

$$F_t=(A_{t-1}+A_{t-2}+A_{t-3}+\cdots+A_{t-n})/n$$

式中：F_t——对下一期的预测值；

n——移动平均的时期个数；

A_{t-1}——前期实际值；

A_{t-2}，A_{t-3}和A_{t-n}——分别表示前 2 期、前 3 期直至前 n 期的实际值。

（2）加权移动平均法

加权移动平均给固定跨越期限内的每个变量值以不同的权重。其原理是：历史各期产

品需求的数据信息对预测未来期内的需求量的作用是不一样的。除了以 n 为周期的周期性变化外，远离目标期的变量值的影响力相对较低，故应给予较低的权重。加权移动平均法的计算公式为

$$F_t=w_1 A_{t-1}+w_2 A_{t-2}+w_3 A_{t-3}+\cdots+w_n A_{t-n}$$

式中：w_1——第 t-1 期实际销售额的权重；

w_2——第 t-2 期实际销售额的权重；

w_3——第 t-3 期实际销售额的权重；

w_n——第 t-n 期实际销售额的权重；

n——预测的时期数。

$$w_1+w_2+w_3+\cdots+w_n=1$$

【例 3-1】某房地产公司 2003—2006 年的商品房实际销售量如表 3-1 所示，试用移动平均法预测 2007 年以后的销售量。

表 3-1　某房地产公司 2003—2006 年的销售量

平方米

年份	2003	2004	2005	2006
实际销售量	6 700	5 500	6 900	7 600

解：在预测 2007 年的商品房销售量时，

如用简单移动平均法，计算结果为

$$2007\text{ 年的预测值}=\frac{6\,700+5\,500+6\,900+7\,600}{4}=6\,675\text{（平方米）}$$

如用加权移动平均法，计算结果为

$$2007\text{ 年的预测值}=\frac{6\,700\times1+5\,500\times2+6\,900\times3+7\,600\times4}{4+3+2+1}=6\,880\text{（平方米）}$$

在预测 2008 年的商品房销售量时，

如用简单移动平均法，计算结果为

$$2008\text{ 年的预测值}=\frac{5\,500+6\,900+7\,600+6\,675}{4}=6\,668.8\text{（平方米）}$$

如用加权移动平均法，计算结果为

$$2008\text{ 年的预测值}=\frac{5\,500\times1+6\,900\times2+7\,600\times3+6\,880\times4}{4+3+2+1}=6\,962\text{（平方米）}$$

6. 指数平滑法

指数平滑法是在移动平均法的基础上发展起来的，是取预测对象全部历史数据的加权平均值作为预测值的一种预测方法。指数平滑法与移动平均法有三个方面的区别，一是全

部历史数据而不是一组历史数据参与平均；二是对历史数据不是采用算术平均而是采用加权平均，近期历史数据加较大权数，远期历史数据加较小权数；三是平滑常数 a 值可以根据历史实际值与历史预测值进行检验，而加权移动平均法中的权重只能根据经验确定。这和近期实际数据对预测有较大影响，远期历史数据对预测影响较小是一致的。因此，它既具备了移动平均法的优点，又考虑了数据的时间性，同时它可以减少数据的存储量，因此应用也较广泛。

指数平滑法的基本公式是

$$S_t=ay_t+(1-a)\,S_{t-1}$$

式中：S_t——时间 t 的平滑值；

y_t——时间 t 的实际值；

S_{t-1}——时间 t-1 的平滑值；

a——平滑常数，其取值范围为[0,1]。

在实际工作中，平滑常数一般是根据原预测数与实际数的差异大小来确定。如果差异较大，a 应适当取较大值；如果差异较小，a 应适当取较小值。为了计算方便，一般根据经验估计，当差异较大时，a 取 0.7～0.8 为宜；当差异较小时，a 取 0.2～0.3 为宜。

【例 3-2】某房地产公司 2006 年 7—12 月的实际销售量及预测值如表 3-2 所示。如果设 a =0.3，求 2007 年 1 月销售量的预测值。

表 3-2　2006 年 7—12 月实际销售量及预测值

平方米

月　份	实际销售量	预　测　值
7	5 000	5 200
8	4 800	5 000
9	5 200	5 300
10	4 900	5 000
11	5 500	5 300
12	6 000	5 800

解：2007 年 1 月的预测值=a×上期实际销售量+(1−a)×上期预测值

=0.3×6 000+(1−0.3)×5 800

=1 800+4 060

=5 860（平方米）

7. 回归分析法

回归分析法是建立在大量实际数据的基础上，寻求随机性背后的统计规律的一种方法。具体是在分析市场现象自变量和因变量之间相关关系的基础上，建立变量之间的回归方程，并将回归方程作为预测模型，根据自变量在预测期的数量变化来预测因变量。

回归分析法研究的内容是：从一组数据出发，确定变量间的定量关系表达式，这个表达式即回归方程式；对这些关系式的可信程度进行检验，判断哪些变量的影响是显著的，哪些是不显著的；利用回归方程对市场进行预测。

运用回归分析法进行市场定量预测，已经是一种比较成熟的方法。随着房地产市场的发展、统计数据的完善，回归分析法将会更广泛地应用于房地产市场的定量预测领域。

8. 趋势法

趋势法分为直线趋势法和曲线趋势法。

直线趋势法又称直线趋势预测法、线性趋势预测法，是对观察期的时间序列资料表现为接近于一条直线的上升和下降时采用的一种预测方法。直线趋势法的关键是求得趋势直线，以利用趋势直线的延伸求得预测值。直线趋势法是假设所要预测的变量与时间之间呈线性函数关系，并以此为基础预测未来。因此，用这种方法时，应先计算相关系数，以判别变量与时间之间是否基本上存在线性联系。只有存在线性联系时，才能采用这种方法进行预测。

趋势直线的方程式是

$$Y_t=a+bx$$

式中：x——自变量，是选定的任何 x 值；

Y_t——因变量，对于选定的 x 值，相应变数 Y 的平均估计值，即第 t 预测周期的预测值；

a、b——未知参数。

曲线趋势预测法是指当变量与时间之间存在曲线而非直线关系时，通过变量（纵坐标）改用按指数值的差距“刻度”，将曲线关系直线化，形成一条对数直线趋势线，再按直线趋势法求解。

3.4.3 房地产市场预测的程序

房地产市场预测的程序包括以下六个步骤。

1. 确定预测目标

进行房地产市场预测，首先必须明确为什么要进行这项预测？它是解决什么问题的？预测的目标关系到预测的一系列问题，如搜集什么资料、怎样搜集资料、采用什么预测方法等。只有目标明确，才能使预测工作顺利进行。

2. 搜集、整理资料

资料是预测的基础，必须做好资料的搜集工作。搜集什么资料，是由预测的目标所决定的。一般来说，市场需求预测所要利用的数据资料有历史资料和横截面资料两类。历史资料是指反映有关预测对象过去和现在状态的各种资料，通过分析研究这些资料，大体认识预测对象的发展变化规律。横截面资料是指和预测对象有联系或类似的有关对象的资料。通过分析预测对象与相关对象、因素之间的联系和类似性，可以发现预测对象受到的相关因素的影响力度和变动趋势。但是房地产市场预测人员对所搜集到的资料要进行认真的审核，对不完整和不适用的资料要进行必要的推算和调整，以保证资料的准确性、系统性、完整性和可比性。对经过审核和整理的资料还要进行初步分析，作为选择适当预测方法的依据。

3. 选择预测方法

市场预测的方法很多，各种方法都有自己的适应范围和局限性。要取得较为正确的预测值，必须正确选择预测方法。其选择的标准主要考虑以下几个方面。

（1）预测的目的。不同的预测目的，要选择不同的方法。例如，为了分析和辨明两种相关联产品之间的内在联系及需要量的联系，可以运用相关分析法。

（2）预测时间的长短。短期的销售预测一般采用平均法、平滑法。中、长期的销售预测一般要采用直线或曲线趋势法。

（3）占有历史统计资料的多少及完整程度。中、长期的销售预测一般要有三年以上的统计资料，如果历史统计资料比较丰富和完整，可以运用各种统计方法进行预测；如果历史统计资料不完整，一般只适宜采用主观经验判断法、销售人员集合意见法、德尔菲法等。

（4）产品寿命周期。产品寿命周期的不同阶段的市场特性不同，市场经营决策的目标也不同，因此，要采用不同的预测方法。如商业地产的市场需求量，在投入阶段、成长阶段、成熟阶段，其市场需求趋势很不相同。产品处于成长期，销售增长很快，则要用直线式或曲线式最小平方法；如果产品受季节波动的影响，则要用季节指数法，消除季节性波动的影响；产品进入成熟期，销售增长率一般不少于 5%，比较稳定，可以采用移动平均法、平滑法进行预测。因此，要分析房地产项目寿命周期和更新换代的转折点，从而选择不同的预测方法。

4. 建立预测模型

预测模型是用来明确表现已知现象与未知现象之间、原因与结果之间的相互作用、相互影响的功能性框架或数学函数。预测模型是对预测对象发展规律的近似模拟。因此，在资料的搜集和处理阶段，应搜集到足够的可供建立模型的资料，并采用一定的方法加以处理，尽量使它们能够反映出预测对象未来发展的规律性，然后利用选定的预测技术确定或建立可用于预测的模型。

5. 评价和修正预测结果

市场预测毕竟只是对未来市场供需情况及变化趋势的一种估计和设想，由于市场需求变化的动态性和多变性，预测值同未来的实际值总是有差距的。造成预测结果出现偏差的主要原因包括以下几个方面。

（1）预测方法选择不当，建立的预测模型与产品实际需求规律不符合。

（2）历史统计资料不完整，或有虚假因素。

（3）外部政治、经济、技术条件发生了重大变化，致使市场需求发生了重大变动。

（4）预测人员的经验、分析和判断能力的局限性。

预测误差一般用下式计算

$$e = Y_i - Y_i'$$

式中：e——预测误差；

Y_i——实际值；

Y_i'——预测值。

为了比较预测方法的精确程度，需要不断地测定预测误差。可以根据求出的需要反向变动方程，算出过去若干时期的预测值。将预测值与实际值比较，计算出过去若干时期的预测误差（e），然后进行比较。最后再根据过去的预测误差对本次预测进行修正。

6. 编写预测报告

经过预测之后，要及时写出预测报告。报告要把历史和现状结合起来进行比较，定性分析和定量分析相结合，并尽可能利用统计图表及数学方法予以精确表述。要做到数据真实准确，论证充分可靠，建议切实可行。然后，还要对预测的结果进行判断、评价，重点要进行预测误差分析。预测是一种预计，很难与实际情况百分之百吻合。但是预测的误差不能过大，否则就失去了预测的意义。一旦发现误差过大，就要找出原因。如果引起误差的原因是选择预测方法不当，就应该重新选择预测方法，以求得正确的结果。

预测报告是对预测工作的总结，是向预测信息的使用者汇报预测结果。除了应列出预测结果之外，一般还应列出资料搜集与处理过程、选用的预测技术、建立的预测模型及对模型的评价与检验、对未来条件的分析、对预测结果的分析与评价（包括对利用模型得到的结果进行修正的理由和修正方法）以及其他需要说明的问题等。

3.5 房地产市场分析案例

BJ 市别墅市场分析报告

第一部分 BJ 别墅市场发展概述

一、BJ 别墅市场发展沿革

BJ 的房地产市场起步较晚，远远落后于北京、上海等房地产市场发展成熟的城市。在

BJ 住宅市场的开发过程中，别墅产品也算是开发较早的产品，回顾 BJ 别墅产品的开发历程，大致可以分为以下三个阶段。

第一阶段：盲目开发期

20 世纪 80 年代末到 90 年代初，受到沿海房地产开发热的影响，以及住房制度改革的实施，BJ 的房地产开发也开始起步并逐渐升温，并且一开始就选择了住宅市场中的高端产品——别墅，这和 90 年代初全国的第一次别墅开发热潮不无关系。但盲目地跟随沿海城市的脚步和对自身市场没有正确的判断以及对当地购买能力不实际的估计，注定了当时开发的别墅产品最终都会以失败而告终。

目前，在市场上，我们仍旧能看到这些产品的影子，如位于江南区的茉莉花园、财经学院后面的天鹅湖庄园以及棕榈花园等。总体而言，这段时期的产品在设计理念、营销手段上都比较落后，缺乏经验，同时对市场的了解不充分，留下的大多都是教训。

第二阶段：市场调整期

伴随着第一阶段别墅开发的失败，在 20 世纪 90 年代中期到 2000 年前，这段时期中 BJ 的别墅市场的开发相对处于一个十分淡静的时期，开发企业受到前期开发失败的影响，对别墅市场都变得十分谨慎，同时这一时期中，市场上大量花园小区的出现，使人们的目光渐渐转移向了普通商品住宅，而别墅产品也渐渐淡出人们的记忆。

然而，这一时期的别墅市场只能说是一个市场在进行调整的时期，开发企业在吸取了第一次失败的教训之后，在进行总结分析的同时准备着第二次的别墅开发。就在这一时期，出现了现在看来在 BJ 别墅市场发展具有里程碑意义的项目——春桃四季，这一项目在当时看来，其地理位置、交通、周边配套都比较难以让人接受，但正是由于其先进的开发理念和物业管理水平，吸引了 BJ 第一批注重生活质量、拥有相当经济实力的精英。

第三阶段：重新启动期

这一时期从 2000 年持续到 2002 年左右，经过了近十年的开发，BJ 的房地产开发，尤其是住宅市场的开发已经初具一定规模。这一时期不仅开发水平有较大的提高，消费者的消费心理也日趋成熟，且随着 BJ 经济水平的迅速发展和居民收入水平的提高，市民对住宅的要求以及对价格承受能力的不断提高，高端产品的需求群体也在不断地扩大，这些都为 BJ 别墅的重新启动打下了基础。

同时，这一时期也是全国第三次别墅开发热潮来临的时期，北京、上海、深圳等地大批别墅项目纷纷出台，据市场调查统计，到 2001 年上半年，北京别墅项目已达 122 个，3 万余套，总建筑面积超过 900 万平方米。而上海同期将有近百个别墅楼盘投向市场。

这一时期 BJ 市场上出现的别墅产品不仅供应量较大，产品类型也趋向丰富，同期在市场上出现的有慢城花园、香樟森林、临湖帝景等知名项目。

第四阶段：市场放量期

这一时期从 2002 年左右至今，此时 BJ 的开发企业对别墅产品可以说是情有独钟，不少开发企业纷纷开始进军 BJ 别墅市场。据不完全统计，这段期间 BJ 市场上推出的别墅大概为 3 700 多套，即将推出的别墅大概为 3 500 多套，其中还不包括一些潜在的别墅项目，比较知名的项目有翠竹苑、海菱高尔夫、华立豪园、康鼎郡、陇上金秋、静泉。

同时，别墅的类型及风格也更加丰富，从以前单一的独立、联排到现在的独立、双拼、联排、叠拼、宅院式等多种形态。在风格上也更加的多样化，从早先照抄照搬国外别墅，没有自己的风格，而现在，开发企业在注重吸收国外产品精髓的同时，融入进了本地文化的内涵，卖点也越来越丰富，北美风格、欧洲风情、中式别墅、人文别墅、艺术别墅、田园别墅，产品多元化趋势足以令人眼花缭乱。

二、宏观开发情况

由于 BJ 早期开发的别墅产品情况比较难以掌握，故仅以 2004 年至 2005 年 BJ 市场上推出的别墅产品为依据，来说明 BJ 别墅市场的开发情况。具体从别墅产品的不同类型来说明目前 BJ 别墅市场上的别墅供应量。

1. 独立别墅

BJ 独立别墅商品化的起步是源于 1993 年海明投资进入 BJ 市而开发的春桃四季。而 1993—1997 年，在 BJ 市面上除了春桃四季（123 套独立别墅）在持续开发之外基本没有商品化独立别墅群，这一阶段是 BJ 独立别墅的起步阶段。在 1998 年以后，BJ 市独立别墅进入了缓慢的初步发展阶段。

从 1998—2001 年，黄金园、城市月光、太阳公园、紫金御府、棕榈花园、茉莉花园进入了独立别墅小放量阶段，总计放量不足 150 套。因为产品设计和当时的消费需求量较少，这种现象拉长了很多楼盘的销售周期。

2002 年开始进入 BJ 独立别墅快速放量的阶段。2002 年至今，香樟森林别墅（231 套）、华立豪园（217 套）、海菱高尔夫别墅（138 套）、翠竹苑、康鼎郡、朗悦别墅、岭南轩、绿茵蓝湖、春柳翠湖等楼盘独立别墅放量约 800 套。同时近期投入市场的还有陇上金秋、康鼎郡（二期）的别墅放量约 430 套。

2. 联排别墅

BJ 早期的联排别墅主要分布在市区近郊范围。1999 年的 BJ 尚林湾、2000 年的 BJ 紫金御府开始了联排别墅的打造。因为早期联排别墅的放量较低，客户需求量较高，联排别墅产品很快就在市场上被抢购一空。

2000 年下半年开始，联排别墅产品在 BJ 市场进入了初级成长阶段，远创地产、新拓集团瞄准开发联排别墅，BJ 联排别墅市场进入了“审美提高过程”。但由于当时市场需求量较小，联排别墅在销售时遇到了较大的市场阻力。1998 年至 2001 年底联排别墅总计放量不足 550 套。

2006 年上半年开始，香樟森林（80 套）、绿岛水岸（48 套）等联排别墅产品型相继推出，都在交房前后实现 100%的销售。2004 年，联排别墅产品进入了快速发展阶段。康鼎郡、南山林语、海天清琴、秀水艺墅、BJ 朗悦等楼盘相继进行了联排别墅集中放量，预计在 2012 年放量约 1 100 套左右。华普集团、蓝湖郡原有楼盘的后期推出带来了联排别墅未来四年的集中大放量，预计未来四年放量总计会达到 6 000 套以上。

三、与外地别墅发展比较

成都和 BJ 是同处于中国西南板块的两个内陆城市，拥有着相似的文化底蕴。目前 BJ 的房地产市场较落后于成都的房地产市场发展，特别是别墅市场的发展。通过对比可以更好地借鉴成都别墅市场的发展，来分析 BJ 别墅市场的现状和未来发展方向。

`下面通过对两地别墅市场格局、消费群体、别墅产品形式来进行比较分析。

1. 市场格局

目前，成都市区别墅市场基本已经步入开发终结阶段，由于土地的趋紧，市区别墅的开发量更加稀少，别墅逐渐向近郊和远郊方向发展。近郊发展了阳泉山别墅带、剑南湖别墅带、琥珀山别墅带、三大别墅带；远郊主要是望明山-围堤镇别墅带。这几个别墅带将是成都的主要别墅供应地带，未来几年的别墅供应量将十分巨大。

BJ 目前的市区别墅还存在着发展空间，江南区新安板块、南岳锥子山板块还极具开发潜力，近郊别墅由于受到 BJ 特有地理条件的限制比较分散，但主要的供应地带集中两岸新区、机场别墅带和江南区南山-坪山新区别墅带。远郊别墅由于受到目前 BJ 交通配套的限制发展缓慢。

2. 消费群体

随着成都人均收入的提高，在成都人群构成的金字塔顶尖收入的群体已经完成了别墅的购置，大量出现的中产阶级群体在住房消费中也从刚性需求走向了改善性需求，对别墅的消费已经成为成都市别墅消费群体的主力之一。

BJ 别墅消费目前还是以金字塔顶的高收入人群为主，中产阶级群体刚刚开始步入别墅消费阶段，未来中产阶级客户群体市场庞大，亟待市场发掘。

3. 别墅产品形式

成都别墅消费已经从满足改善居住的联排、叠拼等产品形式发展到了独栋别墅阶段，近郊区和郊区的独栋别墅，因为良好的私密性、高端的品质和优质的自然环境获得了消费者的认同，大量的金字塔顶尖的人物购置的第二套别墅多以此类别墅为主。

BJ 别墅消费产品形式目前主要还是以市区和市郊结合部的联排、叠拼等别墅形式为主，近郊区和郊区的独栋别墅市场刚刚开始出现。

第二部分 BJ 别墅市场供应分析

一、BJ 别墅市场现有供应

BJ 别墅市场经过近几年的发展，已经具有一定的规模，形成了集中部分区域发展的态势。通过市场调查，按照供应区域把 BJ 市场上的别墅项目分为两种类型，即市郊型和都市型。下面分别就这两种类型的别墅项目进行分析。

1. 市郊型别墅主要供应区域分析

通过近几年的发展，由于城市板块的不断扩大，BJ 别墅的主要供应大多数属于市郊型，同时形成了集中部分区域发展的态势。

（1）大峪别墅区

大峪别墅区是 BJ 最早的市郊型别墅集中供应区，提起大峪别墅区，人们印象最深的应该算是最早进入该区域的别墅项目——金豪别墅，其 1 680 元/平方米的超低起价成为 1999 年 BJ 地产的重要新闻。随后开发的南国花园别墅和北欧别墅使大峪的开发热度迅速升温。目前，这些项目已经基本售罄，现有的市场供应为距高速路大峪出口九公里外松山潭边的海天清琴别墅。

（2）南苑别墅区

南苑片区由于拥有临近机场的便利，且周边大部分地块风景优美，拥有别墅产品开发的先天优越条件，引来不少实力开发商纷纷在此跑马圈地。目前，在此区域的别墅项目有海恒·海清城、香江花园、卓越锦绣城、湖景山庄等别墅项目。

在一些房地产开发成熟的国家和地区，机场周边的地块往往是别墅开发的热点区域，随着 BJ 两岸新区的规划和主城区路桥收费的实施，南苑别墅区在未来三五年内将发展成为 BJ 别墅项目最为集中的区域之一。

（3）两岸新区别墅区

两岸新区自 2001 年成立以来，充分利用区域中心城市和西部大开发的优惠政策，在开发建设上取得了巨大的发展。同时，区域的房地产也在经济发展的带动下发展迅速，已成为 BJ 房地产开发热点区域之一。JD、BL、LH 等品牌地产的进入奠定了两岸新区高档生活社区的崛起，目前的北部别墅已经占据了 BJ 别墅市场的半壁江山。

（4）南山别墅区

南山作为 BJ 市的天然绿色屏障和城市“肺叶”，相比大峪和两岸新区等别墅区，其在自然条件上更具备别墅开发的潜质。早期的南山别墅多为一些老板级别的富人自行买地进行修建，而成规模的开发还没有形成气候。近年来，江南区政府打出了“吃在江南，住在江南，旅游在江南”的旗号，并积极为营造江南区良好的居住、旅游环境创造条件，随着政府规划的引导以及一系列利好因素的出台，南山别墅区目前已经初具规模，成为 BJ 别墅市场上的一个亮点。

（5）长宁别墅区

长宁区作为 BJ 市北面的一座卫星城，拥有浓厚的文化氛围和优美的生态环境，同样具有别墅开发的潜质。虽然由于交通的限制使现在的长宁别墅项目不是很多，但其在 BJ 别墅市场上的地位还是不容忽视的。位于长宁清溪的翠竹苑项目凭借其优越的自然环境，产品中生态、湖景、江景、温泉四大优势的结合，以及号称西部地区第一豪宅的翠竹庄大别墅，使其在BJ别墅市场上具有举足轻重的地位。同时，随着长宁市政建设的开展，交通状况的改善，长宁别墅区将会成为BJ别墅市场上重要的板块之一。

（6）明珠别墅区

明珠区地处BJ都市圈的南部，由于其与江南区在城市发展上尚未连成一体，极大地影响了南部主城区的形象。随着明珠区政府加快实施城市化建设，带动区域经济的发展，明珠区的房地产开发也初具规模。在充分利用明珠优越自然条件的情况下相距开发了明豪一品、海岸山庄、斐济印象别墅项目。不过目前由于交通等方面因素使明珠的区域认知度还较低，但随着BJ主城半小时交通的完善，明珠的别墅市场也会取得较大的发展。

2. 都市型别墅主要供应区域分析

这里所指的都市型别墅，是指根据目前的城市规划，别墅所在区域范围属于市区范围以内的别墅项目，目前属于这类的别墅项目主要集中在江南新安、两岸锥子山和高新区这三大区域。下面根据这三大区域分别进行分析。

（1）江南新安片区

新安片区拥有得天独厚的自然资源，并且距离BJ的商业中心——市府广场距离较近，使之成为别墅开发的良好地带。新安片区在几年前就已经初具规模，当时开发的棕榈花园、茉莉花园以及近两年开发的临湖帝景使新安片区成为了高档住宅区域。而此区域最大的社区半山半岛在后期的产品规划中也将会有别墅产品的推出，加之常营快速路的修建以及光明高架桥的拓宽，新安片区在拥有良好的自然资源和便利交通的情况下必然会成为都市型别墅的主要区域之一。

（2）两岸锥子山片区

两岸锥子山片区因其拥有BJ最早的高尔夫球场——海菱高尔夫球场，以及4 200亩生态公园，使该地块的别墅开发热逐渐升温。另外，由于海菱大道的修建，规划拟建的夏渡立交，使此板块的交通情况大大改善，会进一步促进此板块的开发，特别是高档住宅的开发。目前此板块的别墅项目有海菱高尔夫别墅、清湾半城、临水川·济州岛以及2003年开发的望族书第。

说明：在都市别墅的项目中，除了以上提到的两个集中分布的区域之外，还有一些零星分布的项目，如位于高新区的美茵天鹅湖和东第·海阳，这两个项目主要由花园洋房、叠拼和水岸别墅构成。

二、BJ别墅市场潜在供应

BJ别墅市场的潜在供应同样通过别墅类型来进行说明。

1. 独立别墅

未来四年，独立别墅放量将逐步扩大。蓝湖郡二期（1 200亩）、海蓝云天B组团二期、南山林语后期（800亩）、翠竹苑后期、春柳翠湖别墅二期（1 600亩）、香江花园、花海深林二期等预备或筹划开发项目放量总计900套以上。

2. 联排别墅

华普集团、蓝湖郡原有楼盘的后期推出，以及拓基新干线等带来了联排别墅未来四年的集中大放量，预计未来四年放量总计会达到5 000套以上。

这些仅仅是目前在开发的别墅盘，据了解即将推出的别墅供应量也不小。位于清溪、总投资20亿元的“兰山国际高尔夫”，位于西部大学城、占地8 000亩的“祥云别墅项目”，位于强裕兴民的南方•四季新绿，位于坪山新区、由万庆地产开发的万庆•南山高尔夫别墅已在开发之中。

三、影响别墅供应因素的分析

1. 市政规划

（1）交通规划

别墅产品由于对环境、私密性等方面要求的严格性，且面对的目标客户群比较特殊。虽然客户对公交系统要求不高，但对道路交通便捷的满足仍很重视，注定了对交通有十分特别的要求，而长期以来，交通也是制约BJ别墅市场开发的一个相当重要的因素。

BJ直辖后，政府为改善交通条件所投入的精力有目共睹，而对别墅市场最为有利的影响主要体现在两个方面，即“半小时主城区”工程的通过实施和路桥收费改革的实施，“半小时主城区”工程目前已经取得阶段性进展，BJ外环高速路也已经实现初通，而主城区“七桥一隧”实行年票制的改革，则成为“半小时主城区”工程的催化剂。

这两项交通方面的改革对BJ别墅市场的影响在未来一两年内效果将会比较明显，这对市郊别墅项目无疑是一大利好消息。

（2）城市规划

城市规划及政策导向对别墅市场的影响也是比较明显的，如北部新城的规划在一定程度上造就了南苑别墅片区两岸新区别墅区的成形，而桃园区政府“都市后花园”的规划为大峪别墅区的逐渐形成已起到了推波助澜的作用。

在江南区政府的规划中，南山片区一直被作为旅游开发的一枚重要棋子，而正是江南区政府的这些规划，让南山别墅区的形成具备了一定的基础。同时由于江南区政府对坪山新区的重视，也使坪山新区的住宅，特别是高档住宅的发展潜力加大。

2. 宏观政策

2006年起，我国陆续出台了相关土地政策，严禁利用城市土地开发独栋别墅，以及低密度、大户型的高档住房。国土部于2006年5月30日发布《关于当前进一步从严土地管理的紧急通知》，通知规定从即日起，停止一切别墅类房地产开发项目和相关手续的办理工作，并对市场进行全面清理。“高档宾馆、别墅、高档写字楼和国际会展中心的建设、经营”仍然在2007年发布的《外商投资产业指导目录（2007年修订）》禁止范围内。国务院于2008年1月发布《关于促进节约集约用地的通知》，指出未来住宅用地的出让合同中必须明确规定容积率和单位面积内所建住宅产品的套型和面积。

上述政策将严重影响未来别墅市场的供应，主要供应只能是存量未开发的历史形成的别墅用地，还有未来供应的普通住宅用地中划分部分用于别墅用地建设。这些方面都增加了别墅用地的成本。

第三部分　BJ 别墅市场需求分析

由于别墅产品目标客户群的特殊性，用普遍的调查方式已经比较难以调查到目标客户群的真实需求，在下面的分析中，主要依据目前 BJ 市场上已入住别墅项目的客源构成来分析别墅市场的需求。

在 BJ 早期的别墅产品中，外企驻 BJ 人员、外国留学人员等外籍人士和本地各行业老板级人士是别墅产品的主要需求群体，如早期的茉莉花园、春桃四季等。近两年，别墅产品（尤其 Townhouse 类产品）的需求群体有所改变，一些外企高级白领、职业经理人、IT 精英、金融业成功人士等金领阶层逐渐成为别墅市场需求的主力，且这一群体有逐年扩大的趋势。同时在购买别墅时出现了“人以群分”的现象，如蓝湖郡和春柳翠湖，多为私营企业老板、白领阶层所购买；华立豪园更多的为商人所购买；华明书香备受具有传统文化情结的“儒商”青睐；中安翡翠湖的业主多为大学教授；而南山林语别墅区，因其依山傍水，隐逸在森林中，成为向往清悠生活的成功人士的首选。

已成交的别墅业主，年龄层次集中在 30～45 岁之间，多为中年成熟型的买家，职业以银行界、私企业主、企业高级管理人员居多，这部分客户多具有稳定的事业和丰厚的收入，家庭结构多处于满巢期。而潜在买家年龄层次则明显偏年轻，私营业主的比例也明显增多，这部分客户能够较快地完成原始积累，但对产品的个性及其他方面的要求也更加挑剔。

第四部分　竞争分析

一、竞争环境方面

1. 供应量上升

BJ 别墅市场自 20 世纪 90 年代中期春桃四季成功开发后，一度处于低迷状态，市场的开发量体相对较小，甚至于出现开发商将建好的别墅再炸掉的情形，BJ 别墅市场的风险让许多开发商望而却步。

但经过一段时间的沉寂之后，近一两年来，BJ 别墅市场又再度升温，陆续涌现出了几大别墅开发的热点区域，市场上也出现较多的别墅项目，市场供应放量较大，竞争开始激烈起来。

除了在建的若干项目之外，一些规划中的新项目也正在酝酿之中，准备近期推出市场。市场供应量在持续上升，市场竞争的激烈程度将更加明显。

据不完全统计，BJ 楼市 2011 年的别墅放量约在 2 500 套，总建筑面积 484 万平方米，在此之前，官方公布的 BJ2011 年总施工量为 6 000 万平方米左右，也就是说，从 BJ 楼市的产品供应结构来看，别墅占了7.8%。

截至2007年4月，BJ别墅市场上在售的别墅项目有十六七个之多，江南和两岸新区成了别墅供应的主要集中地。在江南区，南山周围星罗棋布排列着南山林语、花海深林、岭南轩等别墅项目，以及位于坪山新区的天龙•春柳翠湖。两岸新区更是别墅云集。蓝湖郡、棕榈泉、海菱高尔夫、BL高尔夫、临水川•济州岛、星月城、卓越锦绣城、香江花园、南方•四季新绿、天江•湖景山庄等10余个别墅都将向市场发力。

2. 可替代产品增多

别墅产品是一种特殊的住宅产品，不但要满足基本的居住功能，同时还要求有非常良好的居住环境、氛围，是一种享受型的住宅产品。随着市场的发展，目前市场上出现了众多形式上区别于普通别墅，居住条件则接近、类似或达到普通别墅产品的要求的不同产品，如空中别墅（高层复式单位）、叠加等，从市场来看，这些产品都对别墅产品有不同程度的分流能力，反映出目前市场上别墅产品拥有较多的替代品。

另一种能够称得上别墅替代产品的就算是花园洋房了。花园洋房一般具有较高品质、环境良好、设计优秀，但价格（尤其总价）相对别墅产品低，多为3+1、4+1层的低密度建筑。其密度小，楼层低，具备别墅产品某些潜质，也比较符合人性化居家的理念，能够广泛吸引新兴中产阶层。

目前，BJ市场上推出的别墅可替代产品供应量不断上升，新近开盘的项目绝大多数都包含别墅可替代产品，如拓基新干线、中央美地、天江鼎城、凯达•芸城等项目都推出了大量的花园洋房。

3. 市场需求量相对有限

别墅产品的价位一般都在60万元以上，目标客户瞄准的是处于金字塔尖的人士。而BJ作为一个老工业城市，在经济、商业方面并不发达，因此有高收入的客户在保有量上是有限的，在生成速度、再生能力上也是比较缓慢的，故而消费别墅产品的客户的量体在一定阶段上是相对非常有限的，在市场供应量急剧增加而需求未见明显增长的情况下，别墅市场的竞争环境的确不容乐观。

二、区域竞争分析

通过对各别墅板块开发情况的了解，北部新城的开发体量位居全市之首，江南区板块位居第二。目前，北部新城和江南区已经成为房地产市场最为活跃的两大片区，集中了目前BJ别墅市场的知名项目。由于这两大区域拥有良好的自然生态环境景观资源，政府对区域的战略规划以及日趋完善的城市基础设施建设，如高标准的道路交通系统等良好环境的原因，在未来的别墅市场开发中，北部城区和江南区仍将作为开发的热点，尤其是北部城区的两岸新区板块、锥子山板块和江南区的南山板块，并有向江南区坪山新区发展的趋势。而其他区域的别墅板块的供应量相对较小，并受到城市基础设施建设和自然生态环境的影响，很难与上述几个板块竞争，如长宁别墅区由于其距离主城区较远，受到交通的限制很难成为别墅开发的重点区域之一。

第五部分　BJ别墅的发展前景

一、BJ别墅的总体发展方向

BJ整体经济发展水平和国际化程度与沿海发达城市相比，尚存在着巨大的差距，这也决定了BJ高端物业的消费能力远远不如北京、上海等城市，同时由于BJ地处内陆，楼盘多以内销为主，作为住宅终极产品的别墅，在BJ的消化途径和消费能力还非常有限，别墅开发受到的制约因素可谓是方方面面。

通过对近期BJ别墅物业销售周期的分析，BJ市场上多数的别墅项目其销售速度都比较缓慢，一般的销售周期多在20个月左右。在市场需求相对有限的情况下，近一两年的别墅供应量不断上升。

从目前陆续亮相的各类别墅项目来看，拥有较强实力、具备品牌优势且环境优美、产品营造符合目标客户需要、具备创新意识的别墅产品，成功的几率相对较大。而一些仅仅拥有某些方面优势就匆匆上马的别墅项目则举步维艰。

二、BJ别墅的区位发展方向

未来BJ别墅的主要供应仍将集中在北部和江南两大区域，同时，随着主城西进，BJ西区的别墅市场发展也将会具有举足轻重的地位。

在目前别墅放量的几大区域中，两岸新区“四高”尤其惹人注目：一是高品质；二是高价位；三是高开发量；四是高端客户群。现如今的北部别墅占据了BJ别墅市场的半壁江山，从最早的春桃四季、LH香樟林，到现在的陇上金秋、海菱高尔夫别墅、LH · 蓝湖香颂，北部的别墅项目一直都是BJ别墅市场上的亮点，两岸新区打造高档住宅的路线也不会发生太大的变化。

江南区的南山板块由于其地处有BJ“绿肺”之称的南山，其良好的自然生态环境，以及便利的交通使其仍然成为未来BJ别墅的主要开发热点之一，同时江南的别墅开发有向江南坪山新区发展的趋势。

西区的大峪别墅区在BJ别墅开发初期曾经是BJ别墅的主要供应区，但由于其位置较偏远，交通不便，并没有成为别墅的集中供应区。但随着主城区西进扩大，必然能带动大峪片区的高端住宅市场。

三、BJ别墅的产品发展方向

综观BJ别墅的发展历程，当今市场上的别墅项目差异化明显，市场进一步细分，各个项目之间力求以差异化和产品品质来参与竞争。丰富的产品市场、多元化的类型、产品的高品质成为目前别墅的三大特色。优美的自然环境，高尚尊贵、雅致浓郁的居住生活氛围及不可替代的尊崇性，是顶级别墅产品所独有，也是其备受金字塔尖人士追捧的重要原因。纯独立别墅项目的最大特点就是稀缺性和尊崇感，能充分体现业主的身份及个性。这些都是经济型别墅所无法比拟的。而随着 BJ 经济的不断发展，大量城市中产阶级应运而生，中产阶级逐步进入经济型别墅市场，使目前消费群体主要为金字塔尖人士的格局发生改变，也促使金字塔尖人士的消费向纯别墅转向。BJ 别墅产品的未来发展方向为纯别墅项目。空间独立性高、生态环境好、智能化、个性化、社区化的纯独立别墅项目将是未来别墅的发展方向之一。

综合练习

一、基本概念

时滞；一级市场；二级市场；三级市场；定性预测；定量预测

二、思考题

1. 房地产市场的特征是什么？
2. 房地产市场的功能有哪些？
3. 房地产市场可以划分为哪几个层次？
4. 房地产市场的供求影响因素有哪些？
5. 房地产市场分析的限制条件有哪些？
6. 房地产市场分析的内容有哪些？
7. 房地产市场调查的内容有哪些？
8. 房地产市场调查的方法有哪些？
9. 房地产市场调查的程序是什么？
10. 房地产市场预测的方法主要有哪些？
11. 房地产市场预测的程序是什么？

推荐阅读

1. [美]阿德里安娜·施米茨，德博拉·L.布雷特．房地产市场分析——案例研究方法[M]．张红，译．北京：中信出版社，2003.

2. [美]尼尔·卡恩，约瑟夫·拉宾斯基，罗纳德·兰卡斯特，莫里·赛尔丁．房地产市场分析：方法与应用[M]．张红，译．北京：中信出版社，2005.

3. 孙斌艺．现代房地产市场研究理论和方法[M]．上海：上海人民出版社，2003.

第4章　区位条件分析

学习目标

通过对本章的学习，学生应掌握如下内容：

1. 区位的概念与内涵；
2. 城市功能区；
3. 区位分析的内容；
4. 影响区位的主要因素；
5. 各类项目的区位分析重点考虑因素。

导言

位置决定价值，这是房地产投资领域不变的真理，选择房地产投资项目，首先就要选择正确的区位。如何才能做好区位分析，把握好投资区位的准确性，本章将从基本概念开始逐步阐述。

4.1　区位与房地产价值

4.1.1　区位

在房地产开发经营领域有一句话："什么最重要？第一是位置，第二是位置，第三还是位置"。这充分说明了房地产开发项目区位选择的特殊重要性。

1. 区位的概念

区位是指特定地块所处空间位置及其与相邻地块间的相互关系。区位有宏观和微观两种意义：宏观区位是指项目所在的某个国家、某个地区、某个城市；微观区位是指项目所在城市中的某个街区、某个地点。房地产投资与宏观区位和微观区位均有关系，因为宏观区位制约着微观区位，而房地产开发项目最终要落实到微观区位。

2. 区位的内涵

在房地产投资中，对于区位有广义和狭义两种理解。

狭义的区位指的是某一具体投资项目的场地在城市中的地理位置。房地产具有异质性，这一特性决定了具体某一宗地的位置是排他的、独一无二的，根据对某一宗地位置的描述，就可以从图上或现场找到该宗地。例如，某宗物业位于北京市闹市口大街 1 号，东临闹市口大街，南临新文化街，西临巷道，北临西铁匠胡同。根据描述，很容易就能确定该宗物业的地理位置，并在地图上找到该宗土地，如图 4-1 所示。我们还可以根据所描述的位置，从地籍管理部门查到该物业的地号、图号、产权人等详细信息。

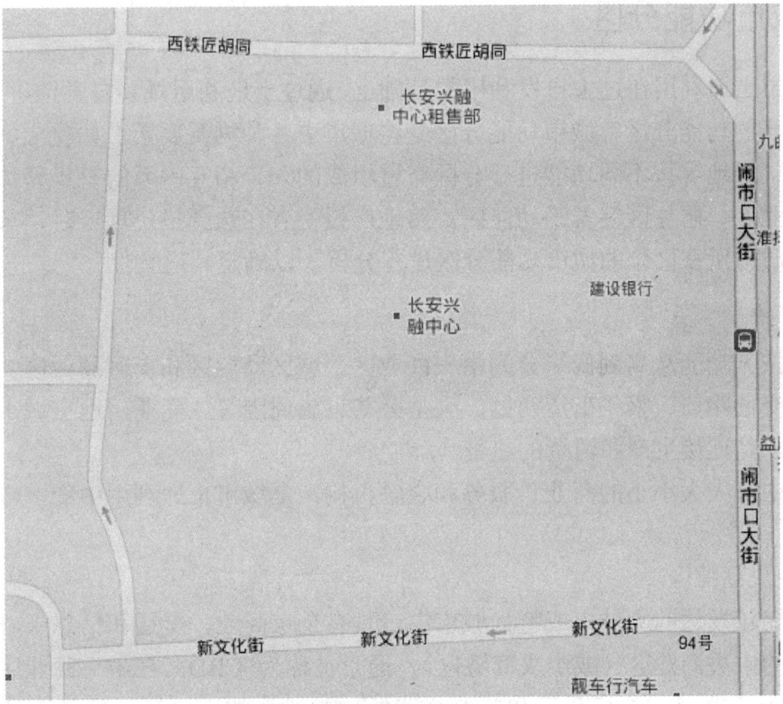

图 4-1　宗地地理位置示意图

广义的区位，除了其地理位置外，往往还包括该宗地所处的社会、经济、政治环境，基础设施，自然环境或背景，进行投资的成本，以及所面临的竞争关系等。在上文中，通过位置的确定，可以得知该物业位于北京市金融街区域南侧，紧邻长安街，属于北京市的高级商务办公集聚区，物业客户具备高消费能力，地区基础设施完备，交通便捷。优越的区位使得该物业的投资成本极高，同时周边类似物业林立，市场竞争也较激烈。

房地产投资者在进行区位把握时必须有动态的、发展的眼光。虽然某一宗地的位置不可能变化，但随着经济发展、规划调整和城市建设，城市中各宗地位置的相对重要性也会不断地发生变化。例如，上海浦东原来是上海人“宁要浦西一张床、不要浦东一套房”的地区，但随着浦东新区的开发建设，基础设施、就业环境等发生了很大变化，浦东逐渐变为上海人向往的地区；北京市前门商业区原是北京市三大中心商业区之一，但随着北京城市建设的发展，交通等市政条件优良的新中心商业区的陆续建成，前门商业区逐渐失去了对投资者和消费者，尤其是中高档消费者的吸引力。因此，房地产投资者应当关注城市或地区的社会经济发展计划及城市规划，用动态的、发展的眼光来认识和把握房地产投资中的“位置”。

4.1.2 城市功能分区

现代城市土地利用在过去自发利用的基础上，通过土地利用规划自觉地进行区位选择，从而形成明显的功能分区。城市功能分区是将城市中各种物质要素，如住宅、工厂、公共设施、道路、绿地等按不同功能进行分区布置组成的一个相互联系的有机整体，一般分为商业区、工业区、居住区等若干功能区。房地产投资者在选择投资项目时，首先需要对投资项目的性质与所在区位的城市功能分区进行分析，以确定其适宜性。

1. 商业区

商业区按其功能从高到低可分为中央商业区、城区商业区和街区商业区。一般处于大城市中心、交通路口、繁华街道两侧、大型公共设施周围等。商业用地在城市经济中有很重要的作用，是连接生产和消费的纽带。

商业区中有大大小小的商业、服务和金融机构，是城市土地利用中经济效益最高的利用类型。

（1）中央商业区

在经济比较发达的大城市或特大城市中，具有全市商业、交通和信息中心功能的区域被称为城市的中央商业区（或中央商务区），通常被称为 CBD。在中央商业区中，一般汇集有银行、保险公司、信托公司和其他公司的总部或分部机构及各种咨询机构等。中央商业区的影响范围一般都比较大，有些甚至能影响到全国或整个世界，例如纽约的曼哈顿区、北京的国贸地区及金融街等。在中央商业区，虽然房地产区位成本是最高的，劳动成本也很高，而且还存在不断增加的外部不经济，但是由于大商业、大银行、大公司总部或管理部门的业务需求——要么需要大量的客流，要么需要大量及时、准确的信息，所以在选择区位时，大量的银行、公司及其他机构仍然会集中到这一地区。这里具有全市最高的可达性、最大的客流量和信息流量，可以减少信息的不确定性，便于通过最高级的信息获取办法，即面对面地谈判获得信息，从而更加迅速、准确地做出决策。另外，这里交通便利，通信方便，市政基础设施完善，还有许多现代化的包括文化娱乐设施在内的公共设施；同时还可以随时获得各种高质量、低成本的咨询服务，包括税收、法律、财务等许多方面。

（2）城区商业区

城区商业区是城市的二级商业中心，在规模和影响力方面都次于中央商业区，是城市中某一城区的商业、交通和信息中心。在中小城市中，它属于最高层次的商业区，具有相当于大城市中的中央商业区的地位。例如北京的西单、合肥的四牌楼、成都的春熙路等。

（3）街区商业区

街区商业区是城市最低一级的商业中心，供应的商品大多是购买频率高的日用消费品，其功能主要是方便市民生活。

随着城市道路交通设施、交通工具的发展和郊区人口的快速增长，位于城市郊区和城郊结合部的大型零售商业设施不断涌现，使传统中央商业区的客流得以分散。

2. 工业区

根据各种工业的特点（如污染状况、占地面积等），可以将工业区分成内圈工业区、外圈工业区和远郊工业区。内圈工业区占地面积小，主要面向当地消费市场，且要求与中央商业区中的企事业单位建立密切联系，及时了解市场信息并获得技术支持，因此一般处在中央商业区外侧，产品包括高档服装、首饰、食品、印刷、精密仪表等。外圈工业区里的工业一般装备有自动化生产线，机械实行平面布局，产品体积大又不能堆得过高，需要的料场、仓库和厂房较大，产品多属标准化的定型产品，适于大批量生产，如冰箱、洗衣机、空调等；另外，技术要求高、对环境的污染较轻的工业也在外圈工业区内，包括大部分轻工业和重工业中的机械制造、金属加工业等。外圈工业区处在城市的周边地区，这里地价低、交通方便，距离居住区也近。远郊工业区里一般是规模大、占地多、污染严重的工业，如冶金、炼油、化工、重型机械、发电（原子能核电厂）和造纸等工业。

3. 居住区

居住区是人们生活、休息的场所。一般位于中央商业区与内圈工业区之间，或内圈工业区与外圈工业区之间。随着生活水平的提高，人们对居住环境的要求也日益提高，例如，交通便利，环境幽雅舒适，区内无污染源，治安良好，文化、教育、娱乐设施齐备，采购便捷，人际交往方便等。

图 4-2 是华东某沿海城市功能分区示意情况。

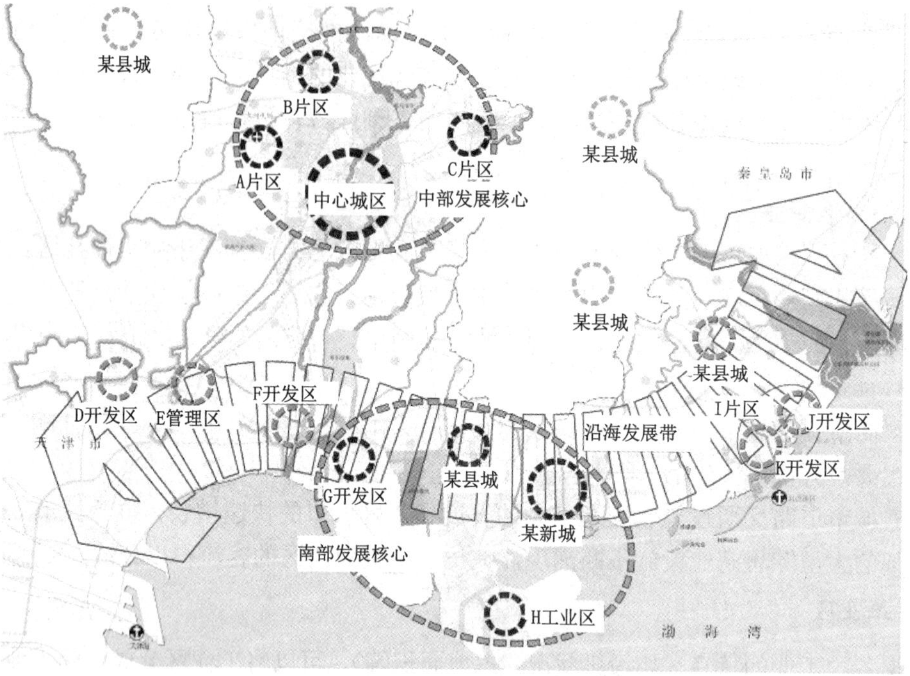

图 4-2　华东某沿海城市功能分区图

4.1.3　区位与房地产价值的关系

从投资的角度看，某一房地产是否值得投资，很大程度上取决于其产生利润和租金的能力。因此，分析某项投资是否可行，包括对该项目投资期间的租金价值的估计和对该项目出售时的市场价值的判断。而该项目出租时的租金和出售时的利润水平很大程度上又取决于其所在的区位。房地产的区位优势可以给投资者带来区位利润。区位利润越高，房地产投资价值越大。正是由于存在着对区位利润的追求，才会形成高昂地价的地块只能被有高盈利并有能力支付高租金的业主们所占有的情况，而低效益的业主就无法做到这一点。所有区位选择的结果，是形成从最理想的区位（或称为“最佳区位”）向外衰减的各种等级。这些等级表现出如下特点：随着从最佳区位点向外部的移动，土地利用密度逐渐降低，地价租金也随之逐渐衰减，同时房地产投资的利润水平和产生租金的能力也在相对降低。

1. 区位对房地产价值的影响

区位对房地产价值的影响表现在以下两个方面。

（1）区位决定房地产价值的水平

房地产的价值主要包括土地价值和建筑物价值，建筑物几乎是可以无限更新换代的，而土地属于有限的不可再生的资源，具有天然的垄断性，所以在房地产价值中，建筑物价值与土地价值不能相提并论。城市发展空间的局限性和土地资源的稀缺性决定了与土地价值相关联的区位价值才是决定房地产价值的根本。实践也证明，决定房地产价值水平的是房地产的区位而不是房地产的建筑物。

（2）区位决定房地产价值的抗风险能力

房地产位置的好坏不仅仅决定其价值的高低，而且还决定了房地产价值变动的抗风险能力。在市场上涨阶段，投资成本的增加迫使投资者和使用者向区位较差地区延伸，推动该区域的价格与租金不断攀升；在市场下跌阶段，由于区位的劣势，区位较差地区将成为下降的急先锋，而性价比较高的区位优越地区又会吸引大量从区位较差地区退回来的投资者和使用者。区位的优越性使该区域始终保持较高的市场需求，这也使得该区域的房地产价值的抗风险能力更强。

2. 区位选择的注意事项

投资者若想让区位带来较高的房地产投资价值，在选择区位时应该重视以下问题。

（1）注意对区位升值潜力的分析。现在房地产界已经形成一种共识，即并不是越接近市中心的投资取得的收益越高。选择某区位进行投资前，往往要作升值潜力的分析，作各种利弊的权衡比较，在科学的基础上进行决策。

（2）选择区位要有超前意识，特别注意对交通、服务网点等公共设施作深层次分析。

如果投资者能够分辨出哪一个区位在不远的将来对买方或租户具有竞争上的优势，他们就能在这类信息反映到价格中之前，抢先得到适当区位地块的使用权。如果他们能准确预测未来几年内区位形势的变化，就能更准确地估计出新物业的投资价值。将投资价值与尚未完全反映相关信息的市场价值进行比较，可以使那些敏锐的投资者更好地驾驭市场。

4.2 区位条件分析概述

4.2.1 区位分析的内容

房地产开发项目的区位分析包括地域因素的分析与选择、项目选址分析、开发潜力分析、土地获取难度分析等。

1. 地域因素的分析与选择

地域因素的分析与选择是房地产开发项目投资成败的战略性选择，是对项目宏观区位条件的分析，主要考虑项目所在地区的政治、法律、经济、人口、文化教育、自然条件等因素。

房地产具有位置的固定性和不可移动性，区位条件的优劣是房地产价值高低的关键所在。一个成功的开发投资策略，需要准确把握国家、地区、城市的房地产政策，全面了解地区的经济基础、人口状况（包括人口规模与结构、人口密度、规划增长率、增长方式、就业状况以及家庭收入情况等）、市场状况等，并正确预测地区未来的发展趋势。

房地产投资者在正确分析地区现状的前提下，还应综合考虑备选区位的可进入性、交通模式、优势条件及已有竞争性项目的情况，以确保开发投资项目的规划用途与周围环境相匹配。例如，随着城市老城区发展的饱和以及居民生活水平的提高，大量的投资者将投资重点转移到城市边缘地区，特别是靠近居住区的区域，兴建大型商业购物中心。但有些商业设施所处区域人口规模较小并且离交通枢纽较远，加上项目定位不够准确，常常造成该商业设施既不能满足本区域内人口需求，也缺乏对城区和外地顾客的吸引力，最终影响商业设施的正常运营。在这种情况下，投资者就应该选择交通良好、车位充足的场地进行建设，以扩大商业购物中心的吸引力。如选址限制较大，则应在商业设施定位上进行创新，在详细了解市场需求的前提下，设立极具特色的项目以弥补选址的不足，从而吸引更多的顾客。

在谨慎地作出进入某一地区或城市的决策之后，投资者就要开始重点考虑项目具体选址的问题。

2. 项目选址分析

地域的选择是对宏观区位的选择，可以称为项目开发的大前提，而项目具体选址条件则可以称为项目开发的小前提。项目选址的分析，是针对某一特殊地块所进行的一种微观分析，通过对房地产项目坐落地点和周围环境、基础设施条件的分析，直接体现土地价值。项目选址的分析主要考虑的因素包括项目所在地点的临街状况、建设用地的大小、利用现状、交通、城市规划、土地取得代价、拆迁安置难度、基础设施完备程度以及地质、水文、噪声、空气污染等。

例如，在进行房地产开发时，不同场地周围的市政基础设施条件往往不同，与项目设定开发程度差异较大的地块可能会极大地增加土地开发成本；场地当前土地使用状况的差异也会导致拆迁成本的不同——居住密度大的场地往往比居住密度小的场地拆迁成本要大；建设用地的临街状况、大小和形状等，会对场地的有效利用、建筑物的平面布局等产生影响，尤其是商业设施，临街状况是决定其未来经营收入的重要因素；噪声及空气污染状况也会潜在地影响地块的价值，特别是居住用地，环境优美的地块往往会提升住宅的品质及价格。

3. 开发潜力分析

开发潜力是指待开发土地在合法开发的前提下，以最高、最佳利用方式为原则并获得最佳效益的利用能力。

房地产开发应在规划许可下，采用一定的技术，用有限的投资资金取得最大的回报，使经济效益、社会效益、生态效益达到最优组合，即达到最高最佳的利用状态。例如，建筑物布局要与地块形状协调一致，以使总体设计最大限度地满足人们的需求；建筑物内部各部分的划分要实用并具有一定的灵活性，以利于投资者及时调整其功能。新开发项目应符合时代潮流，并具有前瞻性，以使建筑物满足未来的潜在需求，尤其是饭店和写字楼等商业设施，符合时尚往往能在不景气的环境中维持较高的收入水平。

4. 土地获取难度分析

房地产投资者通过现场调查或利用政府部门公开的信息选中具有开发潜力的土地后，还要与当地政府土地管理部门以及当前土地使用者商讨相关事宜，以获取土地开发的权力。目前国内获取土地使用权的途径有两种：一是从土地一级市场获取，即通过政府土地出让的方式；二是从土地二级市场获取，即通过当前土地使用者转让的方式。在实际操作中，通过土地一级市场获取土地相对容易，尤其是对于那些熟地出让项目，如果是城市毛地出让，则房地产投资者还需进行拆迁安置补偿等工作。通过土地二级市场获取土地的操作方式有多样性，既可以从土地使用者手中买断，包括项目收购和股权收购，也可以探讨合作开发的可能性。

从土地一级市场获取土地，主要采取招标、拍卖、挂牌的方式，往往面临多方竞争的局面，区位条件越好的土地竞争越激烈，这也是近几年频频造就“地王”的主要原因。如果获取的是毛地，投资者还面临着拆迁的难题，拆迁补偿水平直接关系开发成本，被拆迁人的意愿直接关系开发的难易，进而直接关系到项目的成败。从土地二级市场获取，也面临着较大的难度，如项目债务、法律状况的不明朗，竞争报价信息的不对称等。基于上述获取土地中会遇到的问题，投资者必须认真分析土地获取难度，选择合适的土地进行投资。

4.2.2　区位的影响因素

综合以上区位分析内容，将影响区位的因素概括为以下五类。

1. 行政因素

行政因素主要是指城市规划方面的因素，包括场地的合法用途、规划设计条件（如建筑密度、高度、容积率）和建筑物平面及立面布置的限制、相邻地块的土地用途等。

2. 自然因素

自然因素主要包括地块的面积、形状、四至范围，水文地质特征，气候资源情况等。土地的用途不同，则其自然因素的作用大小不同。例如，农业用地对水源气候要求较高，而工业用地则更注重原料资源。

3. 经济因素

经济因素主要包括土地价格、基础设施条件、交通便捷程度以及公共配套服务设施的完备情况等。土地价格主要考虑土地出让金、市政设施配套费和拆迁安置补偿费等。交通便捷程度主要考虑道路的通达程度、出入口的位置、容易识别的程度、停车方便程度等。公共配套服务设施完备情况主要考虑治安和消防服务，中小学校、卫生保健设施和邮电通信，垃圾回收与处理，政府提供配套条件所收取的配套税费等。

4. 社会因素

社会因素主要包括人口状况、当前土地使用者的态度、土地获取的方式、土地开发状况以及当前土地市场情况等。人口状况主要考虑人口增长状况、趋势及预测，就业状况，收入分配和可能的变化等。当前土地使用者的态度主要是看其对土地开发的态度，分析其开发意愿以及其可能对开发工作带来的困难和贡献。土地获取方式主要考虑获取的难易程度以及获取的成本。土地开发状况则应考虑土地开发成本问题。当前土地市场状况应重点分析竞争难度。

5. 环境因素

环境因素主要包括空气、水和噪声污染水平，历史文化保护区，公园、开放空间和绿地的数量与质量等。

4.3 不同类型房地产区位分析

不同类型的房地产，在开发与利用过程中，对不同的影响因素的敏感性不同。例如，住宅项目最敏感的影响因素是基础设施、环境和人口素质等，居住追求的是舒适性，获得身心的休息，而办公项目最敏感的影响因素是办公集聚度和交通便捷度，办公追求的是资讯的高效交换。所以，对于不同类型的房地产在做区位分析时，应该选择不同的侧重点。

4.3.1 住宅项目区位分析

住宅是保障人们生存的必需品，它为人们提供一个工作劳动之余的安静舒适并且相对私密的空间。从房地产投资的角度来看，居住用地的投资目标与其他用地类型无异，即追求利润最大化。但住宅项目必须最大程度地满足购买者的需求，才能获取最大利润。因此，居住用地的区位选择一般应考虑以下主要因素。

1. 基础设施完备的程度

基础设施不仅包括为居民的生活提供水、电、煤气、暖气、电信、宽带网络等的市政公用设施，而且包括托儿所、幼儿园、中小学、医院、邮局、商业零售网点、康体及文化娱乐设施等公建配套基础设施。对基础设施质量的衡量首先看完备度，其次看设施水平，最后看使用保证率。国内有大量商品住宅处于空置状态，其中许多是因为基础设施条件不好而给居民生活造成诸多不便形成的。对于规模较小的居住项目而言，其本身不具备提供上述配套设施的能力，那么对项目周围已具备的配套设施的依赖性就更强。

2. 公共交通便捷程度

从经济角度来评价居住用地区位的好坏，主要是从出行时间和出行支出这两方面考虑。住宅是人们长期稳定的居留地，出行成本便成为人们普遍会加以考虑的居住选择因素。人们的出行主要是在居住地、工作地、购物中心和游乐场所之间往返摆动，因此理想居住用地区位，是最大程度地满足不同人出行偏好且到达以上四点总距离最短的点。例如，年轻人主要选择接近工作场所的地点，而老年人则可能选择接近游乐场所的地点。

从我国目前的居民家庭结构来分析，工薪阶层家庭所占的比例很大，对方便快捷的公共交通系统的依赖程度非常大，所以对居住地位置的选择主要集中在靠近公共交通、能就近乘车的地方。在大城市中，轨道交通是最优选择，距离轨道交通站点的远近直接决定了区位交通的优越性。

3. 环境

随着城市居民生活水平的提高，越来越多的人开始追求高环境品质的住宅。环境包括自然环境与人文环境。自然环境主要包括绿化、视觉效果、空气、水土等几个方面。人文环境主要包括附近主要人口文化层次构成、职业构成等。

4. 人口

人口因素与住宅项目的市场前景有很大关系。人口因素主要包括人口数量、人口素质、家庭规模和结构、家庭收入水平、人口流动性、当前居住状况等方面的影响。住宅项目投资如果选择在人口素质高、支付能力强的地区进行，就意味着成功可能性的提高。

4.3.2　商业项目区位分析

商业经营活动的目的是为了追求最大的利润，而商业利润是通过销售产品取得的，因此，产品销量是决定商业经营活动利润的关键。商业项目的区位选择应该以最大限度地增加产品销售量、提高销售额为目标，重点考虑的因素有以下几方面。

1. 交通便捷性

商业地产生存的核心动力是人气的聚集，因此商业地产应当分布于交通便捷、易达性好的位置，为商家及消费者的进出提供方便，以最大限度地吸引商家及消费者。交通的便利性主要体现在道路系统和公共交通工具的发达情况。第一，交通网络的发达程度，商品运输是否方便，商品运输经济成本和时间成本的高低。第二，是否有密集、发达的交通路线，道路设施建设是否完善，公交路线的停靠点是否均匀便利和全面覆盖整个区域，是否有轨道交通经过以及距离轨道交通站点的远近，这些都紧密地关系着消费者购物的便利程度。对于坐公交车及轨道交通的消费者来说，公交线路车辆站点及轨道交通站点距离商业地产最好不超过200米，而且公交线路及轨道交通运行的时间也不应少于商家的经营时间。第三，消费者进出商业设施的便利性，门外的台阶尽可能少，外面台阶要防滑，要有手推车通道、残疾人通道等，还要有足够的停车位以方便开车来购物的消费者。

2. 标识性

标识性是商业地产被往来行人或者乘车者所能看到的程度。一般情况下，场所的标识性越高，越容易引起客流的重视，消费者前来的可能性越大，因此能够更多地吸引即兴消费。商业地产具有较高的标识性，可以让消费者便利地找到商业地产所在地。由于城市的不断发展，许多过去已被消费者所熟悉的购物场所，也会随着周边社区、道路和其他相应建筑物的改造、拆除等变化，而增加被寻找到的难度。特别是对开车前来购物的消费者，在行驶当中寻找就会更加困难。因此要有必要的距离确认标志，如商业建筑指路标志：临街建筑要有一定的长度，通常在60米以上；在建筑的外墙还要有大型的标志，甚至有时候有必要在路边设置建筑的指示牌，远距离通常是200米以外，近距离是50米，这样可增强大、小、高、矮等有不同层次的可见性。

3. 适应性

适应性表现在获得土地时要考虑土地面积、周围环境、基础设施条件等，建筑时要考虑建筑的构造、材料、立面造型及可塑性与房地产定位的类型需要是否符合等。商业地产的建设要与周围的建筑环境相融合，不同的环境要求不同的建筑风格。同时要符合有关城市建设发展规划要求，该地点的交通、市政、绿化、公共设施、住宅建设或改造项目的近远期规划等。在店铺选择方面，要与商品经营技术高度结合，最大程度地满足商家需求。如在商家的硬件需求方面，要满足有适宜的商品展示和存放空间的要求；对于大型综合超市而言，建筑物的建筑面积通常需要1万平方米以上，综合超市建筑的层高应该在8米以上；要利于商场商家的平面布局，同时还要满足商家经营时对便利的需求，包括货物通道、专用的卸货区、库房等。

4. 购买力

商业地产的成功运营必然要求有稳定的目标消费群体，不同的项目在不同的区域，或者同一项目在不同的区域，都会影响预期的消费者数量。商业地产的投资规模也必须与区域购买力能力相适应。因此，商业地产选址时必须把购买力作为选址原则之一。这就要求投资者要仔细研究商圈内维持商业设施存在的最低服务人口数量及一定的消费能力，调查不同区域内人口的数量、密度、年龄分布、文化水平、人均可支配收入等多项指标，尽量选址于购买力强的区域。

商业地产的选址决策是一项复杂的系统工程，需要进行多方面的研究判断，才能降低投资的风险性。首先需要判断商业地产项目拟选定城市的市场条件是否与拟建商业地产项目相适应，判断拟建商业地产项目所在城市的生产力水平是否可以支撑该项目建成后的良性运营；其次是判断拟投资商业地产项目最终选址地区的市场条件，在确认拟选定的发展城市具备相应市场条件后，需以市场调查、市场预测为基础，确定拟定选址位置是否适合发展商业地产及发展商业地产的可承受发展规模。

4.3.3　写字楼项目区位分析

写字楼是专业商业办公用楼的别称，指公司或企事业单位从事各种业务经营活动的建筑物及其附属设施和相关的场地。目前，写字楼市场依照写字楼所处的位置、自然或物理状况及收益能力，通常分为甲、乙、丙三个等级。写字楼项目区位选择所包含的特殊因素主要有以下几方面。

1. 办公集聚度

办公集聚度直接影响着商务活动的生产要素、资讯的集聚和便捷度、资源的优化配置，而城市的中央商务区是办公集聚度最高的区域，选择写字楼项目区位时，应尽量选择在中央商务区范围内。

中央商务区是一个城市现代化的标志，是城市商务资源密度最大、商务活动节奏最快的区域，也是一个城市房地产价格最高的区域，具有最完善的交通、通信等基础设施，有大量的公司、企业、金融机构等在这里开展各种商务活动。中央商务区的特质表明写字楼物业必定是这个区域的主流产品。中央商务区作为城市商务活动的顶级区域，不仅承担着商务活动的核心功能，而且还聚集着一个城市精英的公司和人群，延展着城市形象、城市文化、公司品牌、国际交往等多项功能。例如，中环和尖沙咀是我国香港地区的商业中心，曼哈顿是纽约的象征，拉德芳斯是巴黎的新符号。可见，中央商务区是写字楼选址时应考虑的重要因素。

2. 配套服务完善度

随着越来越细致的社会分工，企业正逐步走向专业化、多元化的道路，中小型企业成为进驻写字楼的主流。企业的日常运营需要外来的多方面的配套服务支持，如酒店、餐馆、茶馆、邮政快递、订票及文印服务等，这些成熟的商业配套服务是进驻企业衡量写字楼适宜程度的关键。因此，写字楼项目区位选择时必须考虑该区域的配套服务完善度。

3. 交通便利性

写字楼中聚集了大量的流动人员，其中包括工作人员和进行各种商务活动的往来客户等。交通条件对写字楼中工作人员和客户的办公效率有直接影响。道路系统的完善程度，尤其是快捷有效的道路，是写字楼租用者重点考虑的问题。写字楼建筑周围如有多种交通方式可供选择（公共汽车、地铁、直升机等），就能极大地方便在写字楼工作的人员和进行各种商务活动的客户，所以交通的便利程度很大程度地影响了写字楼使用者的购买或租用决策。

4. 前瞻性

写字楼是一项风险较大的长期投资，它的选址关系着房地产后期的经营发展。选址时，要预期未来环境的变化，评估所在地的竞争态势及发展前景，选择具有一定的发展潜力的区域，考虑集聚效应的作用，选择能够成为城市人流、物流和商务活动的焦点区域。在进行写字楼项目选址的时候，不仅要研究现状，还要科学预测未来的发展态势，要具有前瞻性。

4.3.4 工业项目区位分析

工业项目区位的选择所考虑的因素与住宅、商业、写字楼项目有很大不同。工业项目区位的选择须考虑的特殊因素包括：原材料资源数量的多少，连接原材料供应基地和产品销售市场的交通运输成本的高低，技术人才和劳动力供给的可能性，水、电等资源供给的充足程度，环境污染的防治政策等。

不同的工艺项目在进行区位选择时所考虑的因素是不同的。例如，农产品加工工业，特别是新鲜农产品加工企业（如水果、蔬菜深加工产业）在做区位分析时，一般将原材料产地作为首选地区，考虑主要原材料数量的多少，例如中粮集团将番茄酱生产基地设在新疆就是基于原材料多少的考虑。再如高新技术产业，其更多的是考虑科学技术、高级人才供给的可能性，大量高新技术产业集聚在大城市就是基于此类考虑。

4.4 房地产区位分析案例

翠湖项目区位分析报告（2001年）

第一章 项目及周边物业市场调查分析

本次调查分析主要是针对拟投资地块的地理环境，翠湖地区区域房地产市场、生活消费条件、住宅消费者等几个方面的调查，为项目的可行性分析和研究提供充实的研讨依据。

该项目位于南岳区翠湖乡，先简要地概述南岳区房地产市场情况。

表4-1可见，2000年第四季度南岳区的价格指数走势由第三季度的下跌转变为小幅上扬，但指数仍没有达到第二季度高度，因为南岳区的房地产价格水平在东方市处于较高水平，而今年房地产开发大多集中在江南地区，使得该区的住宅价格徘徊不前。南岳区由于自然条件的限制使得住宅开发投资大部分都分布在中北部地区，中兴大道南北，衡山路、北京路一带，是房地产开发投资较集中的地带，主要原因是该地区的建筑密度较小，交通便利，距离中央商业区较近，这一代拥有衡山花园、南岳花园、富高花园、新时代公寓、衡山竹苑、镜湖公寓、半步城园林小区等众多的住宅小区。位于玉带路的半步城园林小区，1998年5月开盘，目前已属尾房，但第四季度以2 350元/平方米的现房价格出售了4 500平方米，销售业绩较好。

表4-1 南岳区2000年的房地产价格和指数

时　　间	南岳区价格/元/平方米	南岳区指数
一季度	2 218.78	1 000
二季度	2 227.38	1 003.876
三季度	2 223.24	1 002.86
四季度	2 226.24	1 003.2

翠湖、慧谷一带也是该区房地产投资的热点地区之一，这一地带是相对较偏的地段，根据“城市空心化”的理论，离市中心区有一定的距离，自然环境较好，并且有开发大片住宅小区的条件，是未来最适合居住的地区之一。这一带已经有碧海云天别墅、慧谷花园、翠湖生态花园等住宅小区。这一地区在未来升值的可能性较大。位于该地区的海棠园，本季度期房销售价格为1 886元/平方米，低于南岳区的均价，本季度销售了1.65万平方米。

一、投资地块的地理环境

一个项目的土地价值是有多种因素综合作用的结果。土地所处的地理位置，周边的自然环境、人文环境、市政配套及临近楼盘的品质等，决定了此地块大部分的市场价值，因此，首先从地块环境入手调查分析。

（一）土地性质及地理位置

该地块位于南岳区翠湖乡白石村，净用地面积8.37公顷，近似平行四边形，整个地块较平整，无丘陵、小山包，且地块的延伸四周也是平原，地块周围有较多的村庄，主要有白石村、双月湖村（由三里铺、裕安村、白莲洼三个自然村构成）、杜冲村（有2 000人左右）；还有成片的菜地和零星的水塘分布在地块周围。

（二）地块自然景观及环境质量

1. 自然环境

该地块总体来看属于平原地区，空气较好，无大型污染，植被水系丰富。

以下为地块四个方向的环境情况。

（1）南向

远望是一条沿路而建的现代化建筑，能隐约感受到大都市生活，京广铁路从旁边横贯而过，由远及近是大片开阔地带，无障碍物，临近的翠湖大道平行延展，该方向上因有一高压输电线路沿翠湖大道方向铺设，使得该方向上无论近看或远望的视线都被干扰，另外，因公路建设略有空气和噪声污染。

（2）北向

北面遥望霍衡渠，成片的草地、带状的防护林区沿堤分布，大片的湖泊、莲池密布，自然村落散布其间，湖水清澈、空气清新，宁静而美丽，但近处有零星的破旧小村落削弱了景色。

（3）东向

远方较开阔，中部为建设中的海棠园，近处的慧谷路边，商铺、工棚映入眼帘，桃源河平行流过，隐约有河水淤积下来的异味。

（4）西向

西对建设路，近处无高层建筑，视野开阔，远眺现代都市居民区，隐约可见正在施工的桃源新村，自然村落和耕田水塘由远及近步入视野，也是因大道的施工沿路有灰尘。

2. 项目周边情况

以项目地块为中心，南至主干道（火炬大道），北至霍衡渠附近，东西以建设路和南华公路两侧为界，集中调查。

（1）南华公路一带区域调查

- 自然环境：该带为平原地段，靠近桃源河，两旁不远处有若干小湖，附近的村落有白石村、远明村、杜冲村，都属于翠湖乡。翠湖乡乡政府靠近慧谷路，距白石村不到 500 米。附近有成片的自然林或人工林，唯有路两旁树林不多，大车过后，尘土飞扬，该地段绿化较差，但也没有什么大型的污染源。
- 社会环境：道路路面状况较差，经常有载货的大卡车经过，到市内的交通不便利，沿线只有 716 一路公交。地段入口处有大东门客运站，有许多通向周围县市的长途客车。水电气的基础建设均已到位，电话线已铺设，但没有网络线和有线电视线（新建小区除外）。路边附近有 2～3 个门诊部，有中国信合、农行等金融机构的分点。白石村对面有崇礼高级中学，但距白石村较远。没有大型的娱乐场所，只有几家小型的台球厅。
- 人文环境：沿路两旁的居民来自不同的地方，主要是白石村、远明村等附近的村落。另外还有同安、青山、梁园的居民到此打工。同时有陶桦等附近区县的居民。他们大多是打工来到这里，租用当地居民的住房，沿路地带和白石村大概有 2 000～3 000 人。居民的房屋大体为 2～3 层，比较简陋。

- 经济环境：沿路两旁一直到白石村，有一大型钢材市场。居民的收入水平不等，白石村的居民每年固定有1 000～1 500元的收入，来源于村办企业、承包队、出租房。另外村民可选择在路两旁租商铺，发展第三产业，或在一些私人办的公司打工，如金固混凝土有限公司等，他们的收入较高，每月有1 000元左右的收入，另外有些较大的公司都有集体宿舍，员工来自各处，有的住在繁华路。
- 此处本地块东北方向的村落属于白石村六队，该队共有60户，约250人，村民主要以种田、打工、出租房为生。对村大队而言，收入主要以“卖地”为主（该村的集体地约400亩），收入为居民发放补助，基本上每户居民为4 000～5 000元/年。该村交通不发达，小学、中学都比较远。居民主要以白石村人为主，有一些来自陶桦等地区的打工者。工厂很少，只有几个村民自办的个体小企业。雇员多为本村居民，村民自建房多为二层楼房，建筑面积约400平方米，很多房子由外来者租住，该村的水电、通信等都不完善，绿化状况较差，周围有很多废墟空地，基础设施和公共设施都不完善。

（2）三里铺村至霍衡渠路段调查

- 自然环境：沿线区域自然风景较好，多湖泊村庄钓鱼台，无污染，空气清新，景色宜人。沿霍衡渠路段以绿地、防护林区和湖面次第构成，地势平坦；双月湖路段属平原地区，沿路自西向东依次分布杜冲村、三里铺村（由三里铺、裕安村、白莲洼三个自然村构成）。周边以菜地、耕地为主，零星分布水面，白石村路段基本同上。
- 社会环境：该区域位于南岳区边缘。纵有霍衡渠，横有慧谷路，内为双月湖路段，交通便利，有726、69路公交车。给排水设施齐备，供电设施相对不足，但具备发展条件，有待进一步建设，通信便捷，暖气设施有待进一步开发建设，有液化气供应站。
- 经济环境：该区域人口经济实力不强，居民收入水平普遍不高，工矿企业大都以民营、私人企业为主，现大都处于半停产状态，但私营企业仍具相当活力。商业、金融业、服务业仍处于萌芽状态，有银行、合作社零星分布其间。当地居民收入差距较大，杜冲村、三里铺村平均月收入在1 500元左右，主要以房屋出租、村办工厂承包、打工、养殖为主。

（3）建设路段调查

沿民强路至霍衡渠段，交通便利，有560、711、805、71、527、35、41路公交线路经过，物业基本为三层商住楼，底层为商铺，楼上为住房。商业发达，相关的银行、医院诊所、小学、中学设施齐全，有汉兴学校、东方市第七十一中学设在该区域，但环卫、绿化设施仍停留在相当低的水平。居民以本村居民为主，外地人占小部分，村居民收入来源以出租房屋、商铺、打工为主。区域内有巨荣实业、美华服装厂、红岩汽车南岳销售公司等民营及私营企业。沿路有金叶苑、新康家园等已入住的居民小区。

沿霍衡渠段以居民区为主，零星间隔有林区和小块菜地，无商业门面，有两个工厂及南岳荣祥畜禽水产市场。沿线有35路车通行，道路情况较差，路面较窄且坎坷不平，基础设施、公共设施相对滞后。建设路段以民营、私营工厂为主，大都处于半停产状态，另外该区域内设有东方市劳教所、戒毒所。居民收入主要来源以经营钓鱼台、打工、出租房屋为主。

此路段整体经济实力较同区域内其他村较强，交通也便利，但自然环境一般，绿化较少，自然景观不如其他村，无污染。

（4）翠湖大道西段至白石村一带

属富阳乡，居民约800户。因没有土地，只有少数鱼塘，乡民很少务农。乡里人们生活来源主要靠外出打工和房屋出租，每户的房屋大部分为2～3层的楼房。区内企业很少，大部分已关闭，只有少数几家，如万家油漆有限公司、富源集团在经营。青山殡仪馆就在白石村路旁，还有两所学校、一所幼儿园、两个集贸市场、一个卫生所和几个小诊所，因翠湖大道在建，乡里的水电十分方便。

（5）松江路一带至兴农路一带

- 自然环境：沿线是城区主干道，较为热闹。火炬大道至建设路两侧临街多为建筑，底层为商铺门面、上层为居民居住。繁华路沿线景观较差，正在进行基础设施道路建设，旁边多为低层住宅，商业用房较少，离繁华路几十米以外为六阜铁路西线，铁路线以外是大片的农田。
- 人文环境：火炬大道一带科、教、文、卫、娱乐等公用设施一应俱全。火炬大道临街主要是商铺，背街处大多为住宅，其中火炬大道、繁华路附近是竹海园葫芦口村、景升村，人口数量均在2 000～3 000人之间。
- 经济环境：火炬大道一带较繁华，银行、酒店及商业网点较多；繁华路现今在修建公路，路旁有零散建筑物，大部分要拆迁，道路通车后，经济环境会有大幅度的提高。
- 附图：地形地貌状况、物业形态划分图、局部放大图。

二、翠湖地区区域分析

（一）基础设施状况分析

1. 交通状况

本地块四周交通体系已初步形成，东西向有近年来新建和在建的火炬大道、翠湖大道、幸福大道、霍衡渠路段，其中，翠湖大道正在加紧施工建设，年底前建成通车后将对本地块项目提供良好的条件。南北向主要有南华公路，公交只有716一路公交车，终点止于海棠园门口，与火炬大道交汇路口还有东大门客运站，客车主要是运送人员去陶桦等县城。

2. 人文环境及生活配套设施

地块周边商业网点和金融机构较为齐全的主要位于火炬大道和建设路沿线，如华颂大酒店、百大超市、农行、建行等，但距离本地块较远。南华公路沿线主要为小的商业铺面、专业性市场，无酒吧、网吧等娱乐设施。教育机构不健全，仅有崇礼高级中学、双月湖小学和竹海园葫芦口村小学、田园小区小学等；医疗设施缺乏，主要为小的门诊部。总的来说，人文环境、生活配套设施较差，是项目开发的一大劣势。

3. 市政配套设施

- 水：该地块用水由湖口水厂提供，在地块南侧的翠湖路建有管径为 300 毫米的给水管，地块用水可由该管接入。该地块雨水属入桃源河系统，污水属入黑龙潭污水系统。该地块南侧的翠湖路建有排入桃源河的雨水箱涵，地块雨水可接入该箱涵，地块周边尚无污水管。
- 电：该地块现用电有西北侧的华强路变电所的 10kV 架空线路引来。《东方市城市总体规划（1996—2020）》中确定在该地块北侧新建明德桥 220kV 变电所，届时该地块供电线路由明德桥变电所引来。
- 气：整个翠湖地区目前有三种供气方式，瓶装液化石油气、小区气化和管道煤气，其中管道煤气由管道煤气公司供气，刘家村储备站沿松江路延长线埋设 DN500 管道至翠湖生态花园一带，翠湖路在松江路延长线西侧已埋设 DN300 现状管道，东段也正在筹划埋设 DN300 管道。
- 邮电电信：地区邮局位于火炬大道，该地块现状电信线路由西南侧的竹园坝电信局引来。《东方市城市总体规划（1996—2020）》中确定在该地块西侧新建建设电信分局，届时该地块电信线路由建设电信分局引来。
- 居民习惯：此地区居民主要为当地农民，生活以打工、种植、养殖为主，年收入水平偏低，居民的文化水平不高，劳动之余，以闲聊为主，对外界基本不关心和接触较少，但由于地理位置靠近城区以及外来人员的影响，生活已开始城市化倾向。

（二）翠湖地区住宅市场调查

1. 翠湖地区总体规划及土地出让情况

翠湖地区是东方市十大综合组团之一，是以水面、城市绿地、低密度区组成的主城生态走廊，是以多层建筑为主、小高层、高层、别墅为辅的大型住宅新区。规划常住人口为 40 万，人均 24 平方米居住用地，绿化率达到 40%以上。依据规划，翠湖地区将建有一个市级商业副中心，8～10 公顷的区级文化中心（含艺术馆、图书馆、影剧院、文化馆等文化娱乐设施），1 平方公里的双月湖体育中心、翠湖成人职业学校和一所特殊教育学校，（1～2 公顷）1 平方公里的地区级大型市场、技术中试基地和小型工业区，现有村民约 2.4

万人，大多为湖南移民。

翠湖地区大约有2.5万亩地，已征1万亩。有四十余家开发商已征土地，其中有征地指标的约为30家，但尚无项目。依据现状和路网分隔，将翠湖地区分为：松江路下沿线以东、以西两块，松江路下沿线以西称为左块、松江路下沿线以东称为右块。

下面据此论述翠湖地块的出让情况（下列情况属规划局人员介绍，部分数据不完整，仅供参考，如表4-2所示）。

表4-2　右块地出让一览表

序　　号	项目名称/单位	面积/亩	单价/万元/亩	备　　注
1	海棠园	1 200	33	
2	恒丰建设	600	20	加规费22万元/亩～23万元/亩
3	华恒新村康居工程	3 000		
4	翠湖生态花园	600	18	
5	翠湖乡政府	2 200～2 300		
6	城开集团	100～130		

右块地松江路下沿线有碧海云天和翠竹华堂两个项目，朝北上方为海棠园，再向上为翠湖乡政府和翠湖生态花园及华恒新村，松江路下沿线与慧谷片东部为兴盛科技产业园等。

左块地出让情况：

左块地规划国土局公开拍卖地块329亩，兴创科技园征地400～600亩，双月湖城开集团征地970亩，统建办征地400亩，双月湖西路有在开发鹿鸣花园（从市见义勇为基金会处购买，拓基公司开发的别墅）和临湖御景。幸福大道以南有市规划国土局P（2001）001号（以下简称1号地块）拍卖地块125亩，1号地块上方约168亩空地一块，1号地块下方临路边有36亩地空地一块，再下方京广铁路预留线两边为兴创科技园，1号地块以西为白石村的三家村办企业及散居的村民点、菜地、鱼塘，故白石村村规划未上报，故维持现状尚待后续开发。

2. 翠湖地区开发现状及态势

翠湖地区目前开发的住宅小区主要集中在岳桃公路以东，现有翠湖生态花园、华恒新村、海棠园、碧海云天、翠竹华堂等五个项目，另外，靠近双月湖一带还有临湖御景、鹿鸣花园两个项目。翠湖地区的住宅物业形态有多层、小高层、高层、单体别墅、联体别墅。翠湖地区住宅呈现出明显的走势特点：规模不断扩大、价格稳步上升、社区文化浓郁、多层住宅畅销、客源面有待扩展等。下面从价格、付款方式、区域发展、供求关系、物业形态、户型、物业管理、目标客源等八个方面进行调查统计。

（1）区域发展状况

现已开发的土地仅占翠湖组团土地的1/10，已征地开工的土地面积为1万亩，占翠湖组团的 2/5。随着翠湖组团开发的不断深入、配套的逐渐完善、规模的逐步扩大、人气的逐步积聚，翠湖组团作为东方市新城区已初现雏形。翠湖组团的住宅建设符合《东方市城市总体规划（1996—2020）》，东方市政府和南岳区政府必将在政策上加大力度予以扶持，以及货币分房政策的实施和旧城改造的进行，都使翠湖组团的发展具有良好的前景。

（2）供求关系

现已发售的楼盘总销售面积已达 20 多万平方米，已动工的华恒新村一期总建筑面积为 18 万平方米，预计今年内翠湖组团实际供应量约在 30 万平方米以上，区域内目前已规划的项目总规模达 107 万平方米，同时翠湖组团的需求量为 1 000 万平方米（40 万人×25 平方米/人）。可以这么说，未来一段时间内翠湖地区住宅供应量将会不断上升，同时需求量也呈上升状态，这两种上升趋势保持着相对的平衡。

（3）价格

2000 年东方市住宅的价格全面上涨，年内将持续上涨，从本区域楼盘的营销来看也是如此，各楼盘的多层起价一般都上涨到 1 500 元/平方米以上，均价达到 1 760 元/平方米以上，小高层、高层和别墅的价格更高。翠湖大道建成通车，各楼盘的配套设施到位后，品位的培育成熟后，多层的均价会涨到 1 900 元/平方米以上，这个涨幅是渐进式的。同时本区域楼盘比市内同比楼盘低 1 000 元/平方米左右，是客户选择在此置业的最重要因素之一。

（4）付款方式

随着购房客户的理财能力的成熟和投资途径的增多，购房客户选择按揭方式购房越来越多，如翠湖生态花园，80%的客户选择按揭方式购房，海棠园更是达到 88%，按揭的成数高，年限长，已成为吸引客户购房的一个重要条件。

（5）物业形态

本区域的物业形态已形成多层住宅为主的格局，将来仍将是以多层住宅为主，小高层、联体别墅为辅的格局。这符合本区域人口的规划要求、客户在此置业的生活要求和环境需求。

（6）户型

本区域的大户型，如 120～150 平方米特别畅销，85～110 平方米的中户型也较为好销，85 平方米以下、150 平方米以上基本上处于滞销状态，未来户型将仍以 3*2*2 和 2*2*2 为主。

（7）物业管理

物业管理以人为本，突出人性化、社区文化、智能化是时下物业管理的主流，营造浓厚的社区文化环境，维护舒适温馨自由的生活氛围，在物业管理上强化以人为本的理念和加大服务的范围，形成一定的口碑将是本区域物业管理的方向。

（8）目标客源

目前，在本区域购房的客户大都是松江路和火炬大道沿线的邻近区域客户。今明年随着区域的市政配套设施的完善，楼盘知名度的提高，来此置业的市内客户，特别是有房需要换环境的置业换房客户（政府公务员、企事业单位人员、生意人）仍将是本区域重要的目标客源。

三、项目周边主要物业分析

（一）蓝星世纪

1. 项目规划

蓝星世纪由东方明实置业公司投资开发，同济大学设计院深圳分院设计，东建集团二公司承建。蓝星世纪占地41亩，总建筑面积4万平方米。4 000平方米商网配套，绿化率达48%，容积率为1.6，有3栋6层、3栋11层、1栋18层，总建面积配比3:4:3，总户数约340户。目前1栋多层已完成外立面装修，即将交付使用，2栋小高层和1栋18层单身公寓将于2001年10月交房。

2. 户型设计

多层主力户型为3*2，面积为119平方米；高层主力户型为3*2，面积为148平方米，小区首创高层单身公寓户型为1*1和2*1，面积为51～73平方米。户型面积指标如表4-3所示。

表4-3　户型指标（一）

户型	1*1	2*2	3*2	错层	复式
面积/平方米	51～52	70～73	119～148	188～200	245
分布	18层单身公寓	18层单身公寓	多层	小高层	小高层　多层
比例/%	20	15	45	15	5

3. 价格策略

多层价格为1 700～1 820元/平方米，小高层价格为1 935～2 365元/平方米，高层单身公寓价格为1 800～2 100元/平方米。物业管理费多层为0.5元/平方米•月，高层为0.8～1.0元/平方米•月。付款方式灵活多样，一次性付款、分期付款、七成20年银行按揭、公积金贷款。

4. 宣传推广

蓝星世纪于2000年5月28日开盘，开盘时在《东方日报》上连续两次做了1/2版的广告。在慧谷处有大型户外广告牌和路牌广告，其售楼部为东方市少有的高标准售楼部之一，开盘是参加过2000年上半年房交会。

5. 销售情况

小区2000年5月28日开盘，多层销售状况较好，120套住宅已基本售完，小高层中3*2大部分已售完，高层小户型市场阻力较大。

6. 客户分析

客户主要是以工商、税务、证券、银行、设计院等行政企事业单位中高收入人员，另有部分中小企业的业主。

（二）翠湖生态花园

1. 项目规划

翠湖生态花园位于翠湖发展区，正面沿103国道和东阳高速公路，北邻经六路，南边是海棠园。总占地面积420亩，建筑面积40万平方米，绿化率30%，容积率为2。物业类型有多层、小高层、高层和别墅。一期总建筑面积约6万平方米，16栋多层住宅498户为全现房。

2. 户型设计

一期主要户型2*2和3*2，面积为90～130平方米，具体指标如表4-4所示。

表4-4　户型指标（二）

户型	2*2	3*2	4*2	复式
面积/平方米	90	120～140	140～170	190～200
比例/%	10	45	30	15

二期主要户型为2*2和3*2，面积为90～140平方米，具体指标如表4-5所示。

表4-5　户型指标（三）

户型	2*2	3*2	4*2	6*2
面积/平方米	89，98	120，140	154	173
比例/%	41	44	10	5

3. 配套设施

小区配有局域网，三网合一，大型会所、网球场、露天音乐泳池、健身房、美容中心、购物中心、幼儿园、大草坪、阔叶林、管道煤气都有配套，二期将停车场全部设计在地下。

4. 物业管理

有东方天宏物业管理公司进行智能化管理，物业管理费为0.5元/平方米·月。

5. 价格策略

翠湖生态花园有一定的价格优势，一期现起价为1 380元/平方米，最高价由开盘时的1 580元/平方米涨为1 850元/平方米，开盘均价为1 420元/平方米，现均价为1 500元/平方米（未计入集团购买），分层价为1、4、5楼1 550元/平方米，2、3楼1 500元/平方米，6楼1 350元/平方米，7层复式1 650～1 850元/平方米。前后三次调价，2000年5月调高50元/平方米，6月调高80元/平方米，8月调高300元/平方米。

6. 宣传推广

主要采用派发宣传单的宣传手法，同时参加了两次房交会，在慧谷转盘处有户外广告。

7. 销售情况

首期498套2000年5月刚推出便销售火爆，其中大户购买占较大比重，据悉东方医学院买了6栋，翠湖乡政府购了5栋，一期已基本售完。2000年5月份完成销售额500万元，

6月份完成销售额700万元，由于调价原因7月份以后，未超过500万元。其中3*2的户型销售最好，主要原因还是区域内价格较低，户型较好，迎合了客户需求。不足之处是部分卫生间为黑房。

8. 客户分析

一期主要客户为集团购买，医学院购6栋，翠湖乡政府购5栋，散户主要为南岳区行政企事业单位人员，生意人较少，98%的散户购房自用改善居住环境，其中为子女购房的比例较大，80%以上的客户采用银行按揭贷款的付款方式。

（三）翠竹华堂

1. 项目规划

翠竹华堂由攀赢投资发展有限公司投资开发，北京首都设计公司设计，首期开发建筑面积5.5万平方米。有10栋集合别墅130户，7栋多层公寓192户，容积率为1.2. 绿化率为45%。工程于2000年9月底动工，预计2001年4月中旬开盘，8月31日竣工交房。

2. 户型设计

翠竹华堂在户型设计上以大面积为主，具体户型指标如表4-6所示。

表4-6 户型指标（四）

户型	3*2*2	4*2*2	4*3*3	6*3*3
面积/平方米	123～130	137	180	222
分布	D区C区	C区	A区B区	A区B区
比例/%	46	9	30	15

3. 配套设施

翠竹华堂小区周边部分景观住宅底层架空，作为休闲绿化用地，融洽小区内住户，社交氛围；小区内道路两侧铺设植被花草并预留停车位，泊车位可达55%，厨房设置集中排烟管道，管道煤气，每户配置IC卡煤气表，预留上下水接口，方便住户装修，卫生间预留上下水接口，采用自然采光；可提供有线电视、电话、数据通信线路，每户预留电话及有线电视接口；水表、电表出户，可提供DN15水表，配置供电容量8kW，40A电表，一户一表，供电线路引至室内控制开关。小区内还设有医疗中心、文化中心、老年乐园、少儿乐园、门球场，社区内还设有会所、幼儿园、金融、邮政服务等。

4. 物业管理

由省级先进物业管理公司攀赢物业实行全方位智能化的物业管理，向住户提供安全、便利维修服务，全天候二十四小时巡更，红外线监控，闭路电视监控，户内安防联网，车辆出入管理，物业清洁人员负责苑内公共卫生，垃圾袋化集中清洁，家庭清洁、报纸杂志代订，家电维修；代订飞机、火车票，物业租售代理等多项服务。设备维护，电话通知，15分钟内上门服务。

5. 价格策略

多层公寓起价 1 625 元/平方米，最高价 2 005 元/平方米，均价在 1 700～1 800 元/平方米之间，集合别墅起价 2 280 元/平方米，最高价 2 530 元/平方米，均价在 2 300～2 400 元/平方米之间。付款方式较为灵活，一次性付款，分期付款，七成 20 年银行按揭，公积金贷款，同时推出零首付。

6. 宣传推广

日前翠竹华堂尚未开盘，正处在内部认购阶段，2000 年东方金秋贸易洽谈会上首次亮相取得了相当的成功，随后又参加了 2000 年 11 月的房交会，同时在慧谷转盘处设有一户外广告牌，售楼部设在慧谷转盘处。目前处于前期的准备阶段，将于 4—5 月正式开盘。

7. 销售情况

翠竹华堂在武洽会上取得了较大成功，在内部认购阶段，积累了大量的意向客户，同时已实现认购销售 100 套。

8. 客户分析

从前期销售情况来看，客户主要来自火炬大道和松江路邻近地段的一些行政企事业单位中高收入人群，客户分布区域不广，客户购房主要是为了改善居住环境。

（四）碧海云天

1. 项目规划

碧海云天由佳信房地产开发公司开发，第一组团占地面积 71 亩，建筑面积 3.9 万平方米，主要为单体别墅和联体别墅，共 152 户。小区容积率为 0.82，绿化率 40%。目前一半为现房，一半为准现房，别墅面积为 240～300 平方米。

2. 价格策略

早期联体别墅价格为 2 500 元/平方米，单体别墅价格为 3 500 元/平方米，花园赠送。付款方式灵活多样，一次性付款，免息分期付款，银行提供七成十五年按揭，协助办理公积金及组合贷款。

3. 销售推广

前期推广较为失败，主要以报纸广告和路版广告为主，2000 年 10 月请香港大地行做企划，在东方日报上做过几期 1/2 版的广告，效果不是很理想。

4. 销售情况

碧海云天销售情况较差，目前仅售十几套，销售率约 10%。

5. 客户分析

客户主要为开发商的关系户，直接实现销售仅两三套。

（五）华恒新村

1. 项目规划

由恒丰建设开发的华恒新村占地 600 亩，总建筑面积 52 万平方米。一期总建筑面积

18万平方米，容积率为1.55，绿化率为38.8%，项目总规划有3 109户。一期工程于2000年12月15日开工，目前在做桩基工程。物业形态有多层、小高层和联体别墅。

2. 户型设计

以中大户型为主，面积在86～320平方米之间，共23种户型，主力户型为3*2，约占34%，一期户型指标如表4-7所示。

表4-7　户型指标（五）

户型/多层	2室	3室	4室	5室
面积/平方米	86	132	148	176
数量	73	352	102	4
比例/%	13	66	19	2
户型/小高层	3室	4室跃式	5室跃式	
数量	280	140	56	
比例/%	58	29	13	

调查结果表明：

① 项目所在区域已成为一个大型的居住新区，各种档次的居住小区竞相争艳。

② 项目所在区域虽然居住小区较多，但主要是以中低档次为主，真正称得上高品质的小区较少，因此，该区域内以中低档次的物业竞争最为激烈。

③ 项目所在区域内有特色的楼盘较少，还没有真正成型的优质品牌。

④ 中、低档次楼盘之间的价格差距不大，中、高档次楼盘之间的价格差距则较为悬殊。

⑤ 在调查的所有楼盘中，大多数都采取随行就市的追随策略。

⑥ 同东方市其他区域相比，区位差异带来的价格变化影响相对较小，决定价位的更多的是物业的品牌、品质。

四、翠湖乡消费者调查分析

2000年区域在售楼盘实现销售约10万平方米，客户主要来自周边地区，现对已购房客户进行调查统计。

1. 客户类别

来此区域置业的客户主要分布在火炬大道和松江路沿线，慧谷花桥附近等邻近翠湖的范围。如翠湖生态花园、东方医学院、翠湖乡政府集团购买占很大比重，其他项目客户也是以周边地区为主。已购房客户区域分布如表4-8所示。

表4-8　已购房客户区域分布

区域	南岳	六阜	其他
比例	80%	15%	5%

已购房客户职业分布如表 4-9 所示。

表 4-9　已购房客户职业分布

行政事业单位	科研教育单位	个体私营企业
45%	45%	10%

由于翠湖属于新区开发，目前区域楼盘客户主要还是周边地区，来源并不广泛，客源挖掘潜力较大。客户类型主要为国家行政企事业单位、科研教育单位、个体私营业主这几种常规的住宅消费类型。

2. 购买力

来此区域置业的客户购买力较强，已购房客户的家庭月收入均在 4 000 元以上，其中 90%采用公积金贷款和商业贷款，其贷款额多为 15 万元左右，贷款年限为 15～20 年，月还款额在 1 300 元左右。以上分析说明，贷款买房已成为消费主流。

3. 购买动机

此区域置业的客户多为二次置业，客户购买动机主要为改善居住环境。购买动机如表 4-10 所示。

表 4-10　购买动机

换 环 境	结 婚 用	投　　资
87%	8%	5%

4. 客户认同的因素

选择在此置业的客户对小区的认同因素如表 4-11 所示。

表 4-11　认同因素

因素	环境好	距离近	户型合理	付款方式	价格	升值潜力
比例	70%	50%	50%	20%	20%	15%

从成交客户因素分析客户多认同区域环境，其次是距离远近（即离工作单位或原有居住区域远近）、户型合理、付款方式灵活、价格、地段发展前景。

第二章　项目开发经营优势点与机会点分析

一、房地产投资项目开发经营机会形成模式

经营机会的实质是寻求、识别、把握企业可进取的市场空间。

经营机会是外部市场、环境条件中的有利条件的综合态势与企业本身优势的结合。

经营机会转化为项目个性以后，即成为在激烈的市场竞争中项目的优势点、竞争点、卖点。

二、项目开发经营优势点

该项目真正的、突出于翠湖乡住宅市场的优势点集中如下。

1. 项目开发经营期几年内相关的经济大“势”

（1）国家宏观经济走出低谷，进入上升繁荣期，恰恰是本项目的开发经营期。

（2）住宅业房改、金融、投资、财政、市场管理等政策逐步到位，住宅业将面临有利的政策法规环境。

（3）置业意识——古往今来中国文化观念的组成部分，已经重新泛起，并将成为全社会占主导地位的消费观念。全社会小康后的家庭消费将首先集中在住房条件的改善方面。

2. 项目的区位优势与地段优势及其发展空间与规模

（1）翠湖花园远离市中心，自然环境好。

（2）翠湖花园可作为南岳区、翠湖乡企事业单位人员，私营、民营企业家理想的生活基地。

（3）翠湖花园占地近百亩，规模适中，可作为经济住房，是置业的理想地方。

3. 项目公司企业领导核心与公共关系状态

（1）项目开发公司领导核心可实行新组建的班子，在人事、财务管理等方面可实行全新的体制。

（2）项目开发公司领导层经营思想应以营造精品品牌，为武汉市人民及翠湖乡政府作出贡献。

（3）项目也可以运行类似于 BOT 模式，这也将得到政府的充分支持。

上述这些优势点的正确运用，有利于开发项目打造良好的基础。

三、项目开发经营机会点

1. 整个南岳区翠湖乡人口众多，外来人口也较多，而且私营、民营企业近年来不断增加，收入水平也不断增加，加之翠湖乡的大规模建设活动，使得整个翠湖乡的房市较为活跃，有利于新项目的上马开工。

2. 项目区域位置远离市中心，自然环境得天独厚，加之其成本较市中心同类物业便宜，而且近年来，翠湖乡有大规模的开发建设，整个区域内的基础设施、市政设施不断完善和健全，而且整个翠湖乡的潜在购买力也是相当有分量的，这也正是项目的开发机会点。

3. 本项目目前交通状况不是很好，但有在建的幸福大道、翠湖大道将在近年内完成通车，到时候小区的交通将相当便捷，而且物业的增值可能性是显而易见的，项目在这个时候和大道的建设同时进行，将大大促进项目所在地区交通的优化。未来几年里，这些设施将逐步完成，那么翠湖花园销售将适逢其时。

第三章　项目定位

面对竞争激烈的房地产市场，公司要建立自己的品牌与形象，就必须长、短目标兼顾，为实施品牌战略，在本项目定位时，须将区域交通环境、配套设施、人文文化等各种因素综合考虑。

一、目标市场定位

翠湖花园位于南岳区翠湖乡地区，这决定了主体目标对象为南岳区翠湖乡周边地区的中高层消费群。

1. 消费群界定。

（1）高校、科研院所高级职称人士。

（2）民营或私营企业家或个体老板。

（3）行政企业、事业单位的主管级领导。

（4）附近居民区部分富裕居民购房和二次换房的需要。

2. 年龄判断在 30～45 岁。

3. 购买目的比例依次判断为：纯自住、自住兼投资型、其他。

二、产品定位

根据对项目周边环境及物业市场的调查分析，将项目定位为中等档次，这是基于激烈竞争的市场状况以及项目所处的环境和区位条件下作出的决策，主要原因有以下几方面。

1. 相对而言，项目区位位置远离市中心，成本较低。

2. 项目区位内高档物业目前销售状况不是很好。

3. 开发区内已形成一些居住小区群体，各项基础设施和市政设施基本跟上。

4. 在建的幸福大道、翠湖大道将决定翠湖花园在该区域内具有其他物业不可替代的优势。

综合练习

一、基本概念

区位；城市功能区

二、思考题

1. 狭义与广义的区位各指什么？
2. 城市一般划分为哪几个功能区？
3. 区位对房地产价值的影响主要体现在哪几个方面？
4. 区位分析的内容有哪些？
5. 影响区位的主要因素有哪些？
6. 房地产市场分析的内容有哪些？

7．房地产市场调查的内容有哪些？
8．房地产市场调查的方法有哪些？
9．房地产市场调查的程序是什么？
10．房地产市场预测的方法主要有哪些？
11．房地产市场预测的程序是什么？

推荐阅读

1．谢清树．城市房地产开发的区位分析[J]．中外房地产导报，1994（19）．
2．白光润．应用区位论[M]．北京：科学出版社，2009．
3．耿莉萍，陈念平．经济地理学[M]．北京：机械工业出版社，2006．

第 5 章　基础数据估算

学习目标

通过对本章的学习，学生应掌握如下内容：

1. 房地产投资与成本的概念；
2. 房地产投资与成本的构成；
3. 房地产投资与成本的估算方法；
4. 融资成本计算；
5. 租售价格确定方法；
6. 房地产投资涉及的税种及计算。

导言

房地产投资分析的核心是财务分析，而财务分析原始数据的准确与否直接决定着财务分析的成败。本章从投资、成本、收入、税金等几个方面阐述基础数据的估算方法，为后面的财务分析打下基础。

5.1　房地产投资与成本费用估算

5.1.1　房地产投资与成本费用的概念和构成

1．房地产投资的概念和构成

本书第 1 章已介绍了房地产投资的概念，房地产投资是指国家、集体或个人等投资主体，将一定的资金直接或间接投入到房地产开发、经营、管理、服务和消费等活动中，期望获得未来房地产资产增值或收益的投资行为。此“投资”是一种经济活动。本章所指的“投资”是指“投入的资金”，具体而言，是指人们在房地产开发或投资活动中，为实现预定的开发、经营目标而预先垫支的资金。

房地产开发项目总投资包括开发建设投资和经营资金。

开发建设投资是指在开发期内完成房地产产品开发建设所需投入的各项成本费用，主要包括土地费用、前期工程费、基础设施建设费、建筑安装工程费、公共配套设施建设费、开发间接费、管理费用、财务费用、销售费用、开发期税费、其他费用以及不可预见费等。开发建设投资在开发建设过程中形成以出售和出租为目的的开发产品成本，以及以自营为目的的固定资产及其他资产，应注意开发建设投资在开发产品成本与固定资产和其他资产之间的合理分摊划转。

经营资金是指房地产开发企业用于日常经营的周转资金。经营资金循环周转的过程，即是社会财富不断积累的过程。

2. 成本费用的概念和构成

成本费用是指投资者为进行投资获得收益所必须付出的代价。根据《房地产开发项目经济评价方法》，成本费用包括开发产品成本和经营成本。

开发产品成本是指房地产开发企业在开发过程中所发生的各项费用，也就是当开发项目产品建成时，按照国家有关会计制度和财务制度规定转入的房地产产品的开发建设投资。经营成本是指房地产产品在出售、出租时，将开发产品成本按照国家有关财务和会计制度结转的成本，主要包括土地转让成本、出租土地经营成本、房地产销售成本、出租经营成本。

3. 房地产投资与成本费用的关系

在了解房地产投资与成本费用的关系之前，首先要了解房地产开发项目投资各项资金之间的关系，该关系可以通过房地产开发项目总投资估算表（见表5-1）和房地产开发项目总投资构成图（见图5-1）来说明。

表5-1　房地产开发项目总投资估算表

序　号	项　目	投　资　额	估算说明
1	开发建设投资		以下12项之和
1.1	土地费用		
1.2	前期工程费用		
1.3	基础设施建设费		
1.4	建筑安装工程费		
1.5	公共配套设施建设费		
1.6	开发间接费		
1.7	管理费用		
1.8	财务费用		
1.9	销售费用		
1.10	开发期税费		

续表

序　号	项　目	投　资　额	估 算 说 明
1.11	其他费用		
1.12	不可预见费		
2	经营资金		
3	项目总投资		3.1+3.2
3.1	开发建设投资		3.1.1+3.1.2
3.1.1	开发产品成本		
3.1.2	固定资产投资		
3.2	经营资金		

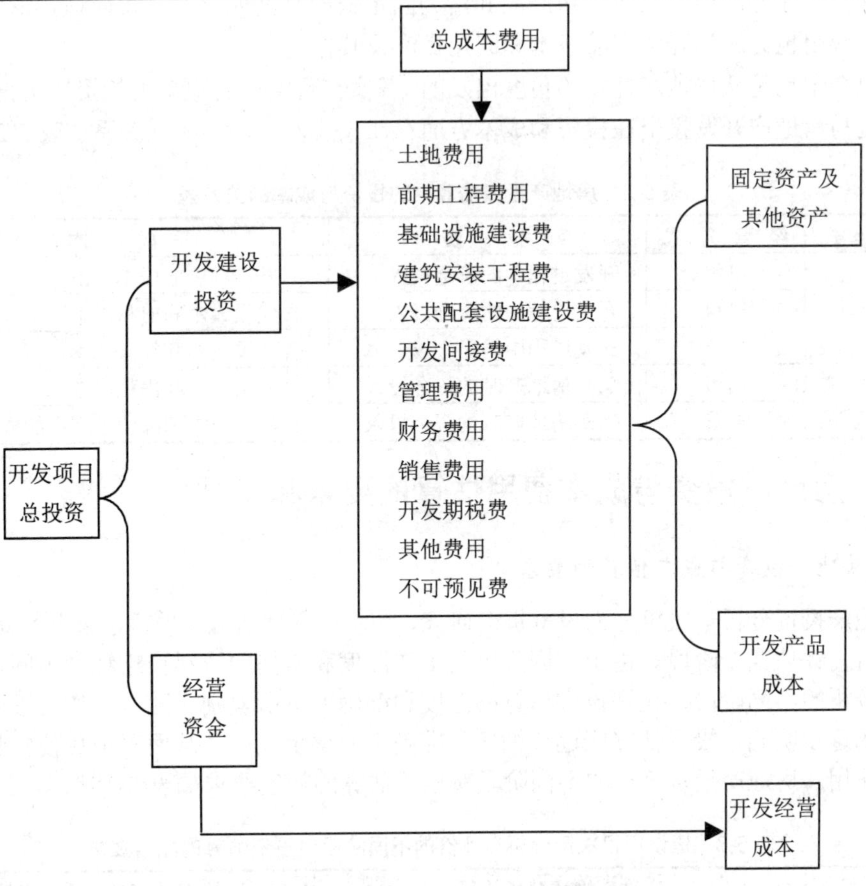

图 5-1　房地产开发项目总投资构成图

如表 5-1 和图 5-1 所示，房地产开发项目开发完成后，如果存在自营或出租部分，则房地产开发项目投资与成本满足下面的等式：

开发项目总投资=开发建设投资+经营资金

开发建设投资=总成本费用=固定资产及其他资产+开发产品成本

将上述两等式进行整理得：

开发项目总投资=固定资产及其他资产+开发产品成本+经营资金

如果房地产开发项目在开发完成后只有出售而没有自营和出租部分，则开发项目总投资中就不存在经营资金，同时开发建设投资全部形成了开发产品成本，而不存在固定资产及其他资产，房地产开发项目投资与成本满足下面的等式：

开发项目总投资=开发建设投资=总成本费用=开发产品成本

开发项目总投资最终在房地产开发企业的财务报表中会形成在产品和经营支出，随着项目的交付，在产品会分为可销售产品和转为固定资产及其他资产，相应地，形成在产品的总成本费用也分解为开发产品成本和固定资产及其他资产。

以上介绍均是从房地产开发的角度出发的，其实在现实中有更多的投资属于置业投资，置业投资与房地产开发投资在投资和成本方面存在一些差异，其相互关系如表5-2所示。

表5-2　房地产投资估算中的投资与成本的关系表

投资形式	经营方式	投　资	成　本
开发投资	出售	开发过程中的资金投入	开发过程中的成本支出
	出租	开发过程中的资金投入	含建设成本和出租成本
	自营	开发过程中的资金投入	含建设成本和经营成本
置业投资	出租	购买房地产时的资金投入	含购买成本和出租成本
	自营	购买房地产时的资金投入	含购买成本和经营过程中的成本支出

5.1.2　房地产投资与成本费用估算的要求和依据

1. 房地产投资与成本估算的要求

房地产投资分析一般可分为投资机会研究、初步可行性研究（项目建议书）、可行性研究、项目前评估四个阶段。由于不同阶段的工作深度和掌握的资料详略程度不同，在房地产投资分析的不同阶段，允许投资估算的深度和准确度有所差别。随着工作的进展以及项目条件的逐步明确，投资估算应逐步细化，准确度应逐步提高，从而对项目投资起到有效的控制作用。房地产投资分析的不同阶段对投资估算的精度要求如表5-3所示。

表5-3　建设项目决策分析与评价的不同阶段对投资估算的精度要求

序　号	房地产投资分析阶段	投资估算的允许误差率
1	投资机会研究阶段	±30%以内
2	初步可行性研究（项目建议书）阶段	±20%以内
3	可行性研究阶段	±10%以内

尽管估算在具体数额上允许存在一定的误差，但必须达到以下要求。

（1）估算的范围应与项目投资方案所涉及的范围及所确定的各项内容相一致。

（2）估算的投资内容和费用构成齐全且计算合理，不提高或者降低估算标准，不重复计算或者漏项少算。

（3）估算应做到方法科学、基础资料完整、依据充分。

（4）估算选用的指标与具体工程之间存在标准或者条件差异时，应进行必要的换算或者调整。

（5）估算的准确度应能满足房地产投资分析不同阶段的要求。

2. 房地产投资与成本估算的依据

房地产投资估算的依据包括以下几个方面。

（1）专门机构发布的建设工程造价费用构成、估算指标、计算方法，以及其他有关工程造价的文件。

（2）专门机构发布的工程建设其他费用估算办法和费用标准，以及有关机构发布的物价指数。

（3）部门或行业制定的投资估算办法和估算指标。

（4）拟建项目所需土地、设备、材料的市场价格。

（5）拟建项目建设方案确定的各项工程建设内容及工程量。

（6）土地出让金及地价款等有关政府部门制定的有关规定及相关的市场资料。

（7）地方政府制定的有关取费标准。

5.1.3　房地产投资与成本费用估算的方法

投资估算的方法包括简单估算法和投资分类估算法。

1. 简单估算法

简单估算法是根据已建成的类似项目的投资，经比较修正，得出待估算项目投资的方法。简单估算方法估算精度不高，主要适用于投资机会研究和项目初步可行性研究阶段。

该方法是根据已建成的、性质类似的房地产项目的投资额和规模，并考虑其位置、占地面积、土地的取得方式及使用年限、开发面积、建筑结构、基础设施和公共设施配套的完善情况、建设工期等因素，与拟建房地产项目进行比较，得出待建房地产项目的投资。

2. 投资分类估算法

在项目详细可行性研究阶段应采用投资分类估算法。中国建设工程造价管理协会颁布的《建设项目总投资组成及其他费用规定》（2003 年版）中规定，投资估算应包括建筑工程费、设备购置费、安装工程费、工程建设其他费用、基本预备费和涨价预备费、建设期利息和流动资金等内容。

房地产投资估算时，应包括土地费用、前期工程费、基础设施建设费、建筑安装工程费、公共配套设施建设费、开发间接费、管理费用、财务费用、销售费用、开发期税费、不可预见费、其他费用。如果开发完成后用于出租或经营的房地产项目，还应包括经营资金。投资分类估算法就是根据上述对投资的分类方式，按照类别依据市场或相关政策文件估算房地产投资与成本费用。投资分类估算法比简单估算法更为精细，也更加准确，所以在房地产投资分析中最为常用。

5.1.4 房地产投资与成本费用的具体估算

房地产投资与成本费用具体估算主要采用投资分类估算法。

1. 土地费用

房地产项目土地费用是指为取得房地产项目用地使用权而发生的费用。房地产项目土地使用权的取得有多种方式，所发生的费用也各不相同。土地使用权的获取方式主要包括划拨、出让、转让（包括出资或入股）等。划拨用地在房地产项目中多见于政策保障住房和代征市政与公用设施用地，划拨用地又分为有偿划拨和无偿划拨，有偿划拨的土地使用者必须支付土地一级开发成本，无偿划拨的土地使用者不需要支付任何土地成本。土地出让分为毛地出让和熟地出让，毛地出让的土地费用构成包括地价款（毛地价款）和土地一级开发成本，其中土地一级开发成本是由土地使用者自行进行土地一级开发时支付的费用，包括征地拆迁补偿款、市政建设费用等；对于熟地出让，由于已经由政府土地储备部门或其委托的土地一级开发商完成了土地一级开发工作，所以土地使用者一次性支付地价款（熟地价）即可，地价款的分配方式由政府与相关关系人自行调整。根据《城市房地产管理法》等法律及政策规章的限制，按照出让合同约定进行投资开发，属于房屋建设工程的，完成开发投资总额的25%以上；属于成片开发土地的，形成工业用地或者其他建设用地条件的土地方可进行转让。所以土地转让一般包括土地使用权及其在建工程的转让，转让价款包括了地价款和在建工程价款。

土地费用的估算一般可以采用市场比较法、成本逼近法、基准地价系数修正法等各类评估方法进行评估。如果已经有了目标投资土地，可以委托专业的土地评估机构或房地产评估机构进行评估，以增强估算的准确性。

2. 前期工程费

房地产项目前期工程费主要包括开发项目前期规划、设计、可行性研究，水文、地质勘测，以及“三通一平”等阶段的费用支出。

（1）项目规划、设计、可行性研究所需费用支出一般是按总投资的一定百分比估算。

一般情况下，规划设计费为建安工程费的3%左右，可行性研究费占项目总投资的1%～3%；也可按估计的工作量乘以正常工日费率估算。

（2）项目水文、地质勘测所需费用支出根据工作量结合有关收费标准估算，一般为设计概算的0.5%左右。

（3）土地开发中“三通一平”（通水、通电、通路、土地平整）等工程费用，主要包括地上原有建筑物、构筑物的拆除费用，场地平整费用和通水、通电、通路的费用。这些费用的估算可根据实际工程量，参照有关计费标准进行。

需要注意的是，前期工程费中的“三通一平”等工程费用与土地费用的合理划分问题。在熟地出让或转让中，地价款已经包括了土地一级开发费，而土地一级开发就包括了市政设施建设和场地平整，但是由于各个土地一级开发项目的竣工标准不同，市政建设内涵也就不同，部分项目的市政建设仅仅完成红线外市政管线的铺设或接口的预留等，而前期工程费中的三通一般是指临时性三通，是为后期工程施工用水、电、路所进行的建设。

3. 基础设施建设费

基础设施建设费是指建筑物2米以外和项目用地规划红线以内的各种管线和道路等工程的费用，主要包括供水、供电、供气、排污、绿化、道路、路灯、环卫设施的建设费用，以及各项设施与市政设施干线、干管、干道的接口费用。基础设施建设费通常采用单位指标估算法及实际工程量来计算。

一般来说，详细估算时，可按单位指标估算法来计算，如供水工程可按水增容量（吨）指标计算；供电及变配电工程可按电增容量（千伏安）指标计算；采暖工程按耗热量（瓦特）指标计算；管线工程按长度（米）指标计算；室外道路按道路面积（平方米）指标计算等。而粗略估算时，可按建筑平方米或用地平方米造价计算。

4. 建筑安装工程费

建筑安装工程费是指建造房屋建筑物所发生的建筑工程费、设备采购费、安装工程费和室内装饰家具费等。这里的建筑工程费包括结构、建筑、特殊装修工程费；设备采购及安装工程费包括给排水、电气照明及设备安装、空调通风、弱电设备及安装、电梯及安装、其他设备及安装等。在可行性研究阶段，建筑安装工程费的估算可以采用单元估算法、单位指标估算法、工程量近似匡算法、概算指标估算法、概预算定额法，也可以根据类似工程经验进行估算。具体估算方法的选择应视资料的可取性和费用支出的情况而定。当房地产项目包括多个单项工程时，应对各个单项工程分别估算建筑安装工程费。

单元估算法是指以基本建设单元的综合投资乘以单元数得到项目或单项工程总投资的估算方法。如以每套住宅的综合投资乘以住宅套数估算一栋住宅楼的总投资；以每停车位的综合投资乘以车位数估算一座立体停车场的总投资等。

单位指标估算法是指以单位工程量投资乘以工程量得到单项工程投资的估算方法。一般来说，土建工程、给排水工程、照明工程可按建筑平方米造价计算；采暖工程按耗热量（千卡/小时）指标计算；变配电安装按设备容量（千伏安）指标计算；集中空调安装按冷负荷量（千卡/小时）指标计算；供热锅炉安装按每小时产生蒸汽量（立方米/小时）指标计算；各类围墙、室外管线工程按长度（米）指标计算；室外道路按道路面积（平方米）指标计算等。有关指标可参照近似案例或者当地造价信息获得。

工程量近似匡算法采用与工程概预算类似的方法，先近似匡算工程量。配上相应的概预算定额单价和取费标准，近似计算项目的建筑工程投资。

概算指标估算法采用综合的单位建筑面积和建筑体积等建筑工程概算指标计算整个工程费用。

概预算定额法是利用工程概、预算定额，根据施工方法与施工参数，进行工程单价分析计算，乘以工程量汇总得出单项工程投资的一种工程造价计价方法。定额是在社会正常条件下，生产单位合格产品所消耗的社会必要劳动量和所消耗的劳动资源。在我国，定额是由行政主管部门自编或委托设计、施工单位编制，行政主管部门颁发的具有法规性的行业标准。它是根据大量的工程实际资料进行整理、分析、测算、总结归纳出来，具有一般工程的共性，是适应管理需要形成的产物。

一定时期和相对稳定的市场状况下，通过客观的估算方法，并通过对实际个案的经验总结，可以测算出各类有代表性项目的建安工程总体平均费用或各项费用的大致标准，用这个标准估算建安工程费用的方法就是类似于工程经验估算法。

5. 公共配套设施建设费

公共配套设施建设费是指为市民服务配套建设的各种非营利性的公共配套设施（又称公建设施）的建设费用。其主要包括居委会、派出所、托儿所、幼儿园、锅炉房、变电室、公共厕所、停车场等。这些配套设施是不能有偿转让的，一般按规划指标和实际工程量估算。

需要说明的是，在房地产项目投资估算中，应该区分公建设施的营利性以及是否进行销售。如果公建设施是非营利性的并且不进行经营销售，则核算在该费用项下；如果公建设施是营利性的，并且进行经营销售，则应核算在建筑安装工程费用项下，将来与销售房屋等并列计算得房成本，进行财务评价。实际上，从产权的角度来看，公共配套设施建设费所形成的实体的权益是属于全体业主的，故可在其得房成本中分摊该项费用。而可经营销售的公建设施如果由开发商销售，则权益属于购买人。当然，如果将可经营销售的公建费用分摊进业主的得房成本，理论上是可行的，但这意味着将由业主去进行销售或经营这些公建设施，现实中不具有可操作性。

另外，该项费用下的公共配套设施一般指为整个小区服务的公建设施，不包括为单栋服务的公共用房、管理用房（一般位于单栋内部）等。为单栋服务的公共用房、管理用房等通常通过公摊面积（还包括楼梯间、电梯井、管道井等）摊给单栋的业主，其权益归单栋内所有业主。

6. 开发间接费

开发间接费是指房地产开发企业的独立核算单位在开发现场组织管理所发生的各项费用。其主要包括工资、福利费、折旧费、修理费、办公费、水电费、劳动保护费、周转房摊销和其他费用等。

当开发企业不设立现场机构，由开发企业定期或不定期派人到开发现场组织开发建设活动时，所发生的费用可直接计入开发企业的管理费用。

7. 管理费用

管理费用是指房地产开发企业的管理部门为组织和管理房地产项目的开发经营活动而发生的各项费用。其主要包括管理人员工资、工会经费、职工教育经费、劳动保险费、待业保险费、董事会费、咨询费、审计费、诉讼费、排污费、绿化费、房产税、车船使用税、土地使用税、技术转让费、技术开发费、无形资产摊销、开办费摊销、业务费摊销、业务招待费、坏账损失、存货盘亏、毁损和报废损失以及其他管理费用。管理费用是按项目投资或前述 1～5 项直接费用的一个百分比计算，这个百分数一般为 3%左右。如果房地产开发企业同时开发若干房地产项目，管理费用应在各个项目之间合理分摊。

8. 财务费用

财务费用是指房地产开发企业为筹集资金而发生的各项费用。其主要包括借款和债券的利息、金融机构手续费、融资代理费、外汇汇兑净损失以及企业融资发生的其他财务费用。

9. 销售费用

销售费用是指房地产开发企业在销售房地产产品过程中发生的各项费用，以及专设销售机构或委托销售代理的各项费用。其主要包括销售人员的工资、奖金、福利费、差旅费，销售机构的折旧费、修理费、物料消耗、广告费、宣传费、代销手续费、销售服务费及预售许可证申领费等。综合起来为以下几项。

（1）广告宣传及市场推广费，一般约为销售收入的 2%～3%。

（2）销售代理费，一般约为销售收入的 1.5%～2%。

（3）其他销售费用，一般约为销售收入的 0.5%～1%。

以上各项合计，销售费用约占到销售收入的 4%～6%。

10. 其他费用

其他费用主要包括临时用地费和临时建设费、工程造价咨询费、总承包管理费、合同公证费、施工执照费、工程质量监督费、工程监理费、竣工图编制费、工程保险费等。这些费用按当地有关部门规定的费率估算，一般约占投资额的2%～3%。

11. 开发期税费

开发期税费是指项目所负担的与房地产投资有关的各种税金和地方政府或有关部门征收的费用。其主要包括固定资产投资方向调节税、土地使用税、市政支管线分摊费、供电贴费、用电权费、分散建设市政公用设施建设费、绿化建设费、电话初装费等。对于该项费用，房地产项目在投资估算中不可轻视，在一些大中型城市，这部分税费已经成为在房地产项目投资费用中占较大比重的费用。各项税费应根据当地有关法规标准估算。

其中，固定资产投资方向调节税的计收办法和标准是：商品住宅，按总投资额的5%计征；经批准允许建设的楼堂馆所，按投资额的30%计征；解困房等，按总投资额的0%计征；其余按总投资额的15%计征。外资企业免征固定资产投资方向调节税。

12. 不可预见费

房地产项目投资估算应考虑适当的不可预见费。不可预见费根据项目的复杂程度和前述各项费用估算的准确程度，以上述各项费用之和的3%～7%估算。

需要说明的是，如果进行投资估算时，土地使用权已取得或已明确土地费用的价格，则不可预见费的取费基础中应不含土地费用。

13. 运营费用

运营费用是指房地产项目开发完成后，在项目经营期间发生的各种运营费用。其主要包括管理费用、销售费用等。

14. 修理费用

修理费用是指以出租或自营方式获得收益的房地产项目在经营期间发生的物料消耗和维修费用。注意，此处的修理费与开发间接费中的修理费是不同的。

5.2 融资与资金成本分析

5.2.1 融资分析

1. 融资的概念

融资是通过一定渠道、采取适当方式筹措资金的财务活动，是财务管理的首要环节。房地产投资中的融资是指房地产投资发起人为了确保房地产开发项目或投资经营项目活动顺利进行而采取的资金融通活动。

拥有闲置资金并融出资金的机构或个人，其融出资金的目的是为了获取利息或分享收益，以便提高资金的使用效率；融入资金的房地产投资者，其融入资金的目的则是为了弥补投资能力的不足，摆脱自有资金的限制，以相对较少的资金来启动相对较大的投资项目，从而获得更大的经济效益。房地产投资中融资的实质是充分发挥房地产的财产功能，为房地产投资融通资金。

2. 融资渠道

融资渠道是指筹措资金来源的方向与通道，反映可供企业选择的资金来源渠道与供应量。

房地产投资项目资金来源的渠道主要有自有资金、信贷资金、预售收入。

（1）自有资金

对任何房地产投资项目来说，房地产投资者都必须投入一定量的自有资金，这是房地产开发的基本条件之一。投资者可以筹集的自有资金包括现金、其他速动资产、近期可收回的各种应收款。通常来自投资者的自有资金是投资者“赚取利润”的本钱，也是其“承担投资风险”的具体表现。对于房地产开发项目，自有资金主要表现为开发商所投入的股本金、权益资金；对于房地产置业投资项目，自有资金主要表现为投资者所投入的个人首付款或公司股本金、权益资金等。对于公司投资者，一般不可能在银行存有大量的货币现金来等待开发项目，货币资金只是自有资金筹集的一个方面。速动资产的变现也是重要的资金来源，它包括各种银行票据、股票、债券以及其他可以立即售出的已建成的楼宇等。至于各种应收款，包括已签订合同应收售楼款及其他应收款。

对某个具体的项目，吸引同行合伙开发、共同出资，将其联合投资的资金作为项目股本金，也是自有资金的重要来源。现在房地产市场上经常可以看到联合开发或联合投资的房地产项目，这样既可以筹集到项目开发的资金，又可以分散项目开发的风险。对于大型房地产项目，这种方法尤其适用。例如，2006 年开始，中粮集团与万科集团多次共同出资、联合开发项目，陆续开发了建设规模为 45 万平方米的万科中粮假日风景、建筑规模为 43.4 万平方米的中粮万科金域蓝湾、建筑规模为 100 万平方米的中粮万科长阳半岛等多个项目。

另外，房地产投资者通过投资企业的股票发行上市融资，其实质属于投资发起人联合股票投资者共同出资进行房地产投资活动，从整个投资企业和投资者的角度来说，不管是发起人所出具的资金还是股票购买者所出具的资金，都属于自有资金范畴。

（2）信贷资金

信贷资金主要是投资者通过债务融资的方式以获取的资金，债务融资可分为债券和商业贷款两类。

债券是由债务人发行，定期向债券持有人支付利息，并在债券到期后归还本金的债务凭证，债券发行后，即在发行者和购买者（持有者）之间形成了债务、债权关系。债券可以由债务人直接发行，也可以通过证券发行的中介机构（证券公司、投资银行、信托投资公司等）向社会发行。

商业贷款是指债务人向商业银行或其他金融机构（信托投资公司、信用社等）借款的融资形式。商业贷款目前是我国大多数项目的融资主渠道。此外，中国还大量存在民间借贷。

商业贷款按贷款类型可以分为房地产流动资金贷款、房地产开发贷款和房地产抵押贷款三类。

① 房地产流动资金贷款。房地产流动资金贷款主要用于补充房地产开发企业流动资金的不足。这种贷款的特点：一是期限短，一般为3～6个月，到期先还，如有可能再续贷；二是数量少，一般为几百到几千万元；三是不针对某一项目而是针对房地产开发企业。由于房地产开发风险比较大，因此，银行在贷款时，特别注重审查房地产开发企业的财务状况，要对申请贷款企业的资信进行调查，研究了解房地产开发企业的偿债能力。其中最主要的是企业资信评估，而评估所依赖的主要指标为资产总额、所有者权益、净利润、资产负债率、流动比率、速动比率、利息支付能力、资本固定比率、营业收入增长率、存货周转率、营业净利润率、净利率增长率、净资产收益率等。通过这些数据给企业一个资信评估，如果企业资信等级高，就给予贷款；如果等级一般，则给予保证贷款；如果资信等级差，就不予贷款。

② 房地产开发贷款。房地产开发贷款主要用于房地产开发商的某个特定的项目，利用开发项目的土地、在建工程做抵押以获取信贷资金，该信贷资金用途只限于抵押项目的续建。这种贷款的特点：一是专款专用；二是银行专业监管贷款的使用；三是周期较长，一般贯穿于整个项目的始末。它的贷款程序与流动资金贷款基本相同。

③ 房地产抵押贷款。房地产抵押贷款是指贷款人以贷款人或第三人合法拥有的房地产，以不转移占有的方式向银行提供按期履行债务偿还的保证而取得的贷款。当债务人不履行债务时，银行有权处分抵押物的房地产，并优先受偿。信用一般的房地产开发商，要想取得银行贷款，必须采取抵押或担保的方式。通常情况下，房地产开发商以自己已建成的项目或者自用的房地产作为抵押物，向银行抵押贷款。为了减少风险，房地产开发贷款额一般为其评估价值的60%～70%或更低。

由于房地产投资项目所需要投入的资金量都比较大，如果投资者不会利用信贷资金，完全依靠自有资金周转，就很难扩大投资规模并提高自有资金的投资收益水平，还会由于投资能力不足而失去许多良好的投资机会。利用信贷资金经营，实际上就是“借钱赚钱”或“借鸡生蛋”，充分利用财务杠杆的作用（这里是指财务杠杆的正向作用）。

（3）预售收入

预售收入也叫预售款，是房地产投资者在商品房交付使用之前，预先向购房者收取的价款。这种融资方式较受欢迎，是因为对房地产的买卖双方来说都比较有益。对于房地产的买方而言，在房地产市场前景看好的情况下，他们只需先期支付少量定金或首付款就可以买到楼层和位置较好的房地产，甚至可以享受到未来一段时间内的房地产增值收益。对于房地产的卖方而言，预售不仅可提前获取资金，从而为后续投资需要做好准备，而且又可将部分市场风险分散给买方。

除了这三种形式，承包商带资承包也经常被开发商作为融资的渠道。承包商带资承包是指由承包商垫资进行建设工程施工的融资方式。严格地说，这不属于融资方式范畴。当建筑市场处于买方市场导致竞争激烈的情况下，特别是在开发项目有可靠收入保证的情况下，许多具有一定实力的承包商，为了获得施工任务，避免人工和设备的闲置损失，很可能愿意带资承包建设工程。房地产开发投资者有时会利用这种市场状态，将一部分融资风险分摊给承包商。当然，投资者对延期支付的工程款，除了应补足应付款外，还要支付利息，但利率一般低于银行贷款利率。如果开发商决定令承包商带资承包，一定要对承包商的经济实力进行严格的审查，对其融资方案进行认真的分析。承包商垫资承包建设工程时，其垫资的比例可由开发商与承包商协商确定。目前通行的做法是请承包商垫资一直到基础工程结束，因为此时，开发商基本上达到了申请预售许可证的条件，可以用预售收入来支付已完成工程量和后续工程量的工程款。

一般来说，上述资金的使用顺序是：资本金全部用于投资，同时争取采用承包商带资承包，接下来是使用信贷资金，但要与预售收入结合起来，因为很多时候都是用预售收入（或销售收入）来偿还银行贷款，余下的可以进行再投资。如果缺口资金完全靠预售收入解决而不安排银行贷款，一旦市场形势不好，房子卖不出去，预售收入实现不了，则整个项目就会瘫痪。

3. 融资方案

（1）融资方案的概念

融资方案是根据投资项目资金需求状况与各类融资渠道的可行性所编制的项目融资行为实施方案。

融资方案应满足以下要求：① 供需平衡；② 融资方案应贯穿于项目周期的全过程，包括设备更新投资等因素均应予以考虑；③ 结构、成本、风险综合评价；④ 重视财务杠杆作用。

（2）融资方案编制的原则

融资方案编制的原则也是投资项目融资的原则，主要包括以下几方面。

① 适度性原则

适度性原则是指资金的筹集一定要适应经济活动的实际需要，无论是融资规模还是融资时机、期限、方式均要适当。

融资规模适度是指筹集资金的额度既要保证合理供应，又要不超过合理要求；既要满足经济活动的需要，又要在安全合理的负债限度内。融资时机的适度是指既要审时度势，选择资金市场上筹集资金的最佳时机，又要密切配合经济活动的进行，把握好资金的投放时机，关注资金的筹集、运用、转化、回收的最佳时机。期限的适度是指各种资金的举债时限应很好地搭配，短期借款要与长期借款相协调，还款时间既要与生产经营活动相配合，也要尽可能地分散、均匀，避免过度集中，最大程度地降低还贷压力。融资方式的适度是指要把融资活动当作经济活动的一个有机构成进行系统研究，要根据需要和可能选择最好的融资方式组合。

② 效益性原则

效益性原则是指在制订融资方案、进行融资决策时，应当从经济上判断融资方案的可行性。这种分析和判断一般包括融资成本、经济效益和风险三项内容。

- 融资成本。资金筹措的本质就是获取一定资金在一段时间内的使用权，而这种使用权的获取是要付出代价的。这种代价在经济上的表现便是融资成本。尽可能地使融资成本极小化，即花费最小的代价实现融资目标，是融资效益性原则的主要内容。
- 经济效益。融资的原始动机是经济效益，因而融资方案所带来的经济利益的大小应当是衡量其经济效益的重要内容。在实际资金筹集中，人们一般用融资杠杆来评价融资方案的经济效果。描绘融资杠杆的常用指标有融资利润率、融资成本率、融资成本效益指数等。
- 风险。融资中的债务融资一般会造成公司负债增加，而权益融资会造成公司股权稀释，削弱投资发起人对公司的控制权。这些都能带来风险，风险的大小与融资方案有极大的关系，好的融资方案应当把因融资可能带来的风险降低到最低限度。

（3）融资方案的内容

融资方案包括两部分内容：① 融资主体和资金来源，重点研究如何确定项目的融资主体以及项目资金，项目资金的来源渠道和筹措方式。② 融资方案分析，从资金结构、融资成本及融资风险等各个侧面对初步融资方案进行分析，结合财务分析，进行比较、选择，最终确定投资项目的融资方案。

5.2.2 资金成本概述

1. 融资成本的概念

融资成本又称为资本加权平均成本或资本加权成本，是指企业筹集和使用长期资金而付出的代价。

一般意义而言，融资成本是资金所有权与资金使用权分离的产物，融资成本的实质是资金使用者支付给资金所有者的报酬。

2. 融资成本的构成

资金使用者为资金所有者支付一定的报酬，同时，由于企业融资是一种市场交易行为，有交易就会有交易费用，资金使用者为了能够获得资金使用权，就必须支付相关的费用。如委托金融机构代理发行股票或债券而支付的注册费和代理费，向银行借款支付的手续费等。

因此，企业融资成本实际上包括两部分，即融资费用和资金使用费。融资费用是企业在资金筹资过程中发生的各种费用；资金使用费是指企业因使用资金而向其提供者支付的报酬，如股票融资时向股东支付的股息、红利，发行债券和借款时支付的利息，借用资产时支付的租金等。需要指出的是，上述融资成本的含义仅仅只是企业融资的财务成本，或称显性成本。除了财务成本外，企业融资还存在机会成本，或称隐性成本。

3. 权益资金成本

权益资金成本是指企业的所有者投入企业资金的成本，指企业的优先股、普通股以及留存利润等的资金成本。权益成本包括两部分：一是投资者的预期报酬；二是筹资费用。下面首先介绍权益资金成本率的计算公式，而后对公式中的投资者预期报酬率计算进行阐述。

（1）权益资金成本率计算

① 优先股

优先股的成本也包括两部分：筹资费用与预定的股利。

其计算公式为

$$K_p = \frac{D_p}{P_p(1-f_p)}$$

式中：K_p——优先股资金成本率；

D_p——投资者预期报酬（股利）；

P_p——股票发行价；

f_p——筹资费率。

【例 5-1】某企业发行优先股总面额为 300 万元，总价为 340 万元。筹资费用率为 5%，预定年股利率为 12%，则其资金成本率计算为

$$K_p = \frac{300 \times 12\%}{340 \times (1-5\%)} = 11.15\%$$

由于优先股股利在税后支付，不减少企业所得税，而且在企业破产时，优先股的求偿权位于债券持有人之后，优先股股东的风险比债券持有人的风险要大。因此，优先股成本明显高于债券成本。

② 普通股

普通股的资金成本率计算公式为

$$K_c = \frac{D_c}{P_c(1-f_c)} + G$$

式中：K_c——普通股资金成本率；

D_c——投资者预期报酬（股利）；

P_c——股票发行价；

G——投资者预期报酬递增率；

f_c——筹资费率。

【例 5-2】某企业发行普通股股票市价为 2 600 万元，筹资费用率为 4%，预计第一年股利率为 14%，以后每年按 3%递增，则其资金成本率计算为

$$K_c = \frac{2\,600 \times 14\%}{2\,600 \times (1-4\%)} + 3\% = 17.58\%$$

③ 留存利润

企业的留存利润是由企业税后净利润扣除派发股利后形成的。它属于普通股股东，包括提取的盈余公积和未分配利润。从表面上看，企业使用留存利润好像不需要付出任何代价，但实际上，股东愿意将其留用于企业而不作为股利取出后投资于别处，总会要求与普通股等价的报酬。因此，留存利润的使用也有成本，不过是一种机会成本。其确定方法与普通股相同，只是不考虑筹资费用。其计算公式为

$$K_S = \frac{D_c}{P_c} + G$$

式中：K_S——留存利润成本率；

D_c——投资者预期报酬（股利）；

P_c——股票发行价；

G——投资者预期报酬递增率。

【例 5-3】某企业留存利润 120 万元，第一年股利为 12%，以后每年递增 3%，则留存利润成本率计算为

$$K_S = \frac{120 \times 12\%}{120} + 3\% = 15\%$$

（2）投资者预期报酬率

通过上述三种权益资金成本率计算公式可以看出，投资者预期报酬率是权益资金成本率的根本，投资者预期报酬率可以采用的计算方法主要有资本资产定价模型法、税前债务成本加风险溢价法。

① 资本资产定价模型法

资本资产定价模型认为资产的风险和收益是匹配的。总风险可分为系统风险和非系统风险两部分。其中，非系统风险可以通过分散投资来避免，而收益只能补偿系统风险。采用资本资产定价模型法，投资者预期报酬率的计算公式为

$$D=R_f+\beta(R_m-R_f)$$

式中：D——投资者预期报酬率；

R_f——社会无风险投资收益率；

β——项目投资风险系数；

R_m——市场投资组合预期收益率。

在应用资本资产模型时，测算市场投资组合预期收益率和项目投资风险系数是其中的难点[①]。

【例 5-4】社会无风险投资收益率为 3%，市场投资组合预期收益率为 12%，项目的投资风险系数为 1.2，采用资本资产定价模型法估算普通股资金成本，其计算为

解：$$D=3\%+1.2\times(12\%-3\%)=13.8\%$$

② 税前债务成本加风险溢价法

资本资产定价模型是以无风险收益率 R_f 为起点的，而风险溢价模型则从债务的税前资本成本率 K_b 出发。因为股东对预期收益承担了比债权人更多的风险，根据风险与收益相匹配原理，股权资本要求在债务资本收益率上加上一定的风险溢价。此时，投资者预期报酬率可表述为

$$D=K_b+RP_t$$

式中：K_b——所得税前的债务资金成本率；

RP_t——投资者比债权人承担更大风险所要求的风险溢价率。

在风险溢价模型中，估计风险溢价 RP_t 较为困难，虽然目前有收益变现法和前瞻性法，但更多的是依赖于投资者的预期和经验。

4. 债务资金成本

债务资金主要包括借贷资金（商业信贷、民间借贷等普通信贷）和债券资金，其资金成本计算方式类似。

（1）借贷资金成本

影响银行借款资金成本率的主要因素有借款利率、抵减金额率和所得税率。其中抵减金额率是由两部分构成的：一部分是筹资费率，即筹集资金的成本占筹资额的比率；另一部分是相称存款余额占筹资额的比率。所谓相称存款余额，是指借款中按规定留出一定额

---

① 市场投资组合预期收益率可以通过各类投资组合风险概率的方式测算。项目投资风险系数读者可以查阅陈琳、潘蜀健两位学者的文章《房地产开发项目投资风险度量研究》。

度的存款存在借款银行中，以此保证借款银行最低限度权益的存款。计算公式为

$$B_n=\sum_{t=1}^{n}\frac{i(1-T_r)}{(1+K_b)}+\frac{B_n}{(1+K_b)^n}$$

式中：B_n——房地产投资者借入的贷款额；

i——每年需支付的利息；

T_r——房地产投资者所得税税率；

n——贷款期限；

K_b——银行贷款的筹资成本率。

假如银行要求的相称存款余额占银行贷款的比率为f，房地产投资者正常的存款余额为B_c，则B_n与f的乘积大于B_c时，可用下列公式求出K_b。

$$B_n(1-f)+B_c=\sum_{t=0}^{n}\frac{i(1-T_r)}{(1+K_b)^t}+\frac{B_n(1-f)+B_c}{(1+K_b)^n}$$

实际运用中，常假设n趋于无穷大，则上式简化为

$$K_b=\frac{i(1-T_r)}{B_n(1-f)+B_c}$$

（2）债券资金成本

债券的发行价格有三种：超价发行，即以高于债券票面金额的价格发行；低价发行，即以低于债券票面金额的价格发行；等价发行，即以债券票面金额的价格发行。调整发行价格可以平衡票面利率与购买债券收益之间的差距。影响债券筹资资金成本率的主要因素有债券利息、债券发行额、（现行市场价）抵减金额率和所得税率。这里的抵减金额率是指发行债券的费用（或相称存款余额）占债券发行额的比率。债券筹资资金成本率的计算公式为

$$P(1-f)=(M-D)(1-f)=\sum_{t=0}^{n}\frac{i(1-T_r)}{(1+K_L)^t}+\frac{M}{(1+K_L)^n}$$

式中：K_L——债券的筹资成本率；

i——每年支付的利息；

T_r——企业所得税税率；

M——每份债券的筹资费用；

D——债券的票面价格与市场价格的差；

f——债券的筹资费用与债券市场价格的比率；

P——债券的市场价格。

在实际运用中，假设上式中的n趋于无穷大，则上式简化为

$$K_L = \frac{i(1-T_r)}{P(1-f)} = \frac{i(1-T_r)}{(M-D)(1-f)}$$

5. 加权资金成本

在实际操作中，房地产投资的融资渠道并不是单一的，投资者无法做到从某一种筹资成本率较低的来源渠道筹措全部资金。相反，从多种渠道筹集资金的可能性较大。而且有时多渠道组合筹资对投资者更为有利。为了要综合地评价筹资方案，优化投资者的资本结构，就需要计算全部资金来源的综合资金成本。由于这种资金成本率指标是通过加权平均法计算出来的，因此又称其为加权资金成本率，其计算公式为

$$K_w = \sum_{j=1}^{n} K_j W_j$$

式中：K_w——加权平均资金成本；

K_j——第 j 种个别资金成本；

W_j——第 j 种个别资金成本占全部资金的比重（权重）。

加权平均资金成本可以作为选择项目融资方案的重要条件之一。在计算加权平均资金成本时应注意需要先把不同来源和筹集方式的资金成本统一为税前成本或税后成本再进行计算。

【例 5-5】加权平均资金成本的计算如表 5-4 所示。

表 5-4　加权平均资金成本计算表

资金来源	融资来源	W_j	K_j	W_jK_j
长期借款	30	0.3	7.0%	2.1%
短期借款	10	0.1	5.0%	0.5%
优先股	10	0.1	12.0%	1.2%
普通股	50	0.5	16.0%	8.0%
合计	100	1		11.8%

注：表中长期借款和短期借款的资金成本均为税后资金成本。

通过计算，加权平均资金成本为 11.80%。

5.2.3　融资方案优化标准

不同的融资方案在发行成本、风险分担、净收益以及债权人对投资者经营的影响等方面存在差异，投资者必须选择最适合的融资方案。

在融资方案优化与选择的过程中，投资者主要考虑两个方面：一是考虑融资方案的收益率；二是考虑财务杠杆效益与财务风险。在收益率方面，通常用各种融资方案的加权资

本成本率（也称综合融资成本率）与相应方案的投资收益率进行比较。如果投资收益率与加权资本成本率的差越大，则表明此融资方案越有利，融资效益越好；反之，融资效益越差。优化的融资方案还应考虑财务杠杆效益与财务风险，它应该是财务杠杆收益与财务风险之间的一种最佳的均衡。

1. 综合融资成本率衡量标准

如何选择最佳的融资方案使资本成本率最低，从而市场价值最大，是衡量投资者融资行为是否合理的重要标志。

投资者的市场价值（用 V 表示）一般由权益资本价值（用 E 表示）和债务价值（用 D 表示）组成，其大小受预期收益及投资者所要求的收益率的影响。预期收益通常与公司的息税前收入（EBIT）有密切关系，而 EBIT 是由资产的组合、管理、生产、销售、经济状况等因素决定的。因此，增减企业的债务不会影响 EBIT，企业的市场价值和 EBIT 的综合融资成本率（用 K 表示）的关系为

$$V = E + D = \frac{\text{EBIT}}{K}$$

假设企业只采用权益资本和负债两种融资方式，那么综合融资成本率 K 就是权益资本成本率（即权益资本的要求收益率，用 K_e 表示）和债务资本成本率（用 K_d 表示）的加权资本成本率，又称为企业的资本化率，用公式表示为

$$K=(E/V)K_e+(D/V)K_d$$

上述企业市场价值的计算公式意味着，在企业 EBIT 既定的情况下，综合融资成本率最低时的企业价值将达到最大。因此，衡量一个企业资本结构优劣的标准之一是：企业市场价值最大或资本成本最低。

2. 财务杠杆效应与财务风险衡量标准

财务杠杆效应是指企业的每股收益变动对息税前利润变动的敏感程度，或者说是企业负债时对普通股股东收益的影响程度，即公司资本结构对股息的作用。在公司资本结构不变的条件下，公司需从利润中支付的利息、优先股和租赁费是固定的。这样，若增加公司的税前利润，每股普通股所负担的固定利息和租赁费用便会相应减少，由此而带来的额外利润，便是财务杠杆效应。

财务杠杆效应是由财务杠杆系数来描述的。由于固定利息和租赁费并不随税前利润而变化，所以每股普通股利润变动率与公司税前利润的变动率并不相等，于是便可以用这两种利润变动率的比率来描述财务杠杆的大小，这就是财务杠杆系数（DFL），其计算公式为

$$\text{DFL} = \frac{\text{每股普通股利润变动率}}{\text{税前利润变动率}} = \frac{\Delta F / F}{\Delta E / E}$$

式中：F——每股普通股利润；

E——税前利润。

设公司普通股数量为 N、借款利息为 I（包括债券利息）、租赁费为 L、优先股股息为 d、所得税税率为 r、每股普通股利润为 F、每股普通股利润变动量为 ΔF、税前利润为 E、税前利润变动量为 ΔE，则有：普通股利润增长额为 $N\Delta F$；增长前全部普通股利润为 NF。

由于普通股利润增长额应当等于税前利润增长额扣除所得税之后的余额，则有关系式

$$N\Delta F=\Delta E(1-r)$$

由于增长前全部普通股利润应当是当前税前利润减去利息、租赁费、所得税、优先股股息后的余额，则有

$$NF=(E-I-L)(1-r)-d$$

于是，可简化财务杠杆系数计算公式为

$$\text{DFL}=\frac{E}{E-I-L-\dfrac{d}{1-r}}$$

式中：E——利润增长前的税前利润；

I——借款利息（包括债券利息）；

L——租赁费用；

d——优先股股息；

r——所得税税率。

以上财务杠杆系数反映了企业负债对经营成果的放大作用。股票筹资可以增加企业的资本金和抗风险能力，但股票筹资同时也使企业的所有者权益增加，其结果是通过股票发行筹集资金所产生的收益或亏损会被全体股东所均摊。债券则不然，企业发行债券除了按照事先确定的利率支付利息外，其余的经营成果将为原来的股东所分享。如果税前利润率高于利息率，负债经营就可以增加利润，从而形成财富从债权人到股东之间的转移，使股东收益增加；相反，如果税前利润率低于利息率，则负债就会使企业由盈利转为亏损并加剧亏损程度。

财务杠杆效应是由企业的资本结构决定的，即支付固定性资金成本的债券资金越多，财务杠杆系数越大。如果公司的利润增长，财务杠杆效应的作用结果是使普通股的股息增长率超过利润增长率；反之，若公司经营利润下降，普通股股息的下降率也将超过利润下降率，股东们将蒙受财务杠杆效应带来的额外损失。

在资本结构决策时，应充分考虑财务杠杆效应的作用。当企业息税前利润水平较高时，则要多利用负债融资，以提高普通股每股利润；而当企业息税前利润水平较低时，则应控制负债融资，以免普通股每股利润下降。

财务杠杆系数在放大企业负债对经营成果的作用的同时，又反映着财务风险。财务杠杆系数越大，也意味着财务风险越大。因此，财务杠杆效应的作用效果并不总是有利的。

合理的、优化的融资决策应充分考虑筹资方案的财务杠杆收益与财务风险之间的平衡，从而把握最优状态，即达到财务杠杆收益与财务风险的最优均衡点。

5.3 收入与税金估算

5.3.1 收入概述

本章所介绍的收入是指房地产投资项目的经营收入，指向社会出售、出租房地产商品或自营时的货币收入，主要包括房地产产品的销售收入、租金收入、土地转让收入、配套设施销售收入（以上统称租售收入）和自营收入。

房地产投资项目的自营收入是指开发企业在房地产项目开发完成后或投资者购置房地产后，通过综合性的自营方式，进行商业和服务业等经营活动所得到的收入。配套设施销售收入是指房地产开发企业转让开发项目中允许有偿转让的市政性配套设施项目所获得的收入。

5.3.2 收入估算

房地产投资项目收入的估算一般包括租售方案确定、租售价格确定和经营收入估算三个阶段。

1. 租售方案确定

房地产项目应在项目策划方案的基础上，制定切实可行的出售、出租、自营等计划（以下简称租售方案）。租售方案应遵守政府有关房地产租售和经营的规定，并与投资者的投资策略相结合。

租售方案一般应包括以下几个方面的内容。

（1）项目出售、出租还是租售并举？出售面积和出租面积的比例是多少？整个项目中哪些用于出售、哪些用于出租、哪些用于自营？

（2）可出售面积、可出租面积、自营面积和可分摊建筑面积及各自在建筑物中的位置。

（3）出售和出租的时间进度安排和各时间段内租售面积数量的确定，并要考虑租售期内房地产市场可能发生的变化对租售数量的影响。

（4）售价和租金水平的确定（见“2．租售价格确定”）。

（5）收款方式与收款计划的确定。确定收款方式应考虑房地产交易的付款习惯和惯例，以及分期付款的期数和各期付款的比例。

这一过程在实际工作中，可参照表 5-5～表 5-8 进行。

表 5-5　房地产开发项目销售计划及收款计划表

建筑面积/平方米，销售收入/元

销售期间		第 1 期		第 2 期		…		第 N 期		合计
销售计划	面积									
	百分比									100%
收款计划	期间	百分比	销售收入	百分比	销售收入			百分比	销售收入	
	第 1 期									
	第 2 期									
	第 3 期									
	…									
	第 N 期									
总计										

表 5-6　房地产开发项目出租计划及出租收入计划表

建筑面积/平方米，销售收入/元

序　　号	项 目 名 称	建　设　期			经　营　期				
		第 1 期	第 2 期	第 3 期	…	…	…	第 N–1 期	第 N 期
1	可出租建筑面积								
2	单位租金								
3	潜在毛租金收入								
4	出租率/%								
5	有效毛租金收入								
6	转售收入								
7	转售成本及税费								
8	净转售收入								

表 5-7　房地产项目销售收入汇总表（全部出售方案）

万元

项　　目	建筑面积（平方米）	售价（元/平方米）	2005 年		2006 年		2007 年		合计
			上半年	下半年	上半年	下半年	上半年	下半年	
地上商业部分									
公寓楼部分									
地下商业部分									
地下车库部分									
其他面积									
总计									

表5-8 房地产项目出租收入计划表（全部出租方案）

万元

物业类型	初始租金/元/平方米	年　期	1	2	3	…	…	14	15	总　计
		入住率								
地上商业部分		收入/万元								
公寓楼部分										
地下商业部分										
地下车库部分										
其他面积										
总计										

2. 租售价格确定

房地产租售价格的确定是整个房地产投资分析的重要环节。房地产项目的财务评价是以租售价格的合理估算为前提的，一旦租售价格的估算出现偏差，那么财务评价所得出的项目经济效益也会发生敏感变化，有失真实性。因此，需要全面审慎地确定房地产租售价格。

在实际定价过程中一般有三种方法：一是成本导向定价法；二是购买者导向定价法；三是竞争导向定价法。

（1）成本导向定价法

成本导向定价法是以房地产开发产品的总成本费用为中心来制定价格的方法，包括成本加成定价法和目标定价法。

① 成本加成定价法。该方法是指开发商按照所开发物业的成本加上一定百分比的加成（即利润率）来制定房地产的销售价格，用公式表示为

$$单价=单位面积成本价\times(1+利润率)$$

其中开发项目全部成本包括开发成本和经营过程中的支出与税收，利润率则由房地产投资的风险和整个行业的平均利润率综合测算确定。成本加成定价法是最基本的定价方法。不过，这种方法忽视了当前的需求、购买者的预期价值以及竞争者的状况。

② 目标定价法。该方法是根据房地产企业的总成本和计划的总销售量，再加上按投资收益率确定的目标利润额来定价的方法，用公式表示为

$$单价=(总成本+目标利润+税金)/预计销售面积$$

$$目标利润=投资总额\times(1+投资收益率)$$

在上式中，投资收益率的确定是目标定价法的关键，其下限是同期银行存款利率，具体取值由企业根据具体情况而定。

目标利润定价法的优点是可以较好地帮助企业实现其投资回收计划；缺点是较难把握，

尤其是对总成本和销售量的预测要求较高，预测不准会使得制定的售价不合理，直接影响企业销售目标的实现。

（2）购买者导向定价法

购买者导向定价法包括认知价值定价法和价值定价法。

① 认知价值定价法。该方法是房地产商根据购买者对物业的认知价值来制定价格的一种方法。用这种方法定价的房地产商认为定价的关键是顾客对物业价值的认知，而不是生产者或销售者的成本。本方法利用市场营销组合中的非价格变量，在购买者心目中确立认知价值，并要求所制定的价格必须符合认知价值。如经过市场调查，分析人员发现顾客对本公司的商品房有着强烈的价值认知，即认为该公司的产品有一流的质量、一流的服务，此种状态下，分析人员在确定租售价格时，可以将该产品的价格定得高一些。

② 价值定价法。该方法是指确定的价格对于消费者来说，代表着“较低（相同）的价格，相同（更高）的质量”。价值定价法不仅是制定的产品价格比竞争对手低，而且是对公司整体经营的重新设计，塑造公司接近大众、关怀民生的良好形象，同时也能使公司成为真正的低成本开发商，做到“薄利多销”或“中利多销”。

总之，价值定价法是产品“物美价廉”的哲学，而认知价值定价法是“高价格、高价值”的哲学，它要求房地产开发商确定的价格水平与顾客心目中的物业价值相一致。

（3）竞争导向定价法

竞争导向定价法是指房地产开发公司不是根据产品的成本或顾客感受来定价，而是根据在该市场上竞争者的价格来制定价格的方法。竞争导向定价法包括三种：领导定价法、挑战定价法、随行就市定价法。

① 领导定价法。领导定价法是指由处于市场领导者地位的房地产开发商定价的方法。这种开发公司往往实力雄厚、声望极佳，是同类物业开发中的龙头老大，所以可以制定物业的较高价位，获取较高利润。具体方法是将本企业房地产商品的区位、质量、配套、套型、设计、建筑面积等与竞争对手相比较，分析造成差异的原因，判断竞争对手价格变化趋势，根据企业定价目标进行定价，始终抓住定价主动权。

② 挑战定价法。挑战定价法的定价比市场领导者的定价稍低或低得较多，但其所开发的物业在质量上与市场领导者相近。如果公司资金实力雄厚，具有向市场领导者挑战的实力，或其成本较低，则房地产商可以采用挑战定价法。虽然利润较低，但可以扩大市场份额、提高声望，争取成为市场领导者。

③ 随行就市定价法。随行就市定价法是指开发商按照行业中同类物业的平均现行价格水平来定价。这种方法很大程度上是以竞争对手的价格为定价基础，不太注重自己产品的成本或需求。公司的定价与主要竞争者的价格一样，也可以稍高于或稍低于竞争对手的价

格，主要是中价策略。通常采用市场比较法作为随行就市定价法中的具体操作手段。一般在以下情况下采用这种定价方法：难以估算成本；公司打算与同行和平共处；如果另行定价，很难了解购买者和竞争者对本公司产品价格的反应。应该注意的是，这种企业遇到市场价格急剧变动时，应均衡考虑企业实力、企业形象、未来市场占有率等因素，对全部追随降价，还是部分追随降价，抑或暂且不动作出慎重决策。

3. 经营收入估算

因为经营收入包括销售收入、租金收入和自营收入，所以在估算过程中也分开进行。

（1）销售收入

销售收入包括土地转让收入、商品房销售收入和配套设施销售收入。其计算公式为

销售收入=可出售建筑面积×销售单价

这里应注意可出售面积比例的变化对销售收入的影响，以及由于规划设计的原因导致不能售出面积的比例增大对销售收入的影响。

（2）租金收入

租金收入包括出租房租金收入和出租土地租金收入。其计算公式为

租金收入=可出租建筑面积×租金单价

这里应注意空置期（项目投入使用后未能出租的时间）和出租率对租金收入的影响。没有考虑空置率或出租率的租金收入叫潜在总收入或毛租金收入；考虑了空置率或出租率以后，如果该物业中还有其他收入（如自动售货机、洗衣房收入等），那么从潜在总收入中扣除租金损失（如空置损失、租金拖欠等），再加上其他收入，就得到了该物业的实际总收入或有效总收入；如果再考虑出租期的运营费用，则租金收入就是净租金收入（或净经营收入）。运营费用主要是指经营过程中发生的人员工资及办公费用、维护维修费、清洁保安费、保险费、房产税、管理费和折旧费等。

这三者的关系表示如下：

潜在总收入=可出租面积×单位租金

实际总收入=潜在总收入×(1−空置率)+其他收入

=潜在总收入×出租率+其他收入

净经营收入=实际总收入−运营费用

这三个概念在随后的指标计算中会经常遇到，计算时一般以年为单位。

（3）自营收入

自营收入是指开发商以其开发完工的房地产为载体，自主进行商业、服务业或其他经营活动而取得的收入。其计算公式为

自营收入=营业额−营业成本−自营中的商业经营风险回报

在进行自营收入估算时，应充分考虑目前已有的商业和服务业设施对房地产项目建成后产生的影响，以及未来商业、服务业市场可能发生的变化对房地产项目的影响。

经营收入是按市场价格计算的，房地产开发投资企业的产品（房屋）只有在市场上被出售、出租或自我经营，才能成为给企业或社会带来收益的有用的劳动成果。因此，经营收入比企业完成的开发工作量（产值）更能反映房地产开发投资项目的真实经济效果。

5.3.3　税金估算

在房地产投资中涉及的主要税金有营业税金及附加、城镇土地使用税、房产税、契税、印花税、企业所得税、个人所得税、土地增值税等。

1. 营业税金及附加

营业税金及附加主要包括营业税、城市建设维护税和教育费附加，通常称之为两税一费。

（1）营业税

对房地产投资者而言，营业税是从应纳税房地产销售或出租收入中征收的一种税。其纳税人是在我国境内提供应税劳务或者销售不动产的单位和个人。在房地产投资业务中，营业税征税税基包括房地产销售收入额、房地产出租收入额、房地产中介服务收入额。目前营业税的税率是 5%。

（2）城市建设维护税

城市建设维护税（以下简称城建税）是为进一步扩大城市建设，提供城市维护和建设资金来源而对我国境内既享用城镇公用设施，又有经营收入的单位和个人征收的一种税。

城建税以缴纳增值税、消费税、营业税的单位和个人为纳税人。对外商投资企业和外国企业，暂不征收城建税。城建税以纳税人实际缴纳的增值税、消费税、营业税（简称“三税”，对于房地产投资，仅指营业税）税额为计税依据，一般实行的是地区差别利率。按照纳税人所在地的不同，税率分别规定为 7%、5%、1%三个档次，即纳税人所在地在城市市区的，税率为 7%；在县城、建制镇的，税率为 5%；在其他地区的，税率为 1%。

（3）教育费附加

教育费附加是国家为发展教育事业、筹集教育经费而征收的一种附加费，其计费依据与城市建设维护税相同。凡缴纳增值税、消费税、营业税的单位和个人，均要缴纳教育费附加。一般税率为 3%。外资企业通常免交。教育费附加的计算方法也与城市维护建设税相同，以营业税税额为基数乘以相应的费率计算。

2. 城镇土地使用税

在城市、县城、建制镇、工矿区范围内使用土地的单位和个人作为城镇土地使用税的纳税人，计税依据是纳税人实际占用的土地面积。采用分类分级的幅度定额税率，每平方米的年幅度税额按城市大小分四个档次：（1）大城市 1.5～30 元；（2）中等城市 1.2～24 元；（3）小城市 0.9～18 元；（4）县城、建制镇、工矿区 0.6～12 元。具体由各省、自治区、直辖市人民政府确定。

3. 房产税

房产税是以房产为课税对象，向产权所有人征收的一种税。计税依据为：对于非出租的房产，以房产原值一次减除 10%～30%后的余值为计税依据；对于出租的房产，以房产租金收入为计税依据。房产税采用比例税率，按房产余值计征的，税率为 1.2%；按房产租金收入计征的，税率为 12%。

4. 契税

契税是在土地、房屋权属发生转移时，对产权承受人征收的一种税。契税的税率为 3%。契税的计税依据有以下几方面。

（1）国有土地使用权出让、土地使用权出售、房屋买卖，为成交价格。

（2）土地使用权赠予、房屋赠予，由征收机关参照土地使用权出售、房屋买卖的市场价格核定。

（3）土地使用权交换、房屋交换，为所交换土地使用权、房屋的价格差额。成交价格明显低于市场价格并且无正当理由，或所交换土地使用权、房屋的价格的差额明显不合理并且无正当理由的，由征收机关参照市场价格核定。

5. 印花税

印花税是对经济活动中书立领受各种凭证而征收的税种。房地产经济活动中书立设计、建筑施工承包合同、房产租赁合同、借款抵押合同、房地产转移合同、领受产权证书等，均要按规定缴纳印花税，如表 5-9 所示。

表 5-9　印花税税目税率表

序号	税　目	范　围	税　率	纳税义务人	说明
1	购销合同	包括供应、预购、采购、购销结合及协作、调剂、补偿、易货等合同	按购销金额的万分之三贴花	立合同人	
2	加工承揽合同	包括加工、定作、修缮、修理、印刷、广告、测绘、测试等的合同	按加工或承揽收入的万分之五贴花	立合同人	
3	建设工程勘察设计合同	包括勘察、设计合同	按收取费用的万分之五贴花	立合同人	
4	建筑安装工程承包合同	包括建筑、安装工程承包合同	按承包金额的万分之三贴花	立合同人	

续表

序号	税　目	范　围	税　率	纳税义务人	说明
5	财产租赁合同	包括租赁房屋、船舶、飞机、机动车辆、机械、器具、设备等合同	按租赁金额的千分之一贴花。税额不足一元的按一元贴花	立合同人	
6	货物运输合同	包括民用航空、铁路运输、海上运输、内河运输、公路运输和联运合同	按运输费用的万分之五贴花	立合同人	单据作为合同使用的，按合同贴花
7	仓储保管合同	包括仓储、保管合同	按仓储保管费用的千分之一贴花	立合同人	仓单或栈单作为合同使用的，按合同贴花
8	借款合同	银行及其他金融组织和借款人(不包括银行同业拆借)所签订的借款合同	按借款金额的万分之零点五贴花	立合同人	单据作为合同使用的，按合同贴花
9	财产保险合同	包括财产、责任、保证、信用等保险合同	按投保金额的万分之零点三贴花	立合同人	单据作为合同使用的，按合同贴花
10	技术合同	包括技术开发、转让、咨询、服务等合同	按所载金额的万分之三贴花	立合同人	
11	产权转移书据	包括财产所有权和版权、商标专用权、专利权、专有技术使用权等转移书据	按所载金额的万分之五贴花	立据人	
12	营业账簿生产经营用账册	记载资金的账簿	按固定资产原值与自有流动资金总额的万分之五贴花。其他账簿按件贴花五元	立账簿人	
13	权利、许可证照	包括政府部门发给的房屋产权证、工商营业执照、商标注册证、专利证、土地使用证	按件贴花五元	领受人	

6. 企业所得税

企业所得税是国家按照税法规定，对在中华人民共和国境内的企业（除外商投资企业和外国企业）就其生产经营所得和其他所得征收的一种税。企业每一纳税年度的收入总额，减除不征税收入、免税收入、各项扣除以及允许弥补的以前年度亏损后的余额，为应纳税所得额。

应纳税所得额=利润总额-允许扣除项目的金额

对开发企业而言，其利润总额主要是开发建设及经营期间租售收入。其经营成本即为总开发成本和经营成本。由于房地产开发项目的租售收入和成本投入是逐年实现的，其租售比例与投入的比例又不一定匹配（例如，第一年预售了40%，但成本费用只投入了30%；或第一年预售了15%，但成本已投入了25%），这给计算企业应纳税所得额带来了一定的困难。为了保证国家能及时得到有关税收，目前一些地方的做法是，将预计的总开发成本按年实际销售收入逐年扣除，使开发商只要有销售收入就要扣交所得税，而非按照整个项目的获利年度起计征。在开发项目最终销售完毕的年度，再统一核算整个项目的所得税，并按核算结果结合项目开发过程中已交所得税情况多退少补。房地产投资的企业所得税税率一般为25%。

7. 个人所得税

个人所得税是国家针对社会自然人的个人所得所征收的一种财产税。在房地产投资中，主要计税依据为房地产转让收入扣除房屋原值、转让过程中缴纳的税金及有关合理费用后的余额，税率为20%，如果纳税人不能提供完整、准确的有关凭证，不能正确计算纳税额的，可以采用核定征税[①]，核定征收率为1%。

8. 土地增值税

土地增值税是对转让国有土地使用权、地上建筑物及其附着物并取得收入的单位和个人，就其转让房地产所取得的增值额为征税对象征收的一种税，其实质是对土地收益的课税。确认土地增值税征收的标准包括：转让的土地使用权是否国有、房地产的产权是否转让、转让后是否有收入。例如，房地产的出租、房地产的继承就不征收土地增值税。

计算土地增值税应纳税额，并不是直接对转让房地产所取得的收入征税，而是要对收入额减除国家规定的各项扣除项目金额后的余额计算征税。这个余额就是纳税人在转让房地产中获取的增值额。

扣除项目包括以下几项。

（1）房地产开发成本，包括土地出让金及相应的手续费（或征用费）、拆迁补偿费、前期工程费、建筑安装工程费、基础设施建设费、公共配套设施费、开发间接费等。

（2）房地产开发费用，包括管理费用、销售费用和财务费用。但这三项费用在计算土地增值税时，并不按纳税人房地产开发项目实际发生的费用进行扣除。具体扣除时，要看财务费用中的利息支出是否能够按转让房地产项目计算分摊并提供金融机构的证明。

如果能够按转让房地产项目计算分摊并提供证明，则财务费用中的利息支出允许据实

[①] 核定征收税款是指由于纳税人的会计账簿不健全，资料残缺难以查账，或者其他原因难以准确确定纳税人应纳税额时，由税务机关采用合理的方法依法核定纳税人应纳税款的一种征收方式，简称核定征收。

扣除，但最高不能超过按商业银行同期贷款利率计算的金额；而其他房地产开发费用则按上面第 1 项和第 2 项计算的金额之和的 5%以内计算扣除。

如果不能按转让房地产项目计算分摊并提供证明，则整个房地产开发费用按上面第 1 项和第 2 项规定计算的金额之和的 10%以内计算扣除。

（3）旧房或建筑物的评估价格。转让旧有房地产时，应按旧房或建筑物的评估价格计算扣除项目金额。

（4）转让房地产有关的税金，包括营业税、城市维护建设税、教育费附加、印花税等。

（5）财政部规定的其他扣除项目。对从事房地产开发的纳税人可按第 1 项加计 20%扣除。

土地增值税实行四级超率累进税率，即 30%～60%。

（1）增值额未超过扣除项目金额 50%（包括本比例数，下同）的部分，税率为 30%。

（2）增值额超过扣除项目金额 50%，但未超过扣除项目金额 100%的部分，税率为 40%。

（3）增值额超过扣除项目金额 100%，但未超过扣除项目金额 200%的部分，税率为 50%。

（4）增值额超过扣除项目金额 200%的部分，税率为 60%。

5.4　基础数据估算案例[①]

5.4.1　成本收入测算

成本收入测算如表 5-10 所示。

5.4.2　成本测算

1. 成本汇总（见表 5-11）
2. 公摊及期间费用（见表 5-12）
3. 情景花园主体建安工程费（见表 5-13）
4. 联排住宅主体建安工程费（见表 5-14）
5. 合院住宅主体建安工程费（见表 5-15）
6. 多层住宅主体建安工程费（见表 5-16）
7. 小高层主体建安工程费（见表 5-17）
8. 情景小高层主体建安工程费（见表 5-18）
9. 高层住宅主体建安工程费（见表 5-19）

[①] 房地产开发项目的基础数据估算在实际工作中均采用电子表格测算，所形成成果也为电子表格，无过多描述性文字。

表 5-10　成本收入测算表

序号	产品名称	情景花园	联排住宅	合院住宅	多层住宅	小高层	情景小高层	高层	集中商业	分散商业	会所	平均	合计
	本体占地面积	8 640		13 774	7 901	34 921	12 690	8 870					86 796
	分配后占地面积	87 423	0	27 938	21 202	161 817	0	27 246	4 178	3 379	0		333 183
	可售面积	87 600	0	26 461	103 742	226 755	0	29 610	2 300	3 200	3 500		479 668
	预计平均售价	3 500		3 500	2 800	3 200		3 200	4 000	3 500		3 190.66	
1	地价及补偿费	699.23		739.77	143.19	499.99		644.70	1 272.85	739.77		486.68	
2	前期准备费	85.14		85.14	85.14	85.14		85.14	85.14	85.14		85.14	
3	主体建筑工程费	1 063.36		1 506.20	925.41	905.15		1 077.17	2 420.34	948.62		989.75	
4	主体安装工程费	126.97		129.91	140.48	263.02		260.49	187.04	140.06		202.99	
5	社区管网工程费	118.82		118.82	118.82	118.82		118.82	118.82	118.82		118.82	
6	园林环境费	105.39		105.39	105.39	105.39		105.39	105.39	105.39		105.39	
7	配套设施费	111.54		111.54	111.54	111.54		111.54	111.54	111.54		111.54	
8	开发间接费	306.86		306.86	306.86	306.86		306.86	306.86	306.86		306.86	
开发成本小计		2 617.31	0.00	3 103.63	1 936.84	2 395.92	0.00	2 710.11	4 607.99	2 556.21		2 407.18	115 465
9	期间费用	79.91		79.91	79.91	79.91		79.91	79.91	79.91		79.91	3 833
10	单位销售税金（5.5%）	192.50		192.50	154.00	176.00	0.00	176.00	220.00	192.50		175.49	8 418
	完全成本	2 889.72		3 376.04	2 170.75	2 651.83		2 966.02	4 907.90	2 828.62		2 662.57	
11	单位利润	610.28		123.96	629.25	548.17		233.98	−907.90	671.38		528.09	25 331
12	单位所得税（33%）	201.39		40.91	207.65	180.90		77.21		221.56		174.27	8 359
13	税后单位利润	408.88		83.05	421.60	367.28		156.77	−907.90	449.83		353.82	16 972
	总利润												16 972

表 5-11　成本汇总表

序号	成本项目	可售面积单位成本/元/m^2								总成本/万元								分摊标准说明
		情景花园	合院住宅	多层住宅	小高层住宅	高层住宅	集中商业	分散商业	平均	情景花园	合院住宅	多层住宅	小高层住宅	高层住宅	集中商业	分散商业	合计	
	建筑面积	*	*	*	*	*	*	*	*	87 600.00	26 461.00	103 742.00	226 755.00	29 610.00	2 300.00	3 200.00	479 668.00	
	可售面积	*	*	*	*	*	*	*	*	87 600.00	26 461.00	103 742.00	226 755.00	29 610.00	2 300.00	3 200.00	479 668.00	
一	土地获得价款	699.23	739.77	143.19	499.99	644.70	1 272.85	739.77	486.68	6 125.27	1 957.49	1 485.49	11 337.62	1 908.95	292.76	236.73	23 344.30	
1	政府地价及相关费用	0.00	0.00	0.00	0.00	0.00	0.00	0.00	0.00									表中公式把地价按可售面积进行分摊。若按占地面积分摊地价，请修改公式。若地价不是在所有产品类型中分摊亦请修改公式
2	合作款项	598.81	633.52	122.63	428.18	552.10	1 090.04	633.52	416.78	5 245.53	1 676.35	1 272.14	9 709.26	1 634.78	250.71	202.73	19 991.50	
3	红线外市政设施	0.00	0.00	0.00	0.00	0.00	0.00	0.00	0.00									
4	拆迁补偿费	100.43	106.25	20.57	71.81	92.59	182.81	106.25	69.90	879.74	281.14	213.35	1 628.35	274.17	42.05	34.00	3 352.80	
二	开发前期准备费	85.14	85.14	85.14	85.14	85.14	85.14	85.14	85.14	745.86	225.30	883.30	1 930.68	252.11	19.58	27.25	4 084.09	
1	勘察设计费	60.22	60.22	60.22	60.22	60.22	60.22	60.22	60.22	527.49	159.34	624.70	1 365.44	178.30	13.85	19.27	2 888.38	表中公式把该项成本按可售面积在所有产品类型中分摊。若不是在所有产品类型中分摊请修改公式
2	报批报建增容费	11.84	11.84	11.84	11.84	11.84	11.84	11.84	11.84	103.68	31.32	122.79	268.39	35.05	2.72	3.79	567.74	
3	三通一平费	10.89	10.89	10.89	10.89	10.89	10.89	10.89	10.89	95.40	28.82	112.98	246.94	32.25	2.50	3.48	522.37	
4	临时设施费	2.20	2.20	2.20	2.20	2.20	2.20	2.20	2.20	19.29	5.83	22.84	49.92	6.52	0.51	0.70	105.60	
三	主体建筑工程费	1 063.36	1 506.20	925.41	905.15	1 077.17	2 420.34	948.62	989.75	9 315.01	3 985.54	9 600.34	20 524.67	3 189.50	556.68	303.56	47 475.31	
1	基础工程	110.00	120.00	90.23	90.00	85.00	120.00	120.00	95.39	963.60	317.53	936.11	2 040.80	251.69	27.60	38.40	4 575.72	按产品类型实发生额计算
2	结构及粗装修	652.80	813.30	583.23	591.60	765.00	816.00	581.40	624.91	5 718.53	2 152.07	6 050.56	13 414.83	2 265.17	187.68	186.05	29 974.88	
3	门窗工程	117.86	115.88	86.37	81.61	80.50	140.00	81.00	91.36	1 032.45	306.62	896.01	1 850.54	238.37	32.20	25.92	4 382.13	
4	公共部位装修	178.58	452.14	159.79	136.88	141.81	1 344.34	166.22	173.13	1 564.40	1 196.42	1 657.66	3 103.77	419.90	309.20	53.19	8 304.53	
5	室内装修	4.11	4.87	5.78	5.06	4.86	0.00	0.00	4.96	36.04	12.90	59.98	114.75	14.38	0.00	0.00	238.04	
四	主体安装工程费	126.97	129.91	140.48	263.02	260.49	187.04	140.06	202.99	1 112.23	343.76	1 457.39	5 964.03	771.30	43.02	44.82	9 736.55	
1	室内水暖气电	109.20	113.04	116.22	124.56	123.31	133.13	125.88	119.29	956.59	299.12	1 205.70	2 824.43	365.13	30.62	40.28	5 721.87	按产品类型实发生额计算
2	设备及安装费	9.10	6.60	9.52	125.56	124.79	50.00	9.50	71.45	79.72	17.46	98.81	2 847.11	369.50	11.50	3.04	3 427.14	
3	弱电系统	8.67	10.27	14.74	12.90	12.38	3.91	4.69	12.25	75.92	27.17	152.88	292.50	36.66	0.90	1.50	587.53	
五	社区管网工程费	118.82	118.82	118.82	118.82	118.82	118.82	118.82	118.82	1 040.90	314.42	1 232.70	2 694.39	351.84	27.33	38.02	5 699.59	
1	室外给排水系统	38.12	38.12	38.12	38.12	38.12	38.12	38.12	38.12	333.95	100.87	395.48	864.43	112.88	8.77	12.20	1 828.57	表中公式把该项成本按可售面积在所有产品类型中分摊。若不是在所有产品类型中分摊请修改公式
2	室外消防系统	9.80	9.80	9.80	9.80	9.80	9.80	9.80	9.80	85.87	25.94	101.70	222.28	29.03	2.25	3.14	470.20	
3	室外燃气系统	0.00	0.00	0.00	0.00	0.00	0.00	0.00	0.00	0.00	0.00	0.00	0.00	0.00	0.00	0.00	0.00	
4	室外高低压线路	50.75	50.75	50.75	50.75	50.75	50.75	50.75	50.75	444.56	134.29	526.48	1 150.77	150.27	11.67	16.24	2 434.29	
5	室外智能化系统	20.15	20.15	20.15	20.15	20.15	20.15	20.15	20.15	176.51	53.32	209.04	456.91	59.66	4.63	6.45	966.53	
6	其他	0.00	0.00	0.00	0.00	0.00	0.00	0.00	0.00	0.00	0.00	0.00	0.00	0.00	0.00	0.00	0.00	

续表

序号	成本项目	可售面积单位成本/元/m^2								总成本/万元								分摊标准说明
		情景花园	合院住宅	多层住宅	小高层住宅	高层住宅	集中商业	分散商业	平均	情景花园	合院住宅	多层住宅	小高层住宅	高层住宅	集中商业	分散商业	合计	
六	园林环境费	105.39	105.39	105.39	105.39	105.39	105.39	105.39	105.39	923.22	278.87	1 093.34	2 389.78	312.06	24.24	33.72	5 055.23	
1	绿化建设费	19.08	19.08	19.08	19.08	19.08	19.08	19.08	19.08	167.10	50.48	197.90	432.55	56.48	4.39	6.10	915.00	表中公式把该项成本按可售面积在所有产品类型中分摊。若不是在所有产品类型中分摊请修改公式
2	建筑小品	14.76	14.76	14.76	14.76	14.76	14.76	14.76	14.76	129.27	39.05	153.09	334.61	43.69	3.39	4.72	707.83	
3	道路广场建造费	45.49	45.49	45.49	45.49	45.49	45.49	45.49	45.49	398.49	120.37	471.92	1 031.50	134.70	10.46	14.56	2 182.00	
4	围墙建造费	12.08	12.08	12.08	12.08	12.08	12.08	12.08	12.08	105.81	31.96	125.30	273.88	35.76	2.78	3.87	579.36	
5	室外照明	5.28	5.28	5.28	5.28	5.28	5.28	5.28	5.28	46.24	13.97	54.77	119.71	15.63	1.21	1.69	253.22	
6	室外零星工程	7.92	7.92	7.92	7.92	7.92	7.92	7.92	7.92	69.37	20.95	82.15	179.56	23.45	1.82	2.53	379.83	
7	其他	0.79	0.79	0.79	0.79	0.79	0.79	0.79	0.79	6.94	2.10	8.22	17.96	2.35	0.18	0.25	38.00	
七	配套设施费	111.54	111.54	111.54	111.54	111.54	111.54	111.54	111.54	977.10	295.15	1 157.15	2 529.25	330.27	25.65	35.69	5 350.26	
1	游泳池	3.13	3.13	3.13	3.13	3.13	3.13	3.13	3.13	27.39	8.27	32.44	70.91	9.26	0.72	1.00	150.00	表中公式把该项成本按可售面积在所有产品类型中分摊。若不是在所有产品类型中分摊请修改公式
2	会所	13.29	13.29	13.29	13.29	13.29	13.29	13.29	13.29	116.42	35.17	137.88	301.37	39.35	3.06	4.25	637.50	
3	幼儿园	9.46	9.46	9.46	9.46	9.46	9.46	9.46	9.46	82.84	25.02	98.10	214.43	28.00	2.18	3.03	453.60	
4	学校	14.23	14.23	14.23	14.23	14.23	14.23	14.23	14.23	124.64	37.65	147.61	322.64	42.13	3.27	4.55	682.50	
5	塑胶跑道	0.79	0.79	0.79	0.79	0.79	0.79	0.79	0.79	6.89	2.08	8.15	17.82	2.33	0.18	0.25	37.70	
6	网球、篮球场	1.57	1.57	1.57	1.57	1.57	1.57	1.57	1.57	13.77	4.16	16.31	35.64	4.65	0.36	0.50	75.40	
7	架空停车楼	8.34	8.34	8.34	8.34	8.34	8.34	8.34	8.34	73.10	22.08	86.57	189.22	24.71	1.92	2.67	400.26	
8	车站建造费	0.52	0.52	0.52	0.52	0.52	0.52	0.52	0.52	4.57	1.38	5.41	11.82	1.54	0.12	0.17	25.00	
9	架空花园、车库	13.55	13.55	13.55	13.55	13.55	13.55	13.55	13.55	118.71	35.86	140.58	307.28	40.12	3.12	4.34	650.00	
10	地下室（含人防）	43.15	43.15	43.15	43.15	43.15	43.15	43.15	43.15	378.04	114.19	447.70	978.56	127.78	9.93	13.81	2 070.00	
11	地下室	3.51	3.51	3.51	3.51	3.51	3.51	3.51	3.51	30.74	9.28	36.40	79.56	10.39	0.81	1.12	168.30	
八	开发间接费	306.86	306.86	306.86	306.86	306.86	306.86	306.86	306.86	2 688.12	811.99	3 183.45	6 958.26	908.62	70.58	98.20	14 719.21	
1	工程管理费	68.76	68.76	68.76	68.76	68.76	68.76	68.76	68.76	602.31	181.94	713.30	1 559.10	203.59	15.81	22.00	3 298.05	表中公式把该项成本按可售面积在所有产品类型中分摊。若不是在所有产品类型中分摊请修改公式
2	资本化利息	83.39	83.39	83.39	83.39	83.39	83.39	83.39	83.39	730.51	220.66	865.12	1 890.93	246.92	19.18	26.69	4 000.00	
3	营销设施建造费	83.89	83.89	83.89	83.89	83.89	83.89	83.89	83.89	734.85	221.97	870.26	1 902.19	248.39	19.29	26.84	4 023.81	
4	物业完善费	39.21	39.21	39.21	39.21	39.21	39.21	39.21	39.21	343.49	103.76	406.78	889.12	116.10	9.02	12.55	1 880.82	
5	不可预见费	31.62	31.62	31.62	31.62	31.62	31.62	31.62	31.62	276.96	83.66	327.99	716.92	93.62	7.27	10.12	1 516.54	
	开发成本	2 617.32	3 103.63	1 936.84	2 395.92	2 710.11	4 607.99	2 556.21	2 407.18	22 927.70	8 212.53	20 093.16	54 328.67	8 024.65	1 059.84	817.99	115 464.53	
九	期间费用	79.91	79.91	79.91	79.91	79.91	79.91	79.91	79.91	699.99	211.44	828.98	1 811.94	236.60	18.38	25.57	3 832.90	
1	管理费用	46.91	46.91	46.91	46.91	46.91	46.91	46.91	46.91	410.91	124.12	486.63	10 63.65	138.89	10.79	15.01	2 250.00	表中公式把该项成本按可售面积在所有产品类型中分摊。若不是在所有产品类型中分摊请修改公式
2	销售费用	33.00	33.00	33.00	33.00	33.00	33.00	33.00	33.00	289.08	87.32	342.35	748.29	97.71	7.59	10.56	1 582.90	
3	财务费用	0.00	0.00	0.00	0.00	0.00	0.00	0.00	0.00	0.00	0.00	0.00	0.00	0.00	0.00	0.00		
	项目总投资	2 697.22	3 183.54	2 016.75	2 475.83	2 790.02	4 687.90	2 636.12	2 487.08	23 627.69	8 423.97	20 922.14	56 140.61	8 261.25	1 078.22	843.56	119 297.44	
	完全建安单位成本	1 665.14	2 110.92	1 540.70	1 642.98	1 812.47	3 082.19	1 563.50	1 667.55									

表 5-12　公摊及期间费用

序号	成本项目	原始指标	系数	工作量	单价/元	合价/万元	建筑面积单方造价	可售面积单方造价	工程量及单价说明
一	土地成本					24 242.2	464.0	505.4	
1	政府地价及相关费用					6 266.8	120.0	130.6	目前的实际占地面积为 338 140m^2
◆	土地出让金	348 157		522	120 000	6 266.8	120.0	130.6	已按原始指标缴纳政府出让金等
◆	土地使用费					0.0	0.0		
◆	市政配套费					0.0	0.0		
◆	政府收益金					0.0	0.0		
◆	应交契税					0.0	0.0		
◆	其他					0.0	0.0		
2	合作款项			522	280 000	14 622.6	279.9	304.8	合作协议约定为 40 万/亩（含政府出让金）
3	红线外市政设施费			508 000	66	3 352.8	64.2	69.9	已按 508 000 平方米缴纳配套费
4	拆迁补偿费					0.0	0.0		
二	开发前期准备费					4 084.1	78.2	85.1	
1	勘察设计费					2 888.4	55.3	60.2	
◆	勘察丈量费					264.3	5.1	5.5	
	测绘	占地面积		1	8 000	0.8	0.0	0.0	含宗地图测绘、地形测绘、竣工测绘
	文物古迹勘探	占地面积				0.0	0.0		
	初勘	占地面积		1	125 868.45	12.6	0.2	0.3	
	详勘	建筑面积		522 449	2.5	130.6	2.5	2.7	
	施工放线验线费	楼栋点		360	326	11.7	0.2	0.2	
	预售查丈	建筑面积		522 449	0.8	41.8	0.8	0.9	
	竣工查丈	建筑面积		522 449	0.8	41.8	0.8	0.9	
	其他			1	250 000	25.0	0.5	0.5	

续表

序号	成本项目	原始指标	系数	工作量	单价/元	合价/万元	建筑面积单方造价	可售面积单方造价	工程量及单价说明
◆	规划设计费					2 624.1	50.2	54.7	
	概念设计	建筑面积		1	779 584	78.0	1.5	1.6	原概念设计合同总价140万元，9月初对方完成第一轮成果后中止合同实际70万元
	规划设计	建筑面积		1	670 000	67.0	1.3	1.4	
	学校、幼儿园方案	建筑面积		10 820	30	32.5	0.6	0.7	
	餐饮方案	建筑面积		3 790	35	13.3	0.3	0.3	
	施工图设计	建筑面积		502 168	26	1 305.6	25.0	27.2	包括总图（市政、给排水）施工图设计
	公建施工图设计（学校、幼儿园、餐饮）	建筑面积		20 281	48	97.3	1.9	2.0	
	环境设计	环境面积		1	6 385 512	638.6	12.2	13.3	含概念、方案、施工图、配合设计费用
	其他（立面设计等）			522 449	7.5	391.8	7.5	8.2	含晒图费、分色图、立面表现图、模型费、会所、样板房设计等
◆	建筑研究用房					0.0	0.0		
2	报批报建费					567.7	10.9	11.8	
◆	报批报建费					567.7	10.9	11.8	
	政府综合报建费	建筑面积				0.0	0.0		
	人防易地建设费	建筑面积				0.0	0.0		
	白蚁防治费	建筑面积		522 449	1.4	73.1	1.4	1.5	
	规划方案审查	建筑面积				0.0	0.0		不计
	图纸审查费	建筑面积		522 449	4	209.0	4.0	4.4	

续表

序号	成本项目	原始指标	系数	工作量	单价/元	合价/万元	建筑面积单方造价	可售面积单方造价	工程量及单价说明
	消防报建费	建筑面积		522 449	2	104.5	2.0	2.2	
	教育基金	建筑面积				0.0	0.0		
	新墙体材料保证金	建筑面积				0.0	0.0		属于押金性质
	散装水泥保证金	建筑面积				0.0	0.0		
	卫生防疫审查费	建筑面积				0.0	0.0		
	工程招投标管理费	主体建安费		522 449	1.4	73.1	1.4	1.5	非国有企业，暂按原测算计
	招投标代理服务费	主体建安费				0.0	0.0		
	合同鉴证管理费	主体建安费				0.0	0.0		
	项目环境影响评测费	项		1	100 000	10.0	0.2	0.2	
	标底编制审查费	核减额的 4%		2 199.508 096	4%	88.0	1.7	1.8	非国有企业，暂按原测算计（按3%核减）
	规划执照费	概算成本				0.0	0.0		
	劳保统筹费	主体建安费				0.0	0.0		
	城市生活垃圾服务费	建筑面积				0.0	0.0		
	污水处理费	建筑面积				0.0	0.0		
	路口开设	项		1	100 000	10.0	0.2	0.2	
◆	增容费					0.0	0.0		
	供电贴费	建筑面积				0.0	0.0		
	水增容费	建筑面积				0.0	0.0		
	煤气增容费	户数				0.0	0.0		
◆							0.0		
3	三通一平费					522.4	10.0	10.9	
◆	临时道路	m^2		6 000	100	60.0	1.1	1.3	按 1 000m 考虑，宽度 6m
◆	临时用电	项		1	235 000	23.5	0.4	0.5	
◆	临时用水	建筑面积		522 449	0.4	20.9	0.4	0.4	

续表

序号	成本项目	原始指标	系数	工作量	单价/元	合价/万元	建筑面积单方造价	可售面积单方造价	工程量及单价说明
◆	排洪渠回填土方	m^3		8 760	12	10.5	0.2	0.2	730m 长、4m 宽、3m 深
◆	排洪渠清运淤泥	m^3		2 920	35	10.2	0.2	0.2	
◆	场地平整	项		1	3 972 361.1	397.2	7.6	8.3	只考虑挖填平衡，以及场外土方运入回填
4	临时设施费					105.6	2.0	2.2	
◆	地块临时围墙	项		1	160 000	16.0	0.3	0.3	
◆	临时办公室	项		1	500 000	50.0	1.0	1.0	
◆	临时场地占用费					0.0	0.0		
◆	临时围板	项		3 600	110	39.6	0.8	0.8	按 2 000m 考虑，高度 3m；以钢围板按 40%的周转使用
三	社区管网工程费					5 699.6	109.1	118.8	
1	室外给排水系统					1 828.6	35.0	38.1	
◆	室外给水系统	建筑面积		522 449	10	522.4	10.0	10.9	
◆	雨污水系统	建筑面积		522 449	25	1 306.1	25.0	27.2	
2	室外消防系统					470.2	9.0	9.8	
◆	室外消防水	建筑面积		522 449	5	261.2	5.0	5.4	
◆	室外消防电	建筑面积		522 449	4	209.0	4.0	4.4	
◆						0.0	0.0		
3	室外燃气系统					0.0	0.0		
◆	管道系统					0.0	0.0		
◆	调压站					0.0	0.0		
4	室外电气及高低压设备					2 434.3	46.6	50.7	
◆	高低压配电设备及安装	建筑面积		522 449	19	992.7	19.0	20.7	变压器、高低压柜、机房高低压安装等
◆	室外强电管道及电缆敷设	建筑面积		522 449	18	940.4	18.0	19.6	小区内

续表

序号	成本项目	原始指标	系数	工作量	单价/元	合价/万元	建筑面积单方造价	可售面积单方造价	工程量及单价说明
◆	室外弱电管道埋设	建筑面积		522 449	5	261.2	5.0	5.4	
◆	红线外配套高压线	m		5 000	360	240.0	4.6	5.0	按双回路供电考虑，增加 60 万元接点设备费用；旗乐站和安山站
5	室外智能化系统					966.5	18.5	20.1	总价按 1 000 万元以内控制考虑
◆	弱电（电话、电视、保安）管网系统费	建筑面积				0.0	0.0		
◆	停车管理系统	建筑面积		522 449	3	156.7	3.0	3.3	
◆	小区闭路监控系统	建筑面积		522 449	6	313.5	6.0	6.5	含电梯对讲
◆	周界红外防越	建筑面积		522 449	1.3	67.9	1.3	1.4	
◆	小区门禁系统	建筑面积		522 449	5	261.2	5.0	5.4	含 IC 卡门禁、庭院自动门系统
◆	电子巡更系统	建筑面积		522 449	0.5	26.1	0.5	0.5	
◆	背景音乐	建筑面积		522 449	1.7	88.8	1.7	1.9	
◆	其他	建筑面积		522 449	1	52.2	1.0	1.1	
6							0.0		
四	园林环境费					5 055.2	96.8	105.4	
1	绿化建设费	绿化面积				915.0	17.5	19.1	
◆	绿化及土方	绿化面积		122 000	75	915.0	17.5	19.1	
◆						0.0	0.0		
◆						0.0	0.0		
2	建筑小品					707.8	13.5	14.8	
◆	雕塑	环境面积		253 219.08	5	126.6	2.4	2.6	
◆	水景及设备	水景面积		8 200	400	328.0	6.3	6.8	
◆	小品	环境面积		253 219.08	10	253.2	4.8	5.3	

续表

序号	成本项目	原始指标	系数	工作量	单价/元	合价/万元	建筑面积单方造价	可售面积单方造价	工程量及单价说明
◆							0.0		
3	道路广场建造费					2 182.0	41.8	45.5	
◆	普通车行道	道路面积		45 500	200	910.0	17.4	19.0	含沥青路面及砼路面车行道、道牙
◆	硬质铺装车行道	硬铺装车道		36 500	240	876.0	16.8	18.3	消防等使用的硬铺装车道
◆	硬质铺装广场及人行道	铺装面积		22 000	180	396.0	7.6	8.3	
4	围墙建造费					579.4	11.1	12.1	
◆	永久围墙	围墙长度		6 100	650	396.5	7.6	8.3	
◆	组团苑门及围墙	建筑面积		522 449	3.5	182.9	3.5	3.8	
5	室外照明	环境面积		253 219.08	10	253.2	4.8	5.3	
6	室外零星设施	环境面积		253 219.08	15	379.8	7.3	7.9	儿童游乐设施、室外健身器材、指示、标识牌、垃圾桶、座椅、太阳伞
7	室外广告围板	项		1	380 000	38.0	0.7	0.8	广告费用未考虑而转摊进建安成本
五	配套设施费					5 350.3	102.4	111.5	
1	游泳池	泳池面积		1 000	1 500	150.0	2.9	3.1	含泳池设备
2	会所	建筑面积		2 500	2 550	637.5	12.2	13.3	含土建、装修、水电
3	幼儿园	建筑面积		4 320	1 050	453.6	8.7	9.5	层高 3.6m；含土建、水电，室内毛坯
4	学校	建筑面积		6 500	1 050	682.5	13.1	14.2	层高 3.7m；含土建、水电，室内毛坯
5	塑胶跑道	面积		1 300	290	37.7	0.7	0.8	

续表

序号	成本项目	原始指标	系数	工作量	单价/元	合价/万元	建筑面积单方造价	可售面积单方造价	工程量及单价说明
6	网球、篮球场	球场面积		2 900	260	75.4	1.4	1.6	网球场两个、篮球场两个半场，学校两个篮球场
7	架空停车楼	建筑面积		6 671	600	400.3	7.7	8.3	按框架，不砌墙考虑
8	车站建造费	处		1	250 000	25.0	0.5	0.5	
9	架空花园、车库	建筑面积		10 000	650	650.0	12.4	13.6	
10	地下室（含人防）	建筑面积		11 500	1 800	2 070.0	39.6	43.2	其中安装费用 219 元/平方米，水电 135、消防 40、高电 5、智能 21、高低压电 18
11	地下室	建筑面积		1 020	1 650	168.3	3.2	3.5	
六	开发间接费					14 719.2	281.7	306.9	
1	工程管理费					3 298.0	63.1	68.8	
◆	工程监理费	建筑面积		522 449	9.50	496.3	9.5	10.3	
◆	预结算编审费	建筑面积		73 316.936 52	0.55%	403.2	7.7	8.4	
◆	行政费用	项目人数	15	300 000	5	2 250.0	43.1	46.9	
◆	施工合同外奖金	建筑面积				0.0	0.0		
◆	工程质量监督费	建筑面积		522 449	1	52.2	1.0	1.1	
◆	安全监督费	建筑面积		522 449	1	52.2	1.0	1.1	
◆	工程保险费	建筑面积		73 316.936 52	0.06%	44.0	0.8	0.9	
◆						0.0	0.0		
2	资本化利息				6%	4 000.0	76.6	83.4	按现金流量表测算，借外资的利率为 6%
3	营销设施建造费					4 023.8	77.0	83.9	
◆	广告设施及发布费		3 300	479 668	2.00%	3 665.8	70.2	76.4	增加 500 万元招聘临时销售人员
◆	现场包装费					0.0	0.0		

续表

序号	成本项目	原始指标	系数	工作量	单价/元	合价/万元	建筑面积单方造价	可售面积单方造价	工程量及单价说明
◆	接待厅装修装饰费					0.0	0.0		
◆	样板间费用					0.0	0.0		
◆	销售模型费					0.0	0.0		
◆	空置房及现场营销水电费					358.0	6.9	7.5	销售中心等水电费 216 万元（3 万/月×12 月×6 年）；空置房按 6 月、20%、管理费 1.6 元/m^2，合计 92 万元；一次性物业公司开办费 50 万元
4	物业完善费		1 800	522 449	2%	1 880.8	36.0	39.2	按规定为总投资的 2%，现按开发成本 1 800 元测算(未计地价和间接开发费）。若按总投资（130 303 万元不含税金）计提应增加 650 万元
5	不可预见费					1 516.5	29.0	31.6	
◆	小学交楼标准装修	建筑面积		6 500	200	130.0	2.5	2.7	只考虑涂料、地砖、楼道、栏杆、黑板、插座、开关、灯具等
◆	小学增加开办费	项		1	8 000 000	800.0	15.3	16.7	
◆	地下水管迁移	项				0.0	0.0		原按 600 万元测算，现保留原管不改造
◆	其他			73 317	0.80%	586.5	11.2	12.2	
◆						0.0	0.0		
七	期间费用					3 832.9	73.4	79.9	
1	管理费用		15	300 000	5	2 250.0	43.1	46.9	

续表

序号	成本项目	原始指标	系数	工作量	单价/元	合价/万元	建筑面积单方造价	可售面积单方造价	工程量及单价说明
◆	人工费用		15	150 000	5	1 125.0	21.5	23.5	
◆	行政费用		15	100 000	5	750.0	14.4	15.6	
◆	财产费用		15	50 000	5	375.0	7.2	7.8	
◆	其他					0.0	0.0		
2	销售费用		3 300	479 668	1.00%	1 582.9	30.3	33.0	
◆	媒介广告费		3 300	479 668	1.00%	1 582.9	30.3	33.0	
◆	营销活动费					0.0	0.0		
◆	促销活动费					0.0	0.0		
◆	宣传资料及礼品费					0.0	0.0		
◆	现场销售器具费					0.0	0.0		
◆	销售人工费					0.0	0.0		
◆	看楼交通费					0.0	0.0		
◆	万客会费用					0.0	0.0		
◆	销售代理费及佣金					0.0	0.0		
◆	中介策划及咨询费					0.0	0.0		
◆	总产权登记费					0.0	0.0		
◆	分户产权转移登记费					0.0	0.0		
◆	房屋交易费					0.0	0.0		
◆	……					0.0	0.0		

表 5-13　情景花园主体建安工程费

序号	成本项目	原始指标	系数	工程量	单价/元	合价/万元	可售单方	工程量及单价说明
一	主体建筑工程费					9 315.0	1 063.4	
1	基础工程费					963.6	110.0	
◆	土方工程	基底面积				0.0		
◆	护壁护坡					0.0		
◆	桩基础	建筑面积		87 600	110	963.6	110.0	采用管桩
◆	桩基检测费					0.0		
◆	降水					0.0		
2	结构及粗装修					5 718.5	652.8	
◆	混凝土框架	建筑面积		87 600	640	5 606.4	640.0	
◆	砌体	建筑面积				0.0		
◆	找平及抹灰	建筑面积				0.0		
◆	防水	防水面积				0.0		
◆	其他	建筑面积				0.0		
◆	签证变更					112.1	12.8	按 2%考虑
3	门窗工程					1 032.4	117.9	
◆	单元门	单元数		73	1 800	13.1	1.5	铝合金外平开门 1 300×2 300（2 100）×70
◆	入户门	户数		584	1 100	64.2	7.3	钢质防火防盗门 2 100×1 000
◆	户内门	户数				0.0		
◆	窗、阳台门	建筑面积	0.35	87 600	270	827.8	94.5	
◆	铝合金窗台板	m		12 147.2	80	97.2	11.1	每户 8 个窗，每窗 2.6m 长
◆	签证变更					30.1	3.4	按 3%考虑
4	公共部位装修					1 564.4	178.6	
◆	大堂精装修	单元数				0.0		
◆	电梯厅装修	电梯厅数				0.0		
◆	单元入口装修	面积		1 971	120	23.7	2.7	按黄金麻 75 元/m^2 考虑
◆	楼梯间	建筑面积		87 600	8	70.1	8.0	

续表

序号	成本项目	原始指标	系数	工程量	单价/元	合价/万元	可售单方	工程量及单价说明
◆	外立面装修	建筑面积		87 600	40.8	357.4	40.8	涂料 26 元/m^2，墙砖 35.2 元/m^2
◆	外墙外保温	建筑面积				0.0		
◆	屋面	建筑面积				434.5	49.6	
	屋面钢瓦	面积		19 077.333 33	197	375.8	42.9	按坡屋面、钢瓦考虑，含防水及保温
	平屋面贴地砖	面积		4 380	64	28.0	3.2	每单元按 60m^2 计算（取消）
	雨水檐沟	建筑面积		87 600	3.5	30.7	3.5	单价 126 元/m
◆	栏杆					351.4	40.1	
	楼梯栏杆	长度		3 066	150	46.0	5.3	铁栏杆、木扶手、喷塑
	阳台栏杆	长度		7 008	180	126.1	14.4	铁栏杆、木扶手、热镀锌
	露台栏杆	长度		5 110	180	92.0	10.5	铁栏杆、木扶手、热镀锌
	空调板装饰	面积		3 796	230	87.3	10.0	铝合金穿孔板（按 4 房 2 厅考虑）
◆	私家花园围墙装修					80.3	9.2	
	私家小院院门	底层户数		146	140	2.0	0.2	集团标准
	私家小院围墙	围墙面积		8 351.2	50	41.8	4.8	集团标准
	私家小院地面砖	地面面积		3 796		0.0		按黄金麻 75 元/m^2 考虑（取消）
	其他	底层户数		146	2 500	36.5	4.2	汀步及其他
◆	其他	单元数				186.8	21.3	
	单元门牌	单元数		73	40	0.3	0.03	
	楼栋门牌	楼栋数		12	120	0.1	0.0	1.2mm 厚不锈钢钢板喷塑
	保洁箱	单元数		146	400	5.8	0.7	
	信箱、奶箱	户数		584	125	7.3	0.8	
	单元玻璃雨篷	单元数		735.84	700	51.5	5.9	钢化玻璃雨篷：2 800×2 300（北梯 0 个），2 400×4 200（南梯 14 个）
	木花架	个		146	8 000	116.8	13.3	
	门铃	户数		584	25	1.5	0.2	
	门牌号牌	数量		949	40	3.8	0.4	
◆	签证变更					60.2	6.9	按 4%考虑

续表

序号	成本项目	原始指标	系数	工程量	单价/元	合价/万元	可售单方	工程量及单价说明
5	室内装修					36.0	4.1	
◆	厨房装修					0.0		
◆	卫生间装修					0.0		
◆	厅房装修	长度		8 760	35	30.7	3.5	为窗户护栏
◆	阳台露台地面	面积		17 520		0.0		地砖按 34 元/m^2 考虑；300×300 通体方砖（取消）
◆	入户门槛石	户数		584	80	4.7	0.5	
◆	签证变更					0.7	0.1	按 2%考虑
二	主体安装工程费					1 112.2	127.0	
1	室内水暖气电					956.6	109.2	
◆	室内给排水					324.1	37.0	
	给排水	建筑面积		87 600	37	324.1	37.0	
	直饮水系统					0.0		
	热水系统					0.0		
◆	室内采暖					0.0		
◆	室内燃气	户数		584	3 000	175.2	20.0	
◆	室内电气工程	建筑面积		87 600	45	394.2	45.0	含三箱
◆	变频供水	建筑面积		87 600	3	26.3	3.0	
◆	签证变更					36.8	4.2	按 4%考虑
2	设备及安装费					79.7	9.1	
◆	通风空调系统					0.0		
◆	电梯供货及安装					0.0		
◆	发电机供货及安装	建筑面积		87 600	2.5	21.9	2.5	
◆	消防系统					57.8	6.6	
	水消防系统	建筑面积		87 600	4	35.0	4.0	
	电消防系统	建筑面积		87 600	1	8.8	1.0	

续表

序号	成本项目	原始指标	系数	工程量	单价/元	合价/万元	可售单方	工程量及单价说明
	CO2 气体灭火系统	建筑面积		87 600	2	14.0	1.6	机房分摊
	防排烟工程					0.0		
◆	—	—	—					
◆								
3	弱电系统					75.9	8.7	
◆	居家防盗系统	户数			1 600	0.0		取消
◆	对讲系统	户数		584	1 300	75.9	8.7	可视对讲
◆	三表远传费用	户数			300	0.0		煤气报警及切断（取消）
◆	有线电视	户数			260	0.0		布管费用由我司承担，测算费用已经计入“室内电气”。开户费用 300 元/户
◆	电话	户数			290	0.0		布管费用由我司承担，测算费用已经计入“室内电气”。开户费用“　　”元/户“待确定”
◆	宽带网					0.0		按宽带网络公司出钱修建考虑。布管费用由我司承担，测算费用已经计入“室内电气”

表 5-14　联排住宅主体建安工程费

序号	成本项目	原始指标	系数	工程量	单价/元	合价/万元	可售单方	工程量及单价说明
一	主体建筑工程费					0.0		
1	基础工程费					0.0		
◆	土方工程	基底面积				0.0		
◆	护壁护坡					0.0		
◆	桩基础	建筑面积			120	0.0		采用管桩
◆	桩基检测费					0.0		

续表

序号	成本项目	原始指标	系数	工程量	单价/元	合价/万元	可售单方	工程量及单价说明
◆	降水					0.0		
2	结构及粗装修					0.0		
◆	混凝土框架	建筑面积			660	0.0		
◆	砌体	建筑面积				0.0		
◆	找平及抹灰	建筑面积				0.0		
◆	防水	防水面积				0.0		
◆	其他	建筑面积				0.0		
◆	签证变更					0.0		按 2%考虑
3	门窗工程					0.0		
◆	单元门	单元数				0.0		
◆	入户门	户数			1 100	0.0		钢质防火防盗门 2 100×1 000
◆	户内门	户数				0.0		
◆	窗、阳台门	建筑面积	0.4		270	0.0		
◆	铝合金窗台板	M			80	0.0		每户 10 个窗，每窗 3m 长
◆	签证变更					0.0		按 3%考虑
4	公共部位装修					0.0		
◆	大堂精装修	单元数				0.0		
◆	电梯厅装修	电梯厅数				0.0		
◆	单元入口装修	单元数				0.0		
◆	楼梯间	楼梯间面积				0.0		
◆	外立面装修	建筑面积				0.0		涂料 26 元/m^2，石材 110 元/m^2，墙砖 35.2 元/m^2
◆	外墙外保温	建筑面积				0.0		
◆	屋面	建筑面积				0.0		
	屋面钢瓦	面积			197	0.0		按坡屋面、钢瓦考虑，含防水及保温
	平屋面贴地砖	面积				0.0		取消
	雨水檐沟	建筑面积			4	0.0		单价 126 元/m

续表

序号	成本项目	原始指标	系数	工程量	单价/元	合价/万元	可售单方	工程量及单价说明
◆	栏杆					0.0		
	楼梯栏杆	长度				0.0		
	阳台栏杆	长度			180	0.0		铁栏杆、木扶手、热镀锌
	露台栏杆	长度			180	0.0		铁栏杆、木扶手、热镀锌
	空调板装饰	面积			230	0.0		
◆	私家花园围墙装修	底层户数				0.0		
	私家小院院门	底层户数			140	0.0		集团标准
	私家小院围墙	围墙面积			50	0.0		集团标准
	私家小院地面砖	地面面积				0.0		按黄金麻 75 元/m² 考虑（取消）
	其他	底层户数			2 500	0.0		汀步及其他
◆	其他	单元数				0.0		
	单元门牌	单元数			40	0.0		
	楼栋门牌	楼栋数			120	0.0		1.2mm 厚不锈钢钢板喷塑
	保洁箱	单元数			400	0.0		
	信箱、奶箱	户数			125	0.0		
	单元玻璃雨篷	单元数				0.0		
	木花架	个			8 000	0.0		
	门铃	户数			25	0.0		
	门牌号牌	数量			40	0.0		
◆	签证变更					0.0		按 4%考虑
5	室内装修					0.0		
◆	厨房装修					0.0		
◆	卫生间装修					0.0		
◆	厅房装修	长度			35	0.0		为窗户护栏
◆	阳台露台地面	面积				0.0		地砖按 34 元/m² 考虑；300×300 通体方砖（取消）
◆	入户门槛石	户数			80	0.0		

续表

序号	成本项目	原始指标	系数	工程量	单价/元	合价/万元	可售单方	工程量及单价说明
◆	签证变更					0.0		按 2%考虑
三	主体安装工程费					0.0		
1	室内水暖气电					0.0		
◆	室内给排水					0.0		
	给排水	建筑面积			37	0.0		
	直饮水系统					0.0		
	热水系统					0.0		
◆	室内采暖					0.0		
◆	室内燃气	户数			3 000	0.0		
◆	室内电气工程	建筑面积			45	0.0		含三箱
◆	变频供水	建筑面积			3	0.0		
◆	签证变更					0.0		按 4%考虑
2	设备及安装费					0.0		
◆	通风空调系统					0.0		
◆	电梯供货及安装					0.0		
◆	发电机供货及安装	建筑面积			2.5	0.0		
◆	消防系统					0.0		
	水消防系统	建筑面积			4	0.0		
	电消防系统	建筑面积			1	0.0		
	气体灭火系统	建筑面积			2	0.0		机房分摊
	防排烟工程					0.0		
◆	—	—						
◆								
3	弱电系统					0.0		
◆	居家防盗系统	户数			1 600	0.0		取消

续表

序号	成本项目	原始指标	系数	工程量	单价/元	合价/万元	可售单方	工程量及单价说明
◆	对讲系统	户数			1 300	0.0		可视对讲
◆	三表远传费用	户数			300	0.0		煤气报警及切断
◆	有线电视	户数				0.0		布管费用由我司承担，测算费用已经计入“室内电气”。开户费用 300 元/户
◆	电话	户数				0.0		布管费用由我司承担，测算费用已经计入“室内电气”。开户费用“　　”元/户“待确定”
◆	宽带网					0.0		按宽带网络公司出钱修建考虑。布管费用由我司承担，测算费用已经计入“室内电气”

。

表 5-15　合院住宅主体建安工程费

序号	成本项目	原始指标	系数	工程量	单价/元	合价/万元	可售单方	工程量及单价说明
一	主体建筑工程费					3 985.5	1 506.2	
1	基础工程费					317.5	120.0	
◆	土方工程	基底面积				0.0		
◆	护壁护坡					0.0		
◆	桩基础	建筑面积		26 461	120	317.5	120.0	采用管桩
◆	桩基检测费					0.0		
◆	降水					0.0		
2	结构及粗装修					2 152.1	813.3	
◆	混凝土框架	建筑面积		27 401	770	2 109.9	797.4	
◆	砌体	建筑面积				0.0		
◆	找平及抹灰	建筑面积				0.0		
◆	防水	防水面积				0.0		
◆	其他	建筑面积				0.0		

续表

序号	成本项目	原始指标	系数	工程量	单价/元	合价/万元	可售单方	工程量及单价说明
◆	签证变更					42.2	15.9	
3	门窗工程					306.6	115.9	
◆	单元门	单元数		34	1 800	6.1	2.3	
◆	入户门	户数		209	1 100	23.0	8.7	钢质防火防盗门 2 100×1 000
◆	户内门	户数				0.0		
◆	窗、阳台门	建筑面积	0.35	26 461	290	268.6	101.5	
◆	签证变更					8.9	3.4	按 3%考虑
4	公共部位装修					1 196.4	452.1	
◆	大堂精装修	单元数				0.0		
◆	电梯厅装修	电梯厅数				0.0		
◆	单元入口装修	单元数				0.0		
◆	楼梯间	楼梯间面积				100.7	38.1	
	室外楼梯及台阶	楼梯间面积		5 100	114	58.1	22.0	按仿古铀面砖 50 元/m^2 考虑
	室外楼梯压顶	压顶长度		3 400	63	21.4	8.1	
	楼梯间装修	建筑面积		26 461	8	21.2	8.0	
◆	外立面装修	建筑面积				298.4	112.8	质感涂料 60 元/m^2，墙砖 35.2 元/m^2
	质感涂料	建筑面积	1.3	26 461	60	206.4	78.0	
	外墙面砖	建筑面积	0.15	26 461	70	27.8	10.5	
	室外楼梯外墙涂料	建筑面积	2.5	4 284	60	64.3	24.3	
						0.0		
◆	外墙外保温	建筑面积				0.0		
◆	屋面	建筑面积				309.1	116.8	
	屋面彩陶筒瓦	面积		11 933.282 5	250	298.3	112.7	含防水及保温，含阳台雨篷部分
	平屋面贴地砖	面积		442	64	2.8	1.1	
	雨水檐沟	建筑面积		26 461	3	7.9	3.0	单价 126 元/m

续表

序号	成本项目	原始指标	系数	工程量	单价/元	合价/万元	可售单方	工程量及单价说明
◆	栏杆					321.9	121.7	
	楼梯栏杆	长度		1 700	150	25.5	9.6	
	阳台栏杆	长度		2 508	180	45.1	17.1	
	露台栏杆	长度		5 225	180	94.1	35.5	
	木阳台及栏杆	个		36	35 000	126.0	47.6	含吊顶
	空调板装饰	面积		1 359	230	31.2	11.8	
◆	私家花园围墙装修	底层户数				26.6	10.1	
	私家小院院门	底层户数		34	140	0.5	0.2	集团标准
	私家小院围墙	围墙面积		2 244	50	11.2	4.2	集团标准
	私家小院地面砖	地面面积		1 360		0.0		按黄金麻 75 元/m^2 考虑（取消）
	私家小院围墙压顶	长度		1 020	63	6.4	2.4	
	其他	底层户数		34	2 500	8.5	3.2	汀步及其他
◆	其他	单元数				93.6	35.4	
	单元门牌	单元数		34	40	0.1	0.1	
	楼栋门牌	楼栋数		14	120	0.2	0.1	1.2mm 厚不锈钢钢板喷塑
	保洁箱	单元数		68	400	2.7	1.0	
	信箱、奶箱	户数		209	125	2.6	1.0	
	骑楼天花装饰	面积		750	360	27.0	10.2	木天花
	骑楼地面	面积		750	60	4.5	1.7	300×300 彩釉砖 30 元/m^2
	木花架	个		68	8 000	54.4	20.6	
	门铃	户数		209	25	0.5	0.2	
	门牌号牌	数量		379	40	1.5	0.6	
◆	签证变更					46.0	17.4	按 4%考虑
5	室内装修					12.9	4.9	
◆	厨房装修					0.0		
◆	卫生间装修					0.0		

续表

序号	成本项目	原始指标	系数	工程量	单价/元	合价/万元	可售单方	工程量及单价说明
◆	厅房装修	长度		3 135	35	11.0	4.1	为窗户护栏
◆	阳台露台地面	面积		6 270		0.0		仿古铀面砖（取消）
◆	入户门槛石	户数		209	80	1.7	0.6	
◆	签证变更					0.3	0.1	按 2%考虑
二	主体安装工程费					343.8	129.9	
1	室内水暖气电					299.1	113.0	
◆	室内给排水					97.9	37.0	
	给排水	建筑面积		26 461	37	97.9	37.0	
	直饮水系统					0.0		
	热水系统					0.0		
◆	室内采暖					0.0		
◆	室内燃气	户数		209	3 000	62.7	23.7	
◆	室内电气工程	建筑面积		26 461	45	119.1	45.0	含三箱
◆	变频供水	建筑面积		26 461	3	7.9	3.0	
◆	签证变更					11.5	4.3	按 4%考虑
2	设备及安装费					17.5	6.6	
◆	通风空调系统					0.0		
◆	电梯供货及安装					0.0		
◆	发电机供货及安装					0.0		
◆	消防系统					17.5	6.6	
	水消防系统	建筑面积		26 461	4	10.6	4.0	
	电消防系统	建筑面积		26 461	1	2.6	1.0	烟感、温感、报警、消防广播
	CO^2气体灭火系统	建筑面积		26 461	2	4.2	1.6	机房分摊
	防排烟工程					0.0		
◆	—	—						密闭门、气体过滤装置

续表

序号	成本项目	原始指标	系数	工程量	单价/元	合价/万元	可售单方	工程量及单价说明
3	弱电系统					27.2	10.3	
◆	居家防盗系统	户数			1 600	0.0		取消
◆	对讲系统	户数		209	1 300	27.2	10.3	
◆	三表远传费用	户数			300	0.0		煤气报警及刃断（取消）
◆	有线电视	户数				0.0		布管费用由我司承担，测算费用已经计入“室内电气”。开户费用300元/户
◆	电话	户数				0.0		布管费用由我司承担，测算费用已经计入“室内电气”。开户费用“　　”元/户“待确定”
◆	宽带网					0.0		按宽带网络公司出钱修建考虑。布管费用由我司承担，测算费用已经计入“室内电气”

表5-16　多层住宅主体建安工程费

序号	成本项目	原始指标	系数	工程量	单价/元	合价/万元	可售单方	工程量及单价说明
一	主体建筑工程费					9 600.3	925.4	
1	基础工程费					936.1	90.2	
◆	土方工程	基底面积				0.0		
◆	护壁护坡					0.0		
◆	桩基础	建筑面积		104 012	90	936.1	90.2	采用管桩
◆	桩基检测费					0.0		
◆	降水					0.0		
2	结构及粗装修					6 050.6	583.2	
◆	混凝土框架	建筑面积		103 742	570	5 913.3	570.0	
◆	混凝土框架	建筑面积		270	690	18.6	1.8	阳光房（不计建筑面积）

续表

序号	成本项目	原始指标	系数	工程量	单价/元	合价/万元	可售单方	工程量及单价说明
◆	找平及抹灰	建筑面积				0.0		
◆	防水	防水面积				0.0		
◆	其他	建筑面积				0.0		
◆	签证变更					118.6	11.4	按2%考虑
3	门窗工程					896.0	86.4	
◆	单元门	单元数		98	1 800	17.6	1.7	铝合金外平开门 1 300×2 100×70
◆	入户门	户数		1 176	1 100	129.4	12.5	钢质防火防盗门 2 100×1 000
◆	窗、阳台门	建筑面积	3	270	280	22.7	2.2	阳光房
◆	窗、阳台门	建筑面积	0.25	103 742	270	700.3	67.5	
◆	签证变更					26.1	2.5	按3%考虑
4	公共部位装修					1 657.7	159.8	
◆	大堂精装修	单元数				0.0		
◆	电梯厅装修	电梯厅面积				0.0		
◆	单元入口装修	单元数		980	120	11.8	1.1	按黄金麻 75 元/m^2 考虑
◆	楼梯间	楼梯间面积		103 742	8	83.0	8.0	
◆	外立面装修	建筑面积		103 742	33.8	350.6	33.8	涂料 26 元/m^2
◆	外墙外保温	建筑面积				0.0		
◆	屋面	建筑面积				500.5	48.2	
	屋面钢瓦	面积		22 996.143 33	197	453.0	43.7	按坡屋面、钢瓦考虑，含防水及保温
	平屋面贴地砖	面积		2 548	64	16.3	1.6	取消
	雨水檐沟	建筑面积		104 012	3	31.2	3.0	单价 126 元/m
◆	栏杆					494.9	47.7	
	楼梯栏杆	长度		4 802	150	72.0	6.9	铁栏杆、木扶手、喷塑
	阳台栏杆	长度		11 760	180	211.7	20.4	铁栏杆、木扶手、热镀锌
	露台栏杆	长度		3 920	180	70.6	6.8	铁栏杆、木扶手、热镀锌
	空调板装饰	面积		6 115	230	140.6	13.6	铝合金穿孔板（按4房2厅考虑）

续表

序号	成本项目	原始指标	系数	工程量	单价/元	合价/万元	可售单方	工程量及单价说明
◆	私家花园围墙装修					105.6	10.2	
	私家小院院门	底层户数		196	140	2.7	0.3	集团标准
	私家小院围墙	围墙面积		10 780	50	53.9	5.2	集团标准
	私家小院地面砖	地面面积		4 704		0.0		300×300 彩釉砖 30 元/m^2（取消）
	其他	底层户数		196	2 500	49.0	4.7	
◆	其他	单元数				47.4	4.6	
	单元门牌	单元数		98	40	0.4	0.0	
	楼栋门牌	楼栋数		4	120	0.0	0.0	1.2mm 厚不锈钢钢板喷塑
	保洁箱	单元数		196	400	7.8	0.8	
	信箱、奶箱	户数		1 176	125	14.7	1.4	
	单元玻璃雨篷	单元数		98	1 512	14.8	1.4	5+5 夹胶玻璃雨篷：1 200×1 800
	门铃	户数		1 176	25	2.9	0.3	
	门牌号牌	数量		1 764	40	7.1	0.7	
◆	签证变更					63.8	6.1	按 4%考虑
5	室内装修					60.0	5.8	
◆	厨房装修					0.0		
◆	卫生间装修					0.0		
◆	厅房装修	长度		14 112	35	49.4	4.8	为窗户护栏
◆	阳台露台地面	面积		18 816		0.0		300×300 彩釉砖 30 元/m^2（取消）
◆	入户门槛石	户数		1 176	80	9.4	0.9	
◆	签证变更					1.2	0.1	按 2%考虑
二	主体安装工程费					1 457.4	140.5	含阳光房
1	室内水暖气电					1 205.7	116.2	
◆	室内给排水					384.8	37.1	
	给排水	建筑面积		104 012	37	384.8	37.1	
	直饮水系统					0.0		

续表

序号	成本项目	原始指标	系数	工程量	单价/元	合价/万元	可售单方	工程量及单价说明
	热水系统					0.0		
◆	室内采暖					0.0		
◆	室内燃气	户数		1 176	3 000	352.8	34.0	
◆	室内电气工程	建筑面积		104 012	45	468.1	45.1	含三箱
◆	变频供水	建筑面积		104 012	3	31.2	3.6	
◆	签证变更					49.5	4.8	按4%考虑
2	设备及安装费					98.8	9.5	
◆	通风空调系统					0.0		
◆	电梯供货及安装					0.0		
◆	发电机供货及安装	建筑面积		104 012	2.5	26.0	2.5	
◆	消防系统					72.8	7.0	
	水消防系统	建筑面积		104 012	4	41.6	4.0	
	电消防系统	建筑面积		104 012	1	10.4	1.0	
	气体灭火系统	建筑面积		104 012	2	20.8	2.0	机房分摊
	防排烟工程	建筑面积				0.0		
◆	—	—						
◆								
3	弱电系统					152.9	14.7	
◆	居家防盗系统	户数			1 400	0.0		取消
◆	对讲系统	户数		1 176	1 300	152.9	14.7	可视对讲
◆	三表远传费用	户数			300	0.0		煤气报警及切断
◆	有线电视	户数				0.0		布管费用由我司承担，测算费用已经计入“室内电气”。开户费用300元/户

续表

序号	成本项目	原始指标	系数	工程量	单价/元	合价/万元	可售单方	工程量及单价说明
◆	电话	户数				0.0		布管费用由我司承担，测算费用已经计入“室内电气”。开户费用“　　”元/户“待确定”
◆	宽带网	户数				0.0		按宽带网络公司出钱修建考虑。布管费用由我司承担，测算费用已经计入“室内电气”

表 5-17　小高层主体建安工程费

序号	成本项目	原始指标	系数	工程量	单价/元	合价/万元	可售单方	工程量及单价说明
一	主体建筑工程费					20 524.7	905.1	
1	基础工程费					2 040.8	90.0	
◆	土方工程	基底面积				0.0		
◆	护壁护坡					0.0		
◆	桩基础	建筑面积		226 755	90	2 040.8	90.0	采用管桩
◆	桩基检测费					0.0		
◆	降水					0.0		
2	结构及粗装修					13 414.8	591.6	
◆	混凝土框架	建筑面积		226 755	580	13 151.8	580.0	
◆	砌体	建筑面积				0.0		
◆	找平及抹灰	建筑面积				0.0		
◆	防水	防水面积				0.0		
◆	其他	建筑面积				0.0		
◆	签证变更					263.0	11.6	按 2%考虑
3	门窗工程					1 850.5	81.6	
◆	单元门	单元数		103	1 800	18.5	0.8	铝合金外平开门 1 300×2 100×70
◆	入户门	户数		2 250	1 100	247.5	10.9	钢质防火防盗门 2 100×1 000
◆	户内门	户数				0.0		

续表

序号	成本项目	原始指标	系数	工程量	单价/元	合价/万元	可售单方	工程量及单价说明
◆	窗、阳台门	建筑面积	0.25	226 755	270	1 530.6	67.5	
◆	签证变更					53.9	2.4	按 3%考虑
4	公共部位装修					3 103.8	136.9	
◆	大堂精装修	单元数				0.0		
◆	电梯厅装修	电梯厅面积				0.0		天花 80 元/m^2，地砖 65 元/m^2，墙面乳胶漆
◆	单元入口装修	单元数		1 030	120	12.4	0.5	按黄金麻 75 元/m^2 考虑
◆	楼梯间	楼梯间面积		226 755	8	181.4	8.0	
◆	外立面装修	建筑面积		226 755	38.2	866.2	38.2	涂料 26 元/m^2，墙砖 35.2 元/m^2
◆	外墙外保温	建筑面积				0.0		
◆	屋面	建筑面积				734.0	32.4	
	屋面钢瓦	面积		33 509.35	197	660.1	29.1	按坡屋面、钢瓦考虑，含防水及保温
	平屋面贴地砖	面积		2 678	64	17.1	0.8	取消
	雨水檐沟	建筑面积		226 755	2.5	56.7	2.5	单价 126 元/m
◆	栏杆					856.4	37.8	
	楼梯栏杆	楼梯间数量		7 210	150	108.2	4.8	
	阳台栏杆	户数		22 500	180	405.0	17.9	
	露台栏杆	底层户数		4 120	180	74.2	3.3	
	空调板装饰	面积		11 700	230	269.1	11.9	
◆	私家花园围墙装修					111.0	4.9	
	私家小院院门	底层户数		206	140	2.9	0.1	集团标准
	私家小院围墙	围墙面积		11 330	50	56.7	2.5	集团标准
	私家小院地面砖	地面面积		4 944		0.0		300×300 彩釉砖 30 元/m^2（取消）
	其他	底层户数		206	2 500	51.5	2.3	
◆	其他	单元数				71.0	3.1	
	单元门牌	单元数		103	40	0.4	0.0	
	楼栋门牌	楼栋数		29	120	0.3	0.0	1.2mm 厚不锈钢钢板喷塑

续表

序号	成本项目	原始指标	系数	工程量	单价/元	合价/万元	可售单方	工程量及单价说明
	保洁箱	单元数		206	400	8.2	0.4	
	信箱、奶箱	户数		2 250	125	28.1	1.2	
	单元玻璃雨篷	单元数		103	1 512	15.6	0.7	5+5 夹胶玻璃雨篷：1 200×1 800
	门铃	户数		2 250	25	5.6	0.2	
	门牌号牌	数量		3 280	40	13.1	0.6	
◆	签证变更					113.3	5.0	按 4%考虑
5	室内装修					114.8	5.1	
◆	厨房装修					0.0		
◆	卫生间装修					0.0		
◆	厅房装修	长度		27 000	35	94.5	4.2	为窗护栏
◆	阳台露台地面	面积		44 160		0.0		300×300 彩釉砖 30 元/m^2（取消）
◆	入户门槛石	户数		2 250	80	18.0	0.8	
◆	签证变更					2.3	0.1	按 2%考虑
二	主体安装工程费					5 964.0	263.0	
1	室内水暖气电					2 824.4	124.6	
◆	室内给排水					952.4	42.0	
	给排水	建筑面积		226 755	42	952.4	42.0	
	直饮水系统					0.0		
	热水系统					0.0		
◆	室内采暖					0.0		
◆	室内燃气			2 250	3 000	675.0	29.8	
◆	室内电气工程	建筑面积		226 755	45	1 020.4	45.0	含三箱
◆	变频供水	建筑面积		226 755	3	68.0	7.8	
◆	签证变更					108.6	4.8	按 4%考虑
2	设备及安装费					2 847.1	125.6	
◆	通风空调系统					0.0		

续表

序号	成本项目	原始指标	系数	工程量	单价/元	合价/万元	可售单方	工程量及单价说明
◆	电梯供货及安装	台		103	250 000	2 575.0	113.6	
◆	发电机供货及安装	建筑面积		226 755	5	113.4	5.0	
◆	消防系统					158.7	7.0	
	水消防系统	建筑面积		226 755	4	90.7	4.0	
	电消防系统	建筑面积		226 755	1	22.7	1.0	
	气体灭火系统	建筑面积		226 755	2	45.4	2.0	机房分摊
	防排烟工程	建筑面积				0.0		
◆								
◆								
3	弱电系统					292.5	12.9	
◆	居家防盗系统	户数			1 400	0.0		取消
◆	对讲系统	户数		2 250	1 300	292.5	12.9	可视对讲
◆	三表远传费用	户数			300	0.0		煤气报警及切断（取消）
◆	有线电视	户数				0.0		布管费用由我司承担，测算费用已经计入“室内电气”。开户费用 300 元/户
◆	电话	户数				0.0		布管费用由我司承担，测算费用已经计入“室内电气”。开户费用“　　”元/户“待确定”
◆	宽带网	户数				0.0		按宽带网络公司出钱修建考虑。布管费用由我司承担，测算费用已经计入“室内电气”

表 5-18　情景小高层主体建安工程费

序号	成本项目	原始指标	系数	工程量	单价/元	合价/万元	可售单方	工程量及单价说明
一	主体建筑工程费					0.0		
1	基础工程费					0.0		
◆	土方工程	基底面积				0.0		

续表

序号	成本项目	原始指标	系数	工程量	单价/元	合价/万元	可售单方	工程量及单价说明
◆	护壁护坡					0.0		
◆	桩基础	建筑面积			90	0.0		采用管桩
◆	桩基检测费					0.0		
◆	降水					0.0		
2	结构及粗装修					0.0		
◆	混凝土框架	建筑面积				0.0		
	小高层	建筑面积			580	0.0		
	联排	建筑面积			660	0.0		
◆	砌体	建筑面积				0.0		
◆	找平及抹灰	建筑面积				0.0		
◆	防水	防水面积				0.0		
◆	其他	建筑面积				0.0		
◆	签证变更					0.0		按 2%考虑
3	门窗工程					0.0		
◆	单元门	单元数			1 800	0.0		联排无单元门；铝合金外平开门 1 300×2 100×70
◆	入户门	户数				0.0		
	小高层	户数			1 100	0.0		钢质防火防盗门 2 100×1 000
	联排	户数			1 100	0.0		钢质防火防盗门 2 100×1 000
◆	户内门	户数				0.0		
◆	窗、阳台门					0.0		
	小高层	面积	0.25		270	0.0		
	联排	面积	0.4		270	0.0		
◆	铝合金窗台板	面积				0.0		
	联排	M			80	0.0		

续表

序号	成本项目	原始指标	系数	工程量	单价/元	合价/万元	可售单方	工程量及单价说明
◆	签证变更					0.0		按 3%考虑
4	公共部位装修					0.0		
◆	大堂精装修	单元数				0.0		
◆	电梯厅装修	电梯厅面积				0.0		
◆	单元入口装修	单元数			120	0.0		按黄金麻 75 元/m^2 考虑
◆	楼梯间	楼梯间面积			8	0.0		
◆	外立面装修	建筑面积				0.0		
	小高层	建筑面积				0.0		涂料 26 元/m^2，墙砖 35.2 元/m^2
	联排	建筑面积				0.0		涂料 26 元/m^2，石材 110 元/m^2，墙砖 35.2 元/m^2
◆	外墙外保温	建筑面积				0.0		
◆	屋面	建筑面积				0.0		
	屋面钢瓦（小高层）	面积			197	0.0		按坡屋面、钢瓦考虑，含防水及保温
	屋面钢瓦（联排）	面积			197	0.0		按坡屋面、钢瓦考虑，含防水及保温
	平屋面贴地砖（小高层）	面积			64	0.0		取消
	平屋面贴地砖（联排）	面积			64	0.0		取消
	雨水檐沟（小高层）	建筑面积			2.5	0.0		单价 126 元/m
	雨水檐沟（联排）	建筑面积			5	0.0		单价 126 元/m
◆	栏杆					0.0		
	楼梯栏杆（小高层）	楼梯间数量			150	0.0		
	阳台栏杆（小高层）	户数			180	0.0		
	阳台栏杆（联排）	户数			180	0.0		
	露台栏杆（小高层）	底层户数			180	0.0		
	露台栏杆（联排）	底层户数			180	0.0		
	空调板装饰（小高层）	面积			230	0.0		

续表

序号	成本项目	原始指标	系数	工程量	单价/元	合价/万元	可售单方	工程量及单价说明
	空调板装饰（联排）	面积			230	0.0		
◆	私家花园围墙装修					0.0		
	私家小院院门	底层户数			140	0.0		集团标准
	私家小院围墙	围墙面积			50	0.0		集团标准
	私家小院地面砖	地面面积				0.0		300×300 彩釉砖 30 元/m²（取消）
	其他	底层户数			2 500	0.0		
◆	其他	单元数				0.0		
	单元门牌	单元数			40	0.0		
	楼栋门牌	楼栋数			120	0.0		1.2mm 厚不锈钢钢板喷塑
	保洁箱	单元数			400	0.0		
	信箱、奶箱	户数			125	0.0		
	单元玻璃雨篷	单元数			1 512	0.0		5+5 夹胶玻璃雨篷：1 200×1 800
	门铃	户数			25	0.0		
	门牌号牌	数量			40	0.0		
◆	签证变更					0.0		按 4%考虑
5	室内装修					0.0		
◆	厨房装修					0.0		
◆	卫生间装修					0.0		
◆	厅房装修	长度			35	0.0		为窗护栏
◆	阳台露台地面（小高层）	面积				0.0		300×300 彩釉砖 30 元/m²（取消）
◆	阳台露台地面（联排）	面积				0.0		地砖按 34 元/m² 考虑；300×300 通体方砖（取消）
◆	入户门槛石	户数			80	0.0		
◆	签证变更					0.0		按 2%考虑
二	主体安装工程费					0.0		

续表

序号	成本项目	原始指标	系数	工程量	单价/元	合价/万元	可售单方	工程量及单价说明
1	室内水暖气电					0.0		
◆	室内给排水					0.0		
	给排水	建筑面积			42	0.0		
	直饮水系统					0.0		
	热水系统					0.0		
◆	室内采暖					0.0		
◆	室内燃气	户数			3 000	0.0		
◆	室内电气工程	建筑面积			45	0.0		含三箱
◆	变频供水	建筑面积			3	0.0		
◆	签证变更					0.0		按 4%考虑
2	设备及安装费					0.0		
◆	通风空调系统					0.0		
◆	电梯供货及安装	台			250 000	0.0		
◆	发电机供货及安装	建筑面积			5	0.0		
◆	消防系统					0.0		
	水消防系统	建筑面积			4	0.0		
	电消防系统	建筑面积			1	0.0		烟感、温感、报警、消防广播
	气体灭火系统	建筑面积			2	0.0		机房分摊
	防排烟工程	建筑面积				0.0		
◆	—	—	—	—	—		—	密闭门、气体过滤装置
◆								
3	弱电系统					0.0		
◆	居家防盗系统（联排）	户数			1 600	0.0		取消
◆	对讲系统（小高层）	户数			1 300	0.0		可视对讲
◆	对讲系统（联排）	户数			1 300	0.0		可视对讲
◆	三表远传费用	户数			300	0.0		煤气报警及切断（取消）

续表

序号	成本项目	原始指标	系数	工程量	单价/元	合价/万元	可售单方	工程量及单价说明
◆	有线电视	户数				0.0		布管费用白我司承担，测算费用已经计入“室内电气”。开户费用 300 元/户
◆	电话	户数				0.0		布管费用由我司承担，测算费用已经计入“室内电气”。开户费用“　　”元/户“待确定”
◆	宽带网	户数				0.0		按宽带网络公司出钱修建考虑。布管费用由我司承担，测算费用已经计入“室内电气”

表 5-19 高层住宅主体建安工程费

序号	成本项目	原始指标	系数	工程量	单价/元	合价/万元	可售单方	工程量及单价说明
一	主体建筑工程费					3 189.5	1 077.2	
1	基础工程费					251.7	85.0	
◆	土方工程	基底面积				0.0		长 100m、宽 65m
◆	护壁护坡	面积				0.0		
◆	桩基础	建筑面积		29 610	85	251.7	85.0	
◆	桩基检测费					0.0		
◆	降水					0.0		
2	结构及粗装修					2 265.2	765.0	
◆	混凝土框架	建筑面积		29 610	750	2 220.8	750.0	
◆	砌体	建筑面积				0.0		
◆	找平及抹灰	建筑面积				0.0		
◆	防水	防水面积				0.0		
◆	其他	建筑面积				0.0		
◆	签证变更					44.4	15.0	
3	门窗工程					238.4	80.5	按 2%考虑

续表

序号	成本项目	原始指标	系数	工程量	单价/元	合价/万元	可售单方	工程量及单价说明
◆	单元门	单元数		3	1 800	0.5	0.2	铝合金外平开门 1 300×2 100×70
◆	入户门	户数		282	1 100	31.0	10.5	钢质防火防盗门 2 100×1 000
◆	户内门	户数				0.0		
◆	窗、阳台门	建筑面积	0.25	29 610	270	199.9	67.5	
◆	签证变更					6.9	2.3	按 3%考虑
4	公共部位装修					419.9	141.8	
◆	大堂精装修	单元数		3	100 000	30.0	10.1	10 万元/个
◆	电梯厅装修	电梯厅面积		2 040	175	35.7	12.1	天花 80 元/m^2，地砖 65 元/m^2，墙面乳胶漆
◆	单元入口装修	单元数		42	120	0.5	0.2	按黄金麻 75 元/m^2 考虑
◆	楼梯间	楼梯间面积		29 610	8	23.7	8.0	
◆	外立面装修	建筑面积		29 610	38.2	113.1	38.2	涂料 26 元/m^2，墙砖 35.2 元/m^2
◆	外墙外保温	建筑面积				0.0		
◆	屋面	建筑面积				56.9	19.2	
	屋面钢瓦	面积		2 461.331 25	197	48.5	16.4	按坡屋面、钢瓦考虑，含防水及保温
	平屋面贴地砖	面积		156	64	1.0	0.3	取消
	雨水檐沟	建筑面积		29 610	2.5	7.4	2.5	单价 126 元/m
◆	栏杆					103.1	34.8	
	楼梯栏杆	长度		378	150	5.7	1.9	
	阳台栏杆	长度		2 820	180	50.8	17.1	
	露台栏杆	长度		720	180	13.0	4.4	
	空调板装饰	面积		1 466	230	33.7	11.4	
◆	私家花园围墙装修					9.7	3.3	
	私家小院院门	底层户数		18	140	0.3	0.1	集团标准（一梯 6 户）
	私家小院围墙	围墙面积		990	50	5.0	1.7	集团标准
	私家小院地面砖	地面面积		432		0.0		300×300 彩釉砖 30 元/m^2（取消）
	其他	底层户数		18	2 500	4.5	1.5	

续表

序号	成本项目	原始指标	系数	工程量	单价/元	合价/万元	可售单方	工程量及单价说明
◆	其他	单元数				6.3	2.1	
	单元门牌	单元数		3	40	0.0	0.0	
	楼栋门牌	楼栋数		3	120	0.0	0.0	1.2mm 厚不锈钢钢板喷塑
	保洁箱	单元数		6	400	0.2	0.1	
	信箱、奶箱	户数		282	125	3.5	1.2	
	单元玻璃雨篷	单元数		3	1 512	0.5	0.2	5+5 夹胶玻璃雨篷：1 200×1 800
	门铃	户数		282	25	0.7	0.2	
	门牌号牌	数量		333	40	1.3	0.4	
◆	签证变更					15.2	5.1	按 4%考虑
5	室内装修					14.4	4.9	
◆	厨房装修					0.0		
◆	卫生间装修					0.0		
◆	厅房装修	长度		3 384	35	11.8	4.0	为窗护栏
◆	阳台露台地面	面积		4 512		0.0		300×300 彩釉砖 30 元/m^2（取消）
◆	入户门槛石	户数		282	80	2.3	0.1	
◆	签证变更					0.3	0.1	按 2%考虑
二	主体安装工程费					771.3	260.5	
1	室内水暖气电					365.1	123.3	
◆	室内给排水					124.4	42.0	
	给排水	建筑面积		29 610	42	124.4	42.0	
	直饮水系统					0.0		
	热水系统					0.0		
◆	室内采暖					0.0		
◆	室内燃气	户数		282	3 000	84.6	28.6	
◆	室内电气工程	建筑面积		29 610	45	133.2	45.0	含三箱
◆	变频供水	建筑面积		29 610	3	8.9	1.0	

续表

序号	成本项目	原始指标	系数	工程量	单价/元	合价/万元	可售单方	工程量及单价说明
◆	签证变更					14.0	4.7	按 4%考虑
2	设备及安装费					369.5	124.8	
◆	通风空调系统			29 610	12	35.5	12.0	
◆	电梯供货及安装	台		6	300 000	180.0	60.8	
◆	发电机供货及安装	建筑面积		29 610	5	14.8	5.0	
◆	消防系统					139.2	47.0	
	水消防系统	建筑面积		29 610	25	74.0	25.0	
	电消防系统	建筑面积		29 610	20	59.2	20.0	
	气体灭火系统	建筑面积		29 610	2	5.9	2.0	机房分摊
	防排烟工程	建筑面积				0.0		
◆	—	—	—	—	—			
◆								
3	弱电系统					36.7	12.4	
◆	居家防盗系统	户数			1 400	0.0		取消
◆	对讲系统	户数		282	1 300	36.7	12.4	可视对讲
◆	三表远传费用	户数			300	0.0		煤气报警及切断（取消）
◆	有线电视	户数				0.0		布管费用由我司承担，测算费用已经计入“室内电气”。开户费用 300 元/户
◆	电话	户数				0.0		布管费用由我司承担，测算费用已经计入“室内电气”。开户费用“　　”元/户“待确定”
◆	宽带网	户数				0.0		按宽带网络公司出钱修建考虑。布管费用由我司承担，测算费用已经计入“室内电气”

综合练习

一、基本概念

房地产开发建设投资；经营资金；成本费用；开发产品成本；经营成本；基础设施建设费；单元估算法；单位指标估算法；工程量近似匡算法；概算指标估算法；融资；融资方案；融资成本；权益资金成本；债务资金成本；财务杠杆效应；自营收入

二、思考题

1．房地产开发项目总投资包括什么？
2．房地产开发建设投资包括什么？
3．房地产投资分析一般分为哪几个阶段？
4．房地产投资估算的方法有哪些？
5．建筑安装工程费估算的方法有哪些？
6．房地产投资项目的资金来源渠道有哪些？
7．融资方案编制的原则有哪些？
8．融资成本包括哪几个部分？
9．房地产投资项目的经营收入包括哪些？
10．房地产租售价格确定的方法主要有哪几种？
11．房地产投资中涉及的主要税金有哪些？

推荐阅读

1．杨秋林．投资项目财务分析实务[M]．北京：中国农业出版社，2000．
2．郑立群．工程项目投资与融资[M]．上海：复旦大学出版社，2007．
3．陈琳，潘蜀健．房地产开发项目投资风险度量研究[J]．广州大学学报（自然科学版），2003，2（4）．

第6章 财 务 分 析

学习目标

通过对本章的学习，学生应掌握如下内容:

1. 财务分析的内容与步骤;
2. 熟练解读并使用基本财务报表;
3. 熟练运用财务分析指标。

导言

财务分析作为对企业财务状况、经营成果及现金流量的综合考察和评价，是进行房地产投资分析的核心，在获取基础数据后，就可以运用专门的技术和方法进行财务分析，为投资者做出正确决策提供准确的信息和依据。本章分别从财务分析基础知识讲解、财务基本报表介绍和财务分析技术操作三个方面阐述财务分析知识。

6.1 财务分析概述

6.1.1 财务分析的含义

财务分析又称财务评价，是房地产投资分析的核心内容。房地产投资财务分析是指投资分析人员在房地产市场调查与预测，项目策划，投资、成本与费用估算，收入估算与融资分析等基本资料和数据的基础上，在现行会计准则、会计制度、税收法规和价格体系下，通过编制基本财务报表，计算财务评价指标，对房地产项目的盈利能力、清偿能力和资金平衡情况所进行的分析，据此评价和判断投资项目在财务上的可行性，以便投资主体做出正确的投资决策。

财务分析主要包括以下三个方面的内容。

1. 收益分析

通过计算分析项目收益和成本费用的有关数据，得出项目投资的合理经济效益区间。

2. 风险分析

通过分析项目的资产负债及现金流状况，判断项目的财务风险和经营风险。

3. 资金流动性分析

通过分析项目的资金规模和资金结构状况，判断项目资金充裕度、资金结构合理性。

6.1.2　财务分析的作用

房地产投资财务分析是房地产投资分析的重要组成部分，它是一种判断的过程，通过研究、分析、评估对企业未来的状况及经营业绩进行最佳预测。不论是投资者还是企业，评价投资项目优劣总是把微观的财务净效益放在很重要的位置加以考虑。在项目的财务分析中，确定项目建设所需资金的数额和来源；预测项目竣工后的成本、收入和获利能力；估算项目贷款的偿还能力等，都是衡量项目财务净效益的重要方面，也是投资决策的重要依据。具体来说，财务分析的作用主要表现在以下几个方面。

1. 衡量项目的盈利能力

盈利能力是反映房地产投资项目财务效益的重要标志。在财务分析中，应当考察拟投资项目的盈利能力是否达到行业平均水平或投资者期望的最低盈利水平，或者是否能满足项目可行的基本要求条件。盈利能力主要是通过计算项目财务内部收益率、财务净现值、投资利润率及资本金利润率等指标来衡量的。

2. 衡量项目的清偿能力

拟投资项目的清偿能力包括两个层次：一是项目的财务清偿能力，即项目按期收回全部投资的能力；二是项目的债务清偿能力，如果项目有贷款，就应考察项目资金偿还期限是否符合有关规定，项目是否具备所要求的偿还借贷的能力。清偿能力主要通过计算投资回收期、借款偿还期以及资产负债率和偿债保障比率等指标来衡量。

3. 衡量项目的资金平衡能力

资金平衡主要是指投资项目的各期累计盈余资金不应出现负值（即资金缺口），它是投资开发经营的必要条件。这种衡量是通过资金来源与运用表完成的，具体做法是把各项来源资金与占用资金进行对照，弄清资金占用是否合理、资金来源是否可靠，并将后期资金平衡与前期进行比较。

4. 提供项目管理的依据

通过分析投资估算的准确程度、资金筹措方式和贷款偿还能力，可以预测项目投资是否会超支以及按期偿还贷款的可靠性，为项目管理中控制投资规模、实行投资包干和招标承包等提供依据，从而帮助经营管理者在项目投资期内合理安排资源使用。

5. 提供项目融资必备要件

房地产投资属于资金密集型投资项目，往往要通过融资实现项目资金的募集。融资方式主要包括权益融资和债务融资。引导投资行为的重要因素是项目较高的获利能力；引导债权人贷款行为的重要因素是企业良好的财务状况、足够的偿债能力以及良好的信誉。通过项目的各项数据、比率和分析指标，投资者可以清楚地掌握项目未来的财务状况，判断项目的偿还能力，以此决定是否应给予资金支持。所以，房地产投资的财务分析是办理项目融资的必备要件。

6.1.3 财务分析的步骤

房地产项目财务分析已经形成一种规范化的体系，其主要程序为：通过投资财务数据的估算编制相应的基本报表；根据基本报表中的财务数据，计算财务评价指标；依据一定的评价标准将财务评价指标与基本参数进行比较，决定项目是否可行，或进行项目择优。其基本程序如图6-1所示。

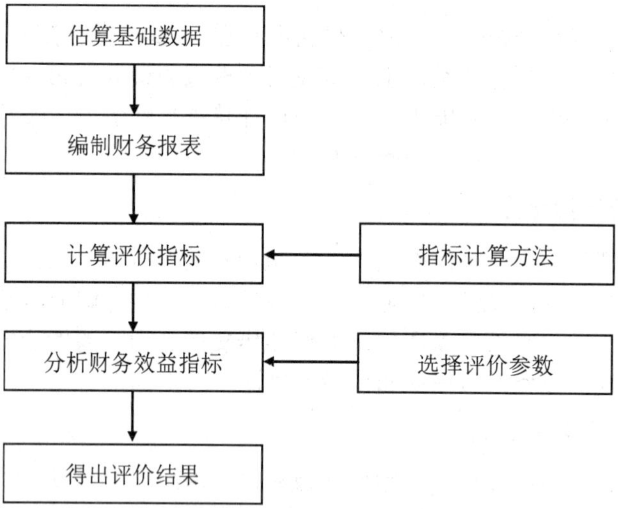

图6-1 房地产项目财务分析程序图

1. 编制财务报表

房地产项目财务分析涉及的基础数据很多，这些数据主要来自房地产投资分析报告的基础数据估算环节。具体包括项目总投资、资金筹措、成本费用、销售收入、税金和利润，以及其他与项目有关的财务数据。因此，在进行房地产项目的盈利能力和清偿能力评价之前，需要对项目的基本财务数据进行确定、鉴定和评估，保证各种数据及辅助报表的准确性，以及各类财务数据之间的协调性与一致性。最后，根据分析确定的估算数据编制财务报表。

2. 分析财务基本报表

财务基本报表是反映项目盈利能力、清偿能力技术经济指标的基础，所以在编制好完整的财务报表之后，需要对其进行详细的分析和评估。主要对象包括现金流量表、损益表、资金来源与运用表、资产负债表等。一是要审查基本报表的格式是否符合规范要求；二是要审核所填列的数据是否正确。如果格式不符合要求或者数据不准确，则要重新编制表格，填列分析人员所估算的财务数据。

3. 分析财务效益指标

财务效益指标包括反映项目盈利能力的指标和反映项目清偿能力的指标。反映项目财务盈利能力的指标包括静态指标（投资利润率、投资利税率、资本金利润率等）和动态指标（财务内部收益率、财务净现值等）；反映项目清偿能力的指标包括投资回收期、借款偿还期、资产负债率、流动比率和速动比率等。对财务效益进行分析和评估，一是要审核计算方法是否正确；二是要审核计算结果是否准确。若计算方法不正确或计算结果有误差，则需重新计算。

4. 提出财务分析结论

将计算出来的有关指标运用前述分析方法进行分析，并从财务角度提出项目可行与否的结论。它将财务分析的基本问题、财务分析结论，以及针对问题提出的措施建议以书面的形式表示出来，为财务分析主体及财务分析报告的其他受益者提供决策依据。

6.2　财务基本报表

投资项目所需要的财务分析基本报表主要有现金流量表、资金来源与运用表、利润表和资产负债表。

6.2.1　现金流量表

现金流量表是财务分析中所使用的基本报表之一。现金流量表通过反映房地产项目开发经营期内各年的现金流入和现金流出情况，计算财务内部收益率、财务净现值等反映项目财务盈利能力的评价指标。使用现金流量表，可以概括地反映经营活动、投资活动和筹资活动对企业现金流入流出的影响，对于评价项目的实现利润、财务状况及财务管理，能够比传统的损益表提供更好的基础。

1. 现金流量表的含义

现金流量表是指反映项目在计算期内各年的现金流入、现金流出和净现金流量的计算表格。

现金流量表中的现金流量是现金流入与现金流出的统称，它以项目作为一个独立系统，反映项目在计算期内实际发生的流入和流出系统的现金活动及其流动数量。项目在某一时间内支出的费用称为现金流出（用负值表示）、取得的收入称为现金流入（用正值表示），二者之差额即为净现金流量。这里的流入和流出不包括非现金收支（如折旧费、应收款及应付款等）。

2. 现金流量表的分类

按照投资计算基础的不同，现金流量表一般分为以下几种。

（1）全部投资现金流量表

全部投资现金流量表是不分投资资金来源，以全部投资作为计算基础（即假定全部投资均为自有资金），用以计算全部投资所得税前及所得税后的财务内部收益率、财务净现值及投资回收期等评价指标的计算表格。其目的是考察项目全部投资的盈利能力，为各个方案（不论其资金来源及利息多少）进行比较建立共同基础。其表格形式如表6-1所示。

表6-1 全部投资现金流量

万元

序号	项目	合计	1	2	3	…	n
1	现金流入						
1.1	销售收入						
1.2	出租收入						
1.3	自营收入						
1.4	净转售收入						
1.5	其他收入						
1.6	回收固定资产余值						
1.7	回收经营资金						
2	现金流出						
2.1	开发建设投资						
2.2	经营资金						
2.3	运营费用						
2.4	修理费用						
2.5	经营税金及附加						
2.6	土地增值税						
2.7	所得税						
3	净现金流量						
4	累计净现金流量						

计算指标：1．财务内部收益率（%）
2．财务净现值（i_c=%）
3．投资回收期（年）
4．基准收益率（%）

（2）资本金现金流量表

资本金是项目投资者自己拥有的资金。该表从投资者整体的角度出发，以投资者的出资额作为计算基础，把借款本金偿还和利息支付作为现金流出，用以计算资本金财务内部收益率、财务净现值等评价指标，考察项目资本金的盈利能力。其表格形式如表 6-2 所示。

表 6-2　资本金现金流量表

万元

序　号	项　目	合　计	1	2	3	…	*n*
1	现金流入						
1.1	销售收入						
1.2	出租收入						
1.3	自营收入						
1.4	净转售收入						
1.5	其他收入						
1.6	回收固定资产余值						
1.7	回收经营资金						
2	现金流出						
2.1	资本金						
2.2	经营资金						
2.3	运营费用						
2.4	修理费用						
2.5	经营税金及附加						
2.6	土地增值税						
2.7	所得税						
2.8	借款本金偿还						
2.9	借款利息支付						
3	净现金流量						
4	累计净现金流量						

计算指标：1．资本金财务内部收益率（%）
　　　　　2．财务净现值（i_c =%）

（3）投资者各方现金流量表

该表以投资者各方的出资额作为计算基础，用以计算投资者各方财务内部收益率、财务净现值等评价指标，反映投资者各方投入资本的盈利能力。当一个房地产项目有几个投资者进行投资时，就应编制投资者各方现金流量表。其表格形式如表 6-3 所示。

表6-3　投资者各方现金流量表

万元

序　号	项　目	合　计	1	2	3	…	*n*
1	现金流入						
1.1	应得利润						
1.2	资产清理分配						
（1）	回收固定资产余值						
（2）	回收经营资金						
（3）	净转售收入						
（4）	其他收入						
2	现金流出						
2.1	开发建设投资出资额						
2.2	经营资金出资额						
3	净现金流量						
4	累计净现金流量						

3. 全部投资现金流量表与资本金现金流量表的比较

全部投资现金流量表与资本金现金流量表在流入项目中内容相同，但在流出项目中有以下不同。

（1）由于全部投资现金流量假定拟投资项目所需的全部投资（包括建设投资和经营资金）均为投资者的自有资金，因此全部投资中不含建设期利息，同时也不考虑全部投资的本金和利息的偿还问题；而在资本金现金流量表中，由于假定了全部投资中除资本金以外的投资都是通过债务资金来解决的，所以现金流出项目增加了“借款本金偿还”和“借款利息支付”。

需要说明的是，从项目投资主体的角度看，在资本金现金流量表中，房地产开发项目的银行借款是现金流入，但又同时将借款用于项目投资，则构成了同一时点、相同数额的现金流出，二者相抵对净现金流量的计算实无影响，因此，表中投资只有自有资金（资本金）。另一方面，现金流入又是因项目全部投资（资本金+银行借款）所获得，故应将借款本金的偿还及利息支付计入现金流出。

（2）在现金流出栏目中，资本金现金流量表可能会发生“预售收入再投入”项目，而全部投资现金流量表中却可能没有这一项。因此，虽然上述“资本金现金流量表”中没有体现这一项，但实际中，如果项目发生了预售收入回投，则要加填这一栏。这是房地产投资项目与一般建设项目不同的地方。

（3）资本金现金流量表中，土地增值税与所得税的计算基数中含财务费用。而全部投资现金流量表中，虽然全部投资中不含财务费用，但在表中所列的其他项目中仍保留有财务费用的影响。例如，土地增值税和所得税的计算基数中就考虑了财务费用的影响，从而间接影响了全部投资税后的评价指标。当利息增大时，应纳税额减少，故土地增值税和所得税减少，从而增大了全部投资税后内部收益率，使得全部投资的动态评价指标失去了可比性。因此，在编制全部投资现金流量表时，从理论上讲，最好能把所有受利息影响的数据进行调整，以便能真正反映出全部投资的经济效益。

6.2.2 资金来源与运用表

1. 资金来源与运用表的含义

资金来源与运用表是反映房地产投资项目在计算期内各年的资金盈余或短缺情况，用于选择资金筹措方案、制订适宜的贷款偿还计划的财务报表。资金来源与运用表为项目资产负债表的编制及资金平衡分析提供了重要的财务信息。其表格形式如表 6-4 所示。

表 6-4 资金来源与运用表

万元

序号	项目	合计	1	2	3	…	n
1	资金来源						
1.1	销售收入						
1.2	出租收入						
1.3	自营收入						
1.4	资本金						
1.5	长期借款						
1.6	短期借款						
1.7	回收固定资产余值						
1.8	回收经营资金						
1.9	净转售						
2	资金运用						
2.1	开发建设投资						
2.2	经营资金						
2.3	经营费用						
2.4	修理费用						
2.5	经营税金及附加						
2.6	土地增值税						
2.7	所得税						
2.8	应付利润						
2.9	借款本金偿还						
2.10	借款利息支付						
3	盈余资金（1）-（2）						
4	累计盈余资金						

本表与现金流量表有着本质的不同。本表是从项目的资金平衡角度出发的，现金流量表是从投资角度出发的。在资金来源与运用表中把用于项目的全部资金来源都看作现金流入，包括借款和资本金投资，而在资本金现金流量表中把资本金投入看作现金流出。又如应付利润，对投资者来说是一笔确认的所得，但对项目来说是一笔流出，如果利润分配太多，有可能使项目资金周转不过来。

2. 资金来源与运用表分类

资金来源与运用表按项目建成后的用途可分为出售项目资金来源与运用表、出租和自营项目的资金来源与运用表。

（1）出售项目资金来源与运用表

出售项目资金来源与运用表如表6-5所示。

表6-5　出售项目资金来源与运用表

万元

序号	项目	合计	1	2	3	…	n
1	资金来源						
1.1	销售收入						
1.2	资本金						
1.3	长期借款						
1.4	短期借款						
2	资金运用						
2.1	开发建设投资						
2.2	经营税金及附加						
2.3	土地增值税						
2.4	所得税						
2.5	应付利润						
2.6	借款本金偿还						
2.7	借款利息支付						
3	盈余资金（1）-（2）						
4	累计盈余资金						

（2）出租和自营项目的资金来源与运用表

出租和自营项目的资金来源与运用表如表6-6所示。

表 6-6　出租和自营项目的资金来源与运用表

万元

序　　号	项　　目	合　　计	1	2	3	…	*n*
1	资金来源						
1.1	出租收入（或自营收入）						
1.2	资本金						
1.3	折旧费						
1.4	摊销费						
1.5	长期借款						
1.6	短期借款						
1.7	回收固定资产余值						
1.8	回收经营资金						
1.9	净转售收入						
2	资金运用						
2.1	开发建设投资						
2.2	经营资金						
2.3	运营费用						
2.4	修理费用						
2.5	经营税金及附加						
2.6	所得税						
2.7	应付利润						
2.8	借款本金偿还						
2.9	借款利息支付						
3	盈余资金（1）-（2）						
4	累计盈余资金						

6.2.3　利润表

1．利润表的含义

利润表也称损益表，是反映房地产投资项目计算期内各年的利润总额、所得税及各年税后利润的分配等情况的财务报表。通过该表提供的投资项目经济效益静态分析的信息资料，可以计算投资利润率、投资利税率、资本金利润率、资本金净利润率等指标，便于报表使用者判断房地产项目未来的发展趋势，作出经济决策。其表格形式如表 6-7 所示。

表 6-7　利润表

万元

序　号	项　目	合　计	1	2	3	…	n
1	经营流入						
1.1	销售收入						
1.2	出租收入						
1.3	自营收入						
2	经营成本						
2.1	商品房经营成本						
2.2	出租房经营成本						
3	运营费用						
4	修理费用						
5	经营税金及附加						
6	土地增值税						
7	利润总额						
8	所得税						
9	税后利润						
9.1	盈余公积金						
9.2	应付利润						
9.3	未分配利润						

计算指标：1．投资利润率（%）
2．投资利税率（%）
3．资本金利润率（%）
4．资本金净利润率（%）

2．利润表的填列

（1）关于利润总额

利润表中的利润总额一般应为：

利润总额=经营收入-经营成本-运营费用-修理费用-经营税金及附加-土地增值税

由于房地产项目与一般建设项目有较大差异，而且房地产经营方式一般分出售和出租两种，所以实际上在编制利润表时，往往也会分为两种：出售型房地产项目利润表和出租型（包括自营）房地产项目利润表。因此利润总额的计算也会有所不同。

① 以出售为主的房地产项目的利润总额

以出售为主的房地产投资项目与一般建设项目的主要区别在于，一般建设项目计算期包括两部分：一是建设期，主要形成投资；二是生产经营期，主要形成产品的总成本费用，投资则以折旧与摊销的形式在该期内收回。而出售型房地产项目，其投资过程就是房地产产品的生产过程，建设期与经营期无法截然分开，所以才有“总投资=总成本费用=经营成

本”这样的等式。另外，房地产投资项目中还含有土地增值税。因此，利润总额为

利润总额=销售收入-总成本费用-经营税金与附加-土地增值税

其中，总成本费用、土地增值税、销售收入及经营税金与附加的数据，分别来自基础数据估算。

为简化计算，表中各年的总成本费用（经营成本）、土地增值税、销售收入均可按各年销售比例结转。其表格形式如表 6-8 所示。

表 6-8　出售型房地产项目的利润表

万元

序　号	项　目	合　计	1	2	3	…	n
1	销售收入						
2	总成本费用						
3	经营税金及附加						
4	土地增值税						
5	利润总额						
6	所得税						
7	税后利润						
7.1	盈余公积金						
7.2	应付利润						
7.3	未分配利润						

计算指标：1．投资利润率（%）
2．投资利税率（%）
3．资本金利润率（%）
4．资本金净利润率（%）

② 以出租为主的房地产项目利润总额

以出租经营为主的房地产投资项目，与一般性建设项目很类似，所不同之处在于其经营成本的构成内容不同。项目在出租时，该类项目的经营成本是其固定资产价值或出租部分总成本费用的年折旧提取额（按直线折旧法）。各年出租房经营成本通常是按当年出租率计算本年应结转的经营成本。

运营费用（也叫经营费用）主要包括经营过程中的管理费、维修费、利息支出、房产税、经营人员工资等（一般情况下，运营费用约占出租收入的 25%）。其中，利息支出为经营期间长期借款利息和流动资金借款利息之和。

这样，利润总额的计算公式为：

利润总额=出租收入-经营成本-运营费用-经营税金及附加

其中，出租收入、经营成本、运营费用、经营税金及附加的数据可以通过基础数据估算得到。其表格形式如表 6-9 所示。

表 6-9 出租型房地产项目的利润表

万元

序号	项目	合计	1	2	3	…	n
1	出租收入						
2	经营成本						
3	运营费用（经营费用）						
4	经营税金及附加						
5	利润总额						
6	所得税						
7	税后利润						
7.1	盈余公积金						
7.2	应付利润						
7.3	未分配利润						

（2）关于税后利润

一般来说，本书中所说的“税前”或“税后”的“税”指的都是所得税。税前利润指的就是利润总额。因此：

税后利润=利润总额−所得税

其中：

所得税=应纳税所得额×所得税税率

一般情况下，应纳税所得额（或应纳税收入）就是前面计算出来的利润总额。但是当房地产开发企业有减免所得税和弥补上年度亏损的情况存在时，就不能以利润总额直接计算所得税了。

当房地产开发企业发生年度亏损时，没有利润或收入，则亏损年份所得税为零；由亏转盈的年份，则可以用下一年度的所得税前利润弥补；下一年度税前利润不足弥补的，可以在 5 年内延续弥补；5 年内不足弥补的，用税后利润弥补。

这种情况下，应先将利润总额调整为应纳税所得额，即扣除此年可以弥补以前年度亏损的利润，再来计算所得税。

房地产开发企业的所得税税率一般为 25%。

（3）关于利润分配

房地产企业缴纳所得税后的利润为税后利润，税后利润等于可供分配利润，一般按照下列顺序进行分配。

① 弥补企业以前年度亏损。

② 提取盈余公积金。一般企业提取的盈余公积金分为两种：一是法定盈余公积金，按照税后利润扣除以前亏损后的 10%提取，累计提取达到注册资本金的 50%时可不再提取；二是公益金，根据《中华人民共和国公司法》规定，法定公益金按可供分配利润的 5%～10%提取。

③ 向投资者分配利润，即表中的应付利润。

考虑了这三项因素后（大部分情况下只有后两项因素），余额即为表中的未分配利润部分，未分配利润将每年的利润余额结算到一个指定的会计科目，这样有利于进行往年亏损弥补或往年损益调整时的便利，主要是用于归还借款。当借款还清后，一般应将这部分利润补分给投资者。

6.2.4　资产负债表

1. 资产负债表的含义

资产负债表是反映房地产投资项目在计算期内各年年末资产、负债与所有者权益变化及对应关系的报表。该表主要用于考察项目资产、负债、所有者权益的结构，进行项目清偿能力分析。各期资产应等于负债和所有者权益之和。具体表式如表 6-10 所示。

表 6-10　资产负债表

万元

序　号	项　目	金　额	备　注
1	资产		
1.1	流动资产总额		
1.1.1	应收账款		
1.1.2	存货		
1.1.3	现金		
1.1.4	累计盈余资金		
1.2	在建工程		
1.3	固定资产净值		
1.4	无形资产及递延资产净值		
2	负债及所有者权益		
2.1	流动负债总额		
2.1.1	应付账款		
2.1.2	流动资金借款		
2.1.3	其他短期借款		
2.2	长期借款		
	负债小计		
2.3	所有者权益		
2.3.1	资本金		
2.3.2	资本公积金		
2.3.3	累计盈余公积金		
2.3.4	累计未分配利润		

2. 资产负债表的主体结构

资产负债表的主体结构包括三大部分：资产、负债和所有者权益。其平衡关系用会计等式表示，即

$$资产=负债+所有者权益$$

（1）资产

资产是指项目所拥有、占用或者可以控制的，通过经营活动能创造收益的经济资源。在项目财务分析中，资产分为流动资产、在建工程、固定资产净值、无形资产及递延资产净值四大部分。流动资产又分为应收账款、存货、现金、累计盈余资金四项。

① 应收账款

应收账款是指在下一个经营年度内收回的赊销商品或劳务的款项，如分期付款形式销售的商品房余下的应收房款。

② 存货

存货是指为生产经营活动而储备的实物资产，包括商品、产成品、半成品、在产品及各类材料等，如待销的商品房、待用的电梯、空调等。

③ 现金

现金是指以货币形式存在的、普遍接受的、可立即用作支付手段的资金，包括货币、银行或其他金融机构存款。

④ 累计盈余资金

累计盈余资金是过去经营年度的盈余资金，由上年财务结转。

⑤ 在建工程

在建工程是指正在进行施工建设的工程项目所投入的资金。这些投入资金按项目形象进度进行成本费用摊销。这是房地产开发项目占用最大比例的资产。

⑥ 固定资产净值

固定资产是指生产经营活动中投入使用的，使用期 1 年以上，单位价值在规定标准以上，并且在使用过程中保持其原有实物形态的资产，如公司的办公用房、机械动力设备及运输设备等。固定资产净值是指固定资产原值扣除累计折旧后的资产净值。

⑦ 无形资产及递延资产净值

无形资产是长期使用而无实物形态的资产，包括专利权、商标权、著作权、土地使用权、商誉等。递延资产是指不应全部计入当年损益，应由以后年度分期摊销的各项费用，如公司的开办费等。

（2）负债

负债是指项目所承担的能以货币计量的、将以资产或劳务进行偿付的经济责任。在资产负债表内，负债分为流动负债和长期负债两大类。其中流动负债又分为应付账款、流动

资金借款、其他短期借款等。流动资金借款、其他短期借款及长期借款均指借款余额，需根据资金来源与运用表中的对应项及相应的本金偿还项进行计算。负债的具体内容如下。

① 应付账款

应付账款是指项目开发建设过程中购进商品（材料、设备、土地）或接受外界提供劳务、服务而未付的欠款。

② 流动资金借款

流动资金借款是指从银行或其他金融机构借入的短期借款。

③ 其他短期借款

其他短期借款是指其他未列入上述流动资金借款的短期借款，如临时借债、结算借款等。

④ 长期借款

长期借款是指期限在 1 年以上的银行借款、抵押贷款和向其他单位的借款。

（3）所有者权益

所有者权益是指项目投资者对项目净资产的所有权。主要包括投资者投入的资本金和生产经营活动中所形成的资本公积金、盈余公积金、累计未分配利润等。其主要内容如下。

① 资本金

资本金是项目实际注入的投资者资本。国家规定，成立房地产开发公司必须具备注册资金，投资项目也必须首先落实资本金才能进行建设，这样可以有效地减少部分不规范的企业进入市场，进而减少楼盘“烂尾”等现象的发生。目前，按照建设部于 2000 年 3 月发布的《房地产开发企业资质管理规定》，可以把房地产开发企业划分为四个等级。各个等级所需要的注册资本金相应为：一级 5 000 万元；二级 2 000 万元；三级 800 万元；四级 100 万元。

资本金为投资项目中的自有资金，当存在由资本公积金或盈余公积金转增资本金的情况时应进行相应调整。

② 资本公积金

资本公积金是指包括股本发生溢价、法定财产重估增值、接受捐赠的非货币资产的价值及外商注入资本的汇率折算差额等新增的资本金。转增资本金时应相应调整资产负债表，使其满足等式：

$$资产=负债+所有者权益$$

③ 盈余公积金

盈余公积金是指按国家规定从利润中提取形成的公积金。盈余公积金来自利润表，但应根据有无用盈余公积金弥补亏损或转增资本金的情况进行相应的调整。

④ 累计未分配利润

累计未分配利润是指实现利润在扣除所得税、提取盈余公积金和分配利润后的余额。

累计未分配利润也直接来自利润表。

6.3 静态财务分析

财务静态指标是指不考虑货币时间价值的情况下来考查项目盈利能力的一种指标。它的主要特点是静止地看问题，不计货币的时间价值，所采用的年度资金流量是当年的实际数值，而不用折现值。

静态财务分析的指标体系如图6-2所示。

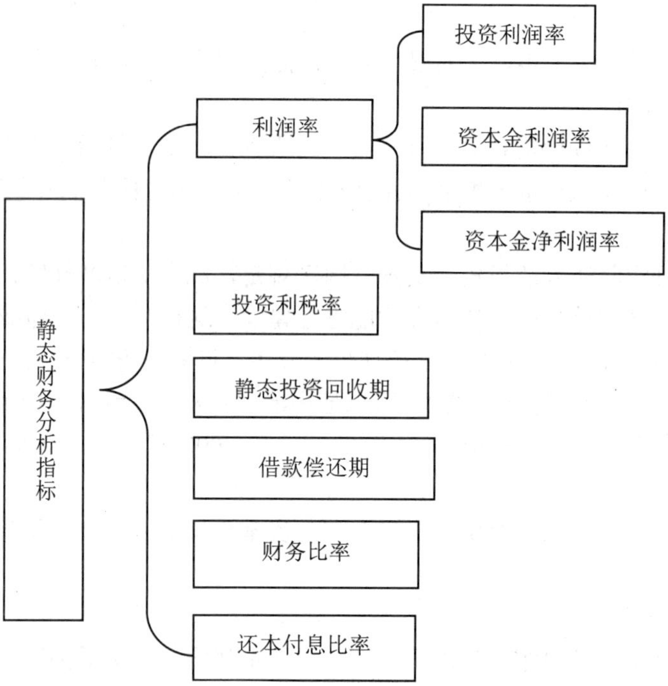

图6-2 静态财务分析的指标体系

静态财务分析在投资期较短的小型项目的投资分析中有一定的使用价值，对大中型投资项目，在投资机会研究或初步可行性分析阶段，也有较多的应用。

6.3.1 利润率

利润率指标主要包括投资利润率、资本金利润率和资本金净利润率三个细化指标。

1. 投资利润率

投资利润率，又可称为投资收益率或投资效果系数，是指房地产投资项目的利润总额与项目总投资额的比率。其主要用来评价投资项目的获利水平，计算公式为

$$投资利润率=\frac{利润总额}{总投资额}\times 100\%$$

式中，总投资额=开发建设投资+经营资金；利润总额是房地产开发商品的净销售收入与成本之差。

实际工作中，可以将投资利润率分为税前投资利润率和税后投资利润率两种。

税前利润额=销售收入-销售成本-销售税金-还贷额

税后利润额=税前利润额-所得税

投资额=投资+贷款利息

如果是出租型房地产项目（不管是开发后出租还是置业后出租），则该指标变为

$$投资收益率=\frac{年收益额}{总投资额}\times 100\%$$

当然，这里的计算口径也由于收益额的内涵不同而不同。

根据可能获得的资料情况，收益额可以用净经营收益、税前净现金流量、税后现金流量或者年平均净收益额表示。在用该指标对不同项目进行比较以判断项目的投资价值的时候，要注意比较口径的一致性。

一般来说，如果年收益额是指某一具体年份的净收益，则投资收益率就是该年的投资收益率；如果年收益额是指项目达到正常出租率后的净收益额，则投资收益率就是正常出租年份的投资收益率；如果年收益额是指项目开发完成后出租的每年平均净收益额，则投资收益率就是平均投资收益率。

计算出来的投资利润率（收益率）要与规定的行业平均投资利润率（收益率）或投资者的目标投资利润率（收益率）进行比较，如果预期的投资利润率（或收益率）高于或等于该基准投资利润率（或收益率），说明该项目投资经济效益高于或相当于本行业的平均水平，可考虑接受此项目；反之，一般不予接受。

2. 资本金利润率

资本金利润率是房地产开发项目的利润总额与项目资本金（即自有资金或权益投资）之比。其计算公式为

$$资本金利润率=\frac{利润总额}{资本金}\times 100\%$$

式中，利润总额为所得税前利润；资本金为投入项目的全部自有资金。

计算出的资本金利润率要与行业的平均资本金利润率或投资者的目标资本金利润率进

行比较，若前者大于或等于后者，则认为项目是可以考虑接受的。

3. 资本金净利润率

资本金净利润率是房地产开发项目所得税后利润与项目资本金之比。其计算公式为

$$资本金利润率=\frac{税后利润}{资本金}\times 100\%$$

应该说，资本金净利润率是投资者最关心的一个指标，因为它反映了投资者自己出资所带来的净利润。

6.3.2 投资利税率

投资利税率是房地产开发项目年利税额与总投资额的比值。它也是表明投资效果的一种指标。其计算公式为

$$投资利税率=\frac{年利税额}{总投资额}\times 100\%$$

式中，利税额为利润总额与销售税金及附加、土地增值税之和。

计算出的投资利税率同样也要与规定的行业标准投资利税率或行业平均投资利税率进行比较，若前者大于后者，则认为项目是可以考虑接受的。项目投资利税率指标值越大，项目的获利能力越大。

6.3.3 静态投资回收期

1. 静态投资回收期的定义

静态投资回收期是不考虑资金时间价值条件下，以净收益抵偿全部投资所需要的时间，有时也叫还本期，通常以年为单位，从投资开始年初算起，其定义式为

$$\sum_{t=1}^{P_t}(\mathrm{CI}_t-\mathrm{CO}_t)=0$$

式中：P_t——静态投资回收期；

CI_t——第 t 年现金流入量；

CO_t——第 t 年现金流出量。

静态投资回收期公式更为实用的表达式为

$$P_t=累计净现金流量开始出现正值的年份数-1+\frac{上年累计净现金流量绝对值}{当年现金流量}$$

2. 静态投资回收期的计算

项目的净现金流量（或净收益）有时每年相同，有时每年不同。因此具体而言，静态

投资回收期的计算就有了以下两种方法。

（1）按平均收益额计算静态投资回收期

当项目投入经营后，每年的收益额大致持平、比较均匀时，则

$$\text{投资回收期}=\frac{\text{项目总投资}}{\text{项目年平均收益额}}$$

项目年平均收益额是由项目的年平均营业收入扣除年平均经营成本（不含折旧）及各种税金后的余额。

【例6-1】某投资者利用自有资金投资100万元购买一小型公寓，该公寓当年即开始出租，估计投入运营后各年的净租金收入稳定在10万元。求该项目的静态投资回收期。

根据公式得，投资回收期=100/10=10（年）

该项目无贷款。如有贷款，则净租金收入应用税前现金流量代替。

一般来说，按平均收益额计算静态投资回收期应具备三个条件：一是全部投资额均发生在第1年年初；二是投资当年即有净收益；三是每年的净收益相等。但由于一般情况下这三点条件难以同时具备，所以直接用此公式不易准确计算出投资回收期。实践中遇到这种情况时，一般使用下面的方法。

（2）按累计收益额计算静态投资回收期

当项目投入经营后，每年的收益额不太均衡、相差较大时，则

$$P_t=\text{累计净现金流量开始出现正值的年份数}-1+\frac{\text{上年累计净现金流量绝对值}}{\text{当年现金流量}}$$

其中，净现金流量和累计净现金流量可直接利用财务现金流量表（全部投资）中的计算求得。当累计净现金流量等于零或出现正值的年份，即为项目静态投资回收期的最终年份。

【例6-2】某投资项目各年的净现金流量如表6-11所示，计算该项目的静态投资回收期。

表6-11　现金流量表

万元

年份	0	1	2	3	4	5	6
净现金流量	−160	−100	40	50	70	80	80
累计净现金流量	−160	−260	−220	−170	−100	−20	60

解：根据公式，可得

$$\text{投资回收期}=6-1+\frac{|-20|}{80}=5.25\text{（年）}$$

3. 优缺点分析

静态投资回收期的最大优点是经济意义明确、直观，计算简单，便于投资者衡量建设项目承担风险的能力，同时在一定程度上反映了投资效果的优劣。因此，静态投资回收期分析方法在具体的项目投资中得到了一定的应用。

静态投资回收期指标的不足主要有以下两点。

（1）投资回收期只考虑投资回收之前的效果，不能反映回收期之后的情况，难免有片面性。

（2）不考虑资金时间价值，无法用以准确地辨识项目的优劣。

由于静态投资回收期的局限性和不考虑资金时间价值，故有可能导致评价判断错误。因此，静态投资回收期不是全面衡量建设项目的理想指标，而只能用于粗略评价或者作为辅助指标和其他指标结合起来使用。

6.3.4 借款偿还期

借款偿还期是指在房地产开发经营期内，使用可用作还款的利润、折旧及其他还款资金，偿还建设投资借款本金和利息所需要的时间。偿还借款的资金来源包括折旧、摊销费、未分配利润等。借款偿还期可由资金来源与运用表或国内借款还本付息计算表直接计算。

借款偿还期与其他指标的关系为：

$$I_{\mathrm{d}}=\sum_{t=1}^{P_{\mathrm{d}}}R_t$$

式中，P_{d}为国内借款偿还期，从借款开始期计算；R_t为第 t 期可用于还款的资金，包括利润、折旧、摊销及预租收入等；I_{d}为借款本息。

实际操作中，一般根据基本财务报表使用下述公式计算：

$$\text{借款偿还期}=\text{借款偿还后开始出现盈余的期数}-\text{开始借款的期数}+\frac{\text{上期偿还贷款额}}{\text{当期可用于还款的资金额}}$$

或者

$$=\text{偿还借款本金的资金款大于年初借款本息累积的期数}-\text{开始借款的期数}+\frac{\text{上期偿还借款额}}{\text{当期可用于还款的资金额}}$$

以上计算结果是以期为单位，具体计算时将其转换成以年为单位。

实际操作中，项目投资的每一笔贷款均规定有具体的还本付息方式及贷款期限，项目借款偿还期往往已由借款合同确定。例如，债权人规定某笔贷款在两年内还完，方式是等本还款、利息照付或等额还本付息，或利息按期支付、本金到期一次还清等。一些建设项目还可按实际还款能力还款，这时的借款偿还期就由项目的实际情况来定了。

在计算出借款偿还期后，还要与贷款机构的要求期限进行对比，等于或小于贷款机构提出的要求期限，即可认为项目是有清偿能力的。否则，认为项目没有清偿能力，是不可行的。

值得注意的是，在分析项目的清偿能力时，房地产项目的投资回收（预售项目指预售收入）除了用于清偿债务外，还有相当大的一部分要用于再投资。显然，当年用于还本付息与再投资的资金之和，不能超过当年扣除销售（出租）税金及附加等的销售收入，即不能超过当年可运用资金的总和。如果超过，说明资金尚有缺口，就要修订投资计划、资金筹措计划或以短期借款来弥补。

6.3.5 财务比率

财务比率是指资产负债率、流动比率和速动比率，它们依据“资产负债表”计算。这三项指标既可以在计算期内计算一次，也可以在计算期内按年计算多次。

1. 资产负债率

资产负债率是项目负债总额与资产总额之比。该指标既表明在整个项目资金构成中债权人提供的资金所占的比率（即总资产中有多大比例是通过借债来筹集的），也揭示了投资者对债权人债务的保障程度，是分析项目长期债务清偿能力的重要指标。资产负债率的计算公式为

$$资产负债率=\frac{负债总额}{资产总额}\times100\%$$

资产负债率是一项衡量公司利用债权人资金进行经营活动能力的指标，也反映了债权人对债务人发放贷款的安全程度。这个比率对于债权人来说越低越好。因为公司的所有者（股东）一般只承担有限责任，而一旦公司破产清算时，资产变现所得很可能低于其账面价值。资产负债率增加，说明项目债务压力增加，破产风险增大。所以，如果此指标过高，债权人可能遭受损失。对于债务人来说，当自有资金利润率上升，且大于银行贷款利率时，说明负债经营是正确的，举债扩大了经营规模，新增利润在支付了贷款利息后增加了项目的净收益，反之，则说明给项目带来了风险，负债偏高，应适当采取调校措施。

资产负债率取决于项目（企业）的盈利率、银行贷款的利率、通货膨胀率、国民经济发展水平等因素。一般而言，项目盈利率越高，国民经济发展水平越高，负债率也就越高；而贷款利率越高，通货膨胀率越高，负债率则越低。另外，规模较大、期限较长、投资额较大的项目，其资产负债率也较高。中国的房地产项目的资产负债率一般在 70%～80%之间，是所有产业中资产负债率最高的产业之一。

2. 流动比率

流动比率是指项目流动资产与流动负债之比，是反映项目流动资产变现为现金以偿还流动负债的能力的指标。其计算公式为

$$流动比率=\frac{流动资产总额}{流动负债总额}\times100\%$$

流动资产是指现金、有价证券、应收款项、存货和预付费用的总和，流动负债代表一年之内必须动用流动资产偿付的短期负债。

流动比率表示企业每一元流动负债有多少流动资产作为偿还的保证，反映了项目随流动资产贬值的能力和偿还中、短期债务能力的强弱。流动比率越高，说明企业的营运成本（即流动资产减流动负债的余额）越多，该项目偿还能力越强；对贷款人而言，其债权就越安全。对一般企业来说，该指标应达到的水平是流动资产减去存货至少要等于流动负债，只有这样，企业的短期偿债能力才能得到保证。

传统的观念认为，计算出的流动比率为200%时比较合理，小于200%将意味着项目在偿还短期债务时会遇到一些困难。不过随着市场经济的发展，这种看法也发生了一些变化。如有人认为，房地产业的流动比率通常在120%左右比较合理。

3. 速动比率

速动比率是指项目速动资产与流动负债之比。其计算公式为

$$速动比率=\frac{速动资产}{流动负债总额}\times 100\%$$

速动资产是指能迅速转变为货币资金的资产，如货币资金、应收账款等。速动比率是短期偿债能力指标，反映了企业流动资产总体变现或近期偿债的能力，因此，必须在流动资产中扣除存货部分。因为存货变现能力差，至少需要经过销售和收账两个过程，且会受到价格下跌、损坏、不易销售等因素的影响。所以，从流动资产中剔除了存货因素变为速动资产后，再来评价项目短期偿债能力就会更精确些。

一般地，从债权人的角度看，速动比率接近100%比较合适。在此比率下，贷款机构才愿意考虑接受该项目。不过，从各行业投资人的角度来看，速动比率不太容易达到这个指标。例如，房地产行业的速动比率一般是65%左右。

6.3.6 还本付息比率

还本付息比率是项目投资所获得的年净经营收益与年还本付息额（或年债息总额）之比，也是表示项目清偿能力的指标。其公式表达为

$$还本付息比率=\frac{年净经营收益}{年还本付息额}$$

【例6-3】某物业投资的年净经营收益为30万元，年还本付息额为20万元，则该物业投资的还本付息比率为1.5（即30/20）。

还本付息比率越高表明该投资的还贷能力越强。国外房地产投资方面的资料表明，贷款人一般希望该比率至少为1.2，只有这样，项目才具有清偿能力，贷款机构才可以考虑接受这样的项目。

6.4 动态财务分析

动态财务分析指标是指考虑了资金时间价值因素而计算的财务指标。在动态分析方法中，不仅要考虑投资、收入、成本这些现金流量绝对值的大小，还要综合考虑它们的发生时间。因此说，动态分析法更客观、科学地反映了项目投资效益的真实情况，有广泛的应用价值。

常用的动态财务分析指标主要有财务净现值、财务内部收益率和动态投资回收期。

6.4.1 财务净现值

1. 财务净现值的含义

现值是指未来预期收益的现在价值。财务净现值是指将投资期内不同时间所发生的净现金流量，以一定的折现率折算到项目开发的起点，再将各期的净现值相加，所得之和即为财务净现值。也就是说，用一定的贴现率将投资期内的净现金流量贴现为现值，并取其总和，称为财务净现值。

财务净现值的计算公式为

$$\mathrm{FNPV}=\sum_{t=1}^{n}(\mathrm{CI}_t-\mathrm{CO}_t)(1+i_{\mathrm{c}})^{-t}$$

式中：n——项目计算期；

i_{c}——基准收益率或投资主体设定的目标收益率；

$(1+i_{\mathrm{c}})^{-t}$——第 t 年的折现系数。

2. 财务净现值计算要点

（1）净现金流量

在计算财务净现值时，如果是针对全部投资的计算，净现金流量可以是税前的，也可以是税后的，有时二者都需要计算；如果是针对资本金的计算，一般用税后净现金流量计算财务净现值即可，因为投资者更关心自有资金所带来的纯收益的情况。当然，有时在资料不全的情况下进行预测，用税前现金流量也可以。只不过在各项目之间进行比较的时候，需要采用统一的计算基础。

（2）基准收益率

基准收益率就是项目净现金流量贴现时所采用的利率，它反映了资金的时间价值。在国际上，大多数以资本市场中长期贷款的利率为基准收益率，即以同样数额的投资在别处也能获得的收益率作为标准，所以又称为“最低有吸引力的收益率”。在我国，一般由行业或部门制定的基准收益率作为基准收益率；如果没有规定的基准贴现率，可以根据银行中长期贷款的实际利率确定，也可以根据投资者可接受的最低收益率来确定。

在我国目前房地产项目的投资分析过程中，基准收益率通常采用投资者可接受的最低收益率，一般应高于银行贷款利率。这对投资者是很重要的分析指标，它代表了项目投资所应获得的最低财务盈利能力水平。

项目分析评价人员在确定财务基准收益率时，一般综合考虑以下因素：当前整个国家的经济发展状况；银行贷款利率；其他行业的投资收益率水平；投资者对项目收益增长能力的预期；项目风险的大小；项目的寿命期长短等。

（3）计算期

对开发项目而言，计算期是指建设开始到全部售出的时间，有时也叫开发期；对开发后出租项目或置业后出租的项目而言，是指从建设或购买开始，不断地获取收益直到项目转售或项目的经济寿命结束的时间，有时也叫持有期或经营期。对开发过程中就预售或预租的项目，开发期与经营期不好截然分开，有时候就把它们合起来叫做开发经营期。

从计算财务净现值的角度出发，这段时间应该是指项目在经济上的可用时间而非耐用年限。尽管房屋建筑物的耐用年限较长（50～70 年），但在进行出租项目的财务净现值分析时，并不取过长的折现年限。一方面，这是因为时间越长，净现金流量折现为现值数就越小。如以基准收益率计，25 年后的 1 元资金，贴现为现值仅为 0.01 元。由此可见，太长的折现年限，对于项目经济效益分析无多大意义；另一方面，时间太长，未可预料的因素越多，不仅净现金流量的预测误差越大，而且项目所冒的风险也越大。因而财务净现值分析的计算周期一般在 10～20 年之间比较合理。

3. 财务净现值的指标作用

财务净现值指标是用来判别投资项目可行与否。财务净现值评价标准的临界值是零。

当 FNPV>0 时，表明投资项目的收益率可以达到基准收益率或贴现率所预定的投资收益水平，投资项目的资金产出大于项目的资金投入，项目可行。

当 FNPV=0 时，表明投资项目收益率恰好等于基准收益率或贴现率所预定的投资收益水平，投资项目资金的产出等于项目资金的投入，此时影响项目投资决策的是资金运用的机会成本，投入或者不投皆可。

当 FNPV<0 时，表明投资项目收益率达不到基准收益率或贴现率所预定的投资收益水平（即小于贴现率）或最低可接受的回报率，投资项目的资金产出小于项目的资金投入。此时项目不可行，应拒绝。

4. 财务净现值的优缺点

财务净现值指标是投资分析与评价中最常用的指标之一，在房地产投资分析中也得到广泛应用。它的优点在于考虑了项目投资期内各笔资金的时间价值，对投资项目的净利润有明确反映，净现值越大，项目净利润越高，经济效益越好。

然而，财务净现值的局限性也是明显的，主要表现在以下两个方面。

（1）基准收益率不易确定。财务净现值计算少不了基准收益率，基准收益率的准确与否，对净现值指标的影响很大，尤其对长期经营项目和后期资金流量较大的项目更为明显。但基准收益率的确定比较困难，需要综合或选择性地考虑银行存款利率高低、项目经营风险程度、通货膨胀率等因素。

（2）财务净现值是一个绝对指标，没有反映出投资的单位回报，而反映投资单位回报的动态经济指标，常用的是财务内部收益率。

5. 财务净现值计算案例

【例6-4】某项目的现金流量如表6-12所示，求其净现值（i_c=15%），并判断项目的可行性。

表6-12　某项目的现金流量

t年末	0	1	2	3	4	5～12
净现金流量/万元	−50	−80	−80	45	60	75

解：根据该题的现金流量特点，可利用公式计算：

$$
\begin{aligned}
\text{FNPV} &= \sum_{t=1}^{n}(\text{CI}_t - \text{CO}_t)(1+i_c)^{-t} \\
&= -50\times(1+15\%)^0 - 80\times(1+15\%)^{-1} - 80\times(1+15\%)^{-2} + 45\times(1+15\%)^{-3} \\
&\quad + 60\times(1+15\%)^{-4} + 75\times(1+15\%)^{-4}\times\frac{(1+15\%)^8-1}{15\%\times(1+15\%)^8} \\
&= -50 - 69.57 - 60.49 + 29.59 + 34.31 + 192.42 \\
&= 76.26\text{（万元）}
\end{aligned}
$$

因为FNPV=76.26万元>0，所以该项目可以接受。

6.4.2　财务内部收益率

1. 财务内部收益率的含义

财务内部收益率是重要的动态分析指标，它是指使计算期内各年净现金流量现值之和为零时的折现率。内部收益率反映拟投资项目的实际投资的收益水平，是考察项目盈利能力的主要动态评价指标。其计算公式为

$$\sum_{t=1}^{n}(\text{CI}_t - \text{CO}_t)(1+\text{FIRR})^{-t} = 0$$

式中：FIRR——财务内部收益率；

CI——现金流入量；

CO——现金流出量；

(CI_t-CO_t)——第 t 期的净现金流量；

n——开发经营期（开发期与经营期之和）。

财务内部收益率（FIRR）与财务净现值（FNPV）的关系可以用图 6-3 表示。

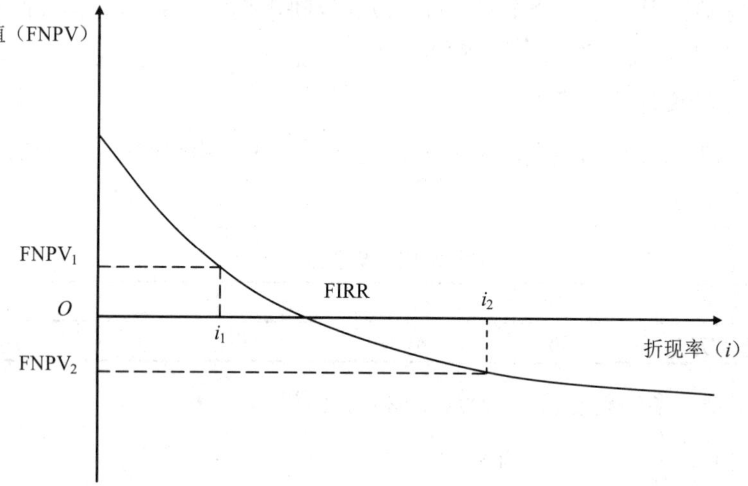

图 6-3　财务净现值与折现率的关系

内部收益率指标的经济含义是项目对占用资金的恢复能力，是指投资项目在这样的折现率下，到项目计算期终止时，当初的所有投资可以完全被收回。

2. 财务内部收益率的计算

求解财务内部收益率是解一个以折现率为未知数的多项高次方程。当各年的净现金流量不等且计算期较长时，内部收益率的求解是相当繁琐的。一般来说，求解财务内部收益率，有人工试算法和利用计算机编程求解两种方法。下面介绍内部收益率的人工试算法。

首先，随意选择一个折现率，将其代入财务净现值公式，如果此时算出的财务净现值为正（或负），则选择一个较高（或低）的折现率，将其代入财务净现值公式，如果此时财务净现值仍为正（或负），则选择更高（或低）的折现率带入财务净现值公式再重新计算财务净现值，重复上述步骤，直到财务净现值为负（或正）为止。每次试算的折现率累加（或减）的幅度控制在 1%以内，将计算财务净现值最后一次为正（或负）的折现率记作 r_1，财务净现值第一次出现负（或正）的折现率记作 r_2，根据内部收益率定义可知，此时内部收益率必在 r_1 和 r_2 之间。

通常当试算的折现率 r 使财务净现值在零值左右摆动且先后两次试算的值之差足够小，

一般不超过 2%时，可用线性内插法近似求出 r 的内插公式为

$$r = r_1 + (r_2 - r_1)\frac{\mathrm{FNPV}_1}{\mathrm{FNPV}_1 + |\mathrm{FNPV}_2|}$$

式中：FNPV_1——与 r_1 对应的净现值；

FNPV_2——与 r_2 对应的净现值。

3. 财务内部收益率的作用

首先，财务内部收益率实质上是财务净现金流量的现值之和等于零时的折现率，反映了投资项目所能承担的最高贷款利率，即贷款利率上限，只有当贷款利率低于内部收益率时，投资项目才可能盈利。

其次，财务内部收益率通过与基准收益率的比较，能够直观地判断独立项目的可行性。当项目的财务内部收益率大于基准收益率时，则项目盈利能力已满足投资者的最低回报要求，投资方案可行；反之，当项目的财务内部收益率小于基准收益率时，则项目盈利能力不能满足投资者的最低回报要求，投资方案不可行。

最后，财务内部收益率能够比较互斥项目单位投资回报的优劣。

4. 财务内部收益率的优缺点

（1）财务内部收益率的优点

① 与财务净现值指标一样，财务内部收益率指标考虑了资金的时间价值，对项目进行动态分析，并考察了项目在整个寿命期内的全部情况。

② 财务内部收益率是项目内生决定的，即由项目的现金流量特征决定的，不是事先由外生因素给定的。这与财务净现值指标需要事先设定基准折现率才能进行计算比较起来，操作困难小。因此，我国进行项目经济评价时往往把财务内部收益率作为最主要的指标。

（2）财务内部收益率的缺点

① 财务内部收益率指标计算繁琐，非常规项目有多解现象，分析、检验和判别比较复杂。

② 财务内部收益率适用于独立方案的经济评价和可行性判断，一般不能直接用于独立方案之间的比较和选优，但可以用于互斥方案之间的优劣排序。

③ 财务内部收益率不适用于只有现金流入或现金流出的项目。对于非投资情况，即先取得收益，然后用收益偿付有关费用（如设备租赁）的情况，虽然可以运用该指标。但其判别准则与投资情况相反，即只有 $\mathrm{FIRR} \leqslant i_c$ 的方案（或项目）才可接受。

5. 财务内部收益率计算案例

【例 6-5】某房地产项目，初建投资为 5 000 万元，预计经营期 10 年中每年可得净收

益 800 万元，第 10 年末收取残值 2 000 万元，试求该项目内部收益率（i_c=10%）。

解：根据公式进行计算

$$FNPV=\sum_{t=1}^{n}(CI_t-CO_t)(1+FIRR)^{-t}=-5\,000+800\times\frac{(1+FIRR)^{10}-1}{FIRR\times(1+FIRR)^{10}}+2\,000\times(1+FIRR)^{-10}$$

下面用试算法求内部收益率 FIRR。

（1）试算

假设 i=10%，则

$$FNPV=-5\,000+800\times\frac{(1+10\%)^{10}-1}{10\%\times(1+10\%)^{10}}+2\,000\times(1+10\%)^{-10}$$

$$=-5\,000+800\times6.144+2\,000\times0.385\,5=686.2>0$$

假设 i=12%，则

$$FNPV=-5\,000+800\times\frac{(1+12\%)^{10}-1}{12\%\times(1+12\%)^{10}}+2\,000\times(1+12\%)^{-10}$$

$$=-5\,000+800\times5.650\,2+2\,000\times0.322\,0=164.2>0$$

假设 i=13%，则

$$FNPV=-5\,000+800\times\frac{(1+13\%)^{10}-1}{13\%\times(1+13\%)^{10}}+2\,000\times(1+13\%)^{-10}$$

$$=-5\,000+800\times5.426\,2+2\,000\times0.294\,6=-69.8<0$$

（2）求 FIRR

$$FNPV=12\%+(13\%-12\%)\times\frac{164.2}{164.2+69.8}=12.7\%$$

所以该项目的内部收益率为 12.7%，即 FIRR≥i_c，则表明项目的盈利能力超过了所要求的收益率，因而是可以接受的。

6.4.3 动态投资回收期

1. 动态投资回收期的含义

动态投资回收期是指在考虑资金的时间价值基础上，以投资项目所得到的净现金流量现值抵偿项目初始投资的现值所需要的时间，也就是净现金流量累计现值等于零时的年份，即满足下式的 n 值。

$$\sum_{t=0}^{n}(CI-CO)(1+i_c)^{-t}=0$$

式中：n——动态投资回收期；

CI——现金流入量；

CO——现金流出量；

(CI-CO)——净现金流量。

动态投资回收期的一般公式的推算方法是，把投资项目各年的净现金流量按基准收益率或折现率折成现值后，再按静态投资回收期的办法求出。其计算公式为

$$\text{动态投资回收期}=\text{累计净现金流量折现值转为正值的年份}-1+\frac{\text{上一年累计净现金流量折现值的绝对值}}{\text{出现正值年份的净现金流量折现值}}$$

当投资项目的现金流量同时具备以下三个条件时：（1）全部投资额 P 均发生在第 1 年年初；（2）投资当年即有净收益；（3）每年的净收益相等（都为 A）。则此时，动态投资回收期成为满足下式的 n 值：

$$P = A\times\frac{(1+i)^n-1}{i(1+i)^n}$$

两边取对数，由此可推导出：

$$n=-\frac{\lg(1-\frac{P\times i}{A})}{\lg(1+i)}$$

2. 动态投资回收期的指标作用

在项目财务评价中，计算出的动态投资回收期可以与行业规定的平均投资回收期或基准回收期相比较，如果前者小于或等于后者，则投资项目在财务上就是可以考虑接受的。

3. 动态投资回收期的优缺点

（1）动态投资回收期考虑了资金时间价值，优于静态投资回收期，但计算相对复杂。

（2）不能反映投资回收之后的情况，仍然有局限性。

4. 动态投资回收期计算案例

【例 6-6】已知某投资项目计算期内逐年净现金流量如表 6-13 所示。试问该项目的静态投资回收期、动态投资回收期各是多少？（i_c=12%）

表 6-13　某投资项目现金流量表

t 年末	建设期			经营期				
	0	1	2	3	4	5	6	7
净现金流量/万元	−10	−20	4	8	12	12	12	12

解：首先计算项目的累计现金流量，列表6-14进行计算。

表6-14　现金流量累计表

t年末	0	1	2	3	4	5	6	7
净现金流量/万元	−10	−20	4	8	12	12	12	12
累计净现金流量/万元	−10	−30	−26	−18	−6	6	18	30

（1）静态投资回收期计算

由表6-14可以看出，在第5年末，累计净现金流量已出现正值。这样：

$$P_t=\text{累计净现金流量开始出现正值的年份数}-1+\frac{\text{上年累计净现金流量的绝对值}}{\text{当年净现金流量}}$$

$$=5-1+\frac{|-6|}{12}=4.5\text{（年）}$$

所以该项目静态投资回收期为4.5年。

（2）动态投资回收期计算

将例中的现金流量折现，得到表6-15并利用公式计算项目的P_t。

根据表6-15可以看出，在第6年末，项目累计现值出现正值。

表6-15　现金流量累计表

t年末	0	1	2	3	4	5	6	7
净现金流量/万元	−10	−20	4	8	12	12	12	12
净现值（P/F,12%,t）	−10	−17.9	3.2	5.7	7.6	6.8	6.1	5.4
累计净现金流量/万元	−10	27.9	−24.7	−19	−11.4	−4.6	1.5	6.9

$$P_t=6-1+\frac{|-4.6|}{6.1}=5.75\text{（年）}$$

6.5　财务分析案例

6.5.1　财务分析报告逻辑

根据项目的实际情况和房地产开发项目财务分析的特点，本财务分析报告逻辑如图6-4所示。

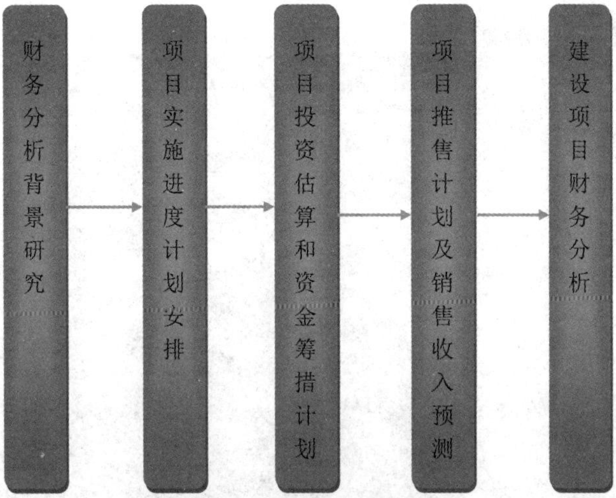

图 6-4　财务分析报告逻辑地图

6.5.2　财务分析背景研究

1. 项目财务分析背景

（1）临港开发区要求项目必须于 2015 年 6 月前动工，意味着项目在 7 月份已经进入正式的施工阶段，各项支出开始持续发生。

（2）本财务分析是建立在新海市房地产市场调查、预测与项目策划基础上，根据项目投资、成本与费用估算、收入估算与资金筹措等基本资料和数据，通过编制基本财务报表，计算财务评价指标，对房地产项目的盈利能力、清偿能力和资金平衡情况进行全面分析，据此判断和评价投资项目在财务上的可行性。

（3）本项目财务分析是基于 5 月 30 日设计院所提供设计稿上确定的规划方案和各物业指标拟制，其后规划数据只做微调，结果较具参考意义。

2. 目前规划方案

图 6-5 的布局是在第一次雏形的基础上进行深化而来，在物业类型、户型均好性、景观营造等方面具备较好的平衡性，属多种客观条件限制下的较优选择。

相对狭小的地块以及高容积率下的设计规划产品线较为丰富，集商业、酒店、花园洋房、小高层、高层为一体的城市综合体，打造资源共享、功能互补的新型社区，如图 6-6 和表 6-16 所示。

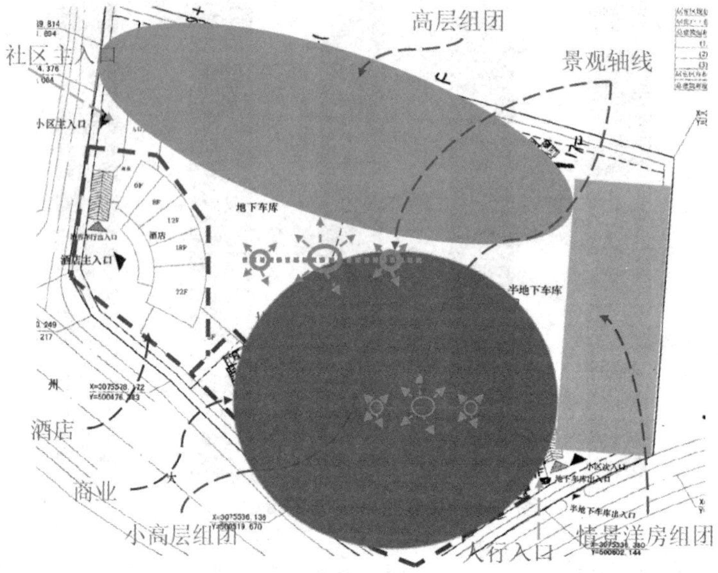

图 6-5　项目组团分布图（缩微示意图）

说明：

① 项目地块狭小，容积率高，覆盖率低，而新海市高层产品的出现才刚刚开始，这些因素给总体规划布局带来不小的难度。

② 由于项目所在片区为未开发生地，市政、生活配套不足，可资项目借力的社会资源不多，因此倚重于产品品质的打造成为项目必然的选择。这意味着项目在规划布局上不能仅满足于符合建筑基本规范和宗地技术指标，而应更注重住户的居住舒适性和文化感受，使项目拥有区别于城北高端物业的独特气质和比较优势。项目布局充分考虑园林对社区景观营造的重要作用，为园林预留尽可能多的施展空间，产品融入更多的创新元素。

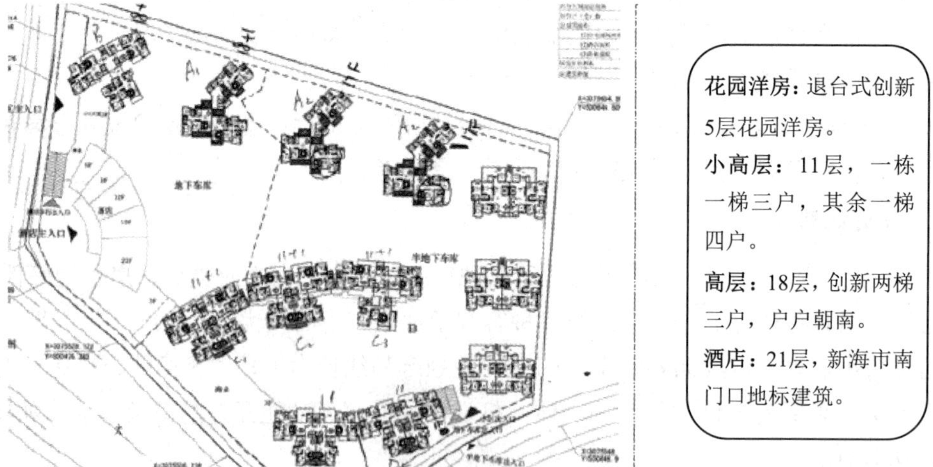
地下车库
半地下车库
酒店主入口
花园洋房：退台式创新5层花园洋房。
小高层：11层，一栋一梯三户，其余一梯四户。
高层：18层，创新两梯三户，户户朝南。
酒店：21层，新海市南门口地标建筑。

图 6-6　项目平面设计图（缩微示意图）

表6-16 经济技术指标表

物业类型		建筑面积	比例	累计
住宅	花园洋房	3 793.80	4.74%	69.24%
	小高层	22 465.71	28.07%	
	高层	29 150.59	36.42%	
商业	主商业街一层	2 393.93	2.99%	11.40%
	主商业街二层	2 393.93	2.99%	
	主商业街三层	2 393.93	2.99%	
	辅商业街	1 540.00	1.92%	
	滨江风情街	400.00	0.50%	
酒店		15 500.00	19.37%	19.37%
小计		80 031.90	100.00%	100.00%

说明：
- ✧ 高层设于地块北侧，利于使尽可能多的住房享有最优生态景观与小区内部园林景观，利用产品的打造弱化市场对高层的抗性，引导市场的置业新理念。
- ✧ 小高层分布于项目中、南部，广泛的分布能最大限度利用内部园林景观的变化，打造产品和环境的多样化，避免同质化现象。
- ✧ 情景洋房设置于地块最东端，拥有较强的私密性，同时可利用地块自然间隔营造半开放的组团内部小环境。
- ✧ 酒店设置于项目西北角，使其可充分利用地块在片区中的门户地位，借助主干道良好的通达性体现其作为地标性建筑的强大昭示效应；产品线上高层面积比例较高，未来入市将会存在一些消化风险，而市场上酒店则存在着售价的低廉与较高造价之间的矛盾。

6.5.3 项目实施进度计划安排

1. 项目开发计划拟定原则

（1）项目开发计划需与宏观市场保持一致，以市场为导向安排自身项目的开发进度和实施计划，实现经济效益、社会效益、环境效益三者的共赢。

（2）从项目自身而言，开发计划的拟定需参照项目自身投入安排、营销推广策略、项目销售策略以及后续经营模式的选择等多方面因素综合考虑。

（3）项目开发计划拟定需在合理性的基础上实现最小投入、最大产出的价值工程量原则。

2. 项目开发进度安排（见表6-17）

项目发展时间主要临港区政府要求动工的2015年7月份为正式全面开工的时间节点，参考新海市同类建筑工程开发时间进行开发时间的预计，主要为经济测算用，不包含任何具体及特殊情况。在不考虑施工建设期其他技术、资金等因素不可预见风险的前提下，本项目整个建筑工程期约为2年时间。

表 6-17　项目进度安排表

序号	项目	时间（月）
乜	飕昍助枏	8
1	箴剮砦竒	6
2	匱凥谚诽	6
仨	象箭窭褡幁穧	16
1	坻昕否邯蹋幁穧	1
2	棣堜幁穧	2.5
3	垌乫凼幁穧	1.5
4	书鄐缯柠幁穧	6
5	窭褡幁穧	5
6	褡偊幁穧	7
7	卣䆁醩妳幁穧	4
乭	筨幁髠媥伀佯俛暽	5
1	髠媥否裁殿	4
2	殿彫伀佯俛暽	2
圷	镜喴隒民	21

豊暎：

✧ 飕昍悗尒垌40伅，尕穋�3.0，悗象箭韡穋80 031.9廒昕糈，諣槿迟臑，鈁吲乜豖惆凄鄐彝吭箴痁，俱仪象窭扬枈佁否咊飕趕暽螽挖�，寺琈飕昍彝吭螽扬枈杜佴籲瑢。

✧ 晒限书鈁吲琋琋睔抿螽彝吭遏异窭揮，展�鍳觝沛迟鬴，周晒佈展飕昍莲镜揰廛哨镜喴场弹搬剖材鬴觝沛。

✧ 飕昍象谚哄枏妃檶三2廒晒限，智蚰呪鐞醮廳镜喴螽另勦，飕昍悗俟彝吭哄枏飠诽三2.75廒晒限。

6.5.4　项目投资估算和资金筹措计划安排

1. 各物业建安成本估算（见表 6-18）

表 6-18　各物业建安成本估算表

物业类型		建筑面积
住宅	花园洋房	3 793.8
	小高层	22 465.71
	高层	29 150.588
商业	主商业街一层	2 393.933 3
	主商业街二层	2 393.933 3
	主商业街三层	2 393.933 3
	辅商业街	1 540
	滨江风情街	400
	酒店	15 500
小计		80 031.9

（1）花园洋房——总建筑面积为 3 793.8 平方米，参考新海市市场多层建筑的造价，本项目花园洋房的建安成本单价估算为 677.445 8 元/平方米，如表 6-19 所示。

表 6-19　花园洋房建安成本估算表

花园洋房	数量/m^2	单价/元/m^2	金额/万/元
小计	3 793.8	677.445 8	257.009 4
土方及基础工程	3 793.8	20	7.587 6
主体建筑工程	3 793.8	350	132.783
水电安装	3 793.8	20	7.587 6
道路管线费	3 793.8	30	11.381 4
消防工程	3 793.8	10	3.793 8
通信工程	3 793.8	10	3.793 8
煤气工程建设费	3 793.8	10	3.793 8
装修工程	3 793.8	80	30.350 4
室外配套及环境工程	3 793.8	100	37.938
地下室	360.0	500	18

花园洋房采用退台式五层结构，一、二、三层各为一户，四、五层为复式，一层赠送半地下阳光室，初步预计为每户 60 平方米，共 360 平方米，建安成本单价预估为 500 元/平方米，地下室总造价为 18 万元。

（2）11 层小高层——总建筑面积为 22 465.71 平方米，参考新海市市场多层建筑的造价，本项目小高层的建安成本单价估算为 915 元/平方米，如表 6-20 所示。

表 6-20　11 层小高层建安成本单价估算表

11 层小高层	数量/m^2	单价/元/m^2	金额/万/元
小计	22 465.7	915	2 055.612 6
土方及基础工程	22 465.7	70	157.259 98
主体建筑工程	22 465.7	500	1 123.285 6
水电安装	22 465.7	20	44.931 424
电梯工程	22 465.7	85	190.958 55
道路管线费	22 465.7	30	67.397 136
消防工程	22 465.7	10	22.465 712
通信工程	22 465.7	10	22.465 712
煤气工程建设费	22 465.7	10	22.465 712
装修工程	22 465.7	80	179.725 7
室外配套及环境工程	22 465.7	100	224.657 12

小高层建筑采用首层架空，1 栋为一梯三户，4 栋为一梯四户，小高层部分无设置地下室结构，造价较低。

（3）18 层高层——总建筑面积为 29 150.588 平方米，参考新海市市场多层建筑的造价，本项目高层的建安成本单价估算为平方米，参考新海市市场多层建筑的造价，本项目高层的建安成本单价估算为 1 194.08 元/平方米，如表 6-21 所示。

表 6-21　18 层高层建安成本单价估算表

18 层小高层	数量/m^2	单价/元/m^2	金额/万/元
小计	29 150.588	1 194.079 43	3 480.811 7
土方及基础工程	29 150.588	120	349.807 06
主体建筑工程	29 150.588	500	1 457.529 4
水电安装	29 150.588	20	58.301 176
电梯工程	29 150.588	170	495.56
道路管线费	29 150.588	30	87.451 764
消防工程	29 150.588	10	29.150 588
通信工程	29 150.588	10	29.150 588
煤气工程建设费	29 150.588	10	29.150 588
装修工程	29 150.588	80	233.204 7
室外配套及环境工程	29 150.588	100	291.505 88
地下室	6 000	700	420

高层建筑采用首层架空，全部为创新性两梯三户，户户超南，小区地下车库面积 12 000 平方米，高层部分分摊 6 000 平方米，单位造价 700 元/平方米，地下车库总成本估算为 420 万元。

（4）商业——总建筑面积为 9 121.8 平方米，参考新海市市场多层建筑的造价，本项目商业的建安成本单价估算为 580 元/平方米，如表 6-22 所示。

表 6-22 商业建安成本单价估算表

商 业	数量/m^2	单价/元/m^2	金额/万/元
小计	9 121.8	580	529.064 4
土方及基础工程	9 121.8	20	18.243 6
主体建筑工程	9 121.8	300	273.654
水电安装	9 121.8	20	18.243 6
道路管线费	9 121.8	30	27.365 4
消防工程	9 121.8	10	9.121 8
通信工程	9 121.8	10	9.121 8
煤气工程建设费	9 121.8	10	9.121 8
装修工程	9 121.8	80	72.974 4
室外配套及环境工程	9 121.8	188	91.218

沿中兴大道主商业街设置三层商业，辅商业街和滨江风情街都为一层。主商业街进深为 20 米，辅商业街和滨江风情街都为 15 米进深，部分商铺受到塔楼结构影响，呈现不规则形状，在结构上会增加部分造价。

（5）21 层酒店——总建筑面积为 15 500 平方米，参考新海市市场多层建筑的造价，本项目高层的建安成本单价估算为 2 235.97 元/平方米，如表 6-23 所示。

表 6-23 21 层酒店建安成本单价估算表

酒 店	数量/m^2	单价/元/m^2	金额/万/元
小计	15 500.0	2 235.967 74	3 465.75
土方及基础工程	15 500.0	120	186
主体建筑工程	15 500.0	500	775
水电安装	15 500.0	20	31
电梯工程	15 500.0	130	201.5
道路管线费	15 500.0	30	46.5
消防工程	15 500.0	10	15.5
通信工程	15 500.0	10	15.5
煤气工程建设费	15 500.0	10	15.5
装修工程	15 500.0	1 000	1 550

续表

酒　　店	数量/m^2	单价/元/m^2	金额/万元
空调工程	15 500.0	35	54.25
室外配套及环境工程	15 500.0	100	155
地下室	6 000	700	420

酒店采用四星装修标准，初步以1 000元的装修单价进行测算，总装修成本在1 550万元，致使酒店总体建安成本单价较高。

2. 项目总开发成本估算

项目总开发成本——总建筑面积为80 031.9平方米，计算项目地价成本、前期费用、建安成本和不可预见费，项目总开发成本为11 854万元，开发平均单价为1 481元/平方米，如表6-24所示。

表6-24　项目总开发成本估算表

序　　号	项 目 名 称	数量/m^2	单价/元/m^2	金额/万元
1	地价			
1.1	住宅用地	80 031.9	170	1 360.542 3
2	前期工程费	80 031.9	49.997 010 57	400.135 575
2.1	可行性研究	80 031.9	7.497 010 567	60
2.2	勘察测量费	80 031.9	6.5	51.020 735
2.3	规划设计费	80 031.9	30	240.095 7
2.4	临时供水供电	80 031.9	3	24.009 57
2.5	场地平整	80 031.9	3	24.009 57
3	建筑安装工程费	80 031.9	1 223.043 335	9 788.248 188
3.1	花园洋房	3 793.8	677.445 832 7	257.009 4
3.2	11层小高层	22 465.712	915	2 055.612 648
3.3	18层小高层	29 150.588	1 194.079 426	3 480.811 74
3.4	酒店	15 500	2 235.967 742	3 465.75
3.5	商业	9 121.8	580	529.064 4
4	不可预见费	80 031.9	38.191 210 37	305.651 512 9
5	项目总开发成本	80 031.9	1 481.231 556	11 854.577 6

3. 项目销售收入预测

（1）销售推盘策略——项目销售从2016年第二季度开始分三批先后推出市场，每次推出市场主产品线不同，实行从小高层－高层－洋房－商业－酒店的推盘策略，如图6-7所示。

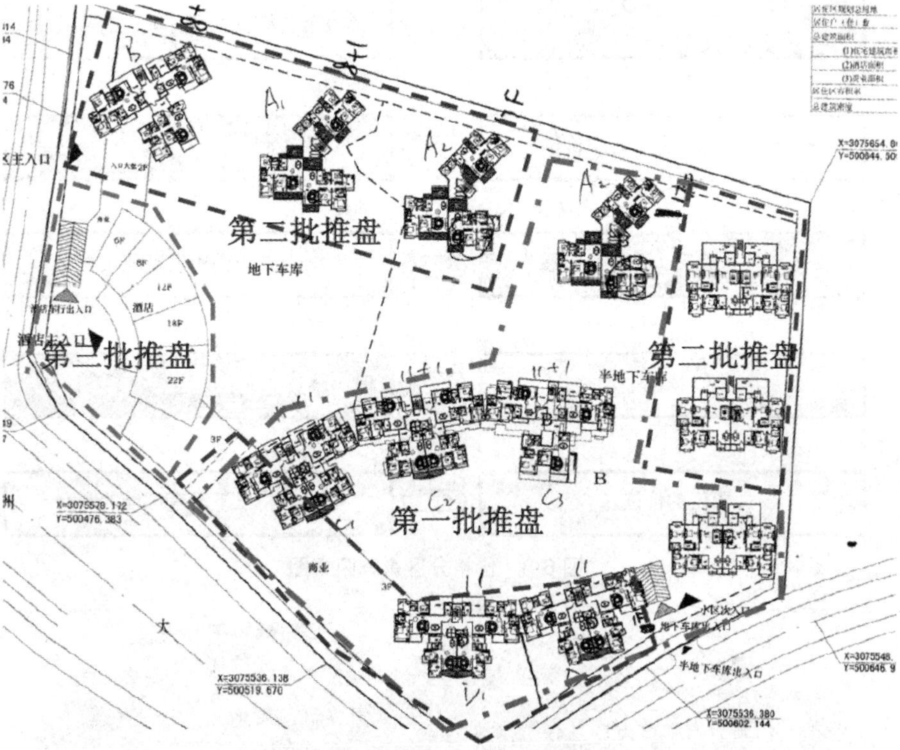

图 6-7　推盘策略图（缩微示意图）

说明：

✧　第一批推盘：采取稳健的推盘策略，先期推出市场主流产品——小高层物业，先行抢占市场，打造市场知名度，同时高层和创新性产品花园洋房各推出一栋，进行市场的试探和刺激。

✧　第二批推盘：在第一批房源消化即将完成之际，本项目在市场上拥有一定的知名度后，通过前期的引导，市场对高层抗性减少以及花园洋房的创新引力，第二批先行推出剩余高层和花园洋房，并借住宅热卖之势推出商业，实现商业和住宅的相互拉动和攀升。

✧　第三批推盘：考虑酒店投资较大，市场总体价格不高的条件下，酒店建议最后一批推出，在社区较为成熟，配套完善的时间下进行销售，可以保障酒店销售后可以迅速地进行经营，确保资金流量的持续运行。

（2）定价分析。

① 价格定位决定因素

价格定位决定因素包括市场需求、项目品质和市场价格，具体如下。

- 市场需求——目标客户对项目所在片区的可接受价格限度。
- 项目品质——含地价、财务成本、建筑工程、税费、利润及管理费用等。
- 市场价格——本项目客户可能选择的其他竞争项目的价格水平和品质对比。

以上 3 个方面分别决定了本项目定价的上限、下限和区间，如图 6-8 和图 6-9 所示。

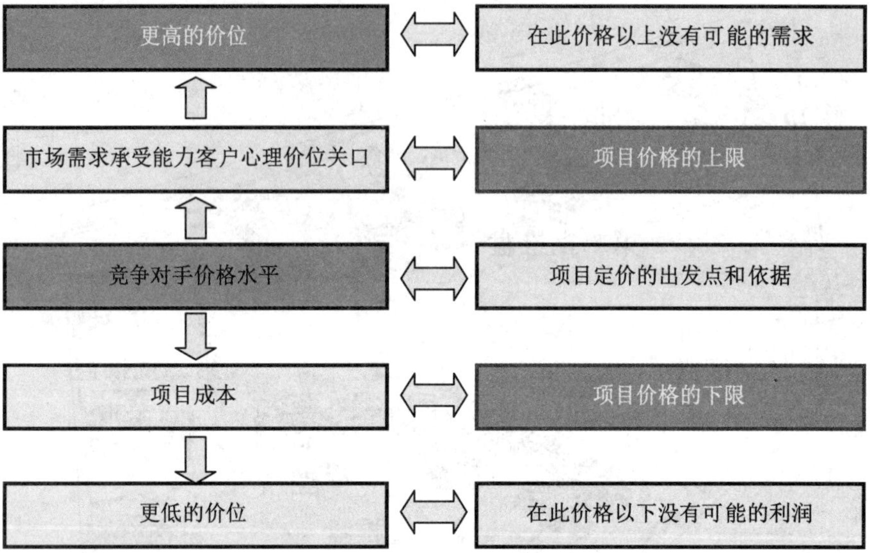

图 6-8　价格分区影响因素图

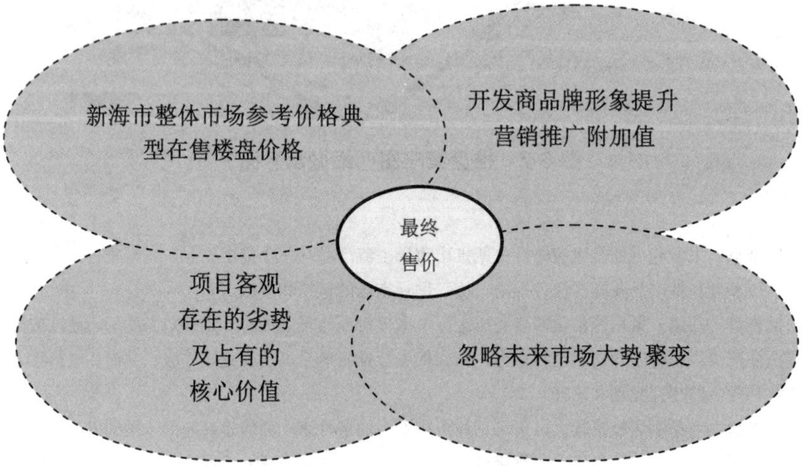

图 6-9　最终售价影响因素图

② 周边市场价格

新海市整体市场价格不高，在 1 700 元/平方米上下。典型楼盘均价在 2 000 元/平方米上下，如表 6-25 所示。

③ 价格预估

结合前述市场状况及本项目实际情况，预计本项目目前市场价位在 1 800～2 100 元/m^2之间为合理售价。

表 6-25 周边市场价格一览表

元/平方米

序 号	典型楼盘	价 格
1	皇家花园小区	3 500
2	仰天别墅山庄（二期）	2 300
3	阳春・玫瑰城	2 090
4	北湖星城（四期）	1 880
5	月亮湾（一期）	1 810
6	春龙・湖畔豪园	1 750

（3）销售收入预测——依据市场定位下的价格，预测本项目的总体销售收入为 19 544.38 万元，如表 6-26 所示。

4. 项目总投资估算

项目总投资估算——投资主体为获取预期收益，在选定的项目上所需投入的全部资金，本项目总投资包含土地成本、前期工程费、开发建设成本和开发费用，估算为 13 923 万元，如表 6-27 所示。

5. 项目投资计划

项目投资计划——项目总投资 13 923 万元，其中自有资金 4 829.83 万元，银行贷款 2 596.72 万元，经营收入再支出 6 496.59 万元，如表 6-28 所示。

项目发展时间以同类建筑工程平均合理开发时间预计，主要为经济测算用。项目采取搭接式的施工方法，在不考虑施工建设期其他技术、资金等因素不可预见风险的前提下，本项目从开工到竣工使用预计建设期约 2 年时间，初步预计为 2016 年 4 月公开对外发售，2017 年年底销售完毕。

项目开发投资总计需 13 923 万元。其资金来源有三个渠道：一是企业的自有资金，即资本金；二是银行贷款；三是预售收入用于再投资部分。本项目开发商投入自有资金 4 829.827 8 万元作为资本金，其中 2015 年第 2 季度投入约 1 636.450 4 万元，第 3 季度投入约 873.605 9 万元，第 4 季度投入约 1 690.755 5 万元，2016 年第 1 季度投入约 629.016 0 万元；从银行贷款 2 596.72 万元，于 2016 的第 1 季度投入；不足款项根据实际情况通过项目销售收入解决，经营收入再投入累计 6 496.59 万元。

6.5.5 建设项目财务分析

1. 资金来源与运用表

资金来源与运用表，主要计算项目开发期间各年的盈余资金的累积值中是否出现负值，以判断引用数据的计算是否有错漏或项目资金安排是否合理，以确定项目本身的可行性，如表 6-29 和表 6-30 所示。

表 6-26　销售收入预测表

项目名称		合计	2016Q2	2016Q3	2016Q4	2017Q1	2017Q2	2017Q3	2017Q4
住宅销售收入									
花园洋房	第一批销售计划		60%	30%	10%				
	第一批销售面积/m^2	1 264.34	758.6	379.3	126.43				
	第二批销售计划				60%	30%	10%		
	第二批销售面积/m^2	2 530.46			1 518.28	759.14	253.05		
	平均售价/元/m^2		2 300	2 300	2 400	2 400	2 500		
	销售总额/万元	901.903 5	174.478	87.239	394.730 4	182.193 6	63.262 5		
11F 小高	销售计划		60%	30%	10%				
	销售面积/m^2	22 465.71	13 479.43	6 739.71	2 246.57				
	平均售价/元/m^2		2 000	2 000	2 000				
	销售总额/万元	4 493.142 0	2 695.886	1 347.942	449.314				
18F 高层	第一批销售计划		60%	30%	10%				
	第一批销售面积/m^2	7 287.65	4 372.59	2 186.3	728.77				
	第二批销售计划				60%	30%	10%		
	第二批销售面积/m^2	21 862.94			13 117.76	6 558.88	2 186.29		
	平均售价/元/m^2		2 100	2 100	2 200	2 200	2 300		
	销售总额/万元	6 369.403 8	918.243 9	459.123	3 046.236 6	1 442.953 6	502.846 7		
住宅销售收入总和/万元		11 764.449 3	3 788.607 9	1 894.304	3 890.281	1 625.147 2	566.109 2		
商业销售收入									
销售计划					60%	30%	10%		
主商业街一层		2 393.93			1 436.36	718.18	239.39		

续表

项目名称	合计	2016Q2	2016Q3	2016Q4	2017Q1	2017Q2	2017Q3	2017Q4
平均售价/元/m²				5 000	5 000	5 000		
主商业街二层	2 393.93			1 436.36	718.18	239.39		
平均售价/元/m²				3 000	3 000	3 000		
主商业街三层	2 393.93			1 436.36	718.18	239.39		
平均售价/元/m²				2 000	2 000	2 000		
辅商业街	1 540			924	462	154		
平均售价/元/m²				4 000	4 000	4 000		
滨江风情街	400			240	120	40		
平均售价/元/m²				3 000	3 000	3 000		
商业销售收入总和/万元	3 129.93			1 877.96	938.98	312.99		
酒店销售收入								
销售计划					40%	30%	20%	10%
销售面积/m²	15 500				6 200	4 650	3 100	1 550
平均售价/元/m²					3 000	3 000	3 000	3 000
酒店销售收入总和/万元	4 650				1 860	1 395	930	465
总销售收入	19 544.379 3	3 788.607 9	1 894.304	5 768.241	4 424.127 2	2 274.099 2	930	465

注：

✧ 销售价格预测：综合市场状况及本项目实际情况，预计本项目市场价位定在——小高层：2 000 元/平方米；高层：2 100～2 200 元/平方米；酒店：3 000 元/平方米；洋房：2 300～2 500 元/平方米；商业：2 000～5 000 元/平方米。

✧ 销售速度预测说明：总体销售分三次进行推盘，第一批在 2016 年第二季度开始，经过前期蓄势，开盘预计销售率在 30%左右，之后以正常销售速度销售，参考新海市一般楼盘 1.5 天/套的速度，第二批房源在 2016 年第四季度进行入市，最后的酒店在 2017 年第一季度入市，考虑酒店销售较长的周期，项目全部销售完毕应在 2017 年年底。

表 6-27　总投资估算表

序号	项目名称	投资金额/万元	2015Q2	2015Q3	2015Q4	2016Q1	2016Q2	2016Q3	2016Q4	2017Q1	2017Q2	2017Q3	2017Q4
1	土地成本	1 360.542 3	1 360.542 3										
2	前期工程费	399.135 6	227.412 1	163.053 5	8.670 0								
2.1	可行性研究费	60.000 0	30.000 0	30.000 0									
2.2	勘察测量费	51.020 7	17.340 3	25.010 4	8.670 0								
2.3	规划设计费	240.095 7	180.071 8	60.023 9									
2.4	临时供水供电	24.009 6		24.009 6									
2.5	场地平整	24.009 6		24.009 6									
3	建筑安装工程	9 788.248 2		616.208 7	1 587.741 8	3 098.284 1	3 079.836 0	1 206.097 8	200.079 8				
3.1	土方及基础工程	718.908 5		616.208 7	102.699 8								
3.2	地下室	858.000 0			858.000 0								
3.3	主体建筑工程	3 762.252 0			627.042 0	1 881.126 0	1 254.084 0						
3.4	水电安装	160.053 8				64.015 5	96.038 3						
3.5	电梯安装	888.018 5				355.207 4	532.811 1						
3.6	道路管线费	240.095 7				96.038 3	144.057 4						
3.7	消防工程	80.031 9				32.012 8	48.019 1						
3.8	通信工程	80.031 9				32.012 8	48.019 1						
3.9	燃气工程	80.031 9				32.012 8	48.019 1						
3.10	装修工程	2 066.255 0				590.358 5	885.537 9	590.358 6					
3.11	空调工程	54.250 0				15.500 0	23.250 0	15.500 0					
3.12	室外配套	800.319 0						600.239 2	200.079 8				
4	不可预见费	305.651 5		45.847 7	45.847 7	45.847 7	45.847 7	45.847 7	45.847 8	30.565 2			
5	开发建设成本	11 853.577 6	1 587.954 4	825.109 9	1 642.259 5	3 144.131 8	3 125.683 7	1 251.945 5	245.927 6	30.565 2			
6	项目开发费用	2 069.562 0	48.496 0	48.496 0	48.496 0	81.604 2	374.316 2	211.406 1	544.564 7	396.640 2	195.572 6	79.980 0	39.990 0
6.1	管理费用	355.637 3	48.496 0	48.496 0	48.496 0	48.496 0	48.496 0	48.496 0	48.496 0	16.165 3			
6.2	销售费用	586.331 3					113.658 2	56.829 1	173.047 2	132.723 8	68.223 0	27.900 0	13.950 0
6.3	财务费用	33.108 2				33.108 2							
6.4	销售税费	1 094.485 2					212.162 0	106.081 0	323.021 5	247.751 1	127.349 6	52.080 0	26.040 0
7	总投资	13 923.139 6	1 636.450 4	873.605 9	1 690.755 5	3 225.736 0	3 499.999 9	1 463.351 6	790.492 3	427.205 4	195.572 6	79.980 0	39.990 0

表 6-28 投资计划表

序号	项目名称	合计	2015Q2	2015Q3	2015Q4	2016Q1	2016Q2	2016Q3	2016Q4	2017Q1	2017Q2	2017Q3	2017Q4
1	总投资	13 923.139 6	1 636.450 4	873.605 9	1 690.7 555	3 225.736 0	3 499.999 9	1 463.351 6	790.492 3	427.205 4	195.572 6	79.980 0	39.990 0
2	资金筹措	13 923.139 6	1 636.450 4	873.605 9	1 690.7 555	3 225.736 0	3 499.999 9	1 463.351 6	790.492 3	427.205 4	195.572 6	79.980 0	39.990 0
2.1	自有资金	4 829.827 8	1 636.450 4	873.605 9	1 690.7 555	629.016 0							
2.2	银行借贷资金	2 596.720 0				2 596.720 0							
2.3	经营收入	6 496.591 8					3 499.999 9	1 463.351 6	790.492 3	427.205 4	195.572 6	79.980 0	39.990 0

表 6-29 资金来源与运用表

序号	项目名称	合计	2015Q2	2015Q3	2015Q4	2016Q1	2016Q2	2016Q3	2016Q4	2017Q1	2017Q2	2017Q3	2017Q4
1	资金来源	26 970.927 1	1 636.450 4	873.605 9	1 690.755 5	3 225.736 0	3 788.607 9	1 894.304 0	5 768.241 0	4 424.127 2	2 274.099 2	930.000 0	465.000 0
1.1	销售收入	19 544.379 3					3 788.607 9	1 894.304 0	5 768.241 0	4 424.127 2	2 274.099 2	930.000 0	465.000 0
1.2	自有资金	4 829.827 8	1 636.450 4	873.605 9	1 690.755 5	629.016 0							
1.3	银行借贷资金	2 596.720 0				2 596.720 0							
2	资金运用	17 766.031 0	1 587.954 4	825.109 9	1 642.259 5	3 177.240 0	6 048.223 9	1 414.855 6	741.996 3	804.538 2	507.351 6	600.981 1	415.520 5
2.1	银行借贷偿还	2 596.720 0					2 596.720 0						
2.2	财务费用	33.108 2				33.108 2							
2.3	开发建设投资	11 853.577 6	1 587.954 4	825.109 9	1 642.259 5	3 144.131 8	3 125.683 7	1 251.945 5	2 45.927 6	30.565 2			
2.4	销售费用	586.331 3					113.658 2	56.829 1	173.047 2	132.723 8	68.223 0	27.900 0	13.950 0
2.5	销售税费	1 094.485 2					212.162 0	106.081 0	323.021 5	247.751 1	127.349 6	52.080 0	26.040 0
2.6	所得税	1 601.808 7								393.498 1	311.779 0	521.001 1	375.530 5
3	盈余资金	1 778.348 3	−1 587.954 4	−825.109 9	−1 642.259 5	−3 177.24	−2 259.616	479.448 4	5 026.244 7	3 619.589	1 766.747 6	329.018 9	49.479 5
4	累计盈余资金		−1 587.954 4	−2 413.064 3	−4 055.323 8	−7 232.563 8	−9 492.179 8	−9 012.731 4	−3 986.486 7	−366.897 7	1 399.849 9	1 728.868 8	1 778.348 3

表6-30　资金来源与运用表附表

项目名称	备　注
银行借贷偿还	第一批销售收入即行偿还
财务费用	年利率以5.1%
销售费用	销售收入的3%
销售税费	销售收入的5.6%
所得税	企业税后利润的15%

项目资金来源包含销售收入、自有资金以及银行借贷资金三项共 26 970.927 1 万元，项目资金运用包含银行借款偿还、银行借款财务费用、开发建设投资、销售费用、销售税费以及企业所得税等项，共17 766.031 0万元。累计项目最后盈余资金为1 778.348 3万元，项目开发可行。

2. 项目损益表

损益表，主要反映企业经营资金运动的动态表现，反映了企业的经营业绩和获利水平，据此分析企业利润或亏损的成因，评估企业的经营效益，如表6-31所示。

投资利润率＝42.93%

投资利润率是指项目的利润总额与总投资的比率，计算公式为

$$投资利润率=\frac{利润总额}{总投资}\times 100\%$$

资本金利润率=123.74%

资本金利润率是项目利润总额对资本金总额的比率，它反映资本金的占用所带来的财务成果，衡量投资者投入企业资本金的获利能力，综合反映项目开发的财务状况的好坏。

从投资利润率和资本金利润率看，本项目投资的获利水平较高。

3. 项目现金流量表

现金流量，指的是投资项目在一定生命周期内全部现金流入和流出的数量，以计算全部投资和自有资金的经济效益和财务效益，如表6-32所示。

一个投资项目从第一笔资金投入开始算起，直到使用期结束、财产清理、收回残值的整个过程中，存在着逐年的资金流出（投入），如投资、更新资金、修理费用、流动资金追加等；还存在逐年的资金流入（产出），如经营利润、折旧提存、残值回收等。项目的可行性研究，首先必须对资金的流出、流入进行正确的预测，然后才能据以对项目的盈利能力作出分析。

折现率，是用以将技术资产的未来收益还原（或转换）为现在价值的比率。本次测算所使用的年折现率为8%，季度折现率为1.94%。

表 6-31　损益表

序　号	项 目 名 称	合　计	2015Q2	2015Q3	2015Q4	2016Q1	2016Q2	2016Q3	2016Q4	2017Q1	2017Q2	2017Q3	2017Q4
1	销售收入	19 544.379 3					3 788.607 9	1 894.304 0	5 768.241 0	4 424.127 2	2 274.099 2	930.000 0	465.000 0
2	总成本	13 567.502 3	1 587.954 4	825.109 9	1 642.259 5	3 177.240 0	3 451.503 9	1 414.855 6	741.996 3	411.040 1	195.572 6	79.980 0	39.990 0
2.1	经营成本	11 853.577 6	1 587.954 4	825.109 9	1 642.259 5	3 144.131 8	3 125.683 7	1 251.945 5	245.927 6	30.565 2			
2.2	销售费用	586.331 3					113.658 2	56.829 1	173.047 2	132.723 8	68.223 0	27.900 0	13.950 0
2.3	销售税费	1 094.485 2					212.162 0	106.081 0	323.021 5	247.751 1	127.349 6	52.080 0	26.040 0
2.4	财务费用	33.108 2				33.108 2							
3	税前利润	5 976.877 0	−1 587.954 4	−825.109 9	−1 642.259 5	−3 177.240 0	337.104 0	479.448 4	5 026.244 7	4 013.087 1	2 078.526 6	850.020 0	425.010 0
4	所得税	1 601.808 7								393.498 1	311.779 0	521.001 1	375.530 5
5	税后利润	4 375.068 3	−1 587.954 4	−825.109 9	−1 642.259 5	−3 177.240 0	337.104 0	479.448 4	5 026.244 7	3 619.589 0	1 766.747 6	329.018 9	49.479 5

投资利润率	资本金利润率
0.429 276 526	1.237 492 774

表 6-32　现金流量表

序　号	项 目 名 称	合　计	2015Q2	2015Q3	2015Q4	2016Q1	2016Q2	2016Q3	2016Q4	2017Q1	2017Q2	2017Q3	2017Q4
1	现金流入	19 544.379 3					3 788.607 9	1 894.304	5 768.241	4 424.127 2	2 274.099 2	930	465
1.1	销售收入	19 544.379 3					3 788.607 9	1 894.304	5 768.241	4 424.127 2	2 274.099 2	930	465
2	现金流出	13 567.502 3	1 587.954 4	825.109 9	1 642.259 5	3 177.24	3 451.503 9	1 414.855 6	741.996 3	411.040 1	195.572 6	79.98	39.99
2.1	开发建设投资	11 853.577 6	1 587.954 4	825.109 9	1 642.259 5	3 144.131 8	3 125.683 7	1 251.945 5	245.927 6	30.565 2			
2.2	销售费用	586.331 3					113.658 2	56.829 1	173.047 2	132.723 8	68.223	27.9	13.95
2.3	销售税金	1 094.485 2					212.162	106.081	323.021 5	247.751 1	127.349 6	52.08	26.04
2.4	财务费用	33.108 2				33.108 2							
3	税前净现金流	5 976.877	−1 587.954 4	−825.109 9	−1 642.259 5	−3 177.24	337.104	479.448 4	5 026.244 7	4 013.087 1	2 078.526 6	850.02	425.01
3.1	累计税前净现金流		−1 587.954 4	−2 413.064 3	−4 055.323 8	−7 232.563 8	−6 895.459 8	−6 416.011 4	−1 389.766 7	2 623.320 4	4 701.847	5 551.867	5 976.877
3.2	税前净现值	4 605.835 1	−1 587.954 4	−809.407 4	−1 580.347 2	−2 999.273 9	312.165 8	435.530 7	4 478.946 3	3 508.053 3	1 782.372 8	715.035 3	350.713 8
3.3	累计税前净现值		−1 587.954 4	−2 397.361 8	−3 977.709	−6 976.982 9	−6 664.817 1	−6 229.286 4	−1 750.340 1	1 757.713 2	3 540.086	4 255.121 3	4 605.835 1
4	所得税	1 601.808 7								393.498 1	311.779	521.001 1	375.530 5
5	税后净现金流	4 375.068 3	−1 587.954 4	−825.109 9	−1 642.259 5	−3 177.24	337.104	479.448 4	5 026.244 7	3 619.589	1 766.747 6	329.018 9	49.479 5
5.1	累计税后净现金流		−1 587.954 4	−2 413.064 3	−4 055.323 8	−7 232.563 8	−6 895.459 8	−6 416.011 4	−1 389.766 7	2 229.822 3	3 996.569 9	4 325.588 8	4 375.068 3
5.2	税后净现值	3 246.352 5	−1 587.954 4	−809.407 4	−1 580.347 2	−2 999.273 9	312.165 8	435.530 7	4 478.946 3	3 164.075 6	1 515.016 9	276.770 1	40.83
5.3	累计税后净现值		−1 587.954 4	−2 397.361 8	−3 977.709	−6 976.982 9	−6 664.817 1	−6 229.286 4	−1 750.340 1	1 413.735 5	2 928.752 4	3 205.522 5	3 246.352 5

4．项目盈利能力分析

（1）净现值

净现值（ENPV）是按设定的基准利率（8%）将项目有效受益期内各年净现金流量折现到建设初期的现值之和，它是考察项目在计算期内盈利能力的动态指标，净现值大于或是等于 0 的项目可以接受。经过测算，本项目的净现值=人民币 3 246 万元。

（2）投资回收期

投资回收期是指项目以净收益抵偿全部投资所需要的时间，同时是反映开发项目投资回收期能力的重要指标。投资回收期包含开发建设期，从项目前期工作开始计算，计算中已考虑回收期内所有税收。经过测算，扣除所得税后，项目动态回收期=1.30 年。

（3）财务内部收益率（FIRR）

财务内部收益率是指项目在整个计算期内各年财务净现金流量的现值之和等于零时的折现率，也就是使项目的财务净现值等于零时的折现率。它反映项目所用资金的盈利率，是考核项目实际收益率的一个动态指标，当 FIRR 大于基准收益率的时候，则认为其盈利能力已满足最低要求。经测算，项目的财务内部收益率=48.90%。

6.5.6　建设项目不确定性分析

1．项目盈亏平衡分析

盈亏平衡分析是通过对业务量、成本、利润相互关系的分析，判断企业对市场需求变化适应能力的一种不确定性分析方法。在房地产投资项目评价中，这种方法的作用是找出投资项目的盈亏临界，以下将通过对销售率盈亏临界点的计算，了解项目承担风险的能力。

项目盈亏平衡点，是指项目销售收入扣除销售税费后与总投资相等的状态。

如表 6-33 所示为盈亏平衡表。

表 6-33　盈亏平衡表

项　目	预　计　数
盈亏平衡销售率	71.63%
盈亏平衡销售价格/元/m^2	1 749

注：以上为单变量因素对全部资金税后财务净现值的测算结果。

2．项目敏感性分析

项目敏感性分析——对本项目而言，土地成本和销售收入是影响项目评价指标最主要的两个因素，在此对两个因素进行敏感性的分析测算。

敏感性分析，就是在确定性分析的基础上，通过进一步分析、预测项目主要不确定因素的变化对项目评价指标（如财务内部收益率、财务净现值等）的影响，从中找出敏感因素，确定评价指标对该因素的敏感程度和项目对其变化的承受能力，如表 6-34 所示。

表 6-34　敏感性分析表

因素变化情况		部分指标变化			敏感性分析结果		
		销售收入	总投资	税后利润	财务净现值	内部收益率	动态回收期
销售收入变化	下降 5%	18 567.160 3	13 483.461 6	3 740.280 9	2 674.230 1	41.29%	1.47
	下降 10%	17 589.941 4	13 399.420 6	3 105.493 6	2 102.10 8	33.85%	1.64
	上升 5%	20 521.598 4	13 651.543 2	5 009.855 8	3 818.474 8	56.62%	1.14
	上升 10%	21 498.817 2	13 735.584	5 644.643 2	4 390.597 1	64.51%	0.99
建安成本变化	下降 5%	19 544.379 3	12 974.823 3	4 789.943 7	3 655.020 5	57%	1.14
	下降 10%	19 544.379 3	12 382.144 6	5 204.818 8	4 063.688 4	66.22%	0.96
	上升 5%	19 544.379 3	14 160.181 3	3 960.193 1	2 837.684 4	41.67%	1.46
	上升 10%	19 544.379 3	14 752.860 2	3 545.317 8	2 429.016 6	35.23%	1.62

从表 6-34 可以看出，项目销售收入和建安成本两个因素对项目效益产生较大的影响，项目在销售收入和建安成本不利的情况下，项目财务指标反映仍然很好，项目抗风险性能力较强。

3. 风险分析与风险防范

（1）政治风险

- 风险来源：政治风险是指国家政策变化所带来的风险。对本项目而言，周边用地规划、政策变动等都对本项目影响较大。
- 风险回避：注意开发区片区的整体规划和政策变动，根据整体发展走向调整投资计划。

（2）市场风险

- 风险来源：主要是由市场供求关系、竞争关系、资源条件、市场购买力水平等因素变化而带来的风险。
- 风险回避：密切关注当地经济的发展状况及市场环境变化，细心使用投资分析的结果避免某些市场风险。尤其在当前新海市住宅和酒店物业供应量大、竞争大的市场环境下，注意细分市场的分析与项目创新等方式，抢占市场份额。

（3）财务风险

- 风险来源：主要是项目融资、资金运用等财务管理方面带来的风险。如果过度举债、资金运用不当，不仅会增加融资成本，减少投资收益，还有可能因无法按期清偿债务而失去抵押物。
- 风险回避：合理评价项目资金投入和公司内部资金运用，保证资金周转灵活。

（4）金融风险

- 风险来源：主要表现在利率风险和汇率风险以及金融政策风险三个方面。
- 风险回避：长期以来，房地产投资所面临的利率风险并不显著，但仍要注意贷款对融资成本的影响。另外，对银行而言，注意项目的可行性、可操作性和企业还款能力，避免项目烂尾、销售积压等因素造成的损失。

（5）经营风险

- 风险来源：是指房地产投资项目经营管理决策失误造成的风险。例如承包形式的决策、承包方的选择、营销渠道的选择、营销策略的制定、价格定位等经营决策上与管理决策上存在的风险。
- 风险回避：做好前期可行性研究工作，减少投资方案决策风险；控制好开发建设期间各道工序，达到对工期、成本、质量的控制；经营阶段做好市场定位、营销策略制定等工作，降低市场营销风险。

综合练习

一、基本概念

现金流量表；现金来源与运用表；利润表；资产负债表；资产；存货；现金；在建工程；负债；所有者权益；财务静态指标；投资利润率；资本金利润率；资本金净利润率；投资利税率；静态投资回收期；借款偿还期；财务比率；资产负债率；流动比率；速动比率；还本付息比率；动态指标；财务净现值；内部收益率；动态投资回收期

二、思考题

1. 财务分析的主要内容包括什么？
2. 财务分析的作用主要表现在哪几个方面？
3. 财务分析的基本程序包括哪几个步骤？
4. 财务分析的基本报表主要有哪些？
5. 通过利润表可以计算哪些财务指标？
6. 利润率指标主要包括哪些？
7. 静态投资回收期的优缺点有哪些？
8. 常用的动态财务分析指标主要有哪些？

推荐阅读

1．王风明．基于现金流量的房地产投资项目财务评价与分析[D]．北京：北京交通大学，2009．

2．徐文峰，徐源．房地产开发企业会计实务[M]．广州：广东经济出版社，2009．

3．[澳]戴安安大等．投资预算——投资项目的财务评价[M]．戚安邦，童颖，瘳媛红，等，译．天津：南开大学出版社，2005．

第 7 章　不确定性分析

学习目标

通过对本章的学习，学生应掌握如下内容：

1. 不确定性与不确定性分析的含义；
2. 不确定性分析的方法；
3. 盈亏平衡分析的含义及基本思路；
4. 敏感性分析的含义与过程；
5. 概率分析的基本步骤。

导言

财务分析对项目的财务可行性做出了评判，这种分析是建立在基础数据估算基础上的。基础数据的估算准确与否与估算人员的水平高低有很大的关系，具有不确定性，同时市场在随时发生着变化，因此负责任的投资分析必须对估算数据的不控性和市场不确定性所带来的影响进行评估。本章将阐述不确定性分析的基本知识。

7.1　不确定性分析概述

7.1.1　不确定性与不确定性分析的含义

1. 不确定性的含义

项目财务分析是房地产投资分析人员在确定性情况下对项目所作的财务效益分析。而实际在房地产投资过程中，受环境、客观条件和相关因素的局限，这种确定性是相对的。所确定的基础数据、基本指标和项目的经济效益结论，有时不符合评价者和决策者所作的某种确定的预测和估计，甚至有些数据可能没什么用处；或者由于时间的关系，其数据和结论发生了变化，上述这些现象就称为不确定性。

2. 不确定性产生的原因

不确定性产生的原因很多，主要有以下几点。

（1）信息的不充分性。由于信息在质与量两个方面不能充分地满足预测未来的需要，而获得充分的信息则需要耗费大量的时间与金钱，这就使分析者所能掌握的信息量十分有限。此外分析者还需要作大量的假设，而此种方式不利于及时、准确地作出决策，从而增加了投资项目的不确定性。

（2）人的判断能力的有限性和差异性。由于人的判断能力受到诸多因素的限制，不可能准确无误地预测未来的一切，加上预测工具以及工作条件的限制，决定了预测结果与实际情况肯定存在或大或小的偏差。同时，不同的人对于同一事物判断也是不尽相同的。

（3）市场供求变化的影响。房地产投资项目的建设周期一般较长，所以，在整个周期中不可避免地会发生需求结构的变化、需求数量的变化、产品供给结构的变化以及供给数量的变化。尽管可以通过对当前市场情况的分析来预测未来的供求结构，但这样的分析往往是相当复杂的，具体实施起来也很困难。所以，供求结构的变化也会引起项目不确定性的增加。

（4）经济环境变化的影响。在市场经济条件下，国家的宏观经济调控政策、各种改革措施以及经济发展本身对投资项目有着重要影响，特别是对投资项目的收益影响巨大。而这些影响因素都是不断变化的，因此使得投资的不确定性增加。

3. 不确定性分析的含义

房地产投资的不确定性分析是以合理、有效地识别和规避风险为主要目标的一种分析方法。它通过计算和分析各种不确定性因素的变动对投资项目经济效益的影响程度，分析可能出现的风险，进而确认投资项目在财务、经济上的可行性。

7.1.2 房地产投资的主要不确定性因素

由于房地产投资的种类不同，其不确定性因素也不相同，因此下面将分别从房地产开发投资与置业投资两个角度描述其不确定性因素。

1. 房地产开发投资的不确定性因素

房地产投资是一个动态的过程，具有周期长、资金投入量大等特点，因此很难在一开始就对整个房地产投资过程中的相关费用和后期的收益情况作出准确的估计。项目经济评价中所涉及的许多参数，如租售价格、建安成本等，在项目进行过程中往往会因外部环境或内部管理的变动而发生变动，从而影响项目的投资效果。通常，这些可变因素称为房地产投资项目中的不确定因素。其中，租售价格、土地费用、开发周期、建安工程费、融资成本、出租率、建筑面积和投资收益率等因素是主要的不确定性因素。投资分析有必要针对上述因素或参数的变化对财务评价结果产生的影响进行深入研究，从而为房地产投资决策提供科学的依据。

（1）租售价格及租售率

租金收入或者销售收入构成了房地产投资项目的主要现金流入，也是其利润的主要来源，因此租金或者售价的变动对房地产投资项目收益的影响是显而易见的。房地产市场是处于不断变化过程中的，同类物业在市场上供求关系的变化，开发过程中的政治、经济、社会和环境等因素的变化，都会对租金和售价产生影响。同样，出租率、空置率在房地产市场中也是处于不断变化之中的。

（2）土地费用

土地费用是房地产投资分析中的一个重要计算参数。在进行开发投资分析时，如果开发投资者还没有获取土地使用权，土地费用往往是一个未知数。因此，通常要参照近期土地成交的实例，通过市场比较法或其他方法来估算土地费用。同时，现在的土地市场多为公开竞价市场，竞争方的开发策略、心理价位均难以探测，这就为购置对象的市场价格预测带来了更大的难度。随着城市的发展规模扩大和城市可利用土地资源的减少，土地费用在城市房地产开发总成本中所占的比例在日益增大。因此，分析土地费用变化对房地产开发项目财务评价结果的影响十分重要。

（3）开发周期

房地产开发周期大体上可分为投资决策、项目前期、建设施工、租售四个阶段，环环相扣。每一个阶段都有具体的工作需要完成，前一阶段工作的完成程度将直接影响后期工作的实施，任何一个环节的拖延都有可能导致整个开发周期的延长。而建设周期的延长意味着开发商将增加贷款利息、施工人力成本，进而提高工程造价，并伴随有更多的市场变化风险，这一切都将影响项目投资效果。

同时，导致工期延长的因素是相当复杂的，每一个阶段都存在一些关键环节。例如，前期工作中政府部门的审批能否按时通过，招投标能否顺利进行；建设过程中原材料、人力资源、机械准备是否充足，施工中是否遇到特殊地质构造或者文物，施工合同是否能有效履行等；销售阶段能否按时完成销售任务，是否有公众干预等。

（4）建安工程费

在房地产开发项目进行投资分析的过程中，建安工程费的估算比租金售价的估算要容易一些。但即使这样，分析时所估算的建安工程费与实际费用之间也不一定相符。导致建安工程费发生变化的原因主要有以下两种。

① 开发商在决策购置某块场地进行开发之前，通常要进行整个建造成本的详细估算，并在此基础上测算能承受的最高地价。当开发商获得土地使用权后，就要选择一个合适的承包商，并在适宜的时间从该承包商处得到一个可以接受的合理报价，即标价，并据此签订建筑工程承发包合同。由于建安工程费的估算时间与承包商报价时间之间经历了购置土

地使用权等一系列前期准备工作，二者往往相差半年到一年时间，这期间可能会出现由于建筑材料和劳动力价格水平的变化而导致建安工程费上涨或下跌的情况，使进行项目分析时估计的建安工程费与签订承包合同时的标价不一致。如果合同价高于原估算值，则开发商利润就会较预期值减少许多；反之，如果合同价低于原估算值，则开发商利润就会较预期值有所增加。

② 当建筑工程开工后，由于建筑材料价格和人工费用发生变化导致建安工程费改变。这种改变对开发商是否有影响，要看承包合同的形式如何。如果承包合同是一种固定总价合同，则建安工程费的改变由承包商负担，对开发商无太大影响。否则，开发商要承担项目建设阶段由于建筑材料价格和人工费用上涨所引起的建造成本增加额。

（5）融资成本

融资成本的高低是由贷款利率决定的。贷款利率的变化对许多财务评价指标都有影响。房地产开发商在开发建设一个项目时，自有资金往往只占投资总额的 35%左右，其余部分都要通过金融机构借款或预售楼宇的方式筹措，所以，融资成本，即利息支出对开发商最终获利大小的影响极大。房地产投资周期长，期间政府宏观政策的变化及经济运行情况都可能引起贷款利率的变化。利率的影响决定了开发商利用财务杠杆的有效性。

（6）建筑面积

当项目用地面积一定时，容积率的大小就决定了项目可建设的建筑面积的数量，而建筑面积直接关系到项目的租金或销售收入与总建造成本。如前所述，项目分析阶段，开发商不一定能拿到政府有关部门的批文，因此，容积率及其他规划指标是不容易确定的，因此建筑面积也是不确定的。另外，即使有关部门批准了开发项目的容积率或建筑面积，项目可供出租或出售的面积仍然不能完全肯定，因为建筑物出售时包括公共面积的可分摊和不可分摊的部分，因此建筑物出租时可出租面积占总建筑面积的比例在项目分析阶段只能根据经验大致估算。

（7）资本化率

资本化率也是影响经济评价结果最主要的因素之一，其取值的变化对现金流量分析、投资项目开发价值分析和一些盈利能力评价指标有所影响。资本化率的微小变化都会影响到财务评价的最终结果。如前所述，项目总开发价值或物业资本价值可用项目建成后年净经营收入除以资本化率来得到。现假定某项目年净租金收入预期值不变，则就物业资本价值或总开发价值而言，现实中市场上的资本化率与分析时的预期资本化率即使只差 1%，所求得的结果也会相差很远。而预期资本化率是很难做到与现实分毫不差的，这种无法避免的误差，会使投资者承担许多附加风险。另外，有些收益率（如内部收益率、目标收益率等）在进行项目分析时，对项目的投资决策也会有很大影响。

目前，关于房地产开发项目资本化率的常用求取办法是选取若干个参照项目的实际净租金收入与售价的比值，取其平均值作为评估项目的资本化率，即

$$R=\frac{\frac{P_1}{V_1}+\frac{P_2}{V_2}+\frac{P_3}{V_3}+\cdots+\frac{P_n}{V_n}}{n}=\frac{1}{n}\sum_{i=1}^{n}\frac{P_i}{V_i}$$

式中：P_i——第 i 个参照项目的年净租金收入；

V_i——第 i 个参照项目的市场价值或售价；

R——资本化率。

由于不同估价人员受自身经验、专业知识以及手中所掌握的市场资料的限制，所选择的参照项目可能不同，因此会有不同的结论。另外，由于开发周期内市场行情的改变，以及参照项目与评估项目之间的差异，评估时所选择的资本化率或折现率与将来的实际资本化率相比，也不可避免地会出现误差，从而使开发商要承担附加风险。

从以上分析可以看出，房地产开发过程中所涉及的这些变量或者以独立的形式，或者以相互同步或不同步的形式发生着变化。假如开发项目的总收入和总费用是同步变化的，那么，开发商的纯利润将基本保持不变。在这种前提下对项目进行不确定性分析的意义不大。但在开发过程中，总收入和总费用的变化并不同步。因此，有必要对各变量的变化情况，以及这些变化对开发商的收益有何影响、影响程度怎样进行详细分析，以保证开发商的决策有充分的依据。

2. 房地产置业投资的不确定性因素

对于房地产置业投资项目，影响其投资经济效果的主要不确定性因素包括购买价格、权益投资比率、租金水平、空置率、运营成本、有效面积系数和融资成本等。由于租金水平和融资成本对置业投资项目影响的机理与房地产开发项目相同，因此，这里重点分析其他不确定性因素。

（1）购买价格

购买价格是房地产置业投资项目的初始资本投资数额，其高低变化在很大程度上影响着房地产置业投资经营的效果。高估或低估初始购买价格，会使经济评价指标偏低或偏高，可能导致投资者失去投资机会或承担过多的投资风险。房地产投资分析中购买价格的确定，应该以房地产估价师估算的拟购买房地产资产的公开市场价值或价格为基础，很显然，这种基于评估的购买价格有很大的不确定性。

（2）权益投资比率

权益投资比率是指投资者所投入的权益资本或资本金占初始资本投资总额的比例。权益投资比率低，意味着投资者使用了高的财务杠杆，使投资者所承担的投资风险和风险报酬相应增加，权益投资收益率提高。通常情况下，当长期抵押贷款利率较低、资金获得性较好时，风险承受能力较强的投资者喜欢选用较低的权益投资比率。但金融机构出于控制信贷风险的考虑，通常要求投资者权益投资的比率不得低于某一要求的比率。

（3）出租率

出租率是已经出租出去的建筑面积占总的可出租的建筑面积的比例。与之相对应的一个概念是空置率，它是准备出租但没有出租出去的建筑面积占总的可出租建筑面积的比例。数值上，空置率=1-出租率。对于建成后用于出租的房地产开发项目而言，出租率和空置率的估计对于计算项目的有效毛租金收入非常重要。在一定的租金价格水平下，出租率高、空置率低，说明项目有效租金收入较高；出租率低、空置率高，说明项目有效租金收入较低。而二者的变化又与宏观经济环境、市场供求关系、使用者支付租金的能力等有关。所以，准确地估计某类物业的出租率，并不是一件容易的事。因此，从客观上讲，出租率的不确定性带来的风险是投资者难以控制的。

（4）运营费用

运营费用是为了保持物业正常运行，满足租户的使用要求而支付的费用。虽然可以通过与物业管理公司签署长期合约来减少物业维护管理费用的变动，但仍不能排除通货膨胀因素对这部分费用的影响。尤其是对于旧有物业的投资，其大修理费用和设备更新费用也存在着较大的不确定性。与持有物业相关的房地产财产税，也会依不同的年度而有所变化。

7.1.3 不确定性分析的方法与作用

1. 不确定性分析的方法

房地产投资不确定性分析是对房地产投资过程中不确定因素的变化对项目投资效益的影响程度，以及项目对各种不确定性因素的承受能力进行的分析与计算。主要有盈亏平衡分析和敏感性分析两种方法。在具体应用时，要在综合考虑项目的类型、特点，决策者的要求，以及相应的人力、财力等条件下来选择。

2. 不确定性分析的作用

房地产投资不确定性分析是投资者进行房地产项目投资时的重要决策手段，它对于房地产投资项目的成功与否有着极其重要的意义。

（1）减少投资决策的失误。房地产投资项目的总投资额、建设期、年销售收入、年利率等指标值与其实际值之间往往存在差异，通过不确定性分析，可以预测出这些差异的存在范围，从而进行比对研究，作出判断，并制定具体的应对措施，减小投资风险。

（2）提高项目的风险防范能力。通过不确定性分析可以预测项目对某些不确定因素（如社会、经济、环境等）变化的抗冲击能力，确定各个影响因素对项目经济效果的影响程度，对于一些不利于项目收益的因素采取相应对策予以克服。

（3）考虑投资主体的实际情况。不确定性分析从投资者的角度进行分析，更符合投资者的实际情况。房地产投资市场的投资主体众多，而每一个投资主体的最终目标不尽相同，对各个因素的控制也会有所不同，因此造成投资主体对同一敏感因素的敏感度不同。不确定性分析就是从投资主体的实际出发，使投资决策更加有效和实用。

（4）考虑投资的长期风险。不确定性分析可以对现在看上去盈利较大，但最终会亏损的投资项目作出正确判断。在实际的投资操作中，有些项目在运作初期看上去可以盈利，但是随着技术进步、通货膨胀等因素的影响加剧，在项目运作的中期或是后期会逐渐亏损。这类情况靠表象的分析是不足以发现的，只有通过较为复杂的不确定性分析才能得以证明。

3．不确定性分析的实践应用

不确定性分析中的盈亏平衡分析和敏感性分析在房地产投资分析中最常用，盈亏平衡分析属于最易于应用的分析方式，而敏感性分析在运用中，敏感因素和变化幅度理论上需要通过概率分析选择确定。由于国内房地产市场发展时间较短，市场数据监测、记录比较分散并且不连续，即使数据有记载，广度和精度都较差，并且很多数据默认，这就造成概率分析在我国的房地产投资分析中应用度较低。所以，在敏感性分析的实际运用中，对于敏感因素，一般需要分析人员的经验判断，需要根据经验选择敏感性最强的几个因素，再根据经验确定变化幅度。

7.2 盈亏平衡分析

7.2.1 盈亏平衡分析概述

1．盈亏平衡分析的含义

盈亏平衡分析又称保本点分析，是在完全竞争或垄断竞争的市场条件下，研究房地产投资项目中的各变量（开发或销售量、成本、销售利润等）之间的平衡关系，并找出项目盈亏临界点的一种方法。盈亏临界点是利润为零时项目的成本、售价或销售率所处的状态，也就是说，在这一点上，销售收入与总成本费用相等，既不亏损也不盈利。有时盈亏平衡分析的方法也用来分析达到目标收益水平时项目的销售价格或租金、成本、销售率或出租率所处的状态，因此盈亏平衡分析也称量本利分析、临界点分析和收支平衡分析。

盈亏平衡分析广泛应用于经营分析、成本管理和方案选择等领域。盈亏平衡分析的目的是确定投资活动的盈亏临界点，以及有关因素变动对盈亏临界点的影响等问题。它可以为投资者提供在何种销售或出租量下企业将盈利，以及在何种销售或出租量下企业会出现亏损的问题。

2．盈亏平衡分析的思路

房地产项目开发经营成本与其他商品经营成本一样，按成本额与开发数量的关系可以分为固定成本与变动成本两大类。合理区分房地产投资项目的固定成本和变动成本是盈亏平衡分析方法的前提条件。固定成本是指在一定范围内不随开发量（销售量）的变化而变化的相对稳定的成本，如建筑机械费用、固定资产折旧费、公司管理人员工资等。可变成本是指那些随着开发量（销售量）的变化而变化的成本，如建筑安装工程费（包括建筑材料费）、勘察设计费等。开发量、成本、利润之间存在一定的相互关系。投资开发量可以看作是销售收入和总成本的变量，从而使开发量与利润之间建立起函数联系，计算出开发量的变化对利润的影响。这个数学函数关系为

利润=销售收入-销售税金-总成本

根据房地产投资项目的开发量与销售收入或总成本之间的变化关系，进行线性盈亏平衡分析或非线性盈亏平衡分析。

3. 盈亏平衡分析的优缺点

（1）盈亏平衡分析的优点

无论是从计算上，还是从原理上，盈亏平衡分析方法是最简单的不确定性分析方法。仅仅通过对一个投资项目的量本利间的平衡关系进行分析计算，找出平衡点（或临界点），就可以了解项目对市场需求变化的适应能力，掌握各种不确定因素的变化对项目收支平衡的影响，从而使决策者清楚应当把工作重点放在什么环节上才能使一笔投资得到最有效的利用。

盈亏平衡分析在分析某些不确定因素，如销售量、产品价格、产品成本等的变化对项目利润水平的影响时，有着其他不确定性分析方法所不能替代的独到之处。其优点主要在于通过盈亏平衡分析有助于了解项目可承受的风险程度，简便、合理地确定项目的经济规模、工艺技术的最佳方案。

因为盈亏平衡分析具有简单、直接的优点，同时在确定经济规模和工艺技术最佳方案上具有独到之处，从而被广泛地应用在房地产投资项目评价中。

（2）盈亏平衡分析的缺点

首先，盈亏平衡分析方法建立的理想化假定前提条件在实际中很难满足。即使其中个别条件能够满足，也不可能所有条件都同时得到满足，这又使盈亏平衡分析带有一定程度的不确定性。盈亏平衡分析是通过确定成本、利润和收入三者中的任意两个，求取盈亏平衡点下的另外一个，而在实际市场中，这三者都无时无刻不在发生着变化，具有不确定性。

其次，盈亏平衡分析过于简单化。盈亏平衡分析是分析成本、利润和收入之间的关系，对于更深层次的问题，如市场需求量有没有可能低于保本量，如果有可能，这种可能性有多大等，盈亏平衡分析就不能分析。

最后，盈亏平衡分析无法把握风险与收益间的平衡。仅以盈亏平衡点的高低来判断投资方案的优劣，并不一定能够得到最优方案，因为有时需要在更高的盈利安全性与获取更大盈利的可能性这两者之间作出抉择，这一点盈亏平衡分析难以做到，只能依靠风险分析来实现。

总的来说，盈亏平衡分析方法是一种很实用的不确定性分析方法，但仍只能作为对项目评价检验的辅助手段。

7.2.2 线性盈亏平衡分析

1. 线性盈亏平衡分析的条件

线性盈亏平衡分析是指收入、成本、利润等均和产量呈线性关系的盈亏平衡分析。一般需要满足以下五个条件。

（1）房地产产品的总销售收入和生产总成本是房地产开发面积（或产品产量）的线性函数。

（2）房地产产品的生产量和销售量相等，即开发的房地产能全部销售出去。

（3）房地产产品的固定成本和单位租售价格在产品租售期间保持不变。

（4）同时开发几种不同类型的房地产产品时，应将其组合折算成一种产品。

（5）计算所使用的各种数据是正常生产年度的数据。

2. 线性盈亏平衡分析公式

设某开发项目的总成本为 C，其中固定成本为 C_F，变动成本为 C_v，单位变动成本为 V，开发数量为 Q，销售收入为 S，销售税率为 r，销售单价为 P，利润为 E，则有

$$C = C_F + C_V = C_F + VQ$$

$$S = PQ - rPQ = PQ(1-r)$$

$$E = S - C = PQ(1-r) - (C_F + VQ)$$

上述线性盈亏平衡分析模型 $E = PQ(1-r) - (C_F + VQ)$ 中，含有 6 个相互联系的变量，只要给定其中的 5 个，便可以求出另外一个变量的值。

（1）求预期利润时：$E = PQ(1-r) - (C_F + VQ)$

（2）求销售量时：$Q = \dfrac{E + C_F}{P(1-r) - V}$

当 E=0，即开发项目达到盈亏平衡时，项目的销售量（前提：房地产产品为单一产品）Q^*为

$$Q^* = \frac{C_F}{P(1-r) - V}$$

当房地产开发项目的产（销）量达到 Q^*时，项目开发的总收入与总支出相等。也即是说，Q^*是房地产开发项目在预定的产品售价条件下，为了实现盈亏平衡，所必须达到的最低销售量。Q^*与预计产品销售量之间的差距越大（小），说明该房地产开发项目承受市场风险的能力越强（弱）。

分析盈亏平衡销售量还需计算销售量允许降低的最大幅度（η_Q）。其计算公式为

$$\eta_Q = \frac{Q - Q^*}{Q} \times 100\%$$

通过市场调查与预测，可以判断最大幅度（η_Q）出现的可能性。可能性越大，说明项目的风险越大，反之越小。

（3）求销售单价时：$P=\dfrac{E+VQ+C_F}{Q(1-r)}$

盈亏平衡（E=0）时，销售单价 P^*为 $P^*=\dfrac{VQ+C_F}{Q(1-r)}$

P^*表示开发项目产品售价下降到预定可接受的最低盈利水平（一般为不亏不盈）时的最低售价。

P^*与预计售价之间的差距越大(小)，说明该房地产开发项目承受风险的能力越强(弱)。

分析盈亏平衡销售单价还需计算销售单价允许降低的最大幅度（η_P）。其计算公式为

$$\eta_P=\frac{P-P^*}{P}\times 100\%$$

通过市场调查与预测，可以判断最大幅度（η_P）出现的可能性。可能性越大，说明项目的风险越大，反之越小。

（4）求销售收入时：$S=\dfrac{E+C_F}{P(1-r)-V}\times P(1-r)$

盈亏平衡（E=0）时，最低销售收入 S^*为

$$S^*=\frac{C_F}{P(1-r)-V}\times P(1-r)$$

S^*为开发项目不发生亏损的最低销售收入。S^*与预计销售收入差距越大（小），说明该房地产开发项目的抗风险能力越强（弱）。

分析盈亏平衡销售收入还需计算销售收入允许降低的最大幅度（η_S）。其计算公式为

$$\eta_S=\frac{S-S^*}{S}\times 100\%$$

通过市场调查与预测，可以判断最大幅度（η_S）出现的可能性。可能性越大，说明项目的风险越大，反之越小。

（5）求单位变动成本时：$V=\dfrac{PQ(1-r)-C_F-E}{Q}$

（6）求固定成本时：$C_F=PQ(1-r)-VQ-E$

上述分析主要针对以销售为主的开发项目在盈亏平衡状态时的销售量、销售单价与销售收入。当房地产产品以出租为主时，可相应进行盈亏平衡租金、盈亏平衡出租面积以及盈亏平衡出租率等的计算分析。

3. 线性盈亏平衡分析图解

如图 7-1 所示，纵轴表示成本 C，横轴表示开发量 Q，固定成本线为 C_F 线，可变成本

线为 C_V 线，总成本线为 C 线，销售收入线为 S 线。盈亏平衡点 M 为 C 线与 S 线的交点，它对应的产量为 Q^*。MQ^*连线将图示区域分为两个部分，左侧总成本线高于销售收入线，为亏损区；右侧总成本线低于销售收入线，为盈利区。也就是说，当项目实际销售量 $Q>Q^*$ 时，该投资开发项目盈利；当 $0<Q<Q^*$时，该投资开发项目亏损；当 $Q=Q^*$时，该投资开发项目不亏不盈，处于保本状态，这时 Q^*为保本量。

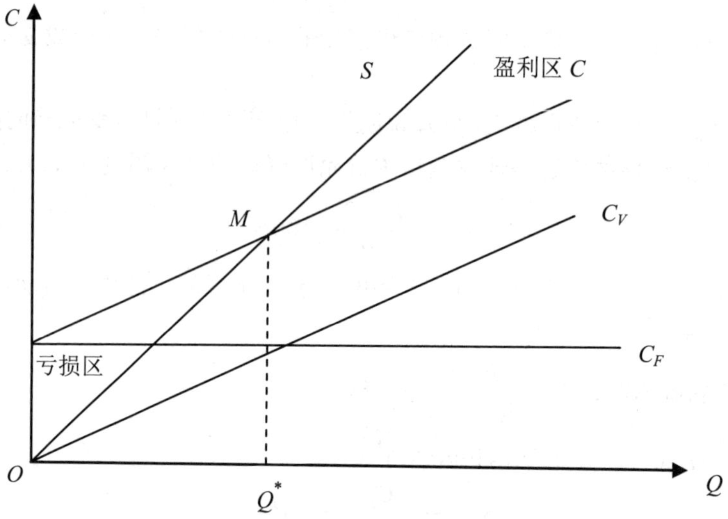

图 7-1　线性盈亏平衡分析图解

4. 线性盈亏平衡分析案例

【例 7-1】某房地产开发商拟投资一房地产开发项目，该项目固定成本为 7 000 万元，单位面积的可变成本为 2 000 元/平方米，项目建成后预计平均售价为 6 000 元/平方米，销售税金及附加为 500 元/平方米，开发商拟获利 5 000 万元。试求项目盈亏平衡时的开发数量及目标利润开发量。

依题意可知：

C_F=7 000 万元，P=6 000 元/平方米，C_v=2 000 元/平方米，t=500 元/平方米，目标利润 E=5 000 万元。

则项目的盈亏平衡点为

$$Q^* = \frac{7\,000 \times 10^4}{6\,000 - 2\,000 - 500} = 20\,000\text{（平方米）}$$

目标利润开发量为

$$Q_E = \frac{E + C_F}{P - C_V - t} = \frac{(5\,000 + 7\,000) \times 10^4}{6\,000 - 2\,000 - 500} = 34\,286\text{（平方米）}$$

由此可知，该项目至少开发 20 000 平方米才能保本，若要盈利 5 000 万元，则需要开发 34 286 平方米。

7.2.3　非线性盈亏平衡分析

1．非线性盈亏平衡分析的适用范围

线性盈亏平衡分析是以项目的销售收入、生产成本与开发量呈线性关系为前提的。但是在实际开发经营中，单位产品的可变成本与销售价格不一定是以线性关系发生变化的，因此，销售收入和生产成本与开发量之间的关系不一定呈严格的线性关系。例如，当销售量大幅增加，导致市场需求趋于饱和，其边际产品价格会逐渐下降；或者由于产量形成规模效应时，将使产品的边际成本下降，然后随着产量的进一步上升，边际成本又将增加。在这些情况下，就需要采用非线性分析方法对以上情况进行分析。

2．非线性盈亏平衡分析公式

非线性盈亏平衡分析图如图 7-2 所示，横轴表示产量 Q，纵轴表示收入和成本大小，直线 C_F 表示固定成本，两条曲线分别表示收入（S）和总成本（C）。则

$$E = S(Q) - C(Q)$$

如图 7-2 所示，S 线和 C 线的两个交点 M_1 和 M_2 都为盈亏平衡点，分别对应开发量 Q^*_1 和 Q^*_2，当开发量 $Q^*_1<Q<Q^*_2$ 时，项目盈利；当 $0<Q<Q^*_1$ 或者 $Q>Q^*_2$ 时，项目亏损；当 $Q=Q^*_1$ 或者 $Q=Q^*_2$ 时，项目盈亏平衡。

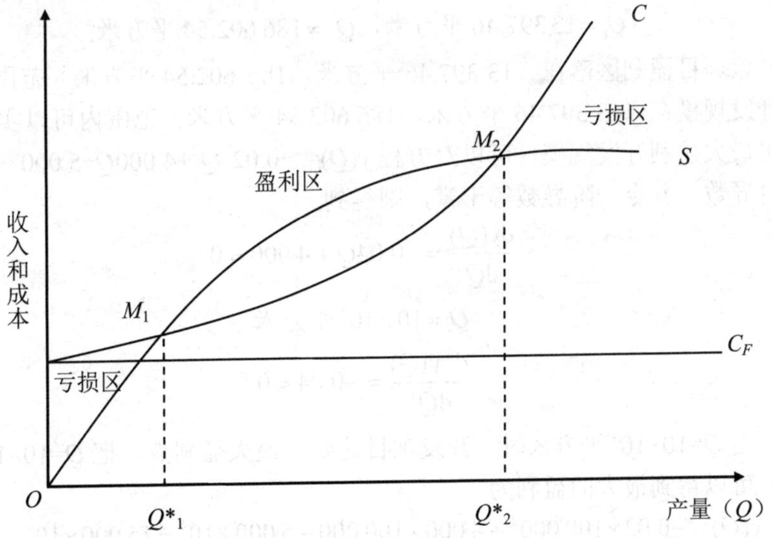

图 7-2　非线性盈亏平衡分析图

非线性盈亏平衡分析的计算过程是：先建立收入函数 $S(Q)$和成本函数 $C(Q)$，再通过解方程式 $E=S(Q)-C(Q)=0$，即可求得保本量 Q^*，这时，Q^*将会有多解。

3. 非线性盈亏平衡分析案例

【例 7-2】某房地产开发公司开发商品房项目，已知该项目的开发固定成本为 5 000 万元，单位变动成本为 1 000 元/平方米，商品房的销售价格为 5 000 元/平方米。虽然市场需求量很大，但市场竞争也十分激烈，因此公司决定采取降价促销的措施，按销售量的 1%递减售价，并按销售量的 1%递增单位变动成本，试问：该房地产公司的开发规模在什么范围内可以实现盈利？如果盈利，则实现最大盈利的开发规模是多少？

解：已知 C_F=5 000×10^4 元，V=1 000 元/平方米，P=5 000 元/平方米，售价和单位变动成本的变动率均为 1%。

设该房地产公司的开发规模为 Q，则有

销售收入：$S=(P-Q\times1\%)\times Q=(5\,000Q-0.01Q^2)$元

开发总成本：$C=C_F+(V+Q\times1\%)\times Q$

$$=(5\,000\times10^4+1\,000Q+0.01Q^2)\text{元}$$

盈亏平衡时，S=C，即

$$(5\,000Q-0.01Q^2)\text{元}=(5\,000\times10^4+1\,000Q+0.01Q^2)\text{元}$$

经整理可得到

$$-0.02Q^2+4\,000Q-5\,000\times10^4=0$$

解此一元二次方程，可得

$$Q_1=13\,397.46\text{ 平方米，}Q_2=186\,602.54\text{ 平方米}$$

显然，该项目盈利区落在（13 397.46 平方米，186 602.54 平方米）范围内，即该房地产公司的开发规模在（13 397.46 平方米，186 602.54 平方米）范围内可以实现盈利。

为求出最大盈利开发规模，可以对方程 $y(Q)=-0.02Q^2+4\,000Q-5\,000\times10^4$ 分别求一阶导数和二阶导数，并令一阶导数等于零，则得到

$$\frac{\mathrm{d}y(Q)}{\mathrm{d}Q}=-0.04Q+4\,000=0$$

$$Q=10\times10^4\text{ 平方米}$$

$$\frac{\mathrm{d}^2y(Q)}{\mathrm{d}Q^2}=-0.04<0$$

所以，当 Q=10×10^4 平方米时，开发项目达到了最大盈利点，把 Q=10×10^4 平方米代入下列方程，可以得到最大的盈利为

$$y(Q)=-0.02\times100\,000^2+4\,000\times100\,000-5\,000\times10^4=15\,000\times10^4\text{（元）}$$

即最佳开发规模为 10 万平方米，最大盈利为 15 000 万元。

7.3　敏感性分析

7.3.1　敏感性分析概述

1. 敏感性分析的含义

在项目的整个寿命周期内，会有许多不确定性因素对项目的经济效益产生影响，但影响程度各不相同。有些因素自身较小的变化就会引起经济效益评价指标较大的变化，甚至于评价指标的变化超过了临界点，影响到原来的决策，这些因素则被称为敏感性因素；反之，有些因素自身发生较大的变化却也只引起经济效益评价指标很小的变化甚至不发生变化，这些因素被称为不敏感因素。敏感性分析是指通过分析、测算项目的主要变量发生变化时，导致项目投资效益的主要经济评价指标发生变动的敏感程度，通过了解各种因素的变化对实现预期目标的影响程度，从而对投资项目的各种风险承受能力作出判断。

2. 敏感性分析的作用

敏感性分析的作用和目的在于找出项目的敏感性因素，分析其变化范围和对项目有可能造成的影响程度，从而全面了解项目有可能出现的风险及程度，进而为考察房地产投资项目的抗风险能力和项目投资决策提供参考依据。在进行多方案项目比较选择时，可以通过敏感性分析，选择那些敏感性小、承受风险能力强、稳定性较好的投资方案。具体作用主要表现在以下几个方面。

（1）找出影响项目效果的最敏感因素

项目的敏感性因素可能不止一个，而且影响程度也不一样。通过敏感性分析，找出对经济效益评价指标影响程度最大的因素，即最敏感因素，作为项目经济分析的重点因素，进一步提高与之相关的数据的可靠程度，从而有利于提高整个评估工作的质量。

（2）了解和比较项目各开发方案的风险程度

同一投资项目的不同投资方案，对同一敏感性因素的敏感程度是不相同的，一般而言，敏感程度大的方案，风险大；敏感程度小的方案，风险小。通过敏感性分析，开发项目决策部门就可以了解和比较项目各开发方案风险的大小，从而作为方案优选和投资决策依据。

（3）了解各种敏感性因素的偏差在多大范围内项目是可行的

通过敏感性分析预测项目经济效益变化的最乐观和最悲观的临界条件或临界数值，可以为投资决策者提供可能的风险范围，从而有助于决策者对原方案采取某些控制措施或寻求可替代的方案，以保证预期经济效益指标的实现。例如，价格是开发项目中的一个非常重要的敏感性因素，其变化幅度通常难以把握，通过敏感性分析可以揭示出价格在什么范围内变动时，项目仍然是有利可图的，以此作为把握价格风险的尺度，并据此根据实际情况调整价格策略。

（4）掌握各种不确定因素的利弊及其大小

通过敏感性分析可以比较好地将不确定性因素进行利弊分类，并对其影响性大小进行比较，以便在项目的实施过程中，有针对性地充分利用有利因素，尽量避免不利因素，从而有助于投资项目经济效益的提高。

3. 敏感性分析的思路

一般来讲，房地产开发项目的敏感性分析步骤如下。

（1）确定分析指标

分析指标的选定是项目投资敏感性分析首先要解决的问题。确定分析指标，应符合突出重点、与经济评价指标相一致、与经济评价阶段相协调的原则。房地产投资项目的敏感性分析可以围绕内部收益率、净现值、投资回收期、贷款偿还期、开发商利润、投资利润率等经济指标进行。

（2）确定因素及因素变化范围

用于进行敏感性分析的因素主要是那些预计在可能的变化范围内对项目经济效益有强烈影响的因素，以及在进行效益评价时，采用的不准确、没把握的数据因素。不确定因素的特点通常有两个：一是因素在可能变动的范围内的变动结果将会比较强烈地影响经济评价指标；二是因素变动的可能性较大，并且其变动将很有可能对项目造成不利的影响。

房地产投资的经济效益涉及的影响因素复杂，主要有土地成本、容积率的限制、建筑面积、建设期、建安费用、租售价格、出租期、出租率或空置率、基准收益率或折现率等。在不同的阶段，应选取不同的因素进行分析。

确定不确定因素变动范围的方法是，根据房地产业的统计资料、房地产企业的生产经营资料、专家的经验和市场调查的结果，进而作出综合性估计。

（3）计算因素波动所引起的分析指标的变化

首先，将某一因素的变化设定为若干级的变动数量和变化幅度，然后分别计算在其他因素不变的条件下，相应的经济指标的变化。计算使评价指标发生倒转的各因素波动的临界值。对每一因素均重复这些计算，并将计算结果列成表或图形，便得到了用于显示经济指标对因素变化敏感程度的数据资料。

（4）确定敏感因素和敏感程度

根据上述计算结果，可以查明每种因素的变化对经济指标的影响及其影响程度，并能对影响程度的大小进行排序。那些有较小变化便会带来评价指标上较大变化的因素，就可以确定为该开发项目的敏感性因素。在这个基础上，还需要对项目的风险情况作出进一步判断。

敏感性分析的主要方法有单变量敏感性分析和多变量敏感性分析。

7.3.2　单变量敏感性分析

1. 单变量敏感性分析的含义

单变量敏感性分析是敏感性分析的最基本方法。单变量敏感性分析是对单一不确定因素变化的影响进行分析，即假设各个不确定性因素之间相互独立，每次只考察一个因素，其他因素保持不变，以分析这个可变因素对经济评价指标的影响程度和敏感程度。

2. 单变量敏感性分析步骤

（1）确定分析指标。敏感性分析指标，即敏感性分析的具体对象，来源于投资项目的相关经济评价指标。一般来说，敏感性分析指标应与财务分析所使用的指标一致。当项目确定性分析中使用的指标比较多时，敏感性分析可围绕其中一个或几个最重要的指标进行，而放弃另外的指标。经常使用的指标是财务净现值、内部收益率、开发商利润和投资回收期等。

（2）选择需要分析的变量。在影响项目方案效益的多个变量中，可以根据两条原则选择主要的变量进行敏感性分析：一是预计在可能的变动范围内，该变量的变动将会强烈地影响方案的经济效果指标值；二是对在财务性分析中所采用的该变量的数据的可靠性、准确性把握小。

对于一般的房地产投资项目来说，敏感性分析的变量通常从下列因素中选出：项目投资额、租售价格（可以导致销售收入、租金收入的变化）、经营费用或成本、建设周期、投资收益率、建筑面积、出租率或空置率等。

（3）研究并确定各变量的变动范围，列出各变量不同的变化幅度（如±5%、±10%等）或不同取值的几种状态，然后计算这种变化对经济评价指标的影响数值。

（4）通过分析各变量变动对经济评价指标的影响程度，建立相应的模型与数量关系，确定各个敏感性因素。然后对敏感性因素进行排序，就可以找出对项目影响最大的敏感性因素。

敏感性因素是指对经济评价指标产生较大影响的因素。根据分析问题的目的不同，一般可通过两种方法来确定：一是相对测定法。即假定要分析的变量均从初始值开始变动，且假设各个变量每次变动的幅度均相同，分别计算在同一变动幅度下各个变量的变动对经济评价指标的影响程度，即灵敏度或敏感程度，然后按灵敏度的高低对各个变量进行排序，灵敏度高的因素就是敏感性因素。用绝对值表示的因素变化可以得到同样的结果。二是绝对测定法。即假定要分析的变量均只向对经济评价指标产生不利影响的方向变动，当变动到某一极限值时，会使经济评价指标超过项目可行的临界值，从而改变了项目的可行性，则说明该变量就是敏感性因素。

3. 单变量敏感性分析图

单变量敏感性分析图（见图 7-3）是通过在坐标图上画出各个不确定性因素的敏感性曲线，进而确定各个因素的敏感程度的一种图解方法，它可以求出导致项目由可行变为不可行的不确定性因素变化的临界值。具体做法如下。

（1）将各个变量因素的变化幅度作为横坐标，以某个评价指标（敏感性分析的对象，如内部收益率）为纵坐标作图。

（2）根据敏感性分析的计算结果绘出各个变量因素的变化曲线（取点范围小时，近似为直线，本书为了说明上的方便，均画成了直线），其中与横坐标相交角度较大的变化曲线所对应的因素就是敏感性因素。

（3）在坐标图上作出项目分析指标的临界曲线（如 FNPV=0，FIRR=i_c 等），求出变量因素的变化曲线与基准收益率曲线（即临界曲线）的交点，则交点处所对应的横坐标称为变量因素变化的临界值，即该变量因素允许变动的最大幅度，或称项目由盈到亏的极限变化值。

变量因素的变化超过了这个极限，项目就由可行变为不可行，如图 7-3 所示。

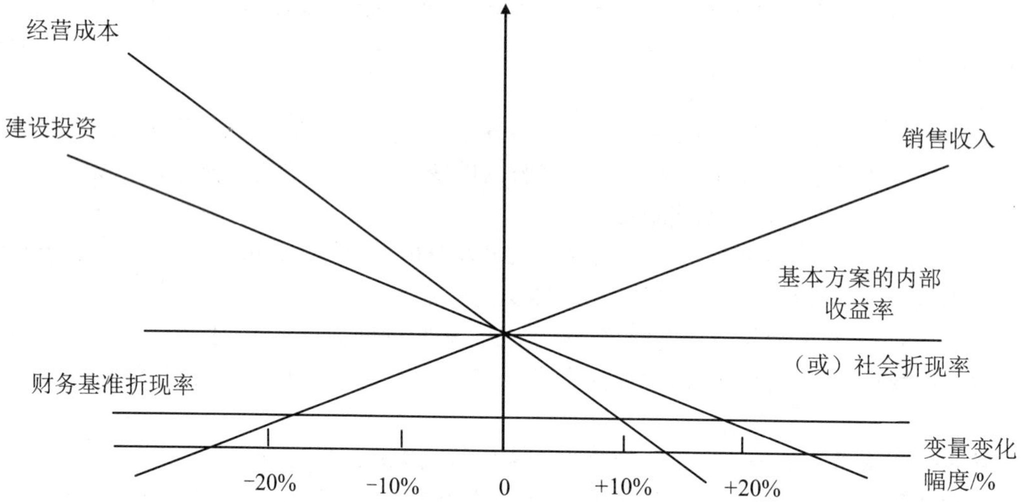

图 7-3　敏感性分析示意图（各变量对内部收益率的敏感性程度）

7.3.3　多变量敏感性分析

1. 多变量敏感性分析的含义

多变量敏感性分析是同时分析两个或两个以上的变动因素发生变化时对项目评估结果的影响，从而通过对多个变量的测试找出关键变量的方法。多变量敏感性分析也叫多因素敏感性分析。多变量敏感性分析的假定条件是：同时变动的因素相互独立，即一个因素的变动幅度、方向与其他因素无关。

2. 多变量敏感性分析步骤

下面以两变量同时变化为例说明多变量敏感性分析的方法。

（1）选定敏感性分析的主要经济指标作为分析对象。

（2）从众多的不确定因素中，选择两个最敏感的因素作为分析的变量。

（3）列出方程式，并按分析的期望值要求将方程式转化为不等式。

（4）做出敏感性分析的平面图。

3. 多变量敏感性分析图

多变量敏感性分析图与单变量敏感性分析图相似。以两变量敏感性分析图为例（见图7-4)，以横轴和纵轴分别代表两种因素的变化率，并将财务净现值等于零或内部收益率等于目标收益率（或社会平均收益率）的一系列结果描绘在平面图上，由代表这些结果的一条线将平面划分为两半，该直线就作为临界线，在直线的一边表示投资项目的效益指标在两因素同时发生变化情况下仍能达到规定的要求，而直线的另一边则表示项目效益指标是不可行的（即净现值小于零或内部收益率小于基准收益率等）。X、Y 指标的变化最大幅度（如图7-4中的±20%）在分析图上构成一个矩形，在最大变化幅度内的各种变化对应的指标均在该矩形范围内。矩形与临界线相交的两个点即变化的临界值。

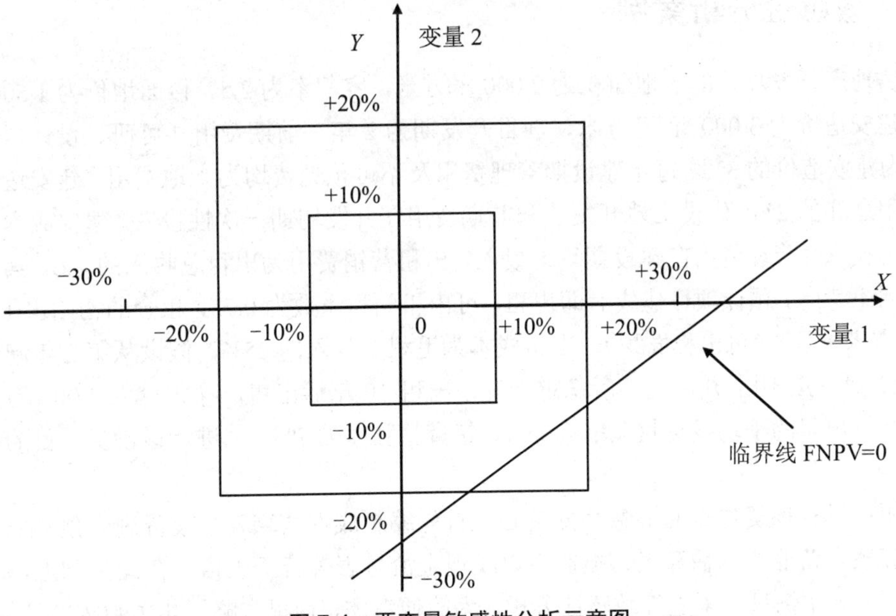

图7-4 两变量敏感性分析示意图

7.3.4 敏感性分析的优缺点

敏感性分析方法是投资决策中进行方案优选、评审项目取舍不可缺少的决策手段。敏感性分析在一定程度上就各种不确定因素的变动对方案经济效益指标的影响作了定量描述，有助于决策者更为详细地了解方案的各种风险情况，而不像盈亏平衡分析那样只着眼于经营风险的研究，从而可以更好地认识投资方案的风险性，帮助决策者进行正确决策。此外，敏感性分析还有助于确定在决策过程中及方案实施过程中需要重点研究和控制的因素。所以，敏感性分析不仅是经济决策中常用的，而且是主要的不确定性分析方法。

但是，敏感性分析方法也有其不足之处。首先，敏感性分析只是指出了项目经济效果评价指标对各种不确定因素的敏感程度，以及项目可行所能允许的不确定因素变化的极限值，却没有考虑各种不确定因素在未来发生各种变化的概率，因此不能够表明不确定因素的变化对经济效益评价指标发生某种影响的可能性，以及在这种可能性下对经济评价指标的影响程度。其次，敏感性分析把各个相互联系的因素割裂开来进行考察，因此在各个因素之间的相互制约和影响的分析上就显得无能为力。最后，敏感性分析所涉及的因素变化范围实际上是按照分析人员的主观意志所确定的，因而在分析中具有一定的主观性和猜测性，缺乏科学性，所以其作为决策依据也就存在风险。

7.3.5 敏感性分析案例

某房地产开发项目的占地面积为2 000平方米，容积率为2.5，楼面地价为1 500元/平方米，建安造价为3 000元/平方米，项目开发期为2年，前期费用（可研、设计、招标等费用）为建安造价的3%，每年建设期管理费用及不可预见费均为土地费用、建安造价以及前期费用之和的2%。假设土地开发费和前期费用在开发初期一次性投入，建安成本在开发期内均匀投入，管理费用在建设期均匀投入，出租营销费用为出租总收入的1%，其他开发成本费用不考虑。预计项目建成后即出租，可出租面积系数为0.75，租金的初始水平为250元/（平方米•月）（可出租面积），出租成本为毛租金收入的25%，假设从第2年起该项目的租金按2%的比例上升，五年后稳定不变，出租10年后出售，净售价为3 000万元。如果该类项目出租的平均投资收益率为15%，年贷款利率为7%，试进行该投资项目的敏感性分析。

说明：进行投资项目的敏感性分析必须首先编制成本估算表、投资进度预测表、出租收入估算表、营业成本估算表、损益表以及现金流量表等若干表格，在此基础上，才能进行分析。因为本例只要求进行敏感性分析，为简便考虑，这里省略了相关数据的计算过程，并且只粗略地编制损益表以及现金流量表，并据此计算出相关财务指标和进行单因素敏感性分析。

解：

第一步，编制项目的损益表以及现金流量表，分别如表 7-1 和表 7-2 所示。

表 7-1　年度损益表

万元

项　目	合　计	每期一年 0	每期一年 1	每期一年 2	每期一年 3	每期一年 4	每期一年 5
收入							
租金收入	12 065.00				1 125.00	1 147.50	1 170.45
售价	3 000.00						
小计	15 065.00				1 125.00	1 147.50	1 170.45
营业税及附加	（663.58）				（61.88）	（63.11）	（64.37）
支出							
建设成本	（2 386.80）	（795.00）	（795.90）	（795.90）			
营业成本	（3 016.25）				（281.25）	（286.88）	（292.61）
资金成本	（167.08）	（55.65）	（55.71）	（55.71）			
税前利润	8 831.29	（850.65）	（851.61）	（851.61）	781.88	797.51	813.46
累计利润		（850.65）	（1 702.26）	（2 553.88）	（1 771.99）	（974.48）	（161.02）

项　目	每期一年 6	每期一年 7	每期一年 8	每期一年 9	每期一年 10	每期一年 11	每期一年 12
收入							
租金收入	1 193.86	1 217.74	1 242.09	1 242.09	1 242.09	1 242.09	1 242.09
售价							3 000.00
小计	1 193.86	1 217.74	1 242.09	1 242.09	1 242.09	1 242.09	4 242.09
营业税及附加	（65.66）	（66.98）	（68.31）	（68.31）	（68.31）	（68.31）	（68.31）
支出							
建设成本							
营业成本	（298.46）	（304.43）	（310.52）	（310.52）	（310.52）	（310.52）	（310.52）
资金成本							
税前利润	829.73	846.33	863.25	863.25	863.25	863.25	3 863.25
累计利润	668.71	1 515.04	2 378.29	3 241.54	4 104.79	4 968.04	8 831.29

由项目的年度损益表可以得到项目的利润为 8 831.29 万元，年投资利润率为 29.02%。

表 7-2　现金流量表

万元

项　　目	合　　计	每期一年	每期一年	每期一年	每期一年	每期一年	每期一年
		0	1	2	3	4	5
现金流入							
租金收入	12 065.00				1 125.00	1 147.50	1 170.45
售价	3 000.00	—	—	—		—	—
现金流出							
建设成本	（2 386.80）	（795.50）	（795.90）	（795.90）		—	—
营业成本	（3 016.25）				281.25	（286.88）	（292.61）
营业税及附加	（663.58）				61.88	（63.11）	（64.37）
税前净现金流量	8 998.37	（795.00）	（795.90）	（795.90）	781.87	797.51	813.46
累计净现金流量		（795.00）	（1 590.90）	（2 386.80）	1 604.93	（807.42）	6.04
税前净现值	1 611.08	（795.00）	（692.09）	（601.81）	514.09	455.98	404.43
累计净现值		（795.00）	（1 487.09）	（2 088.90）	1 574.81	（1 118.83）	（714.34）

项　　目	每期一年	每期一年	每期一年	每期一年	每期一年	每期一年	每期一年
	6	7	8	9	10	11	12
现金流入							
租金收入	1 193.86	1 217.74	1 242.09	1 242.09	1 242.09	1 242.09	1 242.09
售价	—	—	—	—	—		3 000.00
现金流出							
建设成本	—	—	—	—	—	—	—
营业成本	（298.46）	（304.43）	（310.52）	（310.52）	（310.52）	（310.52）	（310.52）
营业税及附加	（65.66）	（66.98）	（68.31）	（68.31）	（68.31）	（68.31）	（68.31）
税前净现金流量	829.73	846.33	863.25	863.25	863.25	863.25	3 863.25
累计净现金流量	835.77	1 682.1	2 545.35	3 408.60	4 271.85	5 135.10	8 998.35
税前净现值	358.72	318.17	282.20	245.39	213.38	185.55	722.07
累计净现值	（355.68）	（37.51）	244.69	490.08	703.46	889.01	1 611.08

由项目现金流量表可以得到项目的内部收益率为 26.57%。

第二步，选择经济评价指标。本题可以选择利润、净现值、投资利润率、内部收益率四个经济评价指标。

第三步，选择不确定性因素并确定其变化范围。本题中比较明显的不确定性因素包括容积率、楼面地价、建安造价、初始租金、售价以及基准收益率（本题的社会平均投资收益率，也是折现率）。这里选择容积率、楼面地价、建安造价、初始租金以及收益率作为敏感性分析的不确定性因素进行分析。

第四步，计算各不确定因素变动对评价指标变动的数量效果。

这里首先进行单因素敏感性分析。各不确定因素变动对评价指标变动的数量效果如表 7-3 所示。

表 7-3　单因素敏感性分析表

因　素	变动率	税前利润/万元	净现值/万元	投资利润率/%	内部收益率/%
容积率	−10%	8 248.17	1 506.05	29.90	26.80
	−5%	8 551.40	1 560.67	29.31	26.68
	0%	8 831.30	1 303.57	28.82	26.57
	5%	9 134.53	1 665.70	28.33	26.47
	10%	9 414.43	1 716.12	27.93	26.38
楼面地价/元/平方米	−10%	8 914.76	1 688.52	30.07	27.52
	−5%	8 873.03	1 649.80	29.43	27.04
	0%	8 831.30	1 303.57	28.82	26.57
	5%	8 789.57	1 572.36	28.22	26.12
	10%	8 747.84	1 533.64	27.64	25.69
建安造价/元/平方米	−10%	9 003.23	1 742.53	31.50	28.00
	−5%	8 917.26	1 676.81	30.11	27.27
	0%	8 831.30	1 303.57	28.82	26.57
	5%	8 745.33	1 545.36	27.61	25.90
	10%	8 659.37	1 479.63	26.47	25.25
初始租金/元/(平方米·月)	−10%	7 992.78	1 297.16	26.08	24.46
	−5%	8 395.27	1 447.84	27.39	25.48
	0%	8 831.30	1 303.57	28.82	26.57
	5%	9 233.79	1 761.77	30.13	27.56
	10%	9 669.82	1 925.01	31.55	28.62
收益率/%	−10%	8 831.30	1 962.65	28.82	26.57
	−5%	8 831.30	1 780.92	28.82	26.57
	0%	8 831.30	1 303.57	28.82	26.57
	5%	8 831.30	1 452.23	28.82	26.57
	10%	8 831.30	1 303.57	28.82	26.57

根据以上计算结果，以内部收益率作为纵坐标，可以作出单因素敏感性分析图，如图 7-5 所示。

在单因素敏感性分析的基础上，还可以以建安造价和初始租金两个因素的变动为例，作两因素敏感性分析（略）。

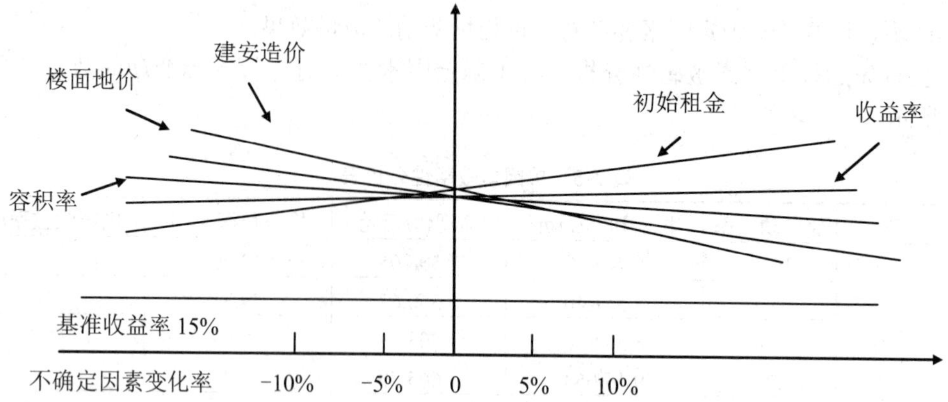

图 7-5 单因素敏感性分析图

第五步，找出较为敏感的变动因素，作出进一步的分析。

从单因素敏感性分析表（表 7-3）与分析图（图 7-5）中可以看出，本项目投资的内部收益率对楼面地价、建安造价以及初始租金等几个变量的反应都很敏感。因此，应该采取各种措施进行投资控制以降低成本，并且应适当提高租金。

7.4 概率分析

7.4.1 概率分析的含义

在经济活动中，某一事件在相同的条件下可能发生，也可能不发生，这类事件称为随机事件。概率就是用来表示随机事件发生可能性大小的数值，是事件本身所固有的，不随人的主观意愿而改变的一种属性。一般随机事件的概率是介于 0～1 之间的一个数。概率越大表示该事件发生的可能性越大，各对立事件发生的概率之和等于 1。

概率分为主观概率和客观概率。客观概率是在某变量长期历史数据基础上，进行统计、归纳得出的。但房地产开发项目评估中的各种变量常常缺乏足够的历史统计资料，因而大部分评估都不能通过完全建立在大量统计数据基础上的客观概率来表达。在实践中，人们经常使用建立在主观估计基础上的主观概率分布。

概率分析是运用概率原理预测不确定性因素对房地产投资项目经济效益影响可能性大小的一种定量分析方法。它可以描述项目同时在多种不确定性因素影响下的经济评价指标，并可以通过连续概率分布的情况判断可能发生的损益或风险，从而在投资项目评估时帮助投资人作出科学的决策。

7.4.2　概率分布

1. 概率分布的含义

概率分布是概率论的基本概念之一，用以表述随机变量取值的概率规律。由各个随机变量与其相应的概率组成的数列称为概率分布；或者所有可能结果以及它们相关概率的排列，称为概率分布。

设 x_i（i=1,2,3,…,n）为各随机变量，$p(x_i)$为各 x_i 相应的概率，这时的概率分布如表 7-4 所示。

表 7-4　概率分布表

随机变量 x_i	x_1	x_2	x_3	…	x_n
概率 $p(x_i)$	$p(x_1)$	$p(x_2)$	$p(x_3)$	…	$p(x_n)$

如下述例中投资活动的预期投资收益率，其概率分布由表 7-5 给出。

【例 7-3】某房地产开发公司有两个投资机会：A 项目是娱乐性项目，如果市场状况良好，可能获得很高利润，否则也可能利润一般甚至亏损；B 项目是普通商品住宅楼，其销售前景可准确预测出来。假设未来的市场状况只有繁荣、正常、衰退三种情况，其概率分布及各种情况的预期投资收益率如表 7-5 所示。

表 7-5　A、B 两项目预期投资收益率的概率分布

市 场 状 况	发生概率（p_i）	A 项目预期收益率（x_i）	B 项目预期收益率（x_i）
繁荣	0.3	120%	25%
正常	0.4	20%	20%
衰退	0.3	−80%	15%
合计	1		

表 7-5 中市场状况的发生概率表示每一种市场状况出现的可能性。同时也就是各种不同预期投资收益率出现的可能性。例如，未来市场状况出现繁荣的可能性为 0.3，假如真的出现这种情况，A 项目可获得高达 120%的报酬，也就是说，选择 A 项目获利 120%的可能性是 0.3。当然收益率作为一种随机变量，影响因素不可能只有市场状况一个，这里只是为了简化，假设其他因素都相同，收益率只受到市场状况一个因素的影响。还应注意，各种市场状况出现的概率之和为 1。

2. 概率分布的种类

概率分布的种类是依据随机变量的种类而划分的。

（1）离散型随机变量

如果随机变量（如投资收益率）只取有限个值，并且对应于这些值有确定的概率，则称这种随机变量为离散型随机变量，如前面例 7-3 中 A、B 项目的预期收益率均属于离散型随机变量，收益率取 3 个值，A 项目的收益率概率分布图如图 7-6 所示。

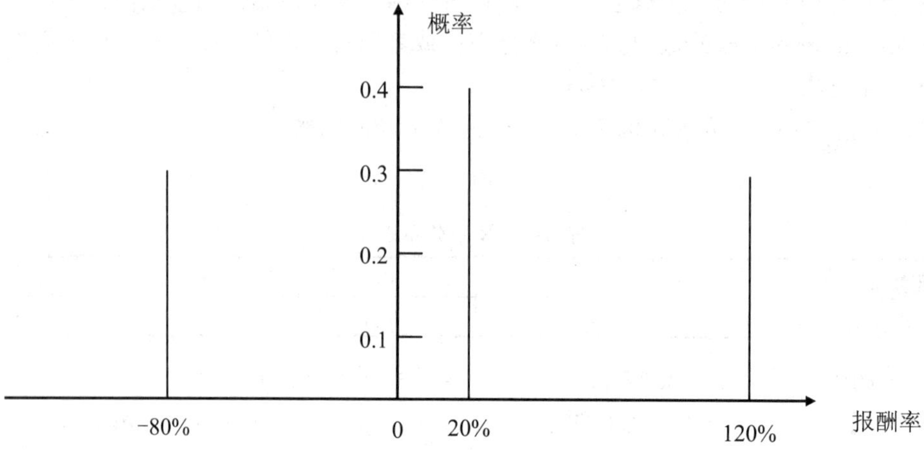

图 7-6　A 项目收益率概率分布图（离散型）

（2）连续型随机变量

实际上，市场状况不只这三种，有无数可能的情况会出现，如果对每一种情况都赋予一个概率，并分别测定其收益率，则这种收益率属于连续型随机变量。其他连续型随机变量的例子，如新建一座住宅楼，开工半年后工程完成的百分比（取值为 0～100 之间）；测量产品长度时，测量误差的值（大于等于 0）。假设例 7-3 中 B 项目收益率一定为正，市场有任何可能性，则 B 项目的收益率概率分布图如图 7-7 所示。

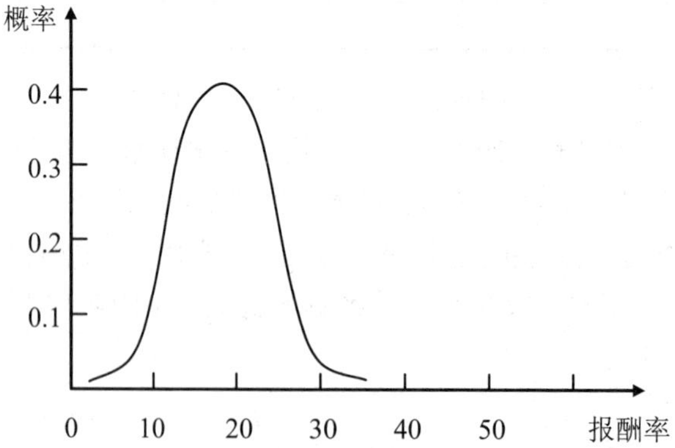

图 7-7　B 项目收益率概率分布图（连续型）

常见的连续型概率分布有均匀分布、正态分布、指数分布。均匀分布是指随机变量的一切可能取值充满一个有限区间，且随机变量落在该区间的一个子区间内的概率与该子区间的长度成正比。正态分布又称为高斯分布，是一种对称性的概率分布，因其曲线呈钟形，因此人们又经常称之为钟形曲线。图 7-7 中的收益率概率分布即为正态分布。正态分布是最常见的一种分布，一般来说，若某一数量指标由多种随机因素决定，而每个因素所起的作用都不显著，则这个数量指标服从正态分布。指数分布则常用来作为各种“寿命”的近似分布，例如电器元件的使用寿命、动物的寿命等。

7.4.3 期望值

随机变量的各个取值，以相应的概率为权数的加权平均数，叫随机变量的期望值，也称数学期望或均值。换句话说，期望值是该变量输出值的平均数，它反映随机变量取值的平均化。

期望值可由下式来表达

$$E(x)=\sum_{i=1}^{n}x_i p_i$$

式中：$E(x)$ ——随机变量的期望值；

x_i——各种可能结果出现后的随机变化；

p_i——各种可能结果出现的概率；

n——所有可能结果的数目。

例如，上述例子中，A 项目的期望值可以根据公式计算求得

$$E(x)=0.3\times120\%+0.4\times20\%+0.3\times(-80\%)=20\%$$

7.4.4 离散度

在例 7-3 中，A 项目的投资率期望值为 20%，B 项目的投资率期望值经计算也为 20%。两者的投资率期望值相同，而 B 项目的投资率要稳定得多，随机变量的这一统计特征则用离散度来表示。

所谓离散度，即随变量相对于它的平均值（期望值）的偏离程度。它是用以衡量风险大小的指标。用来测定离散度的指标有很多，在实际工作中经常用到的是方差和标准差。

1. 方差

方差是各种可能结果与期望值差的平方的加权平均值，用代数式表示为

$$\sigma_x^2=\sum_{i=1}^{n}(x_i-E(x))^2 p_i$$

式中：σ_x^2 ——方差；

x_i——第 i 个可能结果的值；

$E(x)$——期望值；

p_i——相关概率。

方差值越大，表明随机变量相对于它的期望值越分散，方差值越小则越集中。

在例 7-3 中，A 项目的方差为

$$\sigma_{\text{A}}^2 = 0.3\times(120\% - 20\%)^2 + 0.4\times(20\% - 20\%)^2 + 0.3\times(-80\% - 20\%)^2 = 0.6$$

B 项目的方差为

$$\sigma_{\text{B}}^2 = 0.3\times(25\% - 20\%)^2 + 0.4\times(20\% - 20\%)^2 + 0.3\times(15\% - 20\%)^2 = 0.0015$$

前者为后者的 400 倍。

2. 标准差

由于方差用的是观测值与分布均值的平方，与观测值本身相差很大，人们难以直观地衡量。标准差也称标准偏差、均方差，它是方差的算术平方根，能够为我们提供一个更有用的衡量离散水平的手段，尤其是在各种投资机会的期望值具有明显差异的时候，它消除了方差的扭曲影响。

标准差的公式为

$$\sigma = \sqrt{\sigma_x^2} = \sqrt{\sum_{i=1}^{n}(x_i - E(x))^2 p_i}$$

标准差可以用来表示投资风险的大小。标准差越小，说明随机变量取值偏离其期望值的离散程度越小，项目风险就越小，反之则相反。

7.4.5 变异系数

变异系数又称“标准差率”，是衡量各观测值变异程度的一个统计量。当进行两个或多个观测值变异程度的比较时，如果度量单位与平均数相同，可以直接利用标准差来比较。如果单位和（或）平均数不同时，比较其变异程度就不能采用标准差，因为它们都是绝对指标，必须消除水平高低的影响，这时就需要采用标准差与平均数（期望值）的比值（相对值）来比较。标准差与平均数（期望值）的比值（相对值）称为变异系数。变异系数的公式为

$$v = \frac{\sigma}{E(x)}$$

式中：v 为变异系数；其他同前。

在房地产投资分析中，变异系数排除了不同规模的投资项目由于期望值大小而产生的风险大小的影响。变异系数越大，表示风险程度越大。

7.4.6　置信区间与置信概率

针对某一问题所估计出的估计值，与其真实值实际上是存在误差的，但是这个误差有多大，有时是无法知道的。因此，在计算估计值的时候，我们需要依据概率论的方法确定估计值的一个范围，给出这个范围内包含参数真实值的可靠程度（概率）。所估计参数的取值范围称为置信区间，这个范围内包含参数真实值的概率称为置信概率。

以正态分布为例，随机变量出现在预期值±1 个标准差范围内的概率为 68.26%；出现在预期值±2 个标准差范围内的概率为 95.56%；出现在预期值±3 个标准差范围内的概率为 99.74%，如图 7-8 所示。

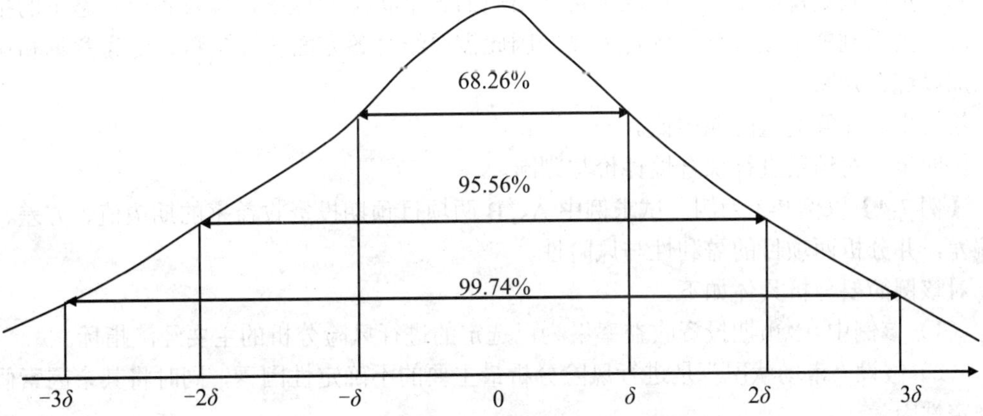

图 7-8　置信区间及置信概率（±3 个标准差）

置信概率实际上是由正态分布曲线与置信区间所组成的曲边梯形的面积。也可以说，只要置信概率是关于期望值对称分布的，那么所有可能结果的 68.3%将落在期望值的正负 1 个标准差范围之内；正负 2 个标准偏差范围能包含所有结果的 95%；而期望值两侧 3 个标准差范围之内几乎包括了所有的可能结果。

在确定了标准差的个数后，如果预先给定一个随机变量的置信概率，就能找到相应的置信区间；如果预先给定一个随机变量的置信区间，即可求出相应的置信概率。

一旦均值的标准偏差已经确立，就可以确定任何所要的间隔值的发生概率。完成这项工作需要参考一张正态分布曲线面积表（见本章附表 7-1）。这张表反映了所取值和其相关概率的关系。该表第 1 列和第 1 行组成标准差的个数，列和行交叉处的数字是相应的正态分布曲线下的面积占总面积的比重，即置信概率。但表中给出的仅是对称轴一侧的面积，例如，1.00 个标准差所对应的数字是 0.341 3，则中轴两侧的面积占总面积的比为 68.26%（0.341 3×2×100%）。该表有时又称为 *Z* 值表，它显示了标准分布状态下各种确定值左边和右边的面积比例。表中的 *Z* 值是均值与具体问题所取值的差值中所包含的标准偏差的总数。

该关系用数学式表达为

$$Z=\frac{x_i-E(x)}{\sigma_x}$$

式中：x_i 为对称分布曲线（常称作标准曲线）上的某一具体值；$E(x)$为分布中点值（期望值）；σ_x 为标准偏差值。

7.4.7 概率分析步骤

概率分析的一般步骤如下。

第一步，根据市场调查资料选择需要分析的不确定性因素。

第二步，确定每个不确定性因素可能出现的各个状态的概率，以及各个状态下的指标水平。这关系到整个概率分析的可靠度，因此需要结合各方面统计资料、专家意见和调查结果加以综合判断。

第三步，计算变量的期望值。

第四步，对结果进行综合性评价与判断。

【例 7-4】以例 7-3 为例。试求例中 A、B 两项目预期投资收益率的期望值、方差、标准偏差，并分析两项目的盈利性与风险性。

对该例简要分析具体如下。

（1）该例中，“预期投资收益率”为已选定的进行风险分析的主要经济指标。

（2）假设“市场状况”是进行风险分析最主要的不确定性因素，同时将其余因素假设为确定性因素。

（3）把该不确定性因素变化范围缩小为三种情况：繁荣、正常、衰退，对每一种情况确定其概率为 0.3、0.4、0.3，给出概率分布（见表 7-5）。

（4）根据概率分布，计算上述条件下投资收益率的期望值、标准方差、置信区间和置信概率。

（5）用上述数据说明这两个投资项目的风险大小，然后对这两个投资项目盈利的把握程度进行分析和判断。

解：已知随机变量是预期投资收益率；概率是主观概率，已有概率分布；是离散型分布（只取有限的 3 个值）。

（1）求期望值

根据公式 $\bar{X}=\sum_{i=1}^{n}x_i p_i$ 得

A 项目预期投资收益率的期望值：$0.3\times120\%+0.4\times20\%+0.3\times(-80\%)=20\%$

B 项目预期投资收益率的期望值：$0.3\times25\%+0.4\times20\%+0.3\times15\%=20\%$

两个投资项目预期投资收益率的期望值相等，但其概率分布是不同的。A 项目的收益率分散程度很大，变动范围在−80%～120%；B 项目的收益率分散程度较小，为 15%～25%。这反映了两个项目的投资风险的差别。为了定量分析风险大小，可使用统计学中衡量概率分布离散程度的指标。

（2）求方差

由前面已知，A、B 两个项目的期望值均为 20%，因此，根据公式

$$\sigma_x^2 = \sum_{i=1}^{n}(x_i - \bar{X})^2 p_i$$

得

A 项目的方差：$(120\% - 20\%)^2 \times 0.3 + (20\% - 20\%)^2 \times 0.4 + (-80\% - 20\%)^2 \times 0.3 = 0.6$

B 项目的方差：$(25\% - 20\%)^2 \times 0.3 + (20\% - 20\%)^2 \times 0.4 + (15\% - 20\%)^2 \times 0.3 = 0.0015$

（3）求标准偏差

由 A、B 项目的方差，再根据公式 $\sigma = \sqrt{\sum_{i=1}^{n}(x_i - \bar{X})^2 p_i}$ 计算得

A 项目的标准差：$\sqrt{0.6} = 77.46\%$

B 项目的标准差：$\sqrt{0.0015} = 3.87\%$

上述计算结果表明，A 项目的投资风险比 B 项目大得多。

（4）分析两项目的盈利性

两项目的盈利性需要通过求置信区间和置信概率来判断。

① 置信区间

置信区间是在“期望值或预期值±Z 个标准差”之间，根据前面的分析知道，A 项目的实际收益率有 68.26%的可能性是在 20%±77.46%的范围内，风险较大。B 项目的实际收益率有 68.26%的可能性是在 20%±3.87%的范围内，风险较小。置信区间如表 7-6 所示。

表 7-6 A、B 两项目的置信区间

置 信 概 率	A 项目的置信区间	B 项目的置信区间
99.74%	20%±3×77.46%	20%±3×3.87%
95.56%	20%±2×77.46%	20%±2×3.87%
68.26%	20%±1×77.46%	20%±1×3.87%

② 置信概率

“盈利”实际上是指两项目的投资收益率大于零的情况。所以，对 A、B 两项目来说，均是指置信区间为 0～∞时其项目盈利的可能性有多大。

A 项目的置信概率：

第一步，先计算在 0～20%（均值）区间的面积。根据公式 $Z = \dfrac{x_i - \bar{X}}{\sigma_x}$，该区间含有标

准差的个数为$Z=\dfrac{x_i-\overline{X}}{\sigma_x}=\dfrac{0-20\%}{77.46\%}=-0.26$（负数只是表示从中值左偏，因为面积是不分正负的。）

查表知 $Z=-0.26$ 时，对应的面积是 0.102 6，即 10.26%。

第二步，计算在 20%～∞区间的面积。因为 20%～∞部分占总面积的一半（中点期望值的右侧面积），所以其对应面积为 50%。

则：A 项目盈利的概率=50%+10.26%=60.26%

A 项目亏损的概率=50%−10.26%=39.74%

而 A 项目盈利的概率即图 7-9 中斜线所示的正态分布曲线下的面积。

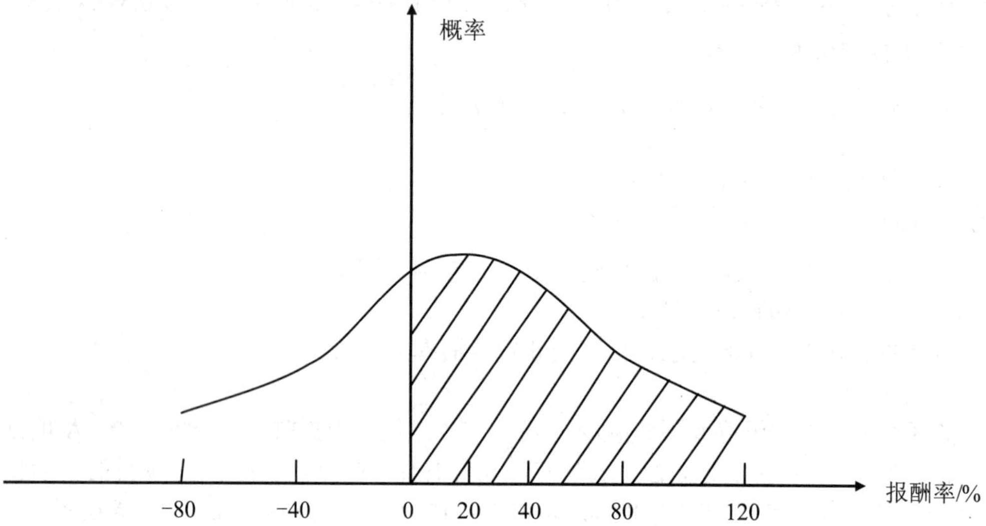

图 7-9　A 项目盈利的概率

同理，可计算 B 项目盈利的概率。

第一步，计算在 0～20%区间的面积。该区间含有标准差的个数，根据上述公式得

$$Z=\frac{x_i-\overline{X}}{\sigma_x}=\frac{0-20\%}{3.87\%}=-5.17$$

查表知 $Z\geqslant3.9$ 时，面积均为 0.5，即 50%。

第二步，计算在 20%～∞区间的面积。因为 20%～∞部分占总面积的一半（中点期望值的右侧面积），所以其对应面积为 50%。

则：B 项目盈利的概率=50%+50%=100%

也就是说，B 项目亏损的概率为 0，即 B 项目肯定盈利。

综合练习

一、基本概念

不确定性；不确定性分析；盈亏平衡分析；固定成本；可变成本；线性盈亏平衡分析；敏感性分析；单变量敏感性分析；多变量敏感性分析；概率；概率分析；概率分布；期望值；离散度；置信区间。

二、基本思考题

1．不确定性产生的原因包括哪些？

2．房地产投资的不确定性因素包括哪些？

3．不确定性分析的主要方法有哪些？

4．不确定性分析的作用有哪些？

5．盈亏平衡分析的优缺点有哪些？

6．线性盈亏平衡分析一般要满足哪些条件？

7．敏感性分析的基本思路是什么？

8．敏感因素可以通过哪些方法来确定？

9．概率分布有哪几种类型？

10．概率分析的步骤包括哪些？

推荐阅读

1．郭建强．不确定性、融资约束与企业投资分析[M]．北京：经济科学出版社，2007.

2．李德荃，王江．投资项目评估[M]．北京：经济科学出版社，2006.

附表 7-1　正态分布曲线的面积

Z	0.00	0.01	0.02	0.03	0.04	0.05	0.06	0.07	0.08	0.09
0.00	0.0	0.004 0	0.008 0	0.012 0	0.016 0	0.019 9	0.023 9	0.027 9	0.031 9	0.035 9
0.10	0.039 8	0.043 8	0.047 8	0.051 7	0.055 7	0.059 6	0.063 6	0.067 5	0.071 4	0.075 3
0.20	0.079 3	0.083 2	0.087 1	0.091 0	0.094 8	0.098 7	0.102 6	0.106 4	0.110 3	0.114 1
0.30	0.117 9	0.121 7	0.125 5	0.129 3	0.133 1	0.136 8	0.140 6	0.144 3	0.148 0	0.151 7
0.40	0.155 4	0.159 4	0.162 8	0.166 1	0.170 0	0.173 6	0.177 2	0.180 8	0.184 4	0.187 9
0.50	0.191 5	0.195 0	0.198 5	0.201 0	0.205 4	0.208 8	0.212 3	0.215 7	0.219 0	0.222 4
0.60	0.225 7	0.229 1	0.232 4	0.235 7	0.238 9	0.242 2	0.245 4	0.248 6	0.251 7	0.254 9

续表

Z	0.00	0.01	0.02	0.03	0.04	0.05	0.06	0.07	0.08	0.09
0.70	0.258 0	0.261 1	0.264 2	0.267 3	0.270 3	0.273 4	0.276 4	0.279 3	0.282 3	0.285 2
0.80	0.288 1	0.291 0	0.293 9	0.296 7	0.299 5	0.302 3	0.305 1	0.307 8	0.310 6	0.313 3
0.90	0.315 9	0.318 6	0.321 2	0.323 8	0.326 4	0.328 9	0.331 5	0.334 0	0.336 5	0.338 9
1.00	0.341 3	0.343 8	0.346 1	0.348 5	0.350 8	0.353 1	0.355 4	0.357 7	0.359 9	0.362 1
1.10	0.364 3	0.366 5	0.368 6	0.370 3	0.372 9	0.374 9	0.377 0	0.379 0	0.381 0	0.383 0
1.20	0.384 9	0.386 9	0.388 8	0.390 7	0.392 5	0.394 3	0.396 2	0.398 0	0.399 7	0.401 5
1.30	0.403 2	0.404 9	0.406 6	0.408 2	0.409 9	0.411 5	0.413 1	0.414 7	0.416 2	0.417 7
1.40	0.419 2	0.420 7	0.422 2	0.423 6	0.425 1	0.426 5	0.427 9	0.429 2	0.430 6	0.431 9
1.50	0.433 2	0.434 5	0.435 7	0.437 0	0.438 2	0.439 4	0.440 6	0.441 8	0.442 9	0.444 1
1.60	0.445 2	0.446 3	0.447 4	0.448 4	0.449 5	0.455 0	0.451 5	0.452 5	0.453 5	0.454 5
1.70	0.455 4	0.456 4	0.457 3	0.458 2	0.459 1	0.459 9	0.460 8	0.461 6	0.462 5	0.463 0
1.80	0.464 1	0.464 9	0.465 6	0.466 4	0.467 1	0.467 8	0.468 6	0.469 3	0.469 9	0.470 6
1.90	0.471 3	0.471 9	0.472 6	0.473 2	0.473 8	0.474 4	0.475 0	0.475 6	0.476 1	0.476 7
2.00	0.477 2	0.477 8	0.478 3	0.478 8	0.479 3	0.479 8	0.480 3	0.480 8	0.481 2	0.481 6
2.10	0.482 1	0.482 6	0.483 0	0.483 4	0.483 8	0.484 2	0.484 6	0.485 0	0.485 4	0.485 7
2.20	0.486 1	0.486 4	0.486 8	0.487 1	0.487 5	0.487 8	0.488 1	0.488 4	0.488 7	0.489 0
2.30	0.489 3	0.489 6	0.489 8	0.490 1	0.490 4	0.490 6	0.490 9	0.491 1	0.491 3	0.491 6
2.40	0.491 8	0.492 0	0.492 2	0.492 5	0.492 7	0.492 9	0.493 1	0.493 2	0.493 4	0.493 6
2.50	0.493 8	0.494 0	0.494 1	0.494 3	0.494 5	0.494 6	0.494 8	0.494 9	0.495 1	0.495 2
2.60	0.495 3	0.495 5	0.495 6	0.495 7	0.495 9	0.496 0	0.496 1	0.496 2	0.496 3	0.496 4
2.70	0.496 5	0.496 6	0.496 7	0.496 8	0.496 9	0.497 0	0.497 1	0.497 2	0.497 3	0.497 4
2.80	0.497 4	0.497 5	0.497 6	0.497 7	0.497 7	0.497 8	0.497 9	0.497 9	0.498 0	0.498 1
2.90	0.498 1	0.498 2	0.498 2	0.498 3	0.498 4	0.498 4	0.498 5	0.498 5	0.498 6	0.498 6
3.00	0.498 6	0.498 7	0.498 7	0.498 8	0.498 8	0.498 9	0.498 9	0.498 9	0.499 0	0.499 0
3.10	0.499 0	0.499 1	0.499 1	0.499 1	0.499 2	0.499 2	0.499 2	0.499 2	0.499 3	0.499 3
3.20	0.499 3	0.499 3	0.499 4	0.499 4	0.499 4	0.499 4	0.499 4	0.499 5	0.499 5	0.499 5
3.30	0.499 5	0.499 5	0.499 5	0.499 6	0.499 6	0.499 6	0.499 6	0.499 6	0.499 6	0.499 7
3.40	0.499 7	0.499 7	0.499 7	0.499 7	0.499 7	0.499 7	0.499 7	0.499 7	0.499 7	0.499 8
3.50	0.499 8	0.499 8	0.499 8	0.499 8	0.499 8	0.499 8	0.499 8	0.499 8	0.499 8	0.499 8
3.60	0.499 8	0.499 8	0.499 9	0.499 9	0.499 9	0.499 9	0.499 9	0.499 9	0.499 9	0.499 9
3.70	0.499 9	0.499 9	0.499 9	0.499 9	0.499 9	0.499 9	0.499 9	0.499 9	0.499 9	0.499 9
3.80	0.499 9	0.499 9	0.499 9	0.499 9	0.499 9	0.499 9	0.499 9	0.499 9	0.499 9	0.499 9
3.90	0.500 0	0.500 0	0.500 0	0.500 0	0.500 0	0.500 0	0.500 0	0.500 0	0.500 0	0.500 0

注：Z 为标准差的个数，表中数据是平均数和 Z 个标准差之间的那部分正态曲线下的总面积。

第 8 章　风 险 分 析

学习目标

通过对本章的学习，学生应掌握如下内容：

1. 风险与房地产投资风险分析的含义；
2. 风险识别的含义与方法；
3. 风险估计的方法；
4. 房地产投资组合的定义；
5. 房地产投资组合的风险分析；
6. 风险管理的含义与方法。

导言

不确定性分析所解决的是对估算数据可能出现各类状况的分析评估，而不能真正地揭示项目风险所在及风险大小。风险分析就是尽可能定量化地评估风险状况，根据项目风险特征提出风险管理措施，减少项目投资风险。本章将阐述风险、风险分析与风险管理的基本知识。由于国内房地产市场还处于一个相对粗放的经营阶段，加之土地供应垄断，同时可选项目较少，故风险分析在国内实践操作较少。

8.1　风险分析概述

8.1.1　风险

1. 风险的含义

风险的定义最初于 1901 年由美国的 A.M.Willet 提出，即“风险是关于不愿意发生的事件发生的不确定性之客观体现。”其后许多专家学者在此基础上给风险下了各种类似的定义。如英国的史蒂芬·鲁比认为，“在投资决策活动中，风险可以被认为是决策的实际结局可能偏离它的期望结局的程度”。美国学者也曾提到“风险是投资者不能收到期望的或要求的投资收益率的偶然性或可能性”“风险是相对于期望收益或可能收益的方差”等。在中国，有人认为，风险是指在一定条件下和一定时期内可能发生的各种结果的变动程度，也有人认为，风险是指投资的实际收益与期望的或要求的收益的偏差。

虽然风险的定义很多，但大致可分为两类：第一类定义强调风险的不确定性；第二类定义强调风险损失的不确定性。举个例子来说，你拿10 000元去进行投资，并希望这笔投资能带给你10%～20%的利润，结果会是怎样呢？第一种可能是，你所投入的10 000元，一年后剩下5 000元，你亏损了5 000元；第二种可能是你赚钱了，但却没有像你预计的那样赚10%～20%（1 000～2 000元），而是只赚了5%（500元）；第三种可能是你赚钱了，不仅赚了你所希望的1 000～2 000元，而且还多出1 000元，共收回13 000元。三种情况都有可能发生，前两种都是风险的发生，后一种则风险没有发生，这就是风险的不确定性。前两种都是风险，但是造成损失的程度是不确定的，这就是风险损失的不确定性。

事实上，风险反映了一种特殊的事件，这种事件会带来多个不确定的结果，而且每一个不确定结果的出现都有一个可测定的概率值。因此，风险是一个事件的不确定性和它可能带来的不确定结果的综合效应。

风险可能给投资人带来超出预期的收益，也可能带来超出预期的损失。一般来说，投资人对意外损失的关切要比对意外收益的关切强烈得多，因此，人们研究风险时，侧重减少损失，主要从不利的方面考察风险，经常把风险看成是不利事件发生的可能性。

2. 风险的特点

风险的定义揭示了风险具有以下特点。

（1）客观性。风险是独立于人类意识之外的，不以人的意志为转移的客观存在。人类只能掌握事物运动变化的规律，在有限的时间和空间范围内认识风险因素，并通过风险因素的预防和控制减少风险带来的损失，而不能完全排除风险。

（2）随机性。风险事项发生的原因是错综复杂的，唯有众多的因素共同作用才有可能导致风险的发生。因而任何一项具体的风险事项，其发生的时间、地点以及具体的表现形式，通常都是随机的。

（3）相对性。承受主体的不同，时空条件不同，风险的含义也不尽相同。例如，汇率风险对国际投资者来说是风险，而对国内投资者来说则算不上风险。另外，随着时空条件的变迁，风险的形式和内容也会发生变化。

（4）可测控性。具有随机性的风险事项并不是不可知的。人们通常可以根据过去的统计资料，利用现代的科学方法分析和判断风险形成的原因、发展规律、影响因素和可能造成经济损失的程度。同时，人们在认识和测度风险的基础上，可以主动采取不同的手段有效控制风险，从而尽量减少风险带来的不利影响。

3. 风险与不确定性的区别

风险和不确定性有显著区别。正如风险的定义所反映的，风险涉及变动和可能性，而变动常常又可以用标准方差来表示，用以描述分散的各种可能收益与均值收益偏离的程度。一般来说，标准方差越小，各种可能收益的分布就越集中，投资风险也就越小。反之，标准方差越大，各种可能收益的分布就越分散，风险就越大。

但如果说某事件具有不确定性，则意味着对于可能的情况无法估计其可能性。在这种情况下，对未来投资收益的估计就应该是定性的而非定量的。所以，可以这样表述："风险是可测定的不确定性"。

4. 风险与投资回报

投资回报是指因承担某种风险进行投资而获得的收益。承担风险可以获得回报，但风险与回报之间并不存在某种必然的、固定的关系，而是受到很多不确定因素的制约，具有很大的随机性。但从总体上看，获取高的回报意味着要承担高风险的可能。选择低风险的投资一般只能获得较低的回报，如图 8-1 所示。

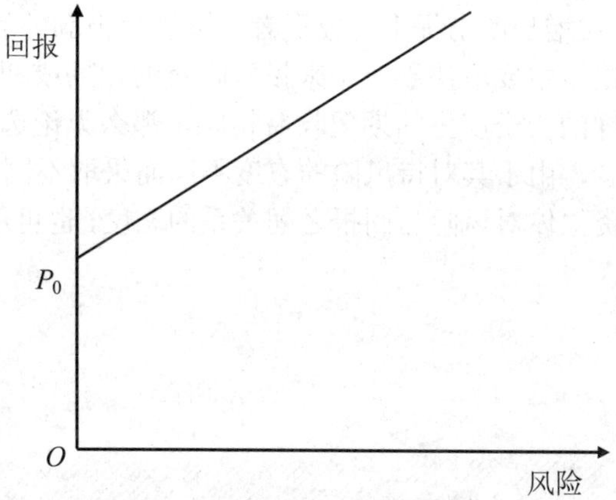

图 8-1　风险与回报的一般关系

图 8-1 中的斜线表示风险与回报之间的关系，回报越高，风险越大。P_0 表示零风险时投资者仍可取得一定的回报，也称无风险投资回报，但这是一种理想状态。例如，国债投资常被当作一种无风险投资，但从事国债投资，也即意味着不能从事其他更高收益的投资，这种机会成本对于投资者来说也是一种损失，换句话说，也是一种投资风险。

以上所表述的"风险—回报"关系是一种一般的情况，但对于每一个特定的投资主体来说，各自都有自己独特的"风险—回报"曲线。投资主体有大有小，各自投资的目的不同，对于投资风险的态度也不相同。有的投资者为了追求高收益，不惜冒巨大的风险，而有的投资者则只求平稳的收益，从而不愿轻易涉足高风险的投资。除此之外，对于同样的预期风险，不同投资主体的预期投资回报也不相同。同样的风险，有的投资者认为很平常，而有的投资者则只有在预期到超额收益时才肯进行投资。进行了投资，承担了风险，所有理性投资者都渴望获得满意的回报，但由于各自投资目的和对风险态度的不同而对于预期收益和风险都有不同的判定标准。根据对风险所采取的不同态度，可以将投资主体分为三种类型，即避险型、冒险型和普通型。

所谓避险型，即无论在何种情况下，投资者总是趋向于躲避风险，只有在能获得较大预期收益的前提下，才愿意冒很小的投资风险。这类投资者一般进行本金高度安全、回报较为可靠的投资，如国债等。冒险型则相反，其投资者偏爱风险，以冒险为乐，勇于接受风险的挑战，即使是仅有很小的预期回报，也愿意进行投资。这类投资者像赌徒一样，经常进行风险性很大的投机活动，由于巨大投资回报的诱惑，这类投资者在现实生活中还是存在的。

上述两种投资类型都是极端的情况，大多数的投资者，即普通型投资者，还是愿意进行较为理性的投资，他们头脑冷静，略偏保守。其特点具体如下。

（1）在确定的预期风险下，投资者希望得到更高的回报。

（2）而在确定的预期收益下，投资者宁愿要更小的风险。

（3）只有在预期收益增长的前提下，投资者才愿意承担额外的风险。

由于投资者的投资决策主要取决于对未来投资收益的预期或期望，所以不论投资的风险是高还是低，只要同样的投资产生的期望收益相同，那么无论选择何种投资途径都是合理的。只是不同的投资者，由于其对待风险的态度不同而采取不同的投资策略。

以上三种类型的投资主体对风险与回报之间关系的态度，也可用图示的方法进行说明，如图8-2所示。

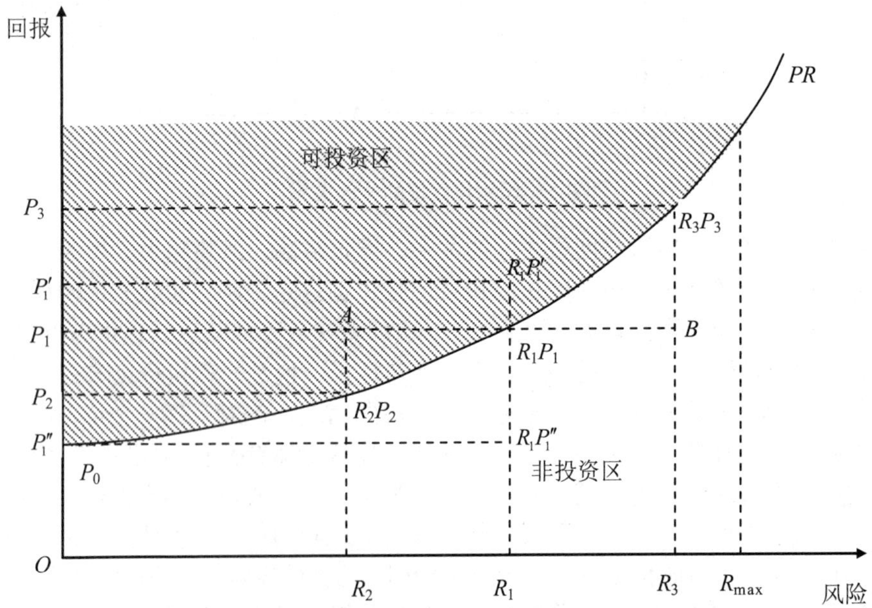

图8-2　不同类型的投资者：风险与回报的关系

图 8-2 表明，PR 是某一普通投资者的“风险—回报”曲线，这一曲线上的所有点都是该投资者可以接受的“风险—回报”水平的投资。如点 R_1P_1，指在 P_1 的预期回报时，投资者甘愿冒 R_1 的风险。当预期回报上升至 P_3 时，投资者愿意承担的风险也上升至 R_3。从图中也可以看到，对于 R_2R_1 和 R_1R_3 两段相同的风险距离，投资者对预期回报差距的要求却是不同的，$P_2P_1<P_1P_3$，即随着风险的增加，投资者对相同程度的风险所要求的回报提高，但当风险上升至 R_{max} 时，即使有更高的预期回报，投资者也不愿再承受多一点风险，这个水平即投资者所能承受的最大风险水平。对于投资者而言，PR 上各点是他所愿接受的投资“风险—回报”组合，而对于落在这条曲线之外的“风险—回报”组合，投资者的态度又是如何呢？同样是 R_1 的风险水平，假如某种投资有高于 P_1，即 P_1' 的预期回报，一般情况下，投资者肯定是乐意接受的，而假如预期回报由 P_1 降至 P_1''，则投资者会反对这宗投资。如果同样是 P_1 的预期回报水平，当预期风险水平由 R_1 升至 R_3，即 B 点时，投资者会放弃投资。而 R_1 降至 R_2，即 A 点时，投资者会更倾向于投资。这说明同样风险的前提下，投资者倾向于更高的投资回报；而同样的回报，投资者乐意承担更小的投资风险，即当“风险—回报”曲线上各点向上或向左移动时，所形成的各种“风险—回报”组合都是投资者可以接受的，这些点组成图 8-2 所示的阴影区，称之为某投资者的“可投资区”。而“风险—回报”组合曲线之下各点，即“风险—回报”曲线上各点向右或向下移动所形成的各种“风险—回报”组合，都不能为投资者所接受，这些点形成的区域称为某投资者的“非投资区”。投资者不同，则“风险—回报”曲线、可投资区和非投资区都会有所不同。“风险—回报”曲线越陡，表明投资者越趋于躲避风险；相反，投资者越趋于冒险。一般情况下，三种类型投资主体的“风险—回报”曲线有如图 8-3 所示的差异。

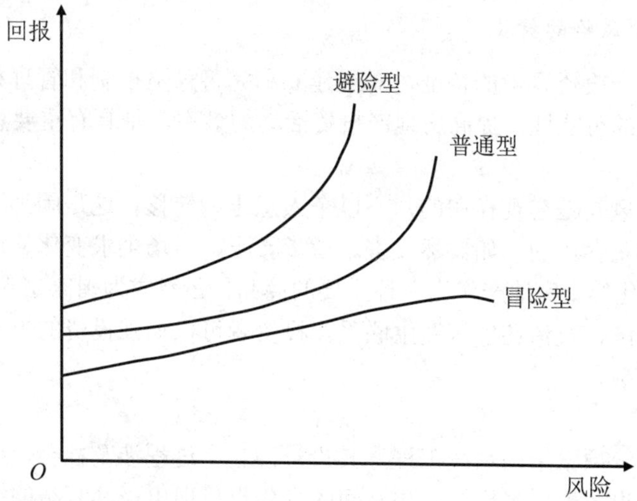

图 8-3　不同类型投资者的风险曲线

从图 8-3 可以看到，避险型的“风险—回报”曲线特别陡，而冒险型则较平缓。就各种类型投资者可接受的“风险—回报”组合（即可投资区）而言，冒险型最大，能接受所有一般的投资，而避险型则较为谨慎，可投资区非常小。

能否通过风险分析并正确识别投资主体对风险的偏好程度是很重要的。同一宗投资，不同的投资者对其可行性有不同程度的判断，能否接受这宗投资，就要看这宗投资所预期的“风险—回报”组合是否在投资者的“可投资区”内。

实践表明，投资的成功在很大程度上依赖于对风险的认识和管理。人们的行动往往依赖于其对待风险的态度，但也要注意到不采取行动的风险可能是最大的风险。房地产投资经营过程中充满了风险，虽然房地产投资者，尤其是开发商，由于更容易接受不确定性和风险，而被称为市场上最大的冒险家，但实际上他们也是在进行精心估算之后，才去冒这种风险的。

8.1.2 房地产投资风险

房地产投资可以获得较高的利润，但同时也存在较大的风险，特别是由于房地产具有投资价值量大、周期长、位置的不可移动及市场竞争不充分等特点，房地产投资的风险程度更高。房地产投资风险就是从事房地产投资而造成损失的可能性大小，这种损失包括所投入资本的损失与预期收益未达到的损失。换句话说，房地产投资风险是指房地产投资过程中，某种低于预期利润，特别是导致投资损失的可能性。因此，房地产投资风险是指由于投资房地产而造成损失的可能性，即随机因素的影响所引起的房地产投资收益偏离预期收益的程度。

1. 房地产投资风险的特征

正确认识房地产投资风险的特征，对于建立和完善风险控制和管理机制，减少风险损失，降低风险发生的可能性，提高房地产投资活动的效率，是具有重要意义的。

（1）客观性

房地产投资的风险是客观存在的，不以个人意志为转移。这是因为引起投资风险的各种不确定因素是客观存在的，如自然灾害、通货膨胀、市场供求变化、周期波动、利率调整、政策及政治变化等。房地产作为一种重要的商品，必然成为国家宏观经济调控的重点，也必然要与外界经济、政治环境等发生联系。投资者可以加强投资的内部管理，却无法排除外界对投资的影响。

（2）多样性

房地产投资是一项繁杂的系统工程，其投资的整个过程涉及社会、经济、技术等各个方面，因而其风险也表现出多样性，相互间的变化也呈现出极其复杂的关系。纵向上，不仅开发公司内部对市场分析、项目决策、选址、购买土地、设计施工、监督验收、财务控制、宣传销售、物业管理各成体系，需要协调统一，还要有外部的“天时、地利、人和”，一招失误就可能满盘皆输。横向上，房地产投资涉及面广，与政策法规、金融动向、宏观经济形势、区域供求现状、产业技术变革、需求方消费倾向等息息相关，易受各因素波动的影响。

（3）补偿性

由于房地产投资的风险较高，投资者一般会要求在收益中对所承担的风险进行补偿，也称为风险溢价或风险回报。通常说，风险大，收益也高，风险与收益并存。如果能够正确认识并且充分利用风险，可能还会使收益有很大程度的增加。所以，房地产投资者不应该消极地对待风险，有时可以将风险当作一种机会，敢于承担风险，并在同风险的斗争中战胜风险。

房地产投资风险与股票、债券、外汇、黄金和古董等投资风险有不同的量度。表 8-1 为各类投资品之间的风险度量关系。

表 8-1　各类投资风险大小次序

投 资 类 型	风 险 量
债券	1.75
黄金	1.94
古董	4.37
外汇	7.08
房地产	7.17
股票	7.36
期货	7.5

（4）可测性

风险具有一定的不确定性，但这种不确定性并不是指对客观事物的一无所知。人们可以依据以往发生的一系列类似事件的统计资料，经过分析，对某种投资风险发生的频率及其造成的经济损失程度做出主观上的判断，从而对可能发生的风险进行预测和衡量。风险的测量过程就是对风险的分析过程，对风险的控制与防范、决策与管理具有举足轻重的作用。

2. 房地产投资风险的种类

房地产投资风险具有多样性的特征，根据风险因素的不同，可以将风险划分为系统风险和非系统风险。系统性风险是指由那些能够影响整个市场的风险因素引起的，这些因素包括经济周期、国家宏观经济政策的变动等，这种风险不能通过分散投资来相互抵消或者削弱，因此又称为不可分散风险。非系统风险是一种与特定公司、行业或投资项目个体相关的风险，它与经济、政治和其他影响市场变量的因素无关，通过分散投资，个别风险可以被降低，而且如果分散是充分有效的，这种风险还可以被消除，因此又被称为可分散风险。

系统风险分析难度较大，特别是对于房地产投资，房地产市场不仅仅受到供求市场的影响，更受到政策的影响，而未来政策的判断是非常不易的，所以房地产投资对于系统风险的分析更多的是基于现在的市场环境而进行。非系统风险分析难度相对于系统风险分析要容易一点，通过对区域市场、开发企业和项目的深度专业分析，是可以甄别风险并作出风险防范、规避和分散措施的。

（1）系统风险

房地产投资首先面临的是系统风险，投资者对这些风险不易判断和控制，如通货膨胀风险、市场供求风险、周期风险、资金变现风险、利率风险、政策风险和政治风险等。

① 通货膨胀风险

通货膨胀风险也称为购买力风险，是指投资完成后所收回的资金与初始投入的资金相比，购买力降低给投资者带来的风险。因为房地产投资周期较长，所以只要通货膨胀因素存在，投资者就面临通货膨胀的风险。例如，1993 年购买一住宅价格为 1 800 元/平方米，1994 年，该住宅价格变化极小，而通货膨胀率达到了 24%，如果此时将该住宅出售，其所获得的回款资金与购买时的资金相比，购买力明显下降。不管是以固定利率借出一笔资金还是以固定不变的租金长期出租一宗物业，都面临着由于商品或服务价格上涨所带来的风险。以固定租金方式出租物业的租期越长，投资者所承担的购买力风险就越大。由于通货膨胀将导致未来收益的价值下降，所以按长期固定租金方式出租其所拥有物业的投资者，实际上承担了本来应由租客承担的风险。

由于通货膨胀风险会直接降低投资的实际收益率，因此房地产投资者非常重视此风险因素的影响，并通过适当调整其要求的最低收益率，来降低该风险对实际收益率的影响程度。但房地产投资的保值性，又使投资者要求的最低收益率并不等于通货膨胀率与行业基准折现率的直接相加。

② 市场供求风险

市场供求风险是指投资所在地区房地产市场供求关系的变化给投资者带来的风险。市场是不断变化的，房地产市场上的供给与需求也在不断变化，而供求形势变化，必然会引起市场竞争范围、竞争程度、竞争方式以及房地产市场性质、市场结构、市场发育等变化，从而导致房地产投资的实际收益偏离预期收益。市场风险是房地产市场价值跌落的一种可能性，主要来源于房地产供应的时滞性。例如，当房价因供应短缺而上升时，开发公司便会纷纷兴建楼宇，但由于建筑需要一定时间，因此虽然在建规模已经超出供应需要，但短期内楼价仍然会持续上扬，随着在建项目的陆续竣工，市场供给状态会发生逆转。近年来，建筑业技术日渐先进，所以造成房地产能迅速供应市场，也使得楼价波动变得更为频繁。

从总体上来说，房地产市场是地区性的市场，也就是说，当地市场环境条件变化的影响比整个国家市场环境条件变化的影响要大得多。只要当地经济的发展是健康的，对房地产的需求就不会发生大的变化。但房地产投资者并不像证券投资者那样有较强的从众心理，每一个房地产投资者对市场都有其独特的观点。房地市场投资的强度取决于潜在投资者对租金收益、物业增值可能性等的估计，也就是说，房地产投资决策以投资者对未来收益的估计为基础。投资者可以通过密切关注当地社会经济发展状况、细心使用投资分析结果，来降低市场供求风险的影响。

③ 周期风险

周期风险是指房地产市场的周期波动给投资者带来的风险。正如经济周期一样，房地产市场也存在周期波动或景气循环现象。房地产市场周期波动可分为复苏与发展、繁荣、危机与衰退、萧条四个阶段。研究表明，美国房地产市场的周期大约为18～20年，中国香港为7～8年，日本约为7年。当房地产市场从繁荣阶段进入危机与衰退阶段，进而进入萧条阶段时，房地产市场将出现持续时间较长的房地产价格下降、交易量锐减、新开发建设规模收缩等情况，给房地产投资者造成损失。房地产价格的大幅度下跌和市场成交量的萎缩，常使一些实力不强、抗风险能力较弱的投资者因金融债务问题而破产。

④ 资金变现风险

房地产资金变现风险主要是指在交易过程中可能因变现的时间和方式变化，而导致房地产商品不能变成货币或延迟变成货币，从而给房地产经营者带来损失的风险。房地产投资的变现能力较差，主要原因有：第一，房地产开发周期长，一般不可能将开发过程的房地产转手出售来兑换现金。尽管在有些情况下开发商可以出售楼花，但亦要花费不少人力、物力。第二，房地产竣工后，销售期也是变化的，如果销售期很长，房地产商品不能很快转为货币，反而会因贷款而使支付的利息增加。因此，房地产投资的变现风险是较大的。

⑤ 利率风险

利率风险是指资金利率的变化对房地产市场的影响和可能给投资者带来损失的风险。调整利率是国家对经济活动进行宏观调控的主要手段之一。通过调整利率，政府可以调节资金的供求关系、引导资金投向，从而达到宏观调控的目的。利率调升会对房地产投资产生两个方面的影响：一是导致房地产实际价值的折损，利用升高的利率对现金流折现，会使投资项目的财务净现值减小，甚至出现负值；二是会加大投资者的债务负担，导致还贷困难。利率提高还会抑制房地产市场上的需求数量，从而导致房地产价格下降。

长期以来，房地产投资者所面临的利率风险并不显著，因为尽管抵押贷款利率在不断变化，但房地产投资者一般比较容易得到固定利率的抵押贷款，这实际上是将利率风险转嫁给了金融机构。然而目前房地产投资者越来越难得到固定利率的长期抵押贷款，金融机构越来越强调其资金的流动性、盈利性和安全性，其所放贷的策略已转向短期融资或浮动利率贷款，我国目前各商业银行所提供的住房抵押贷款几乎都采用浮动利率。因此，如果融资成本增加，房地产投资者的收益就会下降，其所投资物业的价值也会随之下降。房地产投资者即使得到的是固定利率贷款，在其转售物业的过程中也会因为利率的上升而造成不利影响，因为新的投资者必须支付较高的融资成本，从而使其置业投资的净经营收益减少，相应地，新投资者所能支付的购买价格也就会大为降低。

⑥ 政策风险

政府有关房地产投资的产业政策、土地政策、地价政策、税收政策、金融政策、住房政策、价格政策、环境保护政策等的出台，均对房地产投资者收益目标的实现产生巨大影响，从而给投资者带来风险。例如，2003 年 6 月央行发布《关于进一步加强房地产信贷业务管理的通知》，对房地产开发资金贷款、土地储备贷款、建筑施工企业流动资金贷款、个人住房贷款等八大方面作了严格规定，提高了房地产企业贷款准入门槛，使那些主要靠银行贷款进行投资的房地产投资者面临着一定的风险；又如 2006 年出台的房产税收政策，规定如果个人将购买不足五年的住房对外销售，就对其全额征收营业税，这种政策限制了投资者的资金收回时间和资金的变现能力，导致了楼盘销售价格降低、销售时间增长等。投资者避免政策风险的最有效办法是，选择政府鼓励的、有收益保证的或有税收优惠政策的项目进行投资。

⑦ 政治风险

房地产的不可移动性，使房地产投资者要承担相当程度的政治风险。政治风险主要由政变、战争、经济制裁、外来侵略、罢工、骚乱等因素造成。政治风险一旦发生，不仅会直接给建筑物造成损害，而且会引起一系列其他风险的发生，是房地产投资中危害最大的一种风险。

（2）非系统风险

房地产投资者通过正确识别和分析非系统风险，可以采取有效措施分散风险，降低造成损失的可能性。

① 收益现金流风险

收益现金流风险是指房地产投资实际收益现金流未达到预期目标要求的风险。不论是开发投资，还是置业投资，都面临着收益现金流风险。对于开发投资者来说，未来房地产市场的销售价格、开发建设成本和市场吸纳能力等的变化，都会对开发商的收益产生巨大的影响；而对置业投资者来说，未来租金水平和房屋空置率的变化、物业毁损造成的损失、资本化率的变化、物业转售收入等，也会对投资者的收益产生巨大影响。

② 未来经营费用风险

未来经营费用风险是指物业实际经营管理费用支出超过预期经营费用而带来的风险。即使对于新建成的建筑物的出租，且在物业的维修费用和保险费均由租客承担的情况下，也会由于建筑技术的发展和人们对建筑功能要求的提高而影响到物业的使用，使后来的物业购买者不得不支付昂贵的更新改造费用，而这些在初始评估中是不可能考虑到的。

所以，置业投资者已经开始认识到，即使是对新建成的甲级物业投资，也会面临建筑物功能过时所带来的风险。房地产估价人员在估价房地产的市场价值时，也开始注意到未来的重新装修甚至更新改造所需投入的费用对当前房地产市场价值的影响。其他未来会遇到的经营费用包括由于建筑物存在内在缺陷导致结构损坏的修复费用和不可预见的法律费用（如租金调整时可能会引起争议而诉诸法律）。

③ 资本价值风险

预期资本价值和现实资本价值之间的差异即资本价值的风险，在很大程度上影响着置业投资的绩效。资本价值在很大程度上取决于预期收益现金流和可能的未来经营费用水平。然而，即使收益和费用都不发生变化，资本价值也会随着收益率的变化而变化。这种情况在证券投资市场上最为明显。房地产投资收益率也经常变化，虽然这种变化并不像证券市场那样频繁，但是在几个月或更长一段时间内的变化往往也很明显，而且从表面上看，这种变化和证券市场、资本市场并没有直接联系。房地产投资收益率的变化很复杂，人们至今也没有对这个问题给出权威的理论解释。

④ 比较风险

比较风险又称机会成本风险，是指投资者将资金投入房地产后，失去了其他投资机会，同时也失去了相应可能收益的风险。

⑤ 时间风险

时间风险是指房地产投资中与时间和时机选择因素相关的风险。房地产投资强调在适当的时间，选择合适的地点和物业类型进行投资，这样才能使其在获得最大投资收益的同时使风险降至最低限度。时间风险不仅表现为选择合适的时机进入市场，还表现为物业持有时间的长短、物业持有过程中对物业重新进行装修或更新改造时机的选择、物业转售时机的选择以及转售过程所需要时间的长短等。

⑥ 持有期风险

持有期风险是指与房地产投资持有时间相关的风险。一般来说，投资项目的寿命周期越长，可能遇到的影响项目收益的不确定性因素就越多。很容易理解，如果某项置业投资的持有期为 1 年，则对于该物业在 1 年内的收益以及 1 年后的转售价格很容易预测；但如果这个持有期是 4 年，那对 4 年持有期内的收益和 4 年后转售价格的预测就要困难得多，预测的准确程度也会差很多。因此，置业投资的实际收益和预期收益之间的差异是随着持有期的延长而加大的。

⑦ 或然损失风险

或然损失风险是指火灾、风灾或其他偶然发生的自然灾害引起的置业投资损失的风险。尽管投资者可以将这些风险转移给保险公司，然而在有关保单中规定的保险公司的责任并不是包罗万象的，有时还需就洪水、地震、核辐射等灾害单独投保，盗窃险有时也需要安排单独的保单。另外，尽管置业投资者可以要求租客来担负其所承租物业保险的责任，但是租客对物业的保险安排对业主来说往往是不完全的。一旦发生火灾或其他自然灾害，房子不能再出租使用，房地产投资者的租金收入自然也就没有了。所以，有些投资者在物业投保的同时，还希望其租金收入亦能有所保障，因此也就对租金收益进行保险。然而，虽说投保的项目越多，其投资的安全程度就越高，但投保是要支付费用的，如果保险费用的支出占租金收入的比例太大，投资者就几乎是在替保险公司投资了。所以，最好的办法是加强物业管理工作，定期对建筑物及其附属设备的状况进行检查，防患于未然。

⑧ 道德风险

道德风险是指投资参与人员在经营过程中违背职业道德违规操作，以获取自身不当利益为目标，作出损害投资者的行为。投资参与人员包括公司股东、管理层、经办人等。所有的投资、开发与经营业务均需要由个体的人去执行，而人的道德是最难以衡量和识别的，例如，投资者以债权的方式投资于某房地产开发项目，经过分析，约定利率已经超过了项目的投资利润率，作为项目的实际控制人，未来获得的投资利润可能会低于债权利息，实际控制人此次融资行为具有一定的赌博性，一旦项目开发销售出现困难，实际控制人极有可能会冒道德风险选择自身利益最大化而放弃债权对自身的约束。道德风险不是在投资开始阶段就能识别和显现的，防范道德风险的最佳方式就是以“人性本恶”的理念制定完善公司内控制度和核心事项表决制度。

总之，房地产投资过程是一个长期的、涉及面广且复杂的过程。这一过程中存在着大量不确定的风险因素，同时还涉及房地产投资者与政府部门、最终用户等之间的诸多关系，涉及大量的政策、法规和法律问题，要做出一系列非确定性决策，这些决策属于风险性决策范畴，决策是否正确，直接影响到投资的效果甚至投资的成败。因此，上述所有风险因素都应引起投资者的重视，而且投资者将这些风险因素对投资收益的影响估计得越准确，所做出的投资决策就越合理。

8.1.3 房地产投资风险分析

1. 房地产投资风险分析的含义

风险分析是根据各种变量的概率分布，来推求一个项目在风险条件下获利的可能性大小。因此，风险分析有时也被称为概率分析。

房地产投资风险分析就是根据房地产投资不确定性因素在一定范围内的随机变动，分析确定这种变动的概率分布和它们的期望值以及标准偏差，说明房地产项目在特定收益状态下的风险程度，进而为投资者决策提供可靠依据。

2. 房地产投资风险分析的目的

房地产投资风险分析的目的是辅助投资决策，尤其是要帮助投资者回答下列问题。

（1）预期的收益率是多少？出现的可能性有多大？

（2）相对于目标收益可融资成本或机会投资收益来说，产生损失或超过目标收益的可能性有多大？

（3）相对于预期收益来说，收益的变动性和离散性如何？

3. 房地产投资风险分析的程序

房地产投资风险分析的过程可以分为三个阶段：风险识别、风险估计与风险评价，如图 8-4 所示。

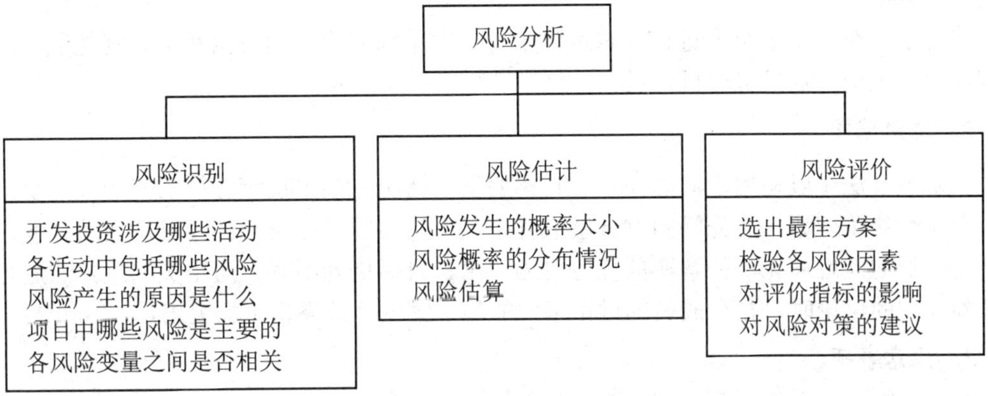

图 8-4　风险分析的程序

8.2 风险识别

8.2.1 风险识别的含义与方法

由于每一个房地产项目本身就是一个复杂的系统，影响因素众多，而且各风险因素所引起的后果的严重程度也不相同。风险识别就是从系统的观点出发，横观房地产投资项目所涉及的各个方面，纵观项目建设发展过程中的各个环节，将引起风险的极其复杂的事物分解成比较简单、容易被认识的基本单元。在众多影响因素中抓住主要因素，并且分析它们引起投资效果变化的严重程度。

风险识别的主要方法有头脑风暴法、德尔菲法、幕景分析法、故障树分析法和筛选监测诊断技术法等。

8.2.2 头脑风暴法

1. 含义

头脑风暴法又称专家会议法，由美国人奥斯于 1939 年首创。头脑风暴法出自“头脑风暴”一词，该词最早是精神病理学上的用语，针对精神病患者的精神错乱状态而提出的，现在转变为无限制的自由联想和讨论，其目的在于产生新观念或激发创新设想。在房地产投资领域，该方法应用于概率的确定，主要是根据确定房地产投资各个不确定因素发生概率的目的与要求，邀请房地产投资专家和其他相关专家，通过会议的形式对拟定的房地产投资不确定因素展开讨论分析，最后综合意见，作出判断，得出房地产投资各个不确定因素发生的概率。

该方法可在一个小组内进行，也可以由各专家单独完成，然后由负责人将他们的意见汇集起来，报送专业投资分析人员。

2. 适用范围

头脑风暴法一般适用于问题简单、目标明确的情况。如果决策分析的问题较为复杂，是一个综合决策问题，应先将问题分解成几个子系统问题进行研究。经过适当的分解，可以使待分析的问题简化，待解决的任务更为突出、目标更为明确。运用头脑风暴法进行有关风险识别的讨论时，与会成员的讨论指向能趋于集中，效果将更加突出。

3. 注意事项

组织头脑风暴会议，一般应注意以下事项。

（1）与会成员的选择与待分析决策问题的性质要一致，同时又要注意选择不同特点的专家参加。如与会成员中，既要有方法论学者，又要有擅长理论分析的专家，还要包括有丰富实践经验的专家等。

（2）参加小组讨论的专家最好是互不相识，会上不公布专家所在的单位、年龄、职称和职务，让每一位与会成员感觉到大家都是平等的。便于大家在讨论时不会因某些已知的信息（如对方的职务、职称等）而影响到自己对观点思想的表达和陈述。

（3）要创造自由的、无拘无束的会议环境。会议主持人应说明会议的召开方式及特点，使与会成员没有任何顾虑，做到畅所欲言，最大限度地激发思维，使与会成员真正产生思维共振、交融与相互启迪。

（4）鼓励与会成员对已经提出的想法进行修正和完善，并为其提供优先发言的机会。

（5）主持人还应在适当的时候作诱导性发言，尽量启发专家的思维、引导与会成员开展讨论和提出质疑。

8.2.3 德尔菲法

1. 含义

德尔菲法又称专家意见法，是在20世纪40年代由O.赫尔姆和N.达尔克首创，经过T.J.戈尔登和兰德公司进一步发展而成的。德尔菲法依据系统的程序，采用匿名发表意见的方式，即专家之间不得互相讨论，不发生横向联系，只能与调查人员发生关系，通过多轮次调查专家对问卷所提问题的看法，经过反复征询、归纳、修改，最后汇总成专家基本一致的看法，作为预测的结果。

2. 实施步骤

（1）组成专家小组。按照课题所需要的知识范围，确定专家。专家人数的多少，可根据预测课题的大小和涉及面的宽窄而定，一般不超过20人。

（2）向所有专家提出所要预测的问题及有关要求，并附上有关这个问题的所有背景材料，同时请专家提出还需要什么材料。然后，由专家做书面答复。

（3）各个专家根据他们所收集到的材料，提出自己的预测意见，并说明自己是怎样利用这些材料并提出预测值的。

（4）将各位专家第一次判断意见汇总，列成图表，进行对比，再分发给各位专家，让专家比较自己同他人的不同意见，修改自己的意见和判断。也可以把各位专家的意见加以整理，或请身份更高的其他专家加以评论，然后把这些意见再分送给各位专家，以便他们参考后修改自己的意见。

（5）将所有专家的修改意见收集起来，汇总，再次分发给各位专家，以便做第二次修改。逐轮收集意见并为专家反馈信息是德尔菲法的主要环节。收集意见和信息反馈一般要经过三四轮。在向专家进行反馈的时候，只给出各种意见，并不说明发表各种意见的专家的具体姓名。这一过程重复进行，直到每一个专家不再改变自己的意见为止。

（6）对专家的意见进行综合处理。

3. 注意事项

组织实施德尔菲法时，应该注意以下事项。

（1）由于专家组成员之间存在身份和地位上的差别以及其他社会原因，有可能使其中一些人因不愿批评或否定其他人的观点而放弃自己的合理主张。要防止这类问题的出现，必须避免专家们面对面的集体讨论，而是由专家单独提出意见。

（2）对专家的挑选应基于其对企业内外部情况的了解程度。专家可以是第一线的管理人员，也可以是企业高层管理人员和外请专家。例如，在估计未来企业对劳动力需求时，企业可以挑选人事、计划、市场、生产及销售部门的经理作为专家。

（3）为专家提供充分的信息，使其有足够的根据做出判断。例如，同样在估计未来企业对劳动力需求时，应为专家提供所收集的有关企业人员安排及经营趋势的历史资料和统计分析结果等。

（4）所提出的问题应是专家能够回答的问题。

（5）允许专家粗略地估计数字，不要求精确。但可以要求专家说明预计数字的准确程度。

（6）尽可能将过程简化，不问与预测无关的问题。

（7）保证所有专家能够从同一角度去理解相关定义。

（8）向专家讲明预测的重要性，以争取他们对德尔菲法的支持。

4. 适用范围

德尔菲法作为一种主观、定性的方法，不仅可以用于预测领域，而且可以广泛应用于各种评价指标体系的建立和具体指标的确定过程。

例如，我们在考虑一项投资项目时，需要对该项目的市场吸引力作出评价。我们可以列出同市场吸引力有关的若干因素，包括整体市场规模、年市场增长率、历史毛利率、竞争强度、对技术的要求、对能源的要求、对环境的影响等。市场吸引力这一综合指标就等于上述因素的加权求和。每一个因素在构成市场吸引力时的重要性，即权重和该因素的得分，需要由管理人员的主观判断来确定。这时，我们同样可以采用德尔菲法。

8.2.4 幕景分析法

1. 含义

幕景分析法是一种能在风险分析中帮助辨识引起风险的关键因素及其影响程度的方法。所谓幕景是指对一个决策对象（例如，一个房地产投资项目、一个企业的发展问题）的未来某种状态的描述，包括用图表、曲线或数据的描述。现代的大型风险决策问题，一般都必须依赖计算机才能完成复杂的计算和分析任务。应用幕景分析，正是在计算机上实现各种状态变化条件下的模拟分析。当某种因素发生不同的变化，对整个决策问题会发生什么影响？影响程度如何？有哪些严重后果？像电影上的镜头一样可以一幕一幕地展现出来，供分析人员进行比较研究。

幕景分析的结果一般可分为两类：一类是对未来某种状态的描述，另一类是描述目标问题的发展过程，预测未来一段时期内目标问题的变化链和演变轨迹。例如，对一项投资方案的风险分析，幕景分析可以提供未来三年内该投资方案最好、最可能发生和最坏的前景，并且可以详细给出这三种不同情况下可能发生的事件和风险，为决策提供参考依据。

2. 适用范围

幕景分析特别适用于以下几种情况。

（1）提醒决策者注意措施或政策可能引起的风险及后果。

（2）建议需要监视的风险范围。

（3）研究某些关键性因素对未来过程的影响。

（4）当存在各种相互矛盾的结果时，应用幕景分析可以在几个幕景中进行选择。

8.2.5 故障树分析法

1. 含义

故障树分析（Fault Tree Analysis，FTA）技术是美国贝尔电报公司的电话实验室于1962

年开发的，它采用逻辑的方法，形象地进行危险的分析工作，特点是直观、明了、思路清晰、逻辑性强，可以做定性分析，也可以做定量分析。体现了以系统工程方法研究安全问题的系统性、准确性和预测性，是安全系统工程的主要分析方法之一。一般来讲，安全系统工程的发展也是以故障树分析为主要标志的。

1974 年美国原子能委员会发表了关于核电站危险性评价报告，即“拉姆森报告”，大量、有效地应用了 FTA，从而迅速推动了该方法的发展。

故障树分析法原理是将复杂的事物分解成比较简单的、容易被认识的事物。具体做法是利用图解的形式将大的故障分解成各种小的故障，或对各种引起故障的原因进行分解、细化。故障树作为一种有效的风险识别方法，故障树实际上变成了风险树。此时可以将企业面临的主要风险分解成许多细小的风险，将产生风险的原因一层又一层地分析，排除无关的因素，从而准确地找到对房地产投资者真正产生影响的风险及原因。

2. 实施步骤

故障树分析法的基本实施步骤包括以下九个。

（1）熟悉系统。要详细了解系统状态及各种参数，绘出业务流程图或布置图。

（2）调查事故。收集事故案例，进行事故统计，设想给定系统可能发生的事故。

（3）确定顶上事件。要分析的对象即为顶上事件。对所调查的事故进行全面分析，从中找出后果严重且较易发生的事故作为顶上事件。

（4）确定目标值。根据经验教训和事故案例，经统计分析后，求解事故发生的概率（频率），以此作为要控制的事故目标值。

（5）调查原因事件。调查与事故有关的所有原因事件和各种因素。

（6）画出故障树。从顶上事件起，逐级找出直接原因的事件，直至所要分析的深度，按其逻辑关系画出故障树。

（7）分析。按故障树结构进行简化，确定各基本事件的结构重要度。

（8）事故发生概率。确定所有事故发生概率，标在故障树上，并进而求出顶上事件（事故）的发生概率。

（9）比较。比较分可维修系统和不可维修系统进行讨论，前者要进行对比，后者求出顶上事件的发生概率即可。

原则上是上述九个步骤，在分析时可视具体问题灵活掌握，如果故障树规模很大，可借助计算机进行。目前我国故障树分析一般都考虑到第（7）步进行定性分析为止，也能取得较好效果。

3. 故障树分析法的优缺点

（1）故障树分析法的优点

① 故障树的因果关系清晰、形象。对导致事故的各种原因及逻辑关系能做出全面、简

洁、形象的描述，从而使有关人员了解和掌握安全控制的要点和措施。

② 根据各基本事件发生故障的频率数据，确定各基本事件对导致事故发生的影响程度——结构重要度。

③ 既可进行定性分析，又可进行定量分析和系统评价。通过定性分析，确定各基本事件对事故影响的大小，从而可确定对各基本事件进行安全控制所应采取措施的优先顺序，为制定科学、合理的安全控制措施提供基本的依据。通过定量分析，依据各基本事件发生的概率，计算出顶上事件（事故）发生的概率，为实现系统的最佳安全控制目标提供一个具体量的概念，有助于其他各项指标的量化处理。

（2）故障树分析法的缺点

① FTA 可以很好地用来分析事故原因，但在推测导致事故发生原因的可能性上略有欠缺。

② FTA 分析是针对一个特定事故作分析，而不是针对一个过程或设备系统作分析，因此具有局部性。

③ FTA 要求分析人员必须非常熟悉所分析的对象系统，能准确和熟练地应用分析方法。在运用 FTA 时，往往会出现不同分析人员编制的事故树和分析结果不同的现象。

④ 对于复杂系统，编制事故树的步骤较多，编制的事故树也较为庞大，计算也较为复杂，给进行定性、定量分析带来困难。

⑤ 在对系统进行定量分析前，必须确定所有各基本事件发生的概率，否则无法进行定量分析。

8.2.6 筛选监测诊断技术法

筛选是依据某种程序将具有潜在影响房地产投资的风险因素进行分类、选择的风险识别的过程；监测是对应于某种险情及其后果进行监测、记录和分析显示的过程；而诊断则是根据症状或其后果与可能的起因等关系进行评价和判断，找出可疑的起因并进行仔细检查。

筛选、监测和诊断是紧密相连的。由于客观事物的复杂性和可变性，往往一次“筛选—监测—诊断”过程不能彻底解决问题，在诊断之后还有可能会产生新的风险因素，因此需重复进行这一过程。上述三种过程都使用着相似元素，即疑因估计、仔细检查和征兆鉴别，其具体顺序如下所示。

（1）筛选：仔细检查—征兆鉴别—疑因估计。

（2）监测：疑因估计—仔细检查—征兆鉴别。

（3）诊断：征兆鉴别—疑因估计—仔细检查。

对于以上几种分析方法，由于幕景分析法、故障树分析法和筛选监测诊断技术法均需要借助计算机系统，而不同的分析目标又需要不同的计算机程序，在房地产投资分析中应用成本较高，难度也较大。头脑风暴法和德尔菲法使用方式较为简单，运用范围广泛，成本较低，效率较高，故在房地产投资分析中得到了广泛运用。

总之，每一种识别方法兼有优点和缺点，在充分认识其优缺点的基础上，才能准确地划分出其应用领域。一个项目的识别，本身是个复杂过程，而且在一个小的阶段过程中，还可能涉及许多不同的方面，所以，在实践应用中，根据各阶段特征，可以将各种识别方法合理结合进行适用。

8.3　风险估计与评价

8.3.1　风险估计与评价概述

风险估计是指在对不利事件所导致损失的历史资料分析的基础上，运用概率统计等方法对特定不利事件发生的概率以及风险事件发生所造成的损失作出定量估计的过程。风险评价是在风险识别和风险估计的基础上，对风险发生的概率、损失程度以及其他因素进行全面考虑，评估发生风险的可能性及危害程度，与公认的安全指标相比较以衡量风险的程度，并决定是否需要采取相应的措施的过程。风险评价是在风险估计的基础上进行的综合性的定性评估。

风险估计的方法主要有蒙特卡洛模拟法和层次分析法。

8.3.2　蒙特卡洛模拟法

1. 概述

房地产投资中存在诸多不确定因素，如美国次贷危机对中国经济的影响、国家宏观调控政策、市场竞争压力等，这些都是不可避免的，但是它们的变化也具有一定的统计特征，并且是可以预见的。对这些问题进行模拟试验产生抽样结果，根据抽样结果可以计算出统计量或参数的值；通过大量的统计试验，便可以使统计量或参数的值尽可能接近并反映出实际变化的情况；模拟试验的次数越多，结果就越准确。这就是蒙特卡洛模拟法的思想，该方法一般要借助于高容量和高速度的计算机来完成，因此是近些年才广泛应用的。

蒙特卡洛模拟法的优点在于不必通过复杂的运算过程，即可得到一个足够准确的近似结果，尤其适合那些难以用数学求解的多变量项目的评估。使用这种方法的关键是需要准确估计各变量的变化范围以及各变量变化的概率，这是确保分析结果准确的前提，而在实际运用过程中，由于市场资料不完整而导致结果不准确的情况时有发生。随着计算机的大量使用和信息收集、分析、处理等技术的不断更新，蒙特卡洛模拟法在风险分析中已得到普遍的应用。

2. 基本原理

蒙特卡洛模拟法的基本原理是用随机抽样的方法抽取一组输入变量的数值，并根据这组输入变量的数值计算项目评价指标，抽样计算足够多的次数可获得评价指标的概率分布，并计算出累计概率分布、期望值、方差、标准差，再通过求平均的方法计算项目由可行转变为不可行的概率，从而估计项目投资所承担的风险。

该原理用数学函数表示则为：假定函数 $Y=f(x_1, x_2, \cdots, x_n)$，其中变量 $x_1, x_2, \cdots, x_n$ 的概率分布已知。但在实际问题中，$f(x_1, x_2, \cdots, x_n)$往往是未知的。蒙特卡洛法利用一个随机数发生器[①]通过直接或间接抽样取出每一组随机变量$(x_1, x_2, \cdots, x_n)$的$(x_{1i}, x_{2i}, \cdots, x_{ni})$，然后按 Y 对于$(x_1, x_2, \cdots, x_n)$的关系式确定函数 y_i 的值 J。

$$y_i=f(x_{1i}, x_{2i}, \cdots, x_{ni})$$

反复独立抽样（模拟）多次（i=1, 2, …），便可得到函数 Y 的一批抽样数据 $y_1, y_2, \cdots, y_n$，当模拟次数足够多时，便可给出与实际情况相近的函数 Y 的概率分布与其数字特征。

3. 实施步骤

（1）确定风险分析所采用的评价指标，如净现值、内部收益率等。

（2）确定对项目评价指标有重要影响的输入变量。

（3）经调查确定输入变量的概率分布。

（4）为各输入变量独立抽取随机数。

（5）由抽得的随机数转化为各输入变量的抽样值。

（6）根据抽得的各输入随机变量的抽样值组成一组项目评价基础数据。

（7）根据抽样值组成基础数据计算出评价指标值。

（8）重复第（4）步到第（7）步，直至预定模拟次数。

（9）整理模拟结果所得评价指标的期望值、方差、标准差和期望值的概率分布，绘制累计概率图。

（10）计算项目由可行转变为不可行的概率。

4. 注意事项

（1）在运用蒙特卡洛模拟法时，假设输入变量之间是相互独立的，在风险分析中会遇到输入变量的分解程度问题。

输入变量分解得越细，输入变量个数也就越多，模拟结果的可靠性也就越高。变量分解过细往往造成变量之间有相关性，就可能导致错误的结论。为避免此问题，可采用以下办法处理。

---

① 随机数发生器（Random Number Generator）是通过一些算法来产生看起来似乎没有关联性的数列的方法或装置。在实际使用中一般采用计算机软件，例如微软的 Excel 中就包含随机发生器软件模块。

① 限制输入变量的分解程度。

② 限制不确定变量个数。模拟中只选取对评价指标有重大影响的关键变量，其他变量保持在期望值上。

③ 进一步搜集有关信息，确定变量之间的相关性，建立函数关系。

（2）蒙特卡洛法的模拟次数。

从理论上讲，模拟次数越多越正确，但实际上一般应在 200～500 次之间为宜。

8.3.3　层次分析法

1. 概述

房地产项目投资风险的影响因素是多方面的，分别在与项目有关的各个领域、项目开发建设的各个环节产生不同程度的影响。在分析衡量项目风险时，如果不加区别对待，则不能收到良好的规避风险的效果。例如，在选择投资区域时，投资者所需要考虑的包括该区域的房地产价格水平、人口状况、交通条件、基础设施条件等多种因素，这些因素是相互制约、相互影响的，但往往对投资者做出决策的影响程度不同。基于这种认识，研究房地产投资有必要引入层次分析法。

2. 基本思路

层次分析法的基本思路是：第一，通过要素分析建立项目风险因素的层次结构模型；第二，通过层次分析确定各风险因素的权重系数；第三，由专家评价给出风险要素评价值；第四，由递归运算确定项目综合风险水平。具体分析计算步骤如下。

（1）风险要素权重系数的确定

权重系数是用来描述风险要素在项目风险评价中相对重要程度的指标，其大小不仅取决于该要素自身在项目诸要素中的地位，而且取决于投资者的投资动机和投资取向，甚至是性格差异所引起的对投资风险的期望和要求的不同。权重系数一般采用层次分析法进行综合确定，其基本分析步骤如下。

① 建立层次结构模型。按项目投资风险要素的内容及其相互关系，将各要素划分为层次结构形式。

② 确定同层间单权重系数。同层间要素的单权重系数是用以描述位于同一层的各要素相对于上一层要素重要程度的系数，它是由求解该层的判断矩阵求得的。判断矩阵则是由同一层间各要素的重要程度两两比较而构建的。为了便于清晰地界定各要素的重要程度，将评价尺度按表 8-2 所示划分为 9:1 至 1:1 共 9 个级别。其中，9:1 表示绝强的相对重要程度，1:1 表示等强的相对重要程度，其间由极强至强，由强至稍强、等强，逐渐变化。由此，一个由 n 个要素构成的同一层次结构，经要素间相对重要性判断之后，便可构造一个 $n \times n$ 阶的矩阵，这就是判断矩阵。

表 8-2　相对重要程度评价尺度表

相对重要程度	绝强		极强		强		稍强		等强
评价尺度	9:1	8:1	7:1	6:1	5:1	4:1	3:1	2:1	1:1
相对重要程度	绝强		极强		强		稍强		等强
评价尺度	1:9	1:8	1:7	1:6	1:5	1:4	1:3	1:2	1:1

在构造好判断矩阵后，运用线性代数的方法，计算判断矩阵的特征向量，求得同层间的单权重系数。

③ 一致性检验。判断矩阵是由分析者在对各因素的相对重要程度进行两两比较后，凭估计而建立起来的。既然是估计，就难免存在误差，过大的误差会影响单权重系数的可信度。因此，需要一种检验及度量这种判断误差大小的方法，这便是所谓一致性检验。其计算方法如下

$$\text{C.I} = \frac{\lambda_{\max} - n}{n-1}$$

式中：C.I——一致性检验指标；

$\lambda_{\max}$——判断矩阵最大特征根；

n——判断矩阵的阶。

故 C.I 一般均大于或等于零。当 C.I 太大时，就认为该判断矩阵的一致性太差，所求得的单权重系数不可信，需重新进行相对重要性的判定；C.I 越小，说明一致性越好。考虑到一致性偏离可能是由于随机原因造成的，因此在检验判断矩阵是否具有满意的一致性时，还将 C.I 与平均一致性指标 R.I 进行比较，得出检验系数 C.R（C.R=C.I/R.I）。一般来讲，只要 C.R 值小于 0.1 便认为这个判断令人满意。

④ 组合权重系数的确定。在上述各层的单权重系数确定之后，便可由递推运算判定各层间因素的组合权重系数了。组合权重系数描述的是综合考虑了上下两层各因素的权重系数后，得出的相对于更上一层相应因素的权重系数（或称优先函数）。

设某项目环境层次模型有 A、B、C 三层，由判断矩阵已求得 B 层各因素的单权重系数为 b，C 层各因素的单权重系数为 c，则 C 层各因素的组合权重系数为 BC，按下式计算

$$\text{BC}_j = \sum_{i=1}^{n} b_i c_{ij} \qquad (j=1,2,\cdots,n)$$

组合权重系数 BC 描述了 C 层各因素相对于 A 层的优先顺序。若 C 层下还有另一层要素 D，其单权重系数为 d，则该层相对于 A 层的组合权重（优先顺序）BCD，按下式递推运算求得

$$\text{BCD}_j = \sum_{j=1}^{n} (\text{BC})_i d_{ij} \qquad (j=1,2,\cdots,n)$$

这样由上而下依次递推，便可求得层次结构模型的最下层因素在项目风险度量中的组

合权重系数。

（2）各风险要素的评分

组合权重系数仅仅描述了各风险要素在项目风险度量中的地位（重要程度）。而对某一要素风险的单项评价，还需要通过记分的方法来实现。通常的做法是不论其为定性因素还是定量因素，均按风险大、中、一般、小四级进行评价。由于评价者个人因素的差异（如经历、观念、经验等），不同的评价者对同一条件往往会作出不同的评价。因此，为了使评价结果更符合实际，应综合考虑全部评价者对 j 指标的评价，按下式统计评分

$$V_j = 4r_{j1} + 3r_{j2} + 2r_{j3} + r_{j4}$$

式中：V_j——风险要素 z 的评分值；

r_{j1}——认为 j 要素风险为大的评价者占全部评价者的百分比；

r_{j2}——认为 j 要素风险为中的评价者占全部评价者的百分比；

r_{j3}——认为 j 要素风险为一般的评价者占全部评价者的百分比；

r_{j4}——认为 j 要素风险为小的评价者占全部评价者的百分比。

显然，得分越高，说明该要素在项目的风险程度评价中权重越大。

（3）项目投资的综合评分

分别求得各风险要素的组合权重系数 BCD 和评价分值 V 后，便可代入下式求项目投资风险的综合评价分

$$G = \sum_{j=1}^{m} \mathrm{BCD}_j V_j$$

式中：G——项目投资风险的综合评分；

BCD_j——第 j 个因素的权重系数；

V_j——第 j 个风险因素的风险程度评价分；

m——风险因素个数。

显然，得分越高，说明项目投资风险越大。

8.4　房地产投资组合风险

8.4.1　房地产投资组合的定义

投资组合是源于证券业、保险业以及金融业的一种组合投资策略，为投资者进行投资决策提供了重要的理论依据。与房地产有关的投资组合，即被称为房地产投资组合。

房地产投资组合可以从广义和狭义两个方面去理解。从狭义上讲，房地产投资组合是指由不同类型、不同地区的房地产之间相互组合，按照一定比例进行投资所构成的投资组

合。房地产的类型可以是住宅、商业、购物中心、写字楼、工业厂房等；不同地区的房地产，则是指分布全国甚至是国外地区，如可以是在北京、上海这样的一线城市，也可以是二、三线城市。从广义上讲，房地产投资组合泛指房地产与股票、证券、金融衍生品等的投资组合。

一般而言，单独投资某一类型或某一地区的项目，都会遇到或大或小的风险。风险大的投资项目回报率相对高，风险小的投资项目回报率则相对低些。房地产投资者通过将资金投入不同项目，可以有效地分散风险，也可以使投资的回报得到改善。

8.4.2 房地产投资组合的选择模型

投资组合已广泛应用于证券投资领域，并已形成诸多成熟完善的模型。而房地产投资组合模型则由于房地产特殊的性质，还在不断地进行探索。下面介绍的房地产投资组合选择模型的基本思想是，房地产投资者在进行投资决策时，从若干个投资项目中选择出若干个适当的项目进行投资组合，使得该组合风险与回报达到期望目标。

假定 x_j=l(0)为一个决定变量，来确定是接受还是拒绝 n 个项目中的第 j 个项目，下面给出了一个合适的均方差模型

$$Z(\gamma)=\min\sum_{i=1}^{n}\sum_{j=1}^{n}x_i c_i\sigma_i\rho_{ij}\sigma_j c_j/(\sum_{j=1}^{n}c_j x_j)^2 \tag{8-1}$$

限制条件

$$U'(x)=\sum_{j=1}^{n}u'_j x_j/\sum_{j=1}^{n}c_j x_j \geqslant \gamma \tag{8-2}$$

$$\sum_{j=1}^{n}c_j x_j \leqslant b \tag{8-3}$$

式中：x_j=0, 1；j=1, 2, ⋯, n；所有的 γ 均大于零。

每个项目的成本为 c_j，在该成本下相应回报率为 r_j，期望回报率的标准离差为 ρ_j，j 项目期望的回报总额为 u_j=c_j，组合投资的回报总额为 $\sum_{j=1}^{n}u'_j x_j$。用它除以组合投资总成本 $\sum_{j=1}^{n}c_j x_j$，即得到组合投资的纯回报率。ρ_{ij} 为项目 i 和项目 j 之间的标准相关系数，且为非负。这里 ρ_{ij} 非负的经济意义是指不同类型或地区的房地产投资的相关性是正向变动或同向变动的。如果是广义的房地产投资组合，即当房地产投资和股票、债券等金融资产组合在一起时，其相关系数 ρ 可以为负数。因此，投资者寻找的组合投资的回报率方差为最小，而回报至少要大于参数 γ。式（8-3）代表了整个组合投资的开支预算极限。

在经典的连续变化的资产模型中，产生一个相关系数矩阵是一个很重要且十分复杂的

问题，必须各自做出估计并采用一个共同指数，一个较大的困难是这些值在内部必须是相互一致的。

上述模型中给定的值 γ 和 b 以目前的技术有效地确定还有些困难，并且组合投资的现金流量 $\sum_{j=1}^{n} c_j x_j$ 同样出现在（8-1）、（8-2）两式的分母中。由于它事先无法确定值的大小，这就大大地增加了计算的难度。然而，这个问题可假设投资者总可以将未经分配的资金以已知利息 r_0（安全利率，其方差为 0，即为无风险利率）进行投资，经修正后的模型如下

$$Z(\gamma) = \min \frac{1}{b^2} \sum_{j=1}^{n} \sum_{i=1}^{n} x_i c_i \sigma_i \rho_{ij} \sigma_j c_j x_j$$

限制条件

$$U(x) = r_0 + \frac{1}{b} \sum_{j=1}^{n} u_j x_j \geqslant \lambda$$

$$\sum_{j=1}^{n} c_j x_j \leqslant b$$

式中：x_j=0, 1；j=1, 2, …, n。

这里的 $u_j = (r_j - r_0) \times c_j$ 表示超过安全利率的那部分超额回报。这个选择模型是进行投资组合资产选择和决策的基础。

8.4.3　房地产投资组合的风险分析

投资组合只能够分散风险，而不能彻底消除风险。投资组合中各项单独投资都具有一定的风险，一般可用方差来表示，但要全面认识投资组合风险，仅考虑单项投资的风险是不够的，还必须分析它与其他投资之间的相互作用。投资组合风险是指作为一个整体的投资获得预期收益所要承担的风险。假设投资组合有 n 项单项投资，则组合风险的数学表达式如下

$$\sigma = \sqrt{\sum_{i=1}^{n} x_i^2 \sigma_i^2 + \sum_{i=1}^{n} \sum_{j=1}^{n} x_i x_j \sigma_i \sigma_j \rho_{ij}}$$

或

$$\sigma = \sqrt{\sum_{i=1}^{n} x_i^2 \sigma_i^2 + \sum_{i=1}^{n} \sum_{j=1}^{n} \sigma_{ij}}$$

式中：σ——投资组合风险；

x_i——投资组合中投资 i 的百分比或权重；

σ_i——投资组合中投资 i 的预期收益的标准差；

ρ_{ij}——投资 i 与投资 j 之间的相关系数；

σ_{ij}——投资 i 与投资 j 之间的协方差。

从上式中可以看出，投资组合的风险可以分为两个部分，即单项投资风险和各投资资产间的相关性影响。

【例 8-1】假设投资者有一笔 1 000 万元的资金，其投资方案有甲、乙、丙三种。甲方案是资金全部投入住宅，乙方案是资金全部投入写字楼方面，丙方案是一种组合投资，用一半的资金投入住宅方面，另一半的资金投入写字楼方面。由于不同的投资方案所面临的不确定性条件不同，从而可能造成不确定结果的差异。因此，三种方案的收益情况可以用图 8-5 表示。

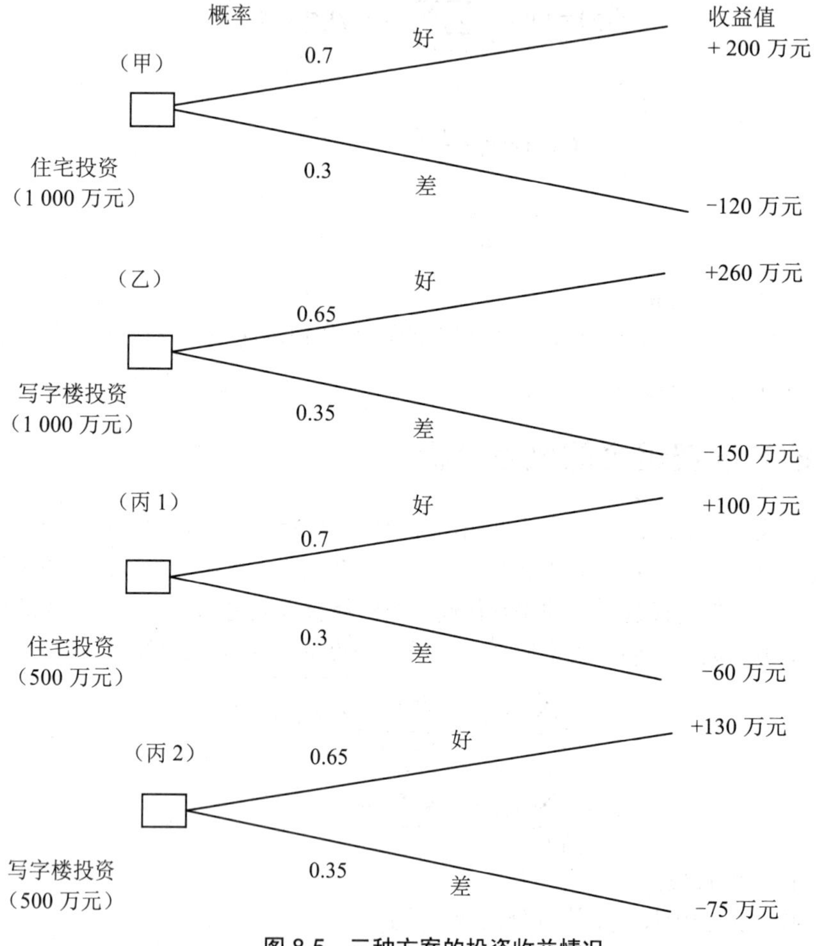

图 8-5　三种方案的投资收益情况

上述情况表明，投资写字楼的回报率要高些，但风险也大些（不确定性要大些）。通过分析计算可知投资甲方案时，收益期望值和风险度量值分别为

$$\overline{K}_{甲} = 200 \times 0.7 - 120 \times 0.3 = 104（万元）$$

$$R_{甲} = 146（万元）$$

乙方案的收益期望值和风险度量值分别为

$$\bar{K}_{乙} = 0.65 \times 260 - 0.35 \times 150 = 116.5（万元）$$

$$R_{乙} = 195.6（万元）$$

丙方案是一种组合投资，其可能结果要比任何一个单项投资结果要多。丙方案的结果分布可以用图 8-6 表示。

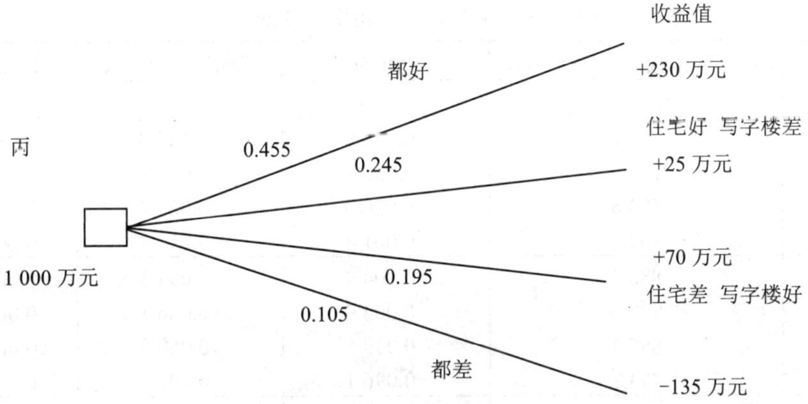

图 8-6　丙方案的投资结果

那么，该方案的收益期望值和风险度量值分别为

$$\bar{K}_{丙} = 230 \times 0.455 + 25 \times 0.245 + 70 \times 0.195 - 135 \times 0.105 = 110.25（万元）$$

$$R_{丙} = 122.2（万元）$$

从上述分析可以看出，组合投资丙方案的风险度量值比甲、乙两个方案的风险值均有所降低，但其期望值也有所变化，即丙方案的期望值介于甲、乙两方案之间。美国伊诺斯大学金融学教授罗伯特·A.哈根在他的著作《现代投资学》一书中论述："排除卖空的情况，投资组合的期望收益总是在两种股票的收益之间。"房地产投资组合也有类似的结论，房地产投资组合的期望收益总是介于独立投资收益的最大值与最小值之间，但会分散投资的风险，达到降低风险的目的。

8.4.4　房地产投资组合的风险与回报

通过比较投资回报是评价投资方案优劣的重要起点，但仅仅以此来分析投资风险与回报并不全面。从前文的论述中可知，一般来说，高回报的投资比低回报的投资更具风险。由于我国房地产市场正处于起步阶段，且尚未发育健全，因而有关房地产投资风险与回报的数据也未成体系。下面利用美国的有关房地产投资回报及风险值的数据来研究风险与回报的关系。风险与回报的关系可以通过风险溢价来研究，按照风险溢价是否与承担的风险相当来进行客观评价。因此，投资者可以通过比较不同投资组合所能获得的风险溢价来决定选择何种投资组合。

在阐述房地产投资回报与风险的关系之前，先来分析一下 1985 年末到 1990 年末美国房地产投资信托证券（EREITs）的回报与风险的关系。由此分析单项投资的风险与回报的关系，以及投资组合整体的风险与回报的关系。

表 8-3 给出了 EREITs 从 1986—1990 年的持有期季度回报率的有关统计数据。

表 8-3　EREITs 持有期季度回报率（1986—1990 年）

期数（季度）	EREITs 指数（1972=100）	$FMRR_i$	$(FMRR_i-FMRR)$	$(FMRR_i-FMRR)^2$
1985.4	673.7			
1986.1	764.6	0.134 9	0.124 0	0.015 4
2	787.6	0.030 1	0.019 2	0.000 4
3	803.6	0.020 3	0.009 4	0.000 1
4	802.5	0.001 4	−0.012 3	0.000 2
1987.1	886.3	0.104 4	0.093 5	0.008 7
2	890.6	0.004 9	−0.006 1	0.000 0
3	855.3	−0.039 6	−0.050 5	0.002 6
4	773.1	−0.096 1	−0.107 0	0.011 5
1988.1	844.3	0.092 1	0.081 2	0.006 6
2	867.8	0.027 8	0.016 9	0.000 3
3	878.5	0.012 3	0.001 4	0.000 0
4	774.4	−0.004 7	−0.015 6	0.000 2
1989.1	895.6	0.024 2	0.013 3	0.000 2
2	948.5	0.059 1	0.048 2	0.002 3
3	982.6	0.036 0	0.025 0	0.000 6
4	952.5	−0.030 6	0.041 5	0.001 7
1990.1	914.5	−0.039 9	−0.050 8	0.002 6
2	911.8	−0.003 0	−0.013 9	0.000 2
3	780.7	−0.143 8	−0.154 7	0.023 9
4	804.9	0.031 0	0.020 1	0.000 4
n=20		$\sum 0.218 1$		$\sum 0.077 9$

1986 年第一季度 $FMRR_i=(764.6-673.7)/673.7=0.134 9$

$$FMRR=\sum FMRR_i/n=0.218\ 1/20=0.010 9$$

方差 $\sigma^2=\sum(FMRR_i-FMRR)^2/n=0.077 9/20=0.003 9$

标准差 $\sigma=\sqrt{\sigma^2}=\sqrt{0.003 9}=0.062 4$

方差系数 $\rho=0.062 4/0.010 9=5.724 7$

说明：$FMRR_i$ 为第 i 期持有期回报；FMRR 为全期平均持有期回报。

从表 8-3 中可以看出，投资者拥有含 EREITs 的组合时，从 1986 年到 1990 年可获平均为 1.09%的季度回报，当回报的标准差除以平均回报率时，就得到方差系数 5.724 7，这可以解释为每获一单位的回报就要承担 5.724 7 单位的风险。

表 8-4 列出 1978 年第一季度到 1990 年第四季度美国几种类别投资组合的有关统计数字。

表 8-4　几类投资组合的风险与回报简明表（美国）

项　　目	季节回报（1978.1—1990.4）				
	EREITs	Corp Bonds	S&P500	T Bills	CPI
算术平均值	3.51%	2.72%	4.06%	2.14%	1.49%
标准差	6.75%	7.19%	8.07%	0.61%	0.92%
方差系数	1.920 4	2.642 7	1.987 5	0.286 8	0.619 8

注：*EREITs 为美国房地产投资信托证券。

*Corp Bonds 为所罗门兄弟高绩债券，下面简称债券。

*S&P500 为标准普尔 500 普通股，下面简称普通股。

*T Bills 为美国国库券，并视为无风险资产，下面简称国库券。

*CPI 为消费者价格指数，可看作通货膨胀率。

从表 8-4 中可以看出，在特定时期（1978—1990 年），房地产投资回报比债券高，比股票低，但风险却比股票和债券投资都低。然而仅从考虑个别投资的回报和回报的标准差来组建一个投资组合，并不总是能保证获得一个乐观的投资组合。实际上，投资者必须考虑的另一个问题是如何把握新增投资对投资组合的风险与回报的影响程度。这个问题很重要，因为投资组合中的单项投资间具有相互作用。因此，对任何增加到一投资组合的新投资的判断应在“效用”的基础上进行。这就是说，投资的效用可以这样判断，它是否在降低组合风险的同时保持预期投资回报不变或能使其增加。

为了说明投资组合中的单项投资的相互作用是如何发生的，新增加的投资是如何影响投资组合平均回报及其风险的，必须先来计算投资组合的回报、投资组合的整体风险和考虑如何测定不同投资回报之间的相关程度。

投资组合的回报可这样计算，先求得各单项投资的平均回报率 $\bar{r}$，然后对其进行加权平均，权重为各单项投资价值占总投资组合价值的百分比。设相应权重为 x_i，则投资组合回报率 r 可表示为

$$r=\sum_{i=1}^{n}x_i\bar{r}_i \qquad （其中 \sum_{i=1}^{n}x_i=1，且 0\leqslant x_i\leqslant 1）$$

显然，r 要比 $\bar{r}$ 中最大者小，比 $\bar{r}$ 中最小者大。但是，投资组合的回报需要与投资组合的风险联系在一起考虑。

如前所述，投资组合风险可分为两个部分：第一部分是单项投资的风险；第二部分是不同投资间的相关性影响。组合风险σ的计算公式为

$$\sigma=\sqrt{\sum_{i=1}^{n}x_i^2\sigma_i^2+\sum_{i=1}^{n}\sum_{j=1}^{n}x_ix_j\sigma_{ij}}$$

这里，σ_{ij}为投资间协方差，其计算步骤如下。

第一步，求出全期各单项投资的平均回报率$\overline{r_i}$和投资组合的回报率r。

第二步，求出$\sum_{i,j=1}^{n}(r_i-\overline{r_i})(r_j-\overline{r_j})/n$，即得出投资$i$和投资$j$之间的协方差$\mathrm{COV}_{ij}$。

求出了协方差之后，可以判定两种投资回报变动是正向相关的（协方差为正）还是负向相关的（协方差为负数），抑或是不变（协方差为 0）。但用它来解释两种投资回报的相关性还不够完美，于是进一步求出两种投资回报的相关系数ρ_{ij}。

$$\rho_{ij}=\mathrm{COV}_{ij}/(\sigma_i\sigma_j)$$

因为相关系数ρ_{ij}在[−1，+1]内变动，这样就比较容易解释回报的相关程度。举例来说，若相关系数接近1,则两种投资关系极密切或高度相关,两种投资的回报是正向高度相关的。相反，若相关系数接近−1，则两种投资是高度负相关的，只要给其中一种资产有一个小的变动，另一种资产将朝反方向变动。若相关系数接近于 0，则意味着两种投资不相关。最后，需要强调的是，只要投资间的相关系数小于1，就可以通过投资组合来降低风险，对于相关系数接近−1 的投资，甚至有可能抵消风险。

基于前面的分析，现在应该很清楚投资组合在减少风险方面肯定是有效的。当然，这时要考虑的关键问题是房地产投资及其他金融投资是如何影响投资组合的平均回报率的，这就有风险与回报的权衡问题。为此，先看表 8-5。

表 8-5　几种投资季度回报的相关系数（1978—1990 年）

	季节回报（1978.1—1990.4）				
	EREITs	Corp Bonds	S&P500	T Bills	CPI
EREITs	1.000	0.423 2	0.757 4	−0.035 0	−0.046 2
Corp Bonds		1.000	0.902 4	0.093 9	0.043 8
S&P500			1.000	−0.186 0	−0.108 4
T Bills				1.000	0.559 1
CPI					1.000

从表 8-5 中可以看出，许多投资可以有效地组合在一起为投资者提供更乐观的风险溢价。表 8-5 表明投资组合潜力的一个关键指标是投资回报的相关性，列出上表的目的是考虑如何将房地产投资工具与其他各种投资组合在一起。那么，如果将含有某些证券的投资

组合加入房地产投资时，能否让投资组合获得更高的投资回报？

从现在已有投资组合的假定开始，然后考虑这个投资组合在 1978—1990 年期间能否从房地产投资中获得分散化利润。因此，下面要进行的所有分析都有以下两个假定。

（1）现有投资组合必须有 10%T bills 以保证资产的流动性。

（2）标准普尔普通股和所罗门兄弟高绩债券包含在权重为 90%的组合中。然后考虑组合回报与风险怎样随房地产投资 EREITs 证券的增加而变化。

回到表 8-5，EREITs 的回报与债券、普通股的相关系数分别为 0.423 2 和 0.757 4，与 T Bills 的相关系数是-0.035 0，而且债券与普通股的相关系数为 0.902 4。这些数据表明，EREITs 与普通股和债券的相关性不如普通股和债券的相关性强，而且 EREITs 证券与 T Bills 是负相关的。这就是说，若把房地产投资与含有普通股、债券和国库券（T Bills）的投资组合在一起，将会很有机会获得风险溢价。要判定事实是否如此，先构建普通股、债券、国库券为一投资组合。要注意，投资组合受保持有 10%的国库券的限制，余下的投资将由普通股和债券来组成。计算含 10%的国库券及各种按 10%比例增减的普通股和债券共同组成的投资组合的平均回报率和其标准差，并将平均回报率和标准差在图 8-7 中表示出来。

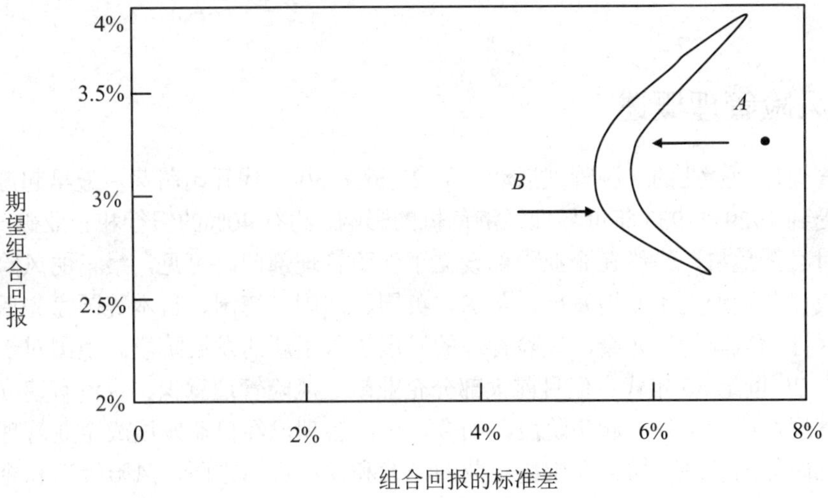

图 8-7　资产组合风险—回报图

图 8-7 表明，在 1978—1990 年间，10%的国库券、35%的普通股、55%的债券的资产组合将有近 3.13%的总组合平均季度回报和 5.64%的回报标准差。请注意，组合 *A* 曲线从这点开始向后弯，即投资者在更高风险水平上能获得更高的组合回报。实际上，若投资者愿意承担超过 5.64%的标准差（风险），则他们总会相应地选择曲线向上倾斜的部分，即有效率的部分。他们也会看到同一风险水平上曲线向上倾斜部分（有效率部分）有比向下倾斜的那部分（非效率部分）更高的平均回报率。举例来说，组合 *A* 在标准差为 6%上，不

同组合有不同的回报率 2.83%或 3.49%，人们总会选择 3.49%的回报。

现在来考虑组合 *A* 增加 EREITs 投资时会怎样？考虑 EREITs 和普通股、债券、10%的国库券的各种比例的组合，同样可以在图 8-7 上画出组合 *B* 的不同比例的平均回报率——标准差曲线 *B*。从曲线 *B* 与曲线 *A* 的对比中可以看出，在同一平均回报率水平上，组合 *B* 的风险更小，或者说在同一风险水平上，组合 *B* 的平均回报率更高。组合 *B* 曲线有效率的部分为从含 5%股票、40%债券、45%EREITs 及 10%的国库券的点开始向上倾斜的部分。若投资者希望获得更高的回报，他们可增加更多的 EREITs 来代替债券，风险同时也在增加。

通过以上分析，可以得到以下三个重要结论：（1）在投资组合中投资类型已经确定的前提下，风险与回报呈正向运动关系，风险越大，期望回报越高；风险越小，期望回报越低。（2）如果在一个已有的投资组合基础之上，引入新的投资，则可以在保持风险不变的前提下，增加投资回报。（3）由于房地产具有保值增值功能，并且具有抵御通货膨胀风险的功能，因此，将房地产引入投资组合中，有可能降低风险，并且提高投资回报。

8.5 房地产投资风险管理

8.5.1 风险管理概述

风险管理作为企业的一种管理活动，从 20 世纪 30 年代开始萌芽，最早起源于美国。美国由于受到 1929—1933 年世界性经济危机的影响，约有 40%的银行和企业破产。美国企业为了应对经济危机，纷纷在企业内部设立了保险管理部门。可见，最早的风险管理依赖于保险手段。此后经过不断地发展，美国、英国、法国、德国、日本等国家先后建立了全国性及地区性的风险管理协会，风险管理的发展进入了新的发展阶段。中国对于风险管理的研究始于 20 世纪 80 年代，但目前大部分企业缺乏风险管理意识，也没有建立专门的机构，风险管理在中国仍处于起步阶段。如今，风险管理已经日益发展成企业管理中一个具有相对独立职能的管理领域，在围绕企业的经营和发展目标方面，风险管理和企业的经营管理、战略管理一样具有十分重要的意义。

广义的风险管理包括风险识别、风险估计与评价、风险防范和风险控制。

狭义的风险管理包括风险防范和风险控制。风险的防范是一种事前措施，指在损失发生前，采取各种预防控制手段，免除风险或风险减少到最小。常见的投资风险防范策略与方法主要有风险预控、风险回避和风险转移。风险控制是一种事中措施，指风险管理者采取各种措施和方法，消灭风险或减少风险发生的可能性，或者风险发生时造成的损失降到最低。

房地产投资风险控制的主要手段有计划控制、审计控制、投资组合控制。

8.5.2 风险预控

风险预控是指在风险或损失发生前，采取一系列措施来免除或减少引起风险或损失的因素。市场状况是房地产投资中最难把握和预测的部分。市场风险也是房地产投资最直接的风险。在房地产投资前期准备工作中能否准确收集市场资料并进行正确分析，是控制日后市场风险高低的关键。在正确的市场研究结论的前提下，房地产投资才能收到预期的效果。错误的市场研究结论必然导致房地产投资的风险增加。因此，房地产投资风险预控最有效的方法是做好房地产市场调查研究。

房地产市场调查研究是各种供求、收益和支出、资金成本等重要数据的直接或间接来源，为房地产开发决策提供了重要依据。所以，必须将房地产市场调研视为房地产投资中必不可少的重要环节，提高房地产市场调查研究人员的综合素质，切实减少房地产投资开发的风险。

8.5.3 风险回避

风险回避是指房地产投资者通过对房地产投资风险的识别和分析，在预测到某项房地产投资活动将带来风险损失时，事先就避开风险源地或改变行为方式，主动放弃或拒绝实施这些可能导致风险损失的投资活动，以消除风险隐患。

风险回避可以帮助房地产投资者在风险事件发生之前完全消除风险及可能带来的损失，但其应用也存在着很大的局限性。首先，风险回避只有在投资者准确识别出风险事件，并对损失的严重性完全确定时才有意义。然而投资者不可能对房地产投资中所有的风险都能进行准确的识别和衡量。过高的风险估计可能会降低投资回报率；过低的风险估计则可能会造成严重的后果。其次，采用风险回避能使公司免受风险带来的损失，但同时也使公司失去获利的可能性。不难看出，这是一种消极的方法，一般被保守型投资者所采用。最后，并不是所有的风险都能够通过回避来进行处理的。例如，房地产开发过程中潜在的各种经济风险、市场风险和自然风险是难以预料、无法回避的。因此，一般来说，只有在某些迫不得已的情况下，才采用风险回避。

8.5.4 风险转移

风险转移是指房地产投资者采取某种合理、合法的措施将风险损失转移给其他人或其他单位承担。房地产风险的转移有多种方法，主要包括契约性转移、购买房地产保险和房地产资金证券化等。

1. 契约性转移

契约性转移是房地产投资风险转移中常见的方法，主要包括预售、预租和一定年限物业使用权的出售。投资者在开发房地产的过程中，通过预售、预租这两种销售方式，不仅可以把价格下降、租金下降带来的风险转移给客户、承租人，同时也可以把物业空置带来的风险转移给客户、承租人。一定年限物业使用权的出售是房地产投资者出售一定年限的物业使用权，到期后投资者收回物业使用权的行为。这种做法一般多见于商业物业，且出售的年限较长。出售物业使用权可以为投资者筹集大量资金，而且也能为投资者转移不少风险。

2. 购买房地产保险

对于房地产投资者来说，购买保险是十分必要的，它是转移或减少房地产投资风险的主要途径之一。房地产保险是指以房屋及其有关利益或责任为保险标的的保险。投资者通过预测项目开发经营过程中可能存在的风险，向保险公司投保，通过订立保险合同，将一些自然灾害、意外事故等所引起的风险转移给保险公司。它是一种及时、有效、合理的分摊经济损失和获得经济补偿的方式。需要特别指出的是，并不是所有的风险都能通过购买保险来转移，可保风险必须符合一定的条件。

3. 房地产资金证券化

房地产资金证券化是指将用于投资房地产项目的资金转化为有价证券的形态，使投资者与所投资的房地产项目之间由直接的物权关系转变为以有价证券为承担形式的债权、债务关系。房地产项目资金证券化是运用金融工具进行风险转移，它实施效果显著，一般有两种途径：一是房地产投资者通过发行股票、债券等有价证券筹集项目资金，将投资风险转移给股东或把在持有期内因利率变动所引起的融资成本加大的风险转移给债券持有者；二是投资者委托房地产投资信托机构对其投资资金进行管理，由投资信托机构去开发经营项目，投资信托机构将项目投资资金证券化，并将相应的有价证券交给投资者，投资者凭有价证券收取相应的利润，这样投资者就把自己开发经营所引起的风险转移给了房地产投资信托机构。

8.5.5 风险组合

风险组合是指通过多项目或多类型的投资来分散投资风险的一种风险管理方法，它沿袭于“不要把所有的鸡蛋都放在一个篮子里”的思想。对于投资者来说，需要在风险和收益之间寻求一种最佳的均衡投资组合，也就是要懂得分散投资以达到分散风险、降低风险的目的。均衡的投资组合有不同项目类型的组合、不同房地产投资方式的组合、不同地区的项目组合和不同时间的项目组合等。

由于不同投资项目的风险及收益能力是不尽相同的，因此实行多项目或多类型投资组合，可以获得比投资单一项目或单一方式投资更稳定的收益。当然，在进行投资组合时，还应注意各项目及房地产投资类型的相关性不能太强，否则就起不到降低风险的作用。各种不同类型房地产的投资风险大小不一，收益高低也有所不同，风险大的投资项目回报率相对较高，回报率低的投资项目风险就相对低些。如果资金分别投入不同的房地产开发项目，整体投资风险就会降低，其实质就是用个别房地产投资的高收益弥补其他低收益的房地产投资损失，最终得到一个较为平均的收益。例如，房地产投资者可以投入一部分资金在投资风险较小的普通住宅上，投资一部分资金在投资风险较大的商业项目上，这样，投资者既提高了获得比投资单一住宅项目更高报酬的可能性，也降低了投资单一商业项目的风险性。房地产投资组合的关键是如何科学确定投入不同类型房地产资金的合理比例。

8.5.6 风险自留

风险自留也称作风险承担，是指房地产投资者自己理性或非理性地主动承担风险，即以其自身的内部资源来负担未来可能的风险损失。目前，风险自留在发达国家的大型企业中较为盛行，主要包括自我承担风险和自我保险风险。

自我承担风险是指当某些风险不可避免或冒此风险可能获得较大的利润时，企业选择将这种风险保留下来，以自身内部资源来承担风险可能引致的损失。自我承担风险有主动自留和被动自留之分。主动自留是指投资者通过风险分析，在预知风险性质及可能造成的损失的情况下，主动选择风险自留措施，并准备好内部资源以便造成损失时予以应对。被动自留是在风险变动带来损失之后，投资者被迫自身承担风险损失，这往往会给投资者带来严重的财务后果。

自我保险风险是企业采取定期摊付和长期积累的方式在企业内部建立起风险损失基金，对其风险损失发生的概率与程度进行预测，并根据企业自身的内部资源能力预先提取基金，以弥补风险所致损失。自我保险风险是一种积极的自我承担措施，它是主动自留的一种特例，一般用来处理那些损失较大的房地产风险，通常是根据对未来风险损失的测算，来补偿这些风险所造成的损失。

综合练习

一、基本概念

风险；房地产投资风险；系统风险；非系统风险；风险分析；风险识别；风险估计；房地产投资组合；风险管理；风险防范；风险控制；风险回避；风险转移；风险组合；风险自留

二、思考题

1．风险具有哪些特点？
2．风险与不确定性的区别有哪些？
3．根据对风险采取态度的不同，可以将投资主体划分为哪几种类型？
4．房地产投资风险的特征有哪些？
5．房地产投资风险分析的步骤有哪些？
6．风险识别的主要方法有哪些？
7．风险估计的主要方法有哪些？

推荐阅读

1．[美]雅科夫·Y．海姆斯．风险建模、评估和管理[M]．第2版．胡平，等，译．西安：西安交通大学出版社，2007．

2．陈起俊．工程项目风险分析与管理[M]．北京：中国建筑工业出版社，2007．

3．[美]Tim Bedford，Roger Cooke．概率风险分析[M]．英文版．北京：世界图书出版公司，2003．

第 9 章　社会影响分析

学习目标

通过对本章的学习，学生应掌握如下内容：

1. 房地产投资社会影响分析的含义、内容、步骤、方法；
2. 社会信息调查的步骤、方法；
3. 利益相关者的含义；
4. 利益相关者分析的步骤。

导言

“以人为本，构建和谐社会”是人类社会发展的核心。财务分析、不确定性分析和风险分析均是从经济的角度去考虑项目的可行性，实际中的房地产投资项目更需要做到经济效益、社会效益与生态效益的有效组合。社会影响直接或间接地左右着房地产投资的成败，注重房地产社会影响分析已成为当今房地产投资分析领域的共识，特别是利益相关者分析。本章将详细阐述房地产投资社会影响分析的基本知识。

9.1　社会影响分析概述

9.1.1　房地产投资社会影响分析的含义及特征

随着社会的发展和人类认识程度的提高，人们已经意识到社会的发展应是以人为核心、以可持续为原则的发展。房地产业是社会发展的重要领域，更应注重房地产投资的社会效益，进行房地产投资社会影响分析。房地产投资项目社会影响分析着重研究项目与社会的相互适应性，即项目投资与社会发展相协调的问题，包括项目与地区发展互适性分析，项目与资源、自然环境等之间的协调发展等。这些问题是经济分析所不能解决的，所以社会影响分析是对经济分析的一种有益补充。

1. 房地产投资社会影响分析的含义

社会影响分析旨在系统调查和预测拟建项目的投资、运营产生的社会影响与社会效益，分析项目所在地区的社会环境对项目的适应性和可接受程度。通过分析项目涉及的各种社会因素与项目的社会可行性，提出项目与当地社会协调关系，规避社会风险，促进项目顺利实施，保持社会稳定的方案。因此，社会影响分析的概念可以表述为：分析拟投资项目对当地（或波及地区，乃至全社会）社会的影响以及社会条件对项目的适应性和可接受程度，分析项目的社会可行性。

房地产投资社会影响分析的含义是识别、监测和评估房地产投资项目的各种社会影响，分析当地社会环境对拟投资房地产项目的适应性和可接受程度。分析投资项目的可行性，其目的是促进房地产项目的利益相关者对项目投资活动的有效参与，优化项目投资实施方案，规避投资项目的社会风险。

2. 房地产投资社会影响分析的特征

（1）宏观性和长期性

对房地产投资项目进行社会影响分析依据的是社会发展目标，考察房地产投资项目投资和运营后对实现社会发展目标的作用和影响，即项目是促进了社会发展目标的实现还是阻碍了社会发展目标的实现。而社会发展目标本身是依据国家和地区的宏观经济与社会发展需要来制定的，包括经济增长目标、国家安全目标、人口控制目标、减少失业和贫困目标、环境保护目标等，涉及社会生活的方方面面。虽然并非每一项房地产投资项目的社会效益都覆盖了以上社会目标的所有领域，但在进行投资项目的社会影响分析时却要认真考察与房地产项目投资相关的各种可能的影响因素，无论是正面影响还是负面影响，直接影响还是间接影响。因此，房地产投资社会影响分析应从宏观角度权衡社会效益的利弊。

社会影响分析不仅要考察项目近期的社会效果，而且通常还要考虑一个国家或地区的中期和远期发展规划和要求，故项目社会影响分析涉及的时期是很长的。

（2）目标的层次性和多样性

房地产投资社会影响分析要统筹资源、环境及社会的诸多方面。房地产投资社会影响分析的目标分析首先是多层次的，是针对国家、地方和当地社区各层次的发展目标，以各层次的社会政策为基础展开的。因此，需要从国家、地方、社区三个不同的层次进行分析，做到宏观分析与微观分析相结合。

房地产投资社会影响分析的目标层次具有多样性。它要综合考察社会生活的各个领域与项目之间的相互关系和影响，要分析多个社会发展目标、多种社会政策、多种社会效益、多样的人文因素和环境因素。需要分析各个不同的社会发展目标对项目的影响程度，要结合项目的性质和特点，具体问题具体分析。因此，综合考察项目的社会可行性，通常采用多目标综合分析法。

（3）分析指标和分析标准的差异性

由于社会影响分析涉及的社会环境多种多样，影响因素比较复杂，社会目标多元化使得人们难以使用统一的量纲、指标和标准来计算和比较社会效益，因而不同行业和不同地区的项目分析差异明显。社会影响分析的各个影响因素，有的可以定量计算，如就业、收入分配等，但更多的社会因素是难以定量计算的，如项目对当地文化的影响、对当地社会稳定的影响，当地居民对项目的支持程度等。这些难以量化的影响因素，通常使用定性分析的方法加以研究。因此，在社会影响分析中，通用分析指标少，专用指标多；定量指标少，定性指标多。这就要求在具体项目的社会影响分析中，充分发挥分析人员的主观能动性。

9.1.2　房地产投资社会影响分析的作用与范围

1. 房地产投资社会影响分析的作用

（1）有利于国民经济发展目标与社会发展目标协调一致

作为一个国家，一个社会，所追求的目标不仅是经济增长，更重要的是整个国民福利的最大化。一方面，如果项目只追求一定数量的经济效益而忽视社会、环境效益，可能会造成国民整体福利的下降；另一方面，既定数量的经济效益会因为分配格局的不同而形成不等值的国民福利，即产生不同的社会价值，只有实现公平合理的分配（以不牺牲效率为前提），才能产生最大的社会效益。

房地产投资社会影响分析可以防止单纯追求项目经济效益的情况出现。如果缺乏对拟建项目的社会影响分析，项目的社会、环境问题未能在实施前解决，将会阻碍项目预期目标的实现。例如，有些房地产项目的经济效益不错，但可能使生态环境污染严重；有些项目建成了，社会安全问题解决不好，严重影响项目的生产运营等。实践证明，社会影响较大的投资项目直接关系到国家和当地的经济发展目标和社会发展目标的协调一致。在房地产项目分析中，社会影响分析处理得当，达到项目投资与社会发展相协调，必将促进经济发展目标的实现和社会效益的提高，从而使国家和地区的社会发展进入一个新的阶段。

（2）有利于项目与所在地区利益协调一致

房地产投资社会影响分析可以减少社会矛盾和纠纷，防止可能产生的不利社会影响和后果，促进社会稳定。投资项目在客观上一般都存在对所在地区的有利影响和不利影响，分析有利影响和不利影响的大小，判断有利影响和不利影响在房地产投资项目作用中的比例，是社会影响分析中判断一个项目好坏的标准。因此，社会影响分析应该始终把房地产项目投资同当地人民的生活和发展联系起来，充分估计项目投资可能造成的不利影响，预先采取适当的措施，把由项目投资引起的社会震荡减到最少。

（3）有利于避免或减少项目投资和运营的社会风险

项目投资和运营的社会风险是指当项目与所在地区利益不一致时，项目在投资和运营过程中与当地社区发生种种矛盾，并长期得不到解决，导致工期拖延、投资加大、经济效益低下、与当初的经济分析结论大相径庭的风险。这就要求分析人员在进行社会影响分析时要审慎分析项目是否适合当地人民的文化生活需要，包括文化教育、卫生健康、宗教信仰、风俗习惯等，考察当地人民的需求以及对待项目的态度如何，是支持还是反对。分析要广泛、深入、实际，并提出合理的针对性建议以减少项目的社会风险。只有消除了房地产投资项目的不利影响，避免了社会风险，才能保证项目的顺利实施，持续发挥房地产项目的投资效益。

2. 房地产投资社会影响分析的范围

房地产投资社会影响分析的范围包括项目范围和重点关注的人群范围。

（1）项目范围

任何投资项目都与人和社会有着密切的联系，从理论上讲，投资项目的社会影响分析适合于各类投资项目的分析。然而，由于社会影响分析难度大、要求高，并且需要一定的资金和时间投入，因此并不要求任何项目都进行社会影响分析。一般而言，主要是针对那些对当地居民利益和生活影响较大，容易引起社会矛盾的房地产投资项目进行社会影响分析。

在项目分析中，需要进行详细社会影响分析的项目具有以下特征。

① 项目地区的居民无法从以往的发展项目中受益或历来处于不利地位。

② 项目地区存在比较严重的社会、经济不公平等现象。

③ 项目地区存在比较严重的社会问题。

④ 项目地区面临大规模企业调整，并有可能引起大规模失业。

⑤ 可以预见项目会产生重大的负面影响，如非自愿搬迁、文物古迹严重破坏。

⑥ 项目活动会改变当地人口的行为方式和价值观念。

⑦ 社区参与对项目效果可持续性和成功实施十分重要。

⑧ 项目分析人员对项目影响群体和目标群体的需求及项目地区发展的制约因素缺乏足够的了解。

（2）重点关注的人群范围

社会影响分析的中心思想是强调以人为本。人是推动社会发展的主体，也是社会发展的受益对象。人们在推动社会发展的同时，也受益于社会发展过程。从以人为本的思想出发，就必然要求在社会影响分析中将人的因素放在中心位置予以考虑，特别是要重点关注以下弱势群体。

① 贫困人口。贫困人口的社会影响力明显较弱，如果不特别关注，就很容易忽视他们的声音和权益。如果这部分人被忽视，就谈不上以人为本，社会影响分析关注贫困人口是与项目目标相一致的。

② 非自愿搬迁人口。对于涉及非自愿搬迁的项目来说，非自愿搬迁人口是受项目影响的重要群体，是社会影响分析必须关注的重点。在没有成为非自愿搬迁人口之前，他们有可能也是社会发展的主流，并未被归入弱势群体或者贫困群体之列。但当他们成为非自愿搬迁人口后，将可能丧失土地资源，其劳动、生产和管理技能贬值，社会网络和社会资本发生较大改变。一旦采取的补偿和恢复措施出现偏差，他们就可能成为新的弱势群体，因此需要社会影响分析予以重点关注。

9.1.3　房地产投资社会影响分析的内容

房地产项目的社会影响分析通常适用于那些社会因素较为复杂、社会影响较为深远、社会效益较为显著、社会矛盾较为突出、社会风险较大的投资项目。

结合房地产投资项目具体情况，根据我国社会发展的各项目标，以及各项社会政策（如就业政策、扶贫政策、社会保障政策等），项目社会影响分析所应考虑的主要内容可分为项目对社会经济的影响、项目对社会环境的影响，以及项目对自然环境和自然资源的影响三个方面。可将其细分为 18 项社会因素，具体分类如下。

1. 项目对社会经济的影响

从宏观经济分析投资项目对国家、地区经济的影响，主要考虑以下因素。

（1）项目对国民经济发展的影响，包括对本部门和相关部门经济的影响。

（2）项目对地方经济发展的影响。

（3）项目对技术进步的影响。

（4）其他。

2. 项目对社会环境的影响

主要分析项目对社会政治、安全、人口、文教等方面的影响，可考虑以下社会分析因素。

（1）就业效益。

（2）收入分配效益。

（3）对当地文化教育、卫生保健的影响。

（4）对社会安全、民族关系、国防、国际地位的影响。

（5）对当地人民生活水平、社会保障的影响。

（6）对当地人民风俗习惯、宗教信仰及道德规范等的影响。

（7）当地政府的态度、群众参与问题。

（8）对当地人口、社会生产组织、社会结构的影响。

（9）对社区人民居住条件的影响。

3. 项目对自然环境和自然资源的影响

主要分析项目采取环保措施后的环境质量状况，各项污染治理情况，以及项目对自然资源综合利用、节约使用等政策目标的效用。可主要考虑以下社会分析因素。

（1）项目对生态环境的影响，如破坏森林植被、造成水土流失、影响地质结构、诱发地震、危害野生动植物种群生存等。

（2）项目对自然景观的影响。

（3）项目造成的环境污染。

（4）节约自然资源的情况（如节约土地、水、矿产资源、能源等情况）。

（5）自然资源的综合利用效益。

以上社会影响分析因素，按其衡量方式可分为两类：一是用定量的价值形式表示的，主要有收入分配效益、劳动就业效益、节能效益、环保效果等；二是只能进行定性描述、定性预测的，主要包括生态平衡、资源利用、科技进步、地区经济发展等大多数社会分析因素。

房地产项目社会影响分析所考虑的社会因素，通常具有相对重要性和选择任意性。进行社会影响分析时，不要求全面分析所有因素，而应根据具体项目的具体情况、特点，在国民经济中的地位以及项目所在地的社会经济结构等，合理地选取相关因素来进行分析。只有抓住项目的主要影响，忽略次要影响，才能有效节约分析成本。但总的来说，这些因素在项目决策中，对项目取舍只具有相对重要性，也不排除在某些情况下能起到决定性作用。

9.1.4 房地产投资社会影响分析的步骤

社会影响分析一般分为调查社会资料、识别社会因素、论证比选方案三个步骤。

1. 调查社会资料

调查了解房地产项目所在地区的社会环境等方面的情况。调查的内容包括项目所在地区的基本情况和受影响地区的基本社会经济情况在项目影响时限内可能的变化，包括人口统计资料，基础设施与服务设施状况，当地的风俗习惯、人际关系，各利益群体对项目的反应、要求与接受程度，各利益群体参与项目活动的可能性，如项目所在地区干部、群众对参与项目活动的态度和积极性，可能参与的形式、时间，妇女在参与项目活动方面有无特殊情况等。社会调查可采用多种调查方法，如查阅历史文献、统计资料，问卷调查，现场访问、观察，开座谈会等。

2. 识别社会因素

分析社会调查获得的资料，对项目涉及的各种社会因素进行分类。一般可分成以下三类。

（1）影响人类生活和行为的因素。如对就业的影响、对收入分配的影响、对社区发展和城市建设的影响、对居民身心健康的影响、对文化教育事业的影响、对社区福利和社会保障的影响等。

（2）影响社会环境变迁的因素。如对自然和生态环境的影响、对资源综合开发利用的影响、对能源节约的影响、对耕地和水资源的影响等。

（3）影响社会稳定与发展的因素。如对风俗习惯、宗教信仰、民族团结的影响，对社区组织结构和地方管理机构的影响，对国家和地区安全的影响等。

从这些因素中识别与选择影响房地产项目实施和成功的主要社会因素，作为社会影响分析的重点和论证比选方案的内容之一。

3. 论证比选方案

对拟定的项目投资地点、技术方案和工程方案中涉及的主要社会因素进行定性、定量分析，比选推荐社会正面影响大、社会负面影响小的方案。主要内容包括以下几方面。

（1）确定分析目标与分析范围

根据房地产项目投资的目的、功能以及国家和地区的社会发展战略，对与项目相关的各社会因素进行分析研究，找出项目对社会环境可能产生的影响，确定房地产项目分析的目标，并分析出主要目标和次要目标。房地产投资项目社会影响分析的范围包括项目涉及的空间范围和时间范围：空间范围是指房地产项目所在的社区、县市；时间范围是指房地产项目的寿命期或预测可能影响的年限。

（2）选择分析指标

根据分析的目标，选择适当的分析指标，包括各种效益和影响的定性指标和定量指标。所选指标不宜过多，且要便于数据的收集和评定的进行。

（3）确定分析标准

在广泛调查研究和科学分析的基础上，收集项目本身及分析空间范围内社会、经济、环境等各方面的信息，并预测在分析和项目建设阶段有无可能发生变化，然后确定分析的标准，尤其是定量指标的分析标准一定要明确给出。

（4）列出备选方案

根据项目的建设目标、不同的建设地点、不同的资金来源、不同的技术方案等，理清可供选择的方案，并采取拜访、座谈、实地考察等方式，了解房地产项目影响区域范围内地方政府与群众的意见，将这些意见纳入方案比较的过程中。

（5）进行项目分析

根据调查和预测的资料，对每一个备选方案进行定量和定性分析。首先，对能够定量计算的指标，依据调查和预测资料进行测算，并根据一定标准分析其优劣。其次，对不能定量计算的社会因素进行定性分析，判断各种定性指标对项目的影响程度，揭示项目可能存在的社会风险。再次，分析判断各定性指标和定量指标对项目实施和社会发展目标的重要程度，对各指标进行排序并赋予一定的权重。对若干重要的指标，特别是不利影响的指标，进行深入的分析研究，制定减轻不利影响的措施，研究存在的社会风险的性质与重要程度，提出防控风险的措施。

（6）专家论证

根据项目的具体情况，可召开相应规模的专家论证会，将选出的最优方案提交专家论证，对中选方案进行详细分析，就其不利因素、不良影响和存在的问题提出改进和解决办法，进一步补充和完善该方案。

（7）编制社会影响分析报告

将对所分析项目的调查、预测、分析、比较的过程和结论，以及方案中的重要问题和有争议的问题写成一定格式的书面报告。在明确方案优劣势的基础上，得出项目是否具有社会可行性的结论或提出相关改进建议，形成项目社会影响分析报告或篇章，作为项目决策者的决策依据之一。

9.1.5 房地产投资社会影响分析的方法

房地产投资社会影响分析所涉及的社会因素、社会影响和社会风险，不能通过统一指标、统一量纲、统一判断准则进行评价，所以社会影响分析应根据项目的具体情况选择方法。

1. 按照使用用途分类

按照使用用途分类，社会影响分析方法有确定评估基准线调查法、有无对比分析法、逻辑框架分析法、综合分析评估法等。

（1）确定评估基准线调查法

确定评估基准线调查法是指对拟建房地产项目开工前的社会经济状况进行调查、估计和确定，核实项目实施前预期的目的、投资、效益和风险，查清项目拟建地区的人文、自然资源和社会环境状况，作为项目实施后各阶段社会影响分析的对比基准。

（2）有无对比分析法

有无对比分析法是指“有项目”情况与“无项目”情况的对比分析。“有项目”情况就是拟建项目建设运营中引起各种社会经济变化后的社会经济状况；“无项目”情况就是确定评估的基准线情况。这样，“有项目”情况扣除同一时间内“无项目”情况，就得出由拟建项目引起的效益增量和各种影响。在对比分析中，应分清这些效益和影响中拟建项目的作用和项目以外的作用。如果很难确定拟建项目本身的作用，则可确定一个与项目所在地区条件基本相同，又无其他项目建设的区域作为参比中的“无项目区”来进行有无对比。最后，采用有无对比分析表进行综合分析，如表 9-1 所示。

表 9-1　有无对比分析表

效益＼项目	有 项 目	无 项 目	差　别	分　析
财务效益				
经济效益				
经济影响				
环境影响				
社会影响				
综合结果				

（3）逻辑框架分析法

运用逻辑框架分析法，可以明确项目应达到的目标层次及相关联的考核指标、验证方法和假设条件之间的因果关系，从而使人们能在总体上明确把握投资项目的轮廓概念。此法不仅适用于项目的社会影响分析、制订规划计划及项目管理工作的分析评估，有利于提高投资决策和改进项目设计，而且也适用于项目实施和运营时期的不同层次的管理和总结经验教训等项目后评估。逻辑框架分析法的模式一般可用矩阵表表示，如表 9-2 所示。

表 9-2　逻辑框架分析矩阵表

项目目标结构	考核验证指标	验 证 方 法	假 设 条 件
宏观目标	达到目标的测定	信息来源、采用方法	目的、目标的条件
目的	项目的最终状况	信息来源、采用方法	产出、目标的条件
产出	计划产出、完工期日期范围	信息来源、采用方法	投入、目标的条件
投入	投入/预算、资源必要成本、性质、水平和开工日期	信息来源	项目的原始条件

逻辑框架分析矩阵表由 4×4 的模式组成。在垂直方向各横行代表项目目标层次，它按照因果关系，自下而上地列出项目的投入、产出、目的和宏观目标等 4 个层次，包括达到这些目标所需要的验证方法与指标，说明目标层次之间的因果关系和重要的假设条件与前提；在水平方向各竖行代表如何验证这些不同层次的目标是否达到，自左向右列出项目各目标层次的预期指标和实际达到的考核验证指标、信息资源和验证方法，以及相关的重要外部假设条件。采用专门的客观验证指标及验证方法分析研究项目的资源消耗数量、质量和结果，对项目各个目标层次所得的结论进行专门分析和详细说明。整个逻辑框架分析的结构逻辑关系是自下而上的，就是一个项目的投入（活动）在什么条件下能产出什么，有了这些产出在什么外部假设条件下又可以达到项目的直接目的，而达到了这个目的后又在什么客观假设的必要或充分条件下最终达到项目的预期宏观社会经济目标。因此，逻辑框架可用来总结项目的投入、产出、目的和目标诸多因素，分析项目实施运行过程中各方面

的因果关系，评估项目的发展方向，对项目进行全面的分析评估。

（4）综合分析评估法

综合分析评估法可采用矩阵分析总结法和多目标分析综合评估法两类，前者适用于定性总结分析，后者适用于定量指标分析。

① 矩阵分析总结法。矩阵分析总结法首先是将社会评估的各项定量与定性分析指标按权重排列顺序，列于“项目社会评估综合表”的矩阵表（见表9-3）中；其次，由评估者对此表所列的各项指标进行分析，阐明每个指标的评估结果及其对项目的社会可行性的影响程度，将一般可行而且影响小的指标逐步排除，着重分析和考察影响大和存在风险的问题和指标，充分权衡其利弊得失，并说明补偿措施和费用情况；最后，分析归纳指出影响项目社会可行性的关键所在，提出对项目社会评估的总结评估，确定项目从社会因素方面分析是否可行的结论。此法简单明了，易于掌握，特别适用于使人们直接受益性项目的社会评估。

表9-3 “项目社会评估综合表”的矩阵表

序　号	社会评估指标（定量与定性指标）	分析评估结果	简要说明 （包括措施、补偿及费用）
1			
2			
3			
4			
5	总结评估		

② 多目标分析综合评估法。此法中可采用德尔菲法、矩阵分析法、项目规划法、层次分析法和多层次模糊综合评估法等具体方法，可由评估人员根据项目定量与定性分析指标的复杂程度和评估要求，任意选择。评估程序一般是组织若干专家，根据国家和部门（地方）有关社会发展的政策目标，结合具体情况，对各分项指标进行评分，确定每个指标在项目评估中的重要程度，给予相应的权重，最后按加权平均法（或期望值法）计算出项目综合社会效益。

一般来说，在多目标分析综合评估法中，将对项目的有利影响和贡献作为正效益，将不利影响和费用代价作为负效益。对于社会适应性的定性分析指标，也可适当给予权重评分。项目与社会相互适应性分析的目的，是研究如何采取措施加强两者相互间的适应性，以取得更好的项目整体效益。因此，由综合分析评估得出社会评估总分的高低，只能作为一种总结分析的参考数据，而不是决策的唯一依据。除此之外，还应考虑所需采取的各种措施方案实施的难易程度与费用高低，有无投资风险及风险大小等因素，才能得出各方案社会可行性优劣程度的结论。

2. 按照使用阶段分类

按照使用阶段分类，社会评估方法有快速社会评估法、详细社会评估法和参与式评价。

（1）快速社会评估法

快速社会评估法是在项目前期初选阶段进行社会评估所采用的一种简捷方法。它是大致了解拟建项目所在地区社会环境的基本状况，识别主要社会影响因素，粗略地预测可能出现的情况及其对项目的影响程度。快速社会评估主要是分析现有资料和现有状况，着眼于负面社会因素的分析判断，一般以定性描述为主。快速社会评估的方法步骤如下。

① 识别主要社会因素。将项目社会因素分类，按其与项目之间关系和预期影响程度划分为影响一般、影响较大和影响严重三级。侧重分析评价那些影响严重的社会因素。

② 确定利益相关者。对项目所在地区范围内的受益、受损利益相关者进行划分。着重对受损利益相关者进行分析，可分为受损一般、受损较大、受损严重三级。重点分析受损严重群体的人数、结构以及对项目的态度和可能产生的矛盾。

③ 估计接受程度能力。大体分析当地现有经济条件、社会条件可能支持项目存在与发展的程度，一般分为高、中、低三级。侧重对接受能力低的条件进行分析，并提出项目与当地社会环境相互适应的措施建议。

（2）详细社会评估法

详细社会评估法是在可行性研究阶段广泛应用的一种评价方法。其功能是在快速社会评估的基础上，进一步研究揭示项目的社会因素和社会影响，进行详细论证，并预测风险度。结合项目的各个备选工程技术方案和经济方案，从社会分析角度进行优化。详细社会评估采用定量与定性分析相结合的方法进行过程分析。主要步骤如下。

① 识别社会因素并排序。按正面影响与负面影响、持续时间长短、风险度大小、风险变化趋势（减弱或者强化）分组。着重对那些持续时间长、风险度大、可能激化的负面影响进行论证。

② 识别利益相关者并排序。按直接受益或者受损、间接受益或者受损群体，减轻或者补偿受损的措施代价分组，在此基础上详细论证各受益群体与受损群体之间、利益相关者与项目之间的利害关系和可能出现的社会矛盾。

③ 论证当地社会环境对项目的适应程度。详细分析项目建设与运营过程中可能从地方获得的支持与配合程度。按好、中、差分组，着重研究地方利益相关者、当地行政机构的参与方式及参与程度，并提出协调矛盾的措施。

④ 比选优化方案。将上述各项分析的结果进行归纳、比选，推荐合理方案。

（3）参与式评价

在进行详细社会评估时一般采用参与式评价，它是吸收公众参与项目方案的设计和实施的一种有效方法。它有利于提高项目方案的透明度和决策民主化；有助于取得项目所在地各利益相关者的理解、支持与合作；有利于提高项目的成功率，预防和减少不良社会后果。参与式评价可采用下列形式。

① 咨询式参与。由社会评估人员将项目方案中涉及当地居民生产、生活的有关内容直接交给居民讨论，征询意见，一般可用问卷调查法。

② 邀请式参与。由社会评估人员按不同利益相关者分组，推选有代表性且较公正的人员座谈，此时应特别注意听取反对意见，并进行分析。

③ 委托式参与。由社会评估人员将项目方案中特别需要当地居民支持、配合的问题委托给当地机构，组织利益相关者讨论，并提出反馈意见。一般来说，公众参与程度越高，项目的社会风险越小。

9.2 社会信息调查

房地产投资社会影响分析需要分析者掌握大量的社会信息资源，例如人口、风俗习惯、宗教信仰、人际关系、生活水平、职业性质等，这些社会信息均需要通过社会信息调查来获取。

9.2.1 房地产投资社会影响分析所需的社会信息

房地产投资社会影响分析所需社会信息分为如下四类。

A 类：房地产项目方案设计所需的一般统计信息。

B 类：为制订项目目标及实施方案所需的有关因果关系及动态趋势的信息。

C 类：房地产项目社会影响评价所需的基线信息（基础性调查信息）。

D 类：房地产项目监督与评价所需的受项目影响人群信息。

在进行投资项目社会影响评价时，应根据不同阶段的需要来收集不同类别的信息。根据世界银行的项目管理方法来看，项目周期中不同阶段的社会影响分析投入及所需信息的关系如表 9-4 所示。

表 9-4　项目周期不同阶段的社会影响评价投入及所需信息

项目周期不同阶段	社会影响评价投入	所需主要信息
项目立项	识别项目目标群体、确定项目影响范围	A 类、B 类
项目方案制订与评价阶段	设计参与机制、进行社会可行性分析	A 类、B 类
项目实施及监测评价阶段	受益者分析、社区参与	D 类
项目后评价	社会影响评价	C 类

9.2.2 社会信息的调查步骤

调查与收集社会信息必须遵循一定的基本程序，一般需要经历确定调查对象、调查方案设计、收集整理资料和分析总结等阶段。

1. 确定调查对象

调查对象应根据项目的不同阶段、影响范围以及目标群体等因素合理确定，其选定是否恰当对社会影响评价工作的成效具有至关重要的影响。

2. 调查方案设计

调查一般包括以下步骤。

（1）拟定调查提纲。确定调查项目，界定调查内涵，并确立完整的社会指标作为测量调查项目的尺度。

（2）设计调查表。按照逻辑关系和便于实际调查的顺序，设计若干具体的问题，所有问题设计都要以能够收集到真实确切的资料为原则。

（3）根据调查目的、要求以及对象范围等情况，决定调查研究的方式和方法。

（4）制订工作计划，明确时间分配、人员配备、财务预算等。

3. 收集整理资料

收集资料是一项艰苦复杂的工作，同时必须通过收集资料发现新的问题，为进一步深入调查做准备。整理资料则是一项细致的工作，首先要对所取得的资料进行查验，对遗漏的资料进行必要的补充，错误的要进行修正。其次是按照事先规定的途径将资料汇总分类并加以条理化。在收集和整理资料时，要注意以下几点。

（1）按照调查提纲和调查表的问题全面地收集资料。

（2）注意谈话技巧。要尊重被调查者，既要引导被调查者作答，又不能对问题流露出调查者自己的看法，更不能对答案做出带有好恶的评价。

（3）应区别对象和场合决定采用记录方式或录音方式，应以不影响被访者为原则。

（4）为了克服语言和理解的差异，重复答案以得到对方的确认或否定。

4. 分析总结

对收集整理的资料进行分析研究，一方面应运用统计手段进行数量分析，研究这些调查资料所表现的各种总体特征；另一方面应运用比较、归纳、推理或统计等方法发现各变量之间的内在联系，揭示数量特征及含义，得出社会调查结论。

9.2.3 社会信息的调查方法

社会信息调查的方法主要有个人访谈、小组讨论、问卷调查、参与观察、文献调查等五种方法。

1. 个人访谈

个人访谈是社会信息收集经常采用的一个重要方法。对项目的参与者及其他一些重要信息提供者的个人访谈，有助于了解项目所涉及的有关问题，理解目标人群的观点、态度以及行为模式等。

（1）个人访谈的类型

个人访谈与问卷调查不同，问卷调查使用正式的问卷，仅限于事先给定的问题，而个人访谈则不局限于事先预定的问题和问题的先后排列顺序。个人访谈通常分为三种类型：非正式会话式访谈、重点问题访谈及半封闭型访谈。

① 非正式会话式访谈。非正式会话式访谈可以让调查人员在谈话主题的选择上享有充分的灵活性和自由。为了保持非正式访谈的气氛，调查者通常很少记笔记。这种访谈的优点是可以涉足较宽的领域，有些内容甚至是项目负责人事先都没有预辩过的。不过，这种访谈也存在几个缺点：第一，费时间且不易突出重点；第二，从不同被调查者那里得到的信息没有可比性；第三，受被调查者本人的态度和好恶影响较大。

② 重点问题访谈。重点问题访谈通常把将要涉及的重点问题用表格列出，以对谈话的内容进行方向性引导。与非正式访谈相比，这种访谈至少具有两个优点：一是由于所有的调查人员调查相同的问题，因此收集的资料具有可比性，从而在进行分析时能够对不同的问题进行比较与排序；二是将讨论始终限定在给定的主题中，因此可以节省时间。

③ 半封闭型访谈。这种个人访谈需要具备一个具体问题清单。这种方式具有以下优点：第一，收集到的信息可以较直接地回答社会影响评价所关心的问题；第二，从不同的被调查者中得到的信息具有可比性；第三，与其他两种个人访谈形式相比，这种访谈的结果受会谈主持人的个性和沟通技巧影响不大；第四，与其他两种方式相比，这种访谈问题直截了当，节省时间。这种方式的缺点是收集到的信息价值的大小受问卷设计质量的影响较大。

（2）个人访谈应注意的问题

在社会影响评价中，个人访谈是一项技巧性很强的工作，很多因素可以影响访谈结果的质量。调查人员在进行访谈时，应注意以下几个问题。

① 初始印象。初次接触对于任何类型的访谈都是很重要的。访谈主持人的外表、气质和谈话的方式都应与访谈的气氛相称。访谈的语言应该通俗，尽量避免使用行话或不必要的技术术语。

② 提问顺序。访谈应始于一个一般性的谈话话题，从简单问题开始，逐步到越来越复杂的问题。先讨论当前问题，再讨论有关过去或未来的问题。

③ 提问方式。如果提问的方式恰到好处，有时会使困难的问题易于理解，抽象的问题变得具体，窘迫的问题易于被回答。

④ 访谈引导。正确引导和控制访谈的进程，对于让被调查者充分表达自己对问题的认识和意见很重要。有时被调查者的谈话内容会远离谈论的主题，这时就需要调查人员运用适当的手法把话题移回访谈的主题。

⑤ 访谈立场。调查人员应当既是一个有心的听众，又是一个不偏不倚的观察者。调查人员应当避免给所讨论的话题加入自己的态度和好恶。被调查人有权表达自己的观点，而调查人员应能正确引导被调查者对自己观点进行淋漓尽致的表达。

⑥ 访谈记录。访谈的内容应尽可能迅速、完整地记录、整理出来。同时，调查人员应尽可能将自己的观点和感觉系统地记录下来。

2. 小组讨论

社会信息可以借助调查者和被调查者之间的讨论和交流来获取。与个人访谈相比，小组进行集体讨论具有以下优点：第一，能使调查者采取既迅速又经济的方式来收集信息；第二，人们汇集在一起，通常相互受对方的感情、情绪和所关心的事件的影响，可以减少个人访谈的一些窘境，能使他们畅谈在个别场合不愿过多涉及的问题；第三，有些情况下小组讨论收集到的信息往往比个人访谈更为精确，因为人们顾虑如果他们提供不准确的信息，就会与其他人所提供的信息相互矛盾。按照讨论会参与的人数多少，集体讨论可以划分为两种类型：社区会议和专题讨论会（Focused Group Discussion）。社区会议是邀请所有社区和村落人员参加的讨论会，专题讨论会则只是邀请一些细心选择的人员参加（通常由6～10 人构成）。

（1）社区会议

为了从社区会议中获取有用和可信的信息，需要注意：第一，为了收集系统的、具有可比性的信息，并使讨论的重点突出，应当在会前准备一个讨论提纲。第二，如果社区会议不能覆盖项目拟建地的所有社区或村落居民，则应当从中细心地选择几个社区，以使他们能较大程度地代表目标人群的意见。第三，社区会议举办的时间和规模是影响会议是否成功的两个重要因素。如果会议的规模过大，往往难以有效组织。如会议的参加人员超过30 个，通常应把他们分成几个小组。第四，社区会议可以由一个人或一个由若干人员组成的小组负责，效果会更佳。组成小组的不同成员可以有不同的专业背景，有利于提高收集信息的质量和深度。第五，会议之后，给个别的谈话留出时间和机会是非常重要的，以便让每个参与者均能清晰地表述出自己的观点和意见。

（2）专题讨论会

专题讨论会类似于社区会议，其差别有以下几点：第一，为专题讨论会准备的提纲要比用于社区会议的提纲粗略得多。通常只需要一个简短的提要，提醒调查人员把握住谈话的主要话题。第二，要从专题讨论会上得到有价值的信息，选择合适的会议参与者十分重要。最好让了解当地情况的人员推荐参加会议的人选，而选择不同背景的人员，效果会更好。第三，与社区会议相比，专题讨论会的地点、位次安排以及讨论时间的长短也很重要。会议地点和位次安排应尽可能使所有的会议参与人员在生理上和心理上都感到舒适。通常，讨论的时间不宜超过 2 个小时，除非大多数人意犹未尽，希望延长讨论时间。

3. 问卷调查

（1）问卷种类

问卷调查是获取有关社会文化基础资料的常用工具，包括半封闭（Open-ended）和全封闭（Closed Manner）两种形式。半封闭式问卷要求被调查者用自己的语言和方式来回答所提出的问题，而全封闭式问卷则给出一系列预先规定的答案，被调查者只需勾画出自己认为适当的选项。半封闭式问卷的主要优点是对问题的回答是自发和自由的，被调查者可以畅所欲言；主要缺点是定量分析变得困难，回卷处理效率低，难以获得某些问题的总体认识。相反，全封闭式问卷的回答则是限定的，被调查者只能从中选择，这在一定程度上对被调查者充分地表达自己的见解构成一定限制，但回卷的处理效率高，能获得某些问题的总体判断。

（2）问卷设计原则

① 尽量避免使用不确定的、歧义性的、相互重叠和技术性过强的术语，答案应尽可能简短。问题的用词对获取准确的、有价值的信息很重要，如果在问题中出现用词不当，则被调查者可能误解问题。

② 尽可能地避免导向性问题。导向性问题是指被调查者在回答这些问题时，似乎感觉到调查人员可能期望得到某种答案。

③ 注意问题的排序具有逻辑性和流畅性。问题的设计通常应由简单到复杂，从一般到具体，从容易到困难，从令人舒适的到令人敏感的。开始提出的问题应是概括性的、令人悦目和容易回答的。

④ 注意敏感性问题的提问时机和提出方式。通常应在调查人员和被调查者之间的融洽关系基本形成之后，当谈到相关问题时相机提出。如果不宜于直接提出，则可以变换方式，间接而含蓄地提出。

（3）问卷检验

对于一个新设计的问卷，应当先在小范围内进行试验，以便在发出正式问卷调查之前发现问卷可能存在的不足。问卷检验应当重点检查以下内容。

① 问题的用词。是否用词恰当，是否所有的被调查者对问题意思的理解都相同，有无产生模糊的理解。

② 问题的形式是否合适。如果有半封闭式的问题，是否让被调查者感到变化较大而难于处理，以及全封闭式问题答案的选择范围是否适当。

③ 疑难性问题。有没有让被调查者感到难以回答的问题。

④ 同样的答案。有没有这种问题，即所有的被调查者都给出同样的答案。

⑤ 拒绝率。有没有这种趋向，即被调查者拒绝回答个别问题。

⑥ 调查者的方便程度。调查者是否发现一部分问卷比较难操作，是否需要额外调查，调查方式是否合适。

⑦ 资料编码有无问题。

⑧ 问卷有效性。问卷能否最终收集到社会评价所希望收集到的信息。

4. 参与观察

（1）参与观察及其特点

参与观察是收集社会信息的一种有效方法，它要求参与到具体的社会实践中，对项目社会环境状况进行直接的观察。这种方法通常与直接观察、小组讨论和问卷调查等结合使用。例如，在关于当地人群对项目反应的调查中，调查者变成项目拟建地社区中的一员，以便真正理解当地人群对拟建项目的认识，项目能够带来的利益和遭受的损失以及对项目实施机构的态度和感觉。

与其他方法相比，参与观察有一些显著的优点：第一，参与观察者可以观察到某个现象或过程各个层面的真实情况；第二，参与观察有助于揭示行为模式、社会和经济进程，以及那些信息提供者本身也未意识到或不能加以适当描述的环境因素；第三，参与观察有助于了解社区中贫困人口和其他容易被忽略人群的需要、行为模式和环境条件，而往往这些人不能明确反映他们所处的困境和面临的问题。

（2）参与观察应遵循的规则

① 明确观察的主要问题。观察者在进入某个领域之前不应当有先入为主之见，应当以一种开放的心态进入实际观察地区，他们对所考察地区的认识应当纯粹地建立在实际观察所获得的经验之上。如果观察者分布于不同的社区，则他们必须使用一个统一问题框架。在框架形成之前，观察者应当翻阅大量的有关文献，并与一些关键信息提供者进行个人交谈。同时应注意限制问题的数量，将最重要的问题列入观察清单中。

② 合理安排观察的地点和日程。参与观察是一项耗时、耗财，又需要技巧的活动，因此应尽量控制观察场所的数量。通常至少应选择两个场所进行观察，以使观察所得的信息具有可比性，并且可相互验证分析。场所的选择应考虑以下因素：第一，被观察的现象在所选择的场所中应能出现并且有一定的规模；第二，社区或组织愿意接受参与观察的人员；第三，观察者能够进入社区或组织的正常活动中。要重视观察时间段的选择，因为被观察事件的发生往往具有一定的时间要求，时间段选择不当将直接影响所获得信息的价值。

③ 在观察活动中，观察者在项目拟建社区应担当适当的职能。通常有三种选择：第一，观察者作为项目拟建社区的一个成员；第二，观察者作为一个纯粹意义上的调查者，对他们的日常生活以及他们对项目的反应进行观察；第三，介于以上二者之间，观察者不单纯

扮演项目所在社区的普遍成员角色，而是去参与社区的一些正式或非正式的活动，这是观察者收集社会评价资料时通常所扮演的角色。

④ 观察者应避免两种偏见：一是调查人员对被观察环境的影响；二是被观察环境对调查人员的影响。这两种影响都应尽可能地压低到最大限度。

5. 文献调查

（1）文献资料的种类

文献调查法也叫二手资料查阅法，即通过收集各种有关的文献资料，摘取其中对社会影响评价有用的信息。社会调查一般是从文献调查开始的。无论访谈，还是现场观察或问卷调查等，都应先收集必要的资料和信息，以便有的放矢。就社会影响评价而言，常用的文献资料包括：① 社会学、经济学、人文学理论研究资料；② 项目所在地和影响区域的年度国民经济与社会发展报告、财政收支报告以及统计年鉴；③ 经济普查、人口调查等资料；④ 地方志；⑤ 当地报刊、地图、电话号码簿等；⑥ 其他相关资料。

（2）运用文献资料应注意的问题

无论是进行短期调查还是进行长期的研究，调查人员都希望尽可能全面收集已有的信息和资料，但应注意资料的有效性，避免使用无效的资料。

9.3 利益相关者分析

9.3.1 利益相关者分析的含义

利益相关者是指与项目有利害关系的人、群体或机构。利益相关者分析在社会影响评价中用于辨认项目利益相关群体，分析他们对项目的实施及实现目标的影响。

利益相关者能够影响组织，他们的意见必须作为决策时加以考虑的因素。但是，所有利益相关者不可能对所有问题保持一致意见，而其中一些群体要比另一些群体的影响力更大，这时如何平衡各方利益成为战略制定考虑的关键问题。这也是项目投资分析中必须要考虑到的，通过利益相关者分析来进一步确定项目的可行性。

9.3.2 利益相关者分析的步骤

利益相关者分析一般按照以下四个步骤进行：（1）识别利益相关者；（2）分析利益相关者的利益所在以及项目对他们的利益所产生的影响；（3）分析利益相关者的重要性和影响力；（4）为重要的利益相关者制订相应的参与方案。

1. 识别利益相关者

房地产项目利益相关者一般划分为：（1）项目受益人；（2）项目受害人；（3）项目受影响人；（4）其他利益相关者，包括项目的建设单位、设计单位、咨询单位、与项目有关的政府部门与非政府组织。他们可能会对项目产生重大的影响，或者对项目能否达到预定目标起着十分重要的作用。

2. 分析利益相关者的利益构成

在对项目的利益相关者进行识别之后，还需要对他们从项目实施中可能获得的利益以及可能对项目产生的影响进行分析。一般应重点分析以下问题：（1）利益相关者对项目有什么期望？（2）项目将为他们带来什么样的益处？（3）项目是否会对他们产生不利影响？（4）利益相关者拥有什么资源以及他们是否愿意和能够动员这些资源来支持项目的建设？（5）利益相关者有没有与项目预期目标相冲突的任何利害关系？

在许多情况下，一个项目对相关机构的影响程度可以通过分析二手数据来获得答案。对于有些群体和当地的群众则可能需要进行实地调查访谈，才能获得答案。

3. 分析利益相关者的重要性和影响力

利益相关者按其重要程度分为以下两类：（1）主要利益相关者，是指项目的直接受益者和项目的直接受害人；（2）次要利益相关者，是指与项目的方案规划设计、具体实施等相关的人员或机构，如银行机构、政府部门、非政府部门等。对其影响力及重要程度进行分析包括：（1）权利和地位的拥有程度；（2）组织机构的级别；（3）对战略资源的控制力；（4）其他非正式的影响力；（5）与其他利益相关者的权利关系；（6）对项目取得成功的重要程度。

4. 制订参与方案

在获得利益相关者的相关信息，明晰不同利益群体之间的关系之后，重点关注主要利益相关者，制订主要利益相关者参与项目方案制订、实施及管理等的方案。

9.4　社会影响分析案例

社会评价旨在系统调查和预测拟建项目的建设、运营产生的社会影响与社会效益，分析项目所在地区的社会环境对项目的适应性和可接受程度。通过分析项目涉及的各种社会因素，评价项目的社会可行性，提出项目与当地社会协调关系，规避社会风险，促进项目顺利实施，保持社会稳定的方案。

对于本项目，其结果直接涉及社会效益及社会影响。对本项目进行社会评价，将有利于项目与所在地区利益协调一致，有利于避免或减少项目建设和运营的社会风险。

本评价坚持以人为本的原则，以定性分析，按权重打分的方式，从社会影响、互适性、社会风险三个方面进行综合分析与评价。

9.4.1 待开发宗地现状

地块宗地性质为综合性用地，土地面积共 42 258 平方米，已取得 3 份海安市房地产权证，分别由红星街道 200 街坊 39/1 丘和 62 丘、红星街道 404 街坊 1 丘、红星街道 198 街坊 1/1 丘组成，地块形状较规则，地势较平坦，有利于土地的开发使用。

该地块目前为毛地，尚未完成动拆迁工作，开发商提供的《地块现状》显示，本次征收共需征收户籍户数 1 803 户、户籍人数为 5 272 人、单位 20 家。征收地块有居民 1 567 证，其中公房 1 207 证、私房 360 证。地上建筑物建筑面积 62 882 平方米，其中居民用房建筑面积 58 472 平方米，单位用房建筑面积 4 410 平方米，有经过批准的非居住用房建筑面积 1 524 平方米，房屋类型有旧式里弄、新式里弄、住宅、成套和不成套的新工房、其他类型房屋，用途有居住用房和非居住用房，另有大量的私建房屋，如图 9-1 所示。

图 9-1　待开发宗地现状

9.4.2 社会影响分析

项目的社会影响分析在内容上分为三个层次、四个方面，即分析在国家、地区、项目三个层次上展开，主要对社会环境、社会经济、生态环境与自然环境方面进行评价，项目对生态环境的影响和自然资源的影响已在环境影响评价章中详细说明，本节主要讨论项目对社会环境和社会经济方面可能产生的影响。

如表 9-5 所示，为社会影响分析表。

表 9-5　社会影响分析表

序号	社会因素	权重（%）	影响的范围、程度	可能出现的后果	措施建议	得分
1	居民收入	5	没有影响	无		2
2	居民生活水平与质量	10	生活质量大幅提高	消费增加	加强引导	10
3	居民就业	5	扩大就业	无		5
4	不同利益群体	5	与周围利益群体不产生冲突	无		3
5	脆弱群体	10	为脆弱群体改善环境	正面影响	制订方案时应充分考虑脆弱群体的需要	8
6	地区文化、教育、卫生	3	没有影响	无		1
7	地区基础设施、城市化进程	10	完善该地区的基础设施	加快城市化进程	注意结合地区控制性规划	10
8	少数民族风俗习惯和宗教	2	没有影响	无	方案设计时注意	1
	合计	50				40

本部分评价得分为 40 分，40/50=80%。将对项目所在地产生较好的社会效益。

9.4.3　互适性分析

互适性分析主要是分析预测项目能否为当地的社会环境、人文条件所接纳，以及当地政府、居民支持项目存在与发展的程度，考察项目与当地社会环境的相互适应关系。

首先，土地一级开发工作的进行是改善红星街道居民生活、工作环境的必要阶段；其次，能带动地区金融、高新技术产业的发展，提高人口素质，为海安市的可持续发展创造良好环境；项目的开发具有较好的社会效益。它的开发可以更加完善当地的城市基础设施，实现了经济效益、社会效益和环境效益的统一，有利于区域的可持续发展，有利于市区功能向新城的转移，综合效益明显。

在实施一级开发时，应尊重并统筹考虑涉及土地一级开发各方的合法利益；优先保护农民利益，减少征地、拆迁中的矛盾，保证社会稳定。应当和被拆迁人充分协商，不但要得到政府的响应和支持，同时对少数利益受损者得到合理补偿，使该项目得以顺利实施。

9.4.4 社会风险及对策分析

项目的社会风险分析是对可能影响项目的各种社会因素进行识别和排序，选择影响面大、持续时间长，并容易导致较大矛盾的社会因素进行预测，分析可能出现这种风险的社会环境和条件。

1. 经济环境风险及防范

一切经营活动都会受到外部宏观经济环境（包括政治、文化、金融、税收、政策等）的影响，尤其是房地产业这样一个对宏观环境敏感的行业。2014 年以来，受到限购政策和宏观经济发展变缓的影响，加之三、四线城市供求失衡，房地产市场持续疲软。目前市场普遍预期，房地产开发从银行融资的难度会继续加大，贷款利率存在继续提高的可能性。在房地产市场持续低迷的背景下，房地产行业的各类融资渠道的成本无疑将提高。房地产公司的销售环节无疑也会受到信贷收紧的影响，房贷成本增加将进一步削弱人们的住房购买力。

2. 征地拆迁风险及防范

本项目拆迁土地涉及红星街道。征收范围内还有大量的非住宅，这部分企业和产业人口的安置、就业和社会保障工作，将成为此次搬迁工作的难点，在拆迁过程中如不能很好地处理和保障被拆迁群体的合法利益，也可能产生被拆迁群体的次生贫困、社会不公平和其他社会风险，容易引发群体性事件，对社会稳定可能产生一定的负面作用。另外，也可能导致拆迁进展缓慢，影响工程建设进度，而且还会造成征地及拆迁补偿费用大大超出预算，影响建设开发成本。

物权法已于 2010 年正式实施。物权法对拆迁补偿的规定一方面保护了拥有物权者的利益，在某种程度了维护了弱势群体的权益，另一方面，这些规定可能会增加房地产开发的成本，同时有可能延缓拆迁的进度，进而影响房地产开发的速度。

提前做好宣传教育工作，搬迁方案公开透明，使搬迁群众得到实惠，解决好就业和社会保障问题，就能够最大限度地规避风险，使搬迁工作顺利完成；明确土地一级总成本控制目标，在制订的拆迁安置和人员安置补偿方案中，需要区政府的大力支持，在拆迁实施中重视和发挥居民委员会的作用，配置强有力的运作班子，落实好拆迁方案。在保障被拆迁居民的合法利益的基础上，加大拆迁力度，使拆迁工作平稳、顺利地进行。

3. 融资风险及防范

土地储备资金主要来源渠道为财政部门从已供应储备土地产生的土地出让收入中安排

给土地储备机构的征地和拆迁补偿费用、土地开发费用等储备土地过程中发生的相关费用；财政部门从国有土地收益基金中安排用于土地储备的资金；土地储备机构按照国家有关规定举借的银行贷款及其他金融机构贷款；经财政部门批准可用于土地储备的其他资金；上述资金产生的利息收入。财政部门根据土地储备的需要以及预算安排，及时核拨专项用于征收、收购、优先购买、收回土地以及储备土地供应前的前期开发等土地储备开支。

各级财政、国土资源管理部门应当加强对土地储备资金使用情况的监督检查，确保土地储备资金专款专用，努力提高土地储备资金管理效率。

为防范项目融资及资金使用风险，应由区相关委办局及项目所在街道办成立土地储备开发工作的领导和决策机构，负责重大项目资金筹措，加大拆迁力度，加快拆迁工作进行，审定重大项目成本等工作，以确保资金安全和有效使用。

9.4.5　社会影响分析结论

本项目的建设符合宏观经济建设规划和海安市用地计划，其开发建设与临海区规划发展方向一致。通过项目开发的关联方进行沟通，本项目开发得到了基层街道、居民的理解和支持。本项目在二级开发完成后，将有效改善当地居民生活条件，有利于促进临海区经济健康协调发展和提高人民物质文化生活水平，预计将产生很好的社会效益，无不良社会影响。

综合练习

一、基本概念

社会影响分析；房地产投资社会影响分析；确定评估基准线调查法；利益相关者

二、思考题

1. 房地产投资社会影响分析有哪些特征？
2. 房地产投资社会影响分析的作用有哪些？
3. 房地产投资社会影响分析的主要内容有哪些？
4. 房地产投资社会影响分析包括哪些步骤？
5. 房地产投资社会影响分析按照使用用途可以分为哪几种方法？
6. 房地产投资社会影响分析按照使用阶段可以分为哪几种方法？
7. 房地产投资社会影响分析所需要的社会信息包括哪几类？
8. 房地产投资社会影响分析中的信息调查与收集所遵循的基本程序包括哪几个阶段？
9. 社会信息调查方法主要包括哪几种？

10．利益相关者分析一般包括哪几个步骤？

推荐阅读

1．[英]路易莎 · 戈斯林，迈克尔 · 爱德华兹．发展工作手册：规划、督导、评估和影响分析实用指南[M]．北京：社会科学文献出版社，2007．

2．风笑天．现代社会调查方法[M]．武汉：华中科技大学出版社，2009．

3．[美]约瑟夫 ·W．韦斯．商业伦理：利益相关者分析与问题管理方法[M]．第 3 版．符彩霞，译．北京：中国人民大学出版社，2005．

第10章 投资决策

学习目标

通过对本章的学习，学生应掌握如下内容：

1. 房地产投资决策的含义、类型、要求、程序与方法；
2. 房地产投资方案的类型；
3. 房地产投资方案比选的含义、指标、方案；
4. 不同类型方案比选的原则。

导言

房地产投资属于“差额选举”，投资者往往面对的是多套备选投资方案，如何在众多的投资方案中衡量风险与收益，选取收益风险比率最大的方案，成为投资分析的最后也是最关键问题。本章将阐述房地产投资方案的比选知识，对不同类型的投资方案比选事项作出详细的介绍。

10.1 投资决策概述

10.1.1 房地产投资决策的含义

1. 房地产投资决策的定义

决策即做出决定或选择，是指人们为实现预期的目标，运用一定的科学理论、方法和手段，通过一定的程序，对若干有可行性的行动方案进行研究论证，从中选出最满意方案的过程。决策包括提出问题、确立目标、设计和选择方案，其关键步骤是选择方案，即从几种备选的行动方案中做出最终抉择。

投资决策就是围绕事先确定的经营目标，在占有大量信息的基础上，借助于现代化的分析手段和方法，通过定性的推理判断和定量的分析计算，对各种投资方案进行比较和选择的过程。

在房地产投资活动中，一般都会有不同的投资方案可供选择，各个方案决策伴随着不同的风险和收益。如何利用有效、准确的方法实现正确的选择，在众多的投资方案中找出最佳方案，就是房地产投资决策。

2. 房地产投资决策问题的构成条件

构成一个房地产投资决策问题，必须具备以下几项基本条件。

（1）有明确的决策目标，即要求解决什么问题。确定目标是决策的基础，决策目标应明确具体，并且是可以定量描述的。房地产投资决策的目标是最大限度地规避风险，获得最好的收益。

（2）有两个以上可供选择和比较的决策方案。一个决策问题往往存在多种备选实施方案，方案的数量越多、质量越好，选择的余地就越大。决策的过程也就是方案的评价和比较过程。

（3）有评价方案优劣的标准。决策方案的优劣必须有客观的评价标准，并且这些标准应当尽可能地采用量化标准。决策不能总是依靠经验、直觉和主观判断，还必须融合量化标准，这样才可以大大提高决策的准确度。

（4）有真实反映客观实际的数据资料。客观准确的原始数据资料与科学正确的决策方法一同构成了科学决策的两个方面，二者缺一不可。运用正确的数理统计和调查研究方法，通过分析和因果关系的考察，对未来的事物进行估计和预测，为决策者做出决策提供重要的依据。

正确的决策不仅取决于决策者个人的素质、知识、能力、经验以及审时度势和多谋善断的能力，并且需要决策者熟悉和掌握决策的基本理论、基本内容和类型，以及应用科学决策的基本方法。

3. 房地产投资决策的内容

房地产投资决策的一般内容有：（1）房地产投资方向和战略决策；（2）房地产投资目标与计划决策；（3）房地产项目决策；（4）土地购买决策；（5）价格与成本决策；（6）财务决策；（7）经营组织决策；（8）房地产销售决策；（9）工程招投标和房地产投资方案优化决策。

10.1.2 房地产投资决策的类型

房地产投资决策可以按照不同的标准进行分类。

1. 按决策信息的不同性质划分

按决策信息的不同性质划分，可将其分为确定型决策、风险型决策和不确定型决策。

（1）确定型决策

确定型决策是指影响决策的因素是明确肯定的，且每一种方案只有一种确定可以预期达到的结果。确定型决策中每种方案的运行结果是明确的，因而应该能够预先准确地计算出确定的投资效果，这个投资效果不以一定的概率条件为前提。

（2）风险型决策

风险型决策又称随机型决策，是指每一种方案的运行都会出现若干种不同的结果，并且各种结果的出现都具有一定的概率，即每种选择都存在风险。进行风险型投资决策应具备以下几个条件：① 具有明确的期望目标；② 每个投资方案存在两种或两种以上的自然状态，这种自然状态是不以投资决策者主观意志为转移的，而且受外界客观环境的影响；③ 每个方案存在的各种不以决策者主观意志为转移的自然状态是概率事件，这一概率可以估计得到；④ 每种自然状态下的投资方案的损益值可以计算得出。风险型决策由于决策者对待风险的态度不同，进行方案比较的标准（即决策准则）也不相同。

（3）不确定型决策

不确定型决策是指投资决策方案在未来的运营过程中会出现多种不以投资决策者主观意志为转移的自然状态，并且这些自然状态无法估计发生的概率，而主要依赖投资决策者的投资经验和决策偏好对投资结果进行判断。

不确定型决策与风险型投资决策的主要区别是，投资决策方案未来的各种自然状态是否是概率事件，以及投资决策是否主要依赖投资者的决策偏好。

2. 按决策问题的性质划分

根据决策问题的性质，可将其分为战略型决策和战术型决策。

（1）战略型决策

战略型决策是根据企业内部条件和外部环境的具体情况，确定有关企业发展方向、远景规划等重大问题的决策。这种决策旨在全面提高企业的素质和经营效能，使其经营活动与外部环境变化能够经常保持动态的协调。房地产投资方向、投资目标决策属于这一类决策。

（2）战术型决策

战术型决策是为实现企业战略决策而合理地选择和使用人、财、物的决策，包括管理和业务两个方面的决策。其重点是如何有效地组织和利用企业内部的各种资源。房地产投资成本决策属于这一类决策。

战略型决策和战术型决策的划分同企业的管理层次有关，一般来说，越是高层的决策，越具有战略性质；越是低层的决策，越具有战术性质。

3. 按决策问题出现的状态划分

按决策问题出现的状态，可将其划分为程序化决策和非程序化决策。

（1）程序化决策

程序化决策解决企业生产经营过程中经常性、重复出现的问题，是指决策过程的每个步骤都有规范化的固定程序，这些程序可以重复使用以解决同类的问题，如企业的奖惩制度等。一般基层机构管理者通常使用程序性决策。

（2）非程序化决策

非程序化决策主要解决突发性或不经常出现的问题，是指问题涉及面广，偶发或首次出现，没有固定程序可遵循，只能在问题提出时进行特殊处理的决策。如新产品的开发、开拓新的市场的决策等。在经营决策中重要而又困难的是非程序化决策，要求决策者具有丰富的知识和经验。高层管理者一般主要处理非程序化决策，包括进行组织设计与选择投资策略等。

4．其他

按决策目标多少划分，可分为单目标决策和多目标决策；按决策制定的方式划分，可分为单层决策和多层决策；按决策使用的分析方法划分，可分为定性分析决策和定量分析决策；按决策期限划分，可分为长期决策与短期决策等。

10.1.3 房地产投资决策的要求

房地产投资决策有其自身的规律，要保证决策能够达到预期收益，就必须遵循符合这种规律的决策原则。这些决策要求包括遵循客观规律、依据科学的程序、明确投资目标、广泛进行决策咨询、落实决策责任等。

1．遵循客观规律

这一原则要求决策者以科学的资料为依据，减少主观因素带来的决策风险。尤其是项目规模大、技术高、情况复杂的大型房地产项目，仅凭借个人的经验和智慧决策是不够的，必须依照科学方法进行分析，以保证决策的客观性，降低决策风险。

2．依据科学的程序

房地产投资必须依据科学的程序，决策者应按合理的方式进行，使定量和定性方面的分析尽可能精确。依据程序，反复检验，发现问题，再进行决策方法改进和论证，这应该是贯穿决策过程始终的做法。当然，还应具体分析有关实践经验的作用，使之为决策可行性服务。

3．明确投资目标

房地产投资项目建设实施的目的在于创造经济效益和社会效益，其中经济效益是投资的核心问题。提高经济效益是房地产投资决策的基本出发点。

4．广泛进行决策咨询

房地产投资决策的制定应充分发挥多方面的积极性，广泛听取各方面专家、学者的意见，集思广益。对不同的意见要认真研究，积极采纳合理化建议，规避决策风险。

5. 落实决策责任

房地产投资决策直接关系着房地产开发与经营的效果，因此，必须建立明确的决策责任制。项目决策与开发的机构和当事人应明确承担与自己职权相称的风险和责任，这样，他们对于决策会更加慎重，减少盲目、轻率投资决策的出现。

10.1.4　房地产投资决策的程序

房地产投资决策程序的科学程度是决策成功的重要基础，目前的相关研究认为，科学的决策过程有以下四个基本阶段：决策目标的确定、决策方案的拟订、决策方案的优选和决策方案的执行。

1. 决策目标的确定

房地产投资决策的目的就是要达到投资所预定的目标，因此确定投资决策的目标是投资决策的前提和依据。投资者在投资决策时，一般而言，经济收益最大化这一目标是核心，当然还应兼顾投资项目的社会效益、环境效益等其他因素。分析到这个层次还是不够的，因为投资目标应该是明确、具体的，而不是抽象或含糊不清的。确定目标的关键在于，进行全面的市场调研和预测。通过周密的分析研究，发现问题并认清问题的性质，从而确定问题解决后所预期达到的结果，使投资的目标具体明确。

2. 决策方案的拟订

在进行房地产投资决策过程中，根据已确定的目标，拟订多个可行的备选方案。可行方案或备选方案是指具备实施条件、能够实现决策目标的各种途径或方式。对于某一决策目标存在多种实现方式，而这些方案的具体实施往往存在不同程度的差异，决策者需要进行选择。方案的可行性应该按技术经济学原理分析一些评价标准：技术上是否先进、生产上是否可行、经济上是否合算、财务上是否盈利。拟订可行方案的过程应该是一个充满创新精神的过程，方案制订者需要尽可能多地收集相关数据资料，严格论证、反复计算、细致推敲，使各可行方案具体化。为了利于方案全面比较和选择，避免遗漏最优方案，可供方案必须基于尽可能详细的数据资料和严格科学的论证方法，通过反复计算和细致的推敲，使各可行方案具体化。

3. 决策方案的优选

可行方案拟订后，下一步就是对这些方案进行比较和分析，以便从中选出符合要求的方案加以实施，这就是可行方案的择优过程。这一过程需要对有关技术经济和社会环境等各方面条件、因素以及潜在问题进行可行性分析，并与预先制定的目标进行比较并做出评价，最终做出择优选择。

优选决策方案的过程中有两个关键因素：一个是判断标准，即衡量方案的标准。传统的标准是“最优”，如“最大利润”“最高效用”“最低成本”等，但“最优”判断标准在实践中也存在一定的操作难度，主要是因为受到信息情报、回报与风险的关系、决策和执行时机等因素的影响。现代决策理论以“满意”标准来判断可行方案的优劣。即所选择的方案基本上能实现决策目标，能够取得比较令人满意的结果，则该方案就算是一个理想的实施方案了。另一个关键因素是选择方法。决策过程中，最终选定的实施方案是否科学合理，在很大程度上取决于择优方法。选择方案的具体方法很多，大致可分为定性分析方法和定量分析方法两大类。

4. 决策方案的执行

决策的最终目的在于实施，并达到预期目标。优选方案是否科学合理也只有通过实践才能得到最终检验。在执行过程中，执行者的作用十分关键，他能否充分理解方案，遇到风险时能否机智应变是决策执行是否顺利的两个决定性因素。优选方案是否科学合理也只有通过实践才能得到最终检验。完善的检查制度和程序、进行信息反馈等对于规避风险是十分重要的。一旦发现原方案有缺陷，或因客观条件变化而出现新问题，要及时对方案加以纠正和修订。

10.1.5 房地产投资决策的方法

房地产投资决策过程中，由于投资决策对象和内容不一样，所用的决策方法也不尽相同，这些方法按照其研究方式的不同可分为定性分析方法与定量分析方法两种。

1. 定性分析方法

在房地产投资决策中，定性分析方法的运用相当广泛，因为许多因素难以定量描述，而且影响因素相当复杂，所以从目前情况来看，采用定性分析的方法更为普遍。定性分析方法通常有以下两种类型。

（1）经验判断法

这是依据既有的相关领域的决策经验进行判断。目前，这种方法被普遍应用于一般决策中。例如，在一些房地产刊物中，广告商向投资者推荐的各种房地产投资技巧，如“店面投资盈利高”“别墅住宅高回报、低投资”等。这些判断都是从房地产投资的经验积累中得来的。这种方法直观易用，缺点是分析不深入，缺乏严谨充分的论证。

（2）创造工程法

创造工程法，顾名思义，是运用人们的创造性思维进行投资决策的方法，表面上看它是人的灵感和相关经验以及创新能力的综合，但实质上这种方法有其科学基础。其主要技术方法包括畅谈会法、综摄法[①]、形态方案法和主观概率法等。

2. 定量分析方法

定量分析方法是主要采用数量指标和数学模型来进行房地产投资决策的方法，通过对决策问题进行定量分析、计算，以期取得最优方案。在决策分析中常用的定量分析方法有确定型决策法、风险型决策法和不确定型决策法。

在模型范围内，定量分析方法要进行较精确的计算和分析，从而可以将决策推向科学化。当然，定量方法也有缺陷，如果决策涉及较多的社会因素、心理因素和人的因素时，由于许多因素很难量化处理或难以精确化，这时定量方法就无能为力了。

房地产投资决策涉及的因素总是多方面的，一项房地产投资决策的制定往往是这两类方法综合运用的结果。

10.2 方案比选概述

10.2.1 房地产投资方案比选的含义

房地产投资单一方案分析评价中，运用净现值、内部收益率、投资回收期等指标得出的结论基本是一致的。但对于多方案的分析评价，采用这些指标得出的结论却未必一致。这是因为在多方案问题中，考虑的范围不是单个方案，而是一个项目群；追求的不是单个方案的局部最优，而是项目群的群体最优。所以，在多方案评价中，必须研究项目各方案之间的相互关系，以便得出正确的判断。

实际房地产投资中，投资者面临的投资方案大多不是唯一的，相反地，是多种可能方案。由于投资者所掌握的人、财、物等资源的限制，再加上对各种风险因素的考虑，投资者就必须从各种投资机会和可能投资方案中选择预期收益最大者，这个过程就是投资方案的比选。

投资方案的比选是寻求房地产开发的合理的经济和技术决策的必要手段，也是房地产投资分析工作的重要组成部分。它是对房地产投资项目面临的各种可能的可供选择的开发经营方案，进行计算和分析，从中筛选出满足最低收益率要求的、可供比较的方案，并对这些方案进行最后选择的过程。投资决策的实质就在于选择最佳方案以取得最好的投资效益，实现利润（价值）最大化目标。

方案比选要做到合理，需要考虑的因素很多，如各方案是否具备可比的基础，不同投

[①] 综摄法是指以外部事物或已有的发明成果为媒介，并将它们分成若干要素，对其中的元素进行讨论研究，综合利用激发出来的灵感，来发明新事物或解决问题的方法。

资方案的计算期是否相同，资金有无约束条件，投资规模是否相同等。投资者在进行项目的多方案比选时，首先必须分析各项目方案之间的相互关系，相应选择正确的评价指标，才能以简便的方法做出科学的决策。

10.2.2 房地产投资方案的类型

投资方案的类型很多，根据多个方案之间的经济关系，可以分为互斥方案、独立方案和混合方案等三类。

1. 互斥方案

互斥方案是在若干个方案中，选择其中任何一个方案则其他方案就必须被排斥的一组方案。

资本资源有限是这类投资的一个共同特点。资金和土地资源的有限性，使投资者难以实施所有的投资方案，经常必须从众多投资项目中选择令人满意的一项。例如，在某一个确定的地点有建商场、写字楼、住宅等方案，此时投资者选择其中任何一个方案，其他方案就无法实施，方案之间具有排他性，接受一个项目意味着要倾其所有，因此不可能再接受其他项目。

一般地，若有 N 个互斥方案，则两两进行比较的次数共有 C_N^2 次，即 $[N(N-1)]/2$ 次，才能得到决策结果。例如，某组投资方案中，共有 A、B、C、D 四个方案，则需要比较的次数为

$$C_4^2=\frac{4\times3}{2}=6\text{（次）}$$

2. 独立方案

独立方案是指一组相互独立、互不排斥的方案。在独立方案中，选择某一方案并不排斥选择另一方案。独立方案的特点是诸方案之间没有排他性，只要条件（如资金）允许，就可以几个方案共存，直到资源得到充分运用为止。例如，某房地产开发公司想投资开发几个项目时，这些方案之间的关系就是相互独立的。

就一组完全独立的方案而言，其存在的前提条件有以下几项。

（1）投资资金来源无限制。

（2）投资资金无优先使用的排列。

（3）各投资方案所需的人力、物力均能得到满足。

（4）不考虑地区、行业之间的相互关系及其影响。

（5）每一投资方案是否可行，仅取决于本方案的经济效益。

3. 混合方案

混合方案是独立方案和互斥方案的混合结构，兼有互斥方案和独立方案两种关系。具

体来说，是指在一定约束条件下（人、财、物等），有若干个相互独立的方案，在这些独立方案中又分别包含有几个互斥方案，如图 10-1 所示。

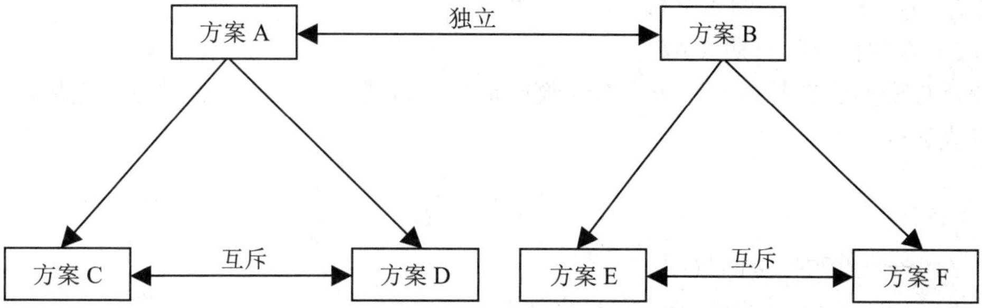

图 10-1　混合方案的示意图

例如，某房地产开发公司目前投资意向有 A 和 B 两宗地，每宗可开发土地均有两套开发方案。在公司资金允许的情况下，方案 A 和方案 B 就属于独立方案，选择任何一个方案并不排斥另外一个方案。在宗地 A 的方案中，有方案 C 和 D，方案 C 的开发设想是建设一座五星级的酒店，而方案 D 的开发设想是建设一座高标准的公寓。在同一宗土地上只能有一个开发方案能够落实，那么方案 C 和 D 之间就属于互斥方案。同样道理，在方案 B 下也有两个互斥的方案 E 和 F。上述六个方案组成了一个混合方案组合。

由于资金有限，因此需要选择能使资金得到充分运用的方案，这时就面临着混合方案的选择问题。

在方案选择前搞清这些方案属于哪种类型至关重要，因为方案类型不同，其选择、判断的尺度也不同，最终选择的结果就会不同，投资者的投资效益也可能相差甚远。

10.2.3　房地产投资方案比选的指标

投资方案比选中常用的分析指标有差额投资收益率、差额投资回收期、净现值、净现值率、内部收益率、差额投资内部收益率、等额年值、费用现值和等额年费用等。

1. 静态指标

静态指标是指不考虑资金的时间价值因素的指标。由于它没有考虑资金时间价值，故在实际操作中只是作为初期的大致评价。静态指标主要有以下两种。

（1）差额投资收益率（ΔR）

差额投资收益率是单位追加投资所带来的成本节约额，也叫追加投资收益率。其表达公式为

$$\Delta R=\frac{C_1-C_2}{I_1-I_2}$$

式中：ΔR ——差额投资收益率；

C_1、C_2——分别为两个比较方案的年经营成本；

I_1、I_2——分别为两个比较方案的总投资。

（2）差额投资回收期（ΔP）

差额投资回收期是指通过成本节约收回追加投资所需的时间，有时也叫追加投资回收期。其表达式为

$$\Delta P = \frac{I_1 - I_2}{C_1 - C_2}$$

式中：ΔP ——差额投资回收期；

I_1、I_2——分别为两个比较方案的总投资；

C_1、C_2——分别为两个比较方案的年经营成本。

2. 动态指标

动态指标是指考虑了资金时间价值因素的指标。动态指标主要有以下几种。

（1）净现值（NPV）

净现值是投资项目净现金流量的现值累计之和。用净现值进行方案比选的方法叫净现值法，有时也叫现值法。其表达式为

$$\text{NPV} = \sum_{t=0}^{n} (\text{CI} - \text{CO})_t (1 + i_c)^{-t}$$

式中：NPV——净现值；

CI_t——第 t 年的现金流入量；

CO_t——第 t 年的现金流出量；

t——项目计算期（t=0, 1, …, n）；

i_c——行业或部门基准收益率或设定的目标收益率。

如果判断项目的可行性，则 NPV≥0 的拟建方案是可以考虑接受的；如果进行方案比选，则以净现值大的方案为优选方案。

（2）净现值率（NPVR）

净现值率是投资方案的净现值与投资现值的比率，它表明单位投资的盈利能力和资金的使用效率。由于用净现值指标进行多个项目的比选时，没有考虑各个项目投资额的大小，因而不能直接反映资金的利用效率。为了考虑资金的利用效率，通常采用净现值率指标作为净现值的辅助指标。

$$\text{NPVR} = \frac{\text{NPV}}{I_p}$$

式中：NPVR 为净现值率；NPV 为净现值；I_p 为投资现值。

在进行方案比选时，净现值率大的方案为优选方案。

（3）差额投资内部收益率（ΔIRR）

差额投资内部收益率是两个方案各期净现金流量差额的现值之和等于零时的折现率。其表达式为

$$\sum_{t=0}^{n}\left[(\mathrm{CI}-\mathrm{CO})'_t-(\mathrm{CI}-\mathrm{CO})''_t\right](1+\Delta\mathrm{IRR})^{-t}=0$$

式中：ΔIRR——差额投资内部收益率；

$(\mathrm{CI}-\mathrm{CO})'_t$——投资大的方案第 t 期的净现金流量；

$(\mathrm{CI}-\mathrm{CO})''_t$——投资小的方案第 t 期的净现金流量；

n——开发经营期。

用这种方法比选的实质是，将投资大的方案和投资小的方案相比，其所增加的投资能否被其增量的收益所抵偿，即分析判断增量的现金流量的经济合理性。

其计算步骤是：若多个方案比选，首先按投资由小到大排序，再依次就相邻方案两两比选；在进行方案比选时，可将上述所求得的差额投资内部收益率与投资者最低可接受的收益率（MARR，有时把 i_c 作为投资者最低可接受的收益率）进行比较，当 ΔIRR≥MARR（或 i_c）时，以投资大的方案为优选方案；反之，当 ΔIRR＜MARR（或 i_c）时，以投资小的方案为优选方案。运用差额投资内部收益率法时，有一个问题必须注意，即只有较低投资额的方案被证明是合理的，较高投资方案方能与之比较。

（4）等额年值（*AW*）

将项目的净现值换算为项目计算期内各年的等额年金就是等额年值。用等额年值来进行多方案比选的方法就叫做等额年值法。等额年值是考察项目投资盈利能力的指标。其表达式为

$$AW=\mathrm{NPV}\frac{i_c(1+i_c)^n}{(1+i_c)^n-1}$$

从其表达式可以看出，*AW* 实际上是 NPV 的等价指标。也可以说，在进行方案比选时，等额年值大的方案应为优选方案。

（5）费用现值（*PC*）

把项目计算期内的各年投入（费用）按基准收益率折现成的现值就是费用现值。用费用现值进行方案比选的方法就叫做费用现值法。它是一种特定情况下的净现值法。其表达式为

$$PC=\sum_{t=0}^{n}(C-B)_t(1+i_c)^{-t}$$

式中：C——第 t 期投入总额；

B——期末余值回收；

n——项目的开发经营期。

在进行方案比选时，以费用现值小的方案为优选方案。

（6）等额年费用（AC）

将项目计算期内所有的费用现值，按事先选定的基准收益率折算为每年等额的费用，叫做等额年费用。以此方案比选的方法，叫做等额年费用比较法。其表达式为

$$AC = PC\frac{i_c(1+i_c)^n}{(1+i_c)^n - 1}$$

在进行方案比选时，以等额年费用小的方案为优选方案。

3. 比选指标的综合运用

房地产开发项目涉及内容众多，任何个别指标都难以作为唯一的评判方案优劣的标准。一个方案往往要考虑到经济、社会、技术、环境等诸多因素，对于投资方案的比选要采用综合评价法。综合评价法的步骤如下。

（1）选择方案的多个评价指标，包括经济、社会、技术、环境指标。

（2）对方案的各项指标规定一个满意程度。

（3）根据指标的重要性赋予各个指标适当的权重。

（4）编制综合评价指标计算表（见表10-1）。

表10-1　综合评价指标计算示意表

指标项目		权　重	方案1	…	方案 n
经济指标	指标1				
	……				
	指标 n				
社会指标	指标1				
	……				
	指标 n				
技术指标	指标1				
	……				
	指标 n				
环境指标	指标1				
	……				
	指标 n				
其他指标	指标1				
	……				
	指标 n				
合计	____个	100%			
综合评分					

（5）计算各个方案的单个指标值。

（6）计算各个方案的综合指标评分值。

（7）比较各个方案的综合指标评分值，高分的（如收益指标）或低分的（如风险指标）方案是优选方案。

10.2.4 房地产投资方案比选的方法

房地产投资项目比选可采用效益比较法、费用比较法和最低价格（服务收费标准）比较法。

1. 效益比较法

效益比较法包括净现值法、净年值（等额年值）法、差额投资内部收益率法。

（1）净现值法。比较备选方案的财务净现值，以净现值大的方案为优。比较净现值时应采用相同的折现率。

（2）净年值（等额年值）法。比较备选方案的净年值（等额年值），以净年值（等额年值）大的方案为优。比较净年值（等额年值）时应采用相同的折现率。

（3）差额投资内部收益率法。计算差额投资财务内部收益率（ΔIRR），与设定的基准收益率（i_c）进行对比，当差额投资财务内部收益率大于或等于设定的基准收益率时，以投资大的方案为优，反之，以投资小的方案为优。在进行多方案比较时，应先按投资大小，由小到大排序，再依次对相邻方案两两比较，从中选出最优方案。

2. 费用比较法

费用比较法包括费用现值比较法、费用年值比较法。

（1）费用现值比较法。计算备选方案的总费用现值并进行对比，以费用现值较低的方案为优。

（2）费用年值比较法。计算备选方案的费用年值并进行对比，以费用年值较低的方案为优。

3. 最低价格（服务收费标准）比较法

在相同产品方案比较中，以净现值为零推算备选方案的产品最低价格（P_{min}），应以产品价格最低的方案为优。

10.2.5　房地产投资方案比选的注意事项

上面介绍的指标都是较常用的，且都有各自的适用范围。不过，费用现值和等额年费用指标在进行方案比选时，除了常用在效益相同或基本相似的房地产投资项目方案比选中以外，一般没有其他的限制条件，而净现值、净现值率和内部收益率三个指标则有一定的限制条件。

1. 内部收益率与净现值

一般来讲，内部收益率比较直观，能直接反映项目投资的盈利能力，但当项目有大量追加投资时，则可能有多个内部收益率，从而使其失去实际意义。净现值的优点在于它也很直观地反映了投资项目的绝对经济效果，并且考虑了时间因素及项目整个计算期内的全部经营情况。不足之处是，它不能反映项目投资的相对经济效果，即只能表明项目投资的盈利能力超过、等于或达不到要求的水平，而目标项目的盈利能力究竟比要求的水平高多少，则表示不出来。另外，计算净现值时必须事先有已确定的基准收益率或折现率。大多数情况下的独立项目的财务分析中，用净现值和内部收益率指标来判断项目的可行性，所得出的结论是一致的。因此，可选择任一指标作为项目财务分析指标。但是在某些情况下（如多个方案进行比较和选择时），相互矛盾的信号出现了，这两种方法可能会对现有的备选方案做出不同的排序。因为投资者必须在众多的备选方案中做出抉择，而不仅仅是接受或拒绝这样简单的选择问题，因此对备选方案的不同排序将引起严重的问题。尤其当股本金有限，而能够满足最低可接受标准的方案又同时存在多个时，更是如此。

这种备选方案不一致的问题主要是由于各备选方案的初始投资规模不同，或者现金流量产生的时间不同所引起的。

（1）规模不同引起的差异。考虑两个互不相容的、在规模上差别巨大的投资项目（如一个是宾馆，另一个是加油站）。初始投资额和完工并销售时的现金流量情况如表10-2所示。

表10-2　A、B两项目的现金流量

万元

年　份	现金流量		
		项目A	项目B
0	初始投资	10	150
1	资金回收	15	190

项目A要求的初始投资为10万元，第一年后回收15万元，内部收益率为50%；而项目B的初始投资为150万元，第一年后回收190万元，内部收益率为27%。因此根据内部收益率标准，项目A排在项目B之前。

但是从净现值角度来看，情况就不是这样了。假定最低可接受的回报率为 12%，项目 A 的净现值为 3.4 万元，而项目 B 的净现值却高达 19.6 万元。净现值标准将项目 B 排到项目 A 之前。

（2）现金流量时间不同所引起的差异。再考虑两个互斥的投资项目 C 和 D。其现金流量情况如表 10-3 所示。

表 10-3　C、D 两项目的现金流量

万元

年　份	现金流量	
	项目 C	项目 D
初始投资	-10 000	-10 000
1	2 000	4 000
2	3 000	4 000
3	5 000	4 000
4	6 000	4 000
5	7 000	5 000

项目 C 的内部收益率为 28.2%，项目 D 的内部收益率为 30.9%。如果这两个项目的最低可接受的回报率均为 28.2%，并且假定这两个项目是相互排斥的（即投资了 C 就不能投资 D），用内部收益率作为决策标准，投资者将选择项目 D，而不是项目 C。

然而，假定投资者的机会成本为 12%。并且用这一利率作为贴现率，分别求两项目的净现值。结果是项目 C 的净现值为 5 521.29 元，而项目 D 的净现值为 5 304.29 元。当采用净现值方法作为评价两个相互排斥的投资项目时，如果净现值都是正的，那么净现值更大的投资项目（风险度相同）就是可接受的项目。在本例中，净现值和内部收益率得出的是相互矛盾的信号。采用内部收益率法，项目 D 优于项目 C；而采用净现值方法，则项目 C 优于项目 D。

当内部收益率方法与净现值方法提供的决策信号不同时，一般认为净现值方法更优。这是因为大多数投资分析师已接受了这样一种观点，即投资者应努力使他们的资产价值最大化。

不过，在这样的方案比选中，通常不直接采用内部收益率指标比较，而采用净现值和差额投资内部收益率指标作为比较指标。

2. 净现值与净现值率

净现值与净现值率这两个指标在方案比较和项目排队时，有时也会得出相反的结论。因此，在进行方案比选时，若无资金限制条件，此时可采用净现值作为比选指标；相反，当事先明确了资金限定范围时，应进一步用净现值率来衡量，这就使用了净现值率排序法。

该方法在对多个方案进行排队时，往往是在资金限定的范围内，采用净现值率指标确定各方案的优先次序并分配资金，直到资金限额分配完为止。这样，既符合资金限定条件，又能使净现值最大的方案入选，以实现有限资金的合理利用。不过净现值率排序法的缺点是，由于投资方案的不可分性，经常会出现资金没有被充分利用的情况，因而不一定能保证获得最佳组合方案。

10.3 不同类型方案的比选

10.3.1 互斥型方案的比选

1. 互斥方案比选的原则

互斥方案比选有以下四项原则，只有在这四项原则的基础上，才能进行互斥方案的比选。

（1）现金流量的差额评价原则

该原则认为，在评价互斥方案时，应该首先计算两个方案的现金流量之差，然后再考虑某一方案比另一方案增加的投资在经济上是否合算。

（2）比较基准原则

比较基准原则认为，在多个互斥方案比选时，均应以某一给定的基准收益率 i_c 作为方案比选的基准。

（3）环比原则

环比原则认为，在互斥型方案的比选中，必须将各方案按投资额由小到大排序，依次比较，在此基础上进行方案比选。而不能将各方案与投资最小的方案进行分别比较，最后选择差额指标最好的方案为最优方案。

（4）时间可比原则

时间可比原则认为，在比选互斥型投资方案时，各方案的寿命（计算期、开发经营期）应该相等，否则必须利用某种方法进行方案寿命的变换，以保证各方案具有相同的比较时间。

2. 不同类型互斥方案的比选

根据《房地产开发项目经济评价方法》的规定，房地产投资互斥方案比选有以下几种情况和具体比选做法。

（1）开发经营期（计算期）相同的互斥方案比选

当可供比较的互斥投资方案的开发经营期（计算期、寿命期）相同时，可直接选用差额投资内部收益率、净现值或等额年值指标进行方案比选。

【例 10-1】设某出租经营型房地产项目有三种互斥的实施方案，其寿命年限均为 10 年，10 年后残值为零。假设基准收益率为 10%，各方案的初始投资及年净经营收益如表 10-4 所示。试进行投资方案的比选。

表 10-4 某出租经营型项目各互斥方案数据

方　案	投资额/万元	年净收益/万元	寿命期/年
A	3 000	1 000	10
B	4 500	1 600	10
C	6 000	2 500	10

解：

① 用净现值法求解

根据净现值的计算公式，可以求得三个互斥方案的净现值分别为

$$NPV_A=3\,144.57\text{（万元）}$$

$$NPV_B=5\,331.31\text{（万元）}$$

$$NPV_C=7\,361.42\text{（万元）}$$

根据净现值大者为最优方案的原则，可以判断 C 为最优方案。

② 用等额年值（AW）法求解

根据等额年值（AW）的计算公式，可以分别求得各互斥方案的等额年值为

$$AW_A=511.76\text{（万元）}$$

$$AW_B=867.65\text{（万元）}$$

$$AW_C=1\,523.53\text{（万元）}$$

根据等额年值法的选择标准，仍以 C 方案为最优。

③ 用差额投资内部收益率法求解

根据差额投资内部收益率法的选择准则，利用该方法进行投资方案比选的一般步骤如下。

第一步，将备选互斥投资方案按照投资规模的大小顺序排列，即 C、B、A。

第二步，计算投资规模最小方案的内部收益率。如果所求的内部收益率小于基准收益率或折现率（或 MARR）所预定的投资收益水平，则淘汰此方案，并继续重复这一步，计算次最小方案的内部收益率，若求得的内部收益率大于或等于基准收益率或折现率所预定的投资收益水平，则转入下一步。

本房地产项目 A 方案投资规模最小，利用内插法计算其内部收益率，得到 IRR_A=48.58%，因为 IRR_A=48.58%>10%，因此可以转入下一步。

第三步，计算投资规模最小方案与其投资规模相邻的投资方案的现金流量差额，求出投资增量的内部收益率。如果所得到的内部收益率不能达到预定的投资收益水平，则淘汰投资规模大的方案，否则淘汰投资规模小的方案，再转入下一步。

本房地产项目投资规模最小的A方案与其投资规模相邻的投资方案B的现金流量差额为1 500万元，年净经营收益差额为600万元，投资增量的内部收益率ΔIRR_{B-A}=65.97%>10%，因此淘汰投资规模小的A方案，转入下一步。

第四步，如果只剩下一个投资方案，则此方案就是最优方案；若剩下不止一个方案，再转入第三步，直到剩下一个投资方案为止。

计算得到B方案与其投资规模相邻的投资方案C的现金流量差额为1 500万元，年净经营收益差额为900万元，投资增量的内部收益率ΔIRR_{C-B}=149.96%>10%，因此淘汰投资规模小的B方案，选择C方案。

此时，只剩下C方案，因此，C方案为最优。

由以上计算结果可以看出，对于项目开发经营期（计算期、寿命期）相同的互斥投资方案，用以上三种方法来比选的结果是一致的。事实上，差额投资内部收益率、净现值或等额年值指标有着本质上的内在联系，三个指标的变动方向是一致的，这也可以用三个指标的计算公式推导出来。

（2）开发经营期（计算期）不同的互斥方案比选

当开发经营期（计算期、寿命期）不同时，一般宜采用等额年值指标进行比选，如果要采用差额投资内部收益率指标或净现值指标进行方案比选，须对各可供比较方案的开发经营期和计算方法按有关规定作适当处理，然后再进行比选。

① 用差额投资内部收益率指标或净现值指标进行方案比选

一些情况下，被比较的几个互斥投资方案的开发经营期（计算期、寿命期）往往不同。例如，建造的建筑物结构形式（如砖混结构、钢结构、钢筋混凝土结构等）不同，其投资额与寿命期就会不同。此时如果直接用差额投资内部收益率指标或净现值指标进行方案比选，就会因为互斥方案之间没有可比性而使方案的比选显得困难。为了比较这类开发经营期（计算期、寿命期）不同的方案，理论上有两种方法，以使各方案的现金流量具有时间上的可比性。

方法一：方案重复法，又称最小公倍数法。其做法是，选择若干方案的投资活动有效期的最小公倍数作为这些方案共同的有效期。为此这些方案都有可能重复数次（实际中未来的情况很难预测，因此只能假设重复），而每次重复时（方案重置）都假定投资与现金流量不变，即不考虑方案重置过程中可能具有的通货膨胀与技术进步等问题。在这个基础上，进行若干互斥投资方案的比选。这种方法适用于最小公倍数较小情况下的方案比选。

方法二：最短计算期法。其做法是，直接选取一个适当的分析期作为各个方案共同的开发经营期（计算期、寿命期），通过比较各个方案在该计算期内的净现值来对方案进行比选。这里的分析期的选取没有统一规定，但一般以方案中计算期最短者为分析期，以使计算简便，同时也可以避免过多的重复型假设（过多的方案重复是不经济的，甚至是不可能的）。这种方法适用于最小公倍数较大情况下的方案比选。

【例 10-2】某房地产公司有三个互斥的投资方案，各方案的初始投资、年净收益及计算期如表 10-5 所示。假设基准投资收益率（折现率）为 10%，试进行三个互斥方案的比选。

表 10-5　计算期不同的各互斥方案数据

方　案	初始投资额/万元	年净收益/万元	计算期/年
A	2 000	1 100	2
B	3 000	1 300	3
C	4 000	1 800	4

解：由于有方案重复，容易带来差额投资内部收益率的多重值，因此，这里仅用净现值指标进行方案比选。

三个方案的计算期不同，需取三方案计算期的最小公倍数 12 年作为计算时间。在 12 年内，A 方案共有六个周期，重复更新六次；B 方案共有四个周期，重复更新四次；C 方案共有三个周期，重复更新三次。

根据表 10-5 的有关数据，可以编制 12 年内净现金流量的数据表，如表 10-6 所示。

表 10-6　12 年内不同互斥方案的净现金流量数据

万元

	1	2	3	4	5	6
A	−900	1 100	−900	1 100	−900	1 100
B	−1 700	1 300	1 300	−1 700	1 300	1 300
C	−2 200	1 800	1 800	1 800	−2 200	1 800
	7	8	9	10	11	12
A	−900	1 100	−900	1 100	−900	1 100
B	−1 700	1 300	1 300	−1 700	1 300	1 300
C	1 800	1 800	−2 200	1 800	1 800	1 800

根据表 10-6 和净现值的计算公式，可以求得三个互斥方案的净现值：

$$NPV_{A12}=392.60\text{（万元）}$$

$$NPV_{B12}=1\,523.92\text{（万元）}$$

$$NPV_{C12}=4\,893.03\text{（万元）}$$

根据净现值大者为最优方案的原则，可以判断 C 方案为最优方案。

② 采用等额年值指标进行互斥方案的比选

等额年值具有等额不变的特性。一个方案无论重复多少次，其等额年值都是不变的。因此，采用等额年值法不需重复方案就使开发经营期（计算期、寿命期）不等的方案具有可比性。这样，通过直接计算比较开发经营期（计算期、寿命期）不等的方案的净现值，就可以得到与方案的多次重复相一致的比选结论。

【例 10-3】以例 10-2 的数据为依据，采用等额年值法进行方案比选。

解：利用等额年值的计算公式：

$$AW = \mathrm{NPV}\frac{i_c(1+i_c)^n}{(1+i_c)^n - 1}$$

可以分别求得三个互斥方案的等额年值为

AW_A=57.62（万元）

AW_B=223.66（万元）

AW_C=718.22（万元）

根据等额年值大者为最优方案的原则，可以判断 C 为最优方案。

由此可见，计算一个周期的等额年值（即原计算期的净现值）与计算最小公倍数统一计算期的净年值，在选择最优方案的结果上是一样的。因此，在实践中一般按各方案的原计算期的净年值来进行方案比选。

（3）开发经营期较短的出售型房地产项目互斥方案比选

对于开发经营期较短的出售型房地产项目，可直接采用利润总额、投资利润率等静态指标进行方案比选。因为比较简单，这里不再赘述。

（4）效益相同或基本相同的房地产项目互斥方案比选

对效益相同或基本相同的房地产项目方案进行比选时，为简化计算，可采用费用现值指标和等额年费用指标直接进行方案费用部分的比选。

【例 10-4】某投资项目拟定了三个使用功能相同的建设方案，三个方案的费用支出情况如表 10-7 所示，残值均按初始投资的 5%计算，基准收益率为 15%，试采用费用现值和等额年费用指标进行投资方案比选。

表 10-7　某投资项目各投资方案的有关数据

万元

年　末	收支项目	互斥方案		
		A	B	C
0	初始投资额	2 000	3 000	4 000
1～15	年经营费用	500	600	700
15	残值回收	100	150	200

解：

① 用费用现值法进行投资方案比选

利用费用现值的计算公式：

$$PC=\sum_{t=0}^{n}(\mathrm{C}-\mathrm{B})_t(1+i_{\mathrm{c}})^{-t}$$

可以得到三个互斥方案的费用现值：

$$PC(\mathrm{A})=2\,000+500\times\frac{(1+15\%)^{14}-1}{15\%\times(1+15\%)^{14}}+\frac{500-100}{(1+15\%)^{15}}=4\,911.40\text{（万元）}$$

$$PC(\mathrm{B})=3\,000+600\times\frac{(1+15\%)^{14}-1}{15\%\times(1+15\%)^{14}}+\frac{600-150}{(1+15\%)^{15}}=6\,489.99\text{（万元）}$$

$$PC(\mathrm{C})=4\,000+700\times\frac{(1+15\%)^{14}-1}{15\%\times(1+15\%)^{14}}+\frac{700-200}{(1+15\%)^{15}}=8\,068.58\text{（万元）}$$

计算结果表明，A 方案的费用现值最小，A 方案为最优方案。

② 用等额年费用法进行投资方案比选

根据等额年费用指标的计算公式：

$$AC=PC\frac{i_{\mathrm{c}}(1+i_{\mathrm{c}})^n}{(1+i_{\mathrm{c}})^n-1}$$

可以分别求得三个方案的等额年费用：

AC(A)=839.93（万元）

AC(B)=1 109.90（万元）

AC(C)=1 379.86（万元）

计算结果表明，A 方案的等额年费用最小，所以 A 方案为最优方案。

由①、②两种比选结果可以看出，采用费用现值和等额年费用指标进行投资方案比选，其结果是相同的。

10.3.2 独立型方案的比选

1. 无资金限制的独立方案比选

当投资者资金充裕，不受约束时，投资方案的选择可以按照单个方案的经济评价方法来进行，即：

- NPV≥0 或 IRR≥i_{c}时，投资方案可行。
- NPV＜0 或 IRR＜i_{c}时，投资方案不可行。

2. 有资金限制的独立方案比选

当各方案相互独立时，最常见的情况是投资资金有限制，资金不足以分配到全部经济合理的方案，这时就出现了资金的最优分配问题，或者说资金约束条件下的优化组合问题。即以资金为约束条件，来选择最佳的方案组合，使有限的资金得到充分运用，并能获得最大的总体经济效益，即$\sum NPV(i_c)$最大。

有资金限制的独立方案比选，最好的比选方法是互斥组合法，即把所有方案的组合都罗列出来，每个组合都代表一个满足约束条件（如资金及内部收益率约束）的项目总体中相互排斥的一个方案，这样就可以利用互斥方案的经济评价方法，来选出最优的组合方案。

在实际的方案比选工作中，尤其是独立方案的比选，经常出现这种情况，即所有的备选方案都不能让人满意：要么投资方案的风险溢价的水平和决策者的风险偏好不配比；要么投资风险太大，盈利多少难以把握；要么风险虽小，但是收益水平欠佳；各单个的投资方案都没有充分利用现有资源，造成浪费。如一个以商业地产见长的公司，因规划原因做起了纯住宅的项目，产品定位虽然明确，但不免品种单一，市场的切合点不多；概念前卫，但是技术成本高。也就是说，实际的投资中，取得完美的投资方案只是一个理想情况。很少有方案能够同时在财务效益、社会效益和投资风险等诸方面都能够让人满意。因此，最终所选择的投资方案通常也要经过一定的修正，甚至是几个备选方案的组合。当然，对于这个组合方案也要做可行性的论证。

本质上，房地产投资方案的组合是一次方案再造，组合后的方案从内容到形式再到预期的投资结果都截然不同于原有的任何一个方案。组合的投资方案既降低了投资风险，又满足了各种类型的物业彼此的互补性需要，同时还能最大程度地利用开发商的资金等资源，满足对投资的现金流安排和市政规划上的需要。

互斥组合法在方案比选中应用的一般步骤如下。

（1）列出独立方案的所有可能组合。

（2）剔除不满足约束条件的投资组合。

（3）按投资额从小到大排列投资方案组。

（4）计算各组合投资方案的 NPV（或 ΔIRR）。

（5）用 NPV（或 ΔIRR）最大作为选择标准选出最优方案组合。

【例 10-5】某房地产公司即将开发的投资项目有三个相互独立的投资方案，各方案投资额、每期期末的年净收益以及寿命期如表 10-8 所示，如果基准收益率为 15%，开发公司能承受的总投资额的上限（包括自有资金和融资额）是 30 000 万元，试进行投资方案的比较选择。

表 10-8　某独立方案的有关数据

方案	投资额/万元	年净收益/万元	寿命期/年
A	12 000	4 300	5
B	10 000	4 200	5
C	17 000	5 800	10

解：

① 列出独立方案的所有可能组合。从表 10-8 可以很显然地看出三个独立方案都没有充分利用公司现有资金，不能实现收益最大化的目标，因此，单个的投资方案不再作为可能的投资方案，而只考虑其他组合。具体的可能组合方式如表 10-9 所示。

表 10-9 独立方案的可能组合

组合方案	总投资额/万元	总年净收益/万元	受益年限/年	NPV（i_c=15%）/万元	NPV 排序
AB	22 000	8 500	1～5	6 493.32	3
BC	27 000	10 000	1～5	16 187.91	1
		5 800	6～10		
AC	29 000	10 100	1～5	14 523.12	2
		5 800	6～10		
ABC	39 000				

② 剔除不满足约束条件的投资组合。从表 10-9 中可以看出，组合投资方案 ABC 的总投资额为 39 000 万元，大于开发公司能承受的总投资额的上限 30 000 万元，因此予以剔除。

③ 按投资额从小到大排列投资方案组。

④ 以 i_c=15%作为折现率计算各个投资方案的净现值。

⑤ 用 NPV（或 ΔIRR）最大作为选择标准选出最优方案组合。通过比较可以发现，在三个符合条件的组合方案中，BC 方案的组合获得的总净现值是最大的，因此选择方案 BC 作为最优方案组合。

10.3.3 混合型方案的比选

混合型方案的比选与独立方案的比选一样，也可以分为有资金约束和无资金约束两种情况。无资金约束混合型方案比选的方法是，从各个独立项目中选择互斥方案净现值（或等额年值）最大的方案加以组合即可。有资金约束的混合方案比选，比选的标准是净现值和差额内部收益率指标（而不再是内部收益率）。

【例 10-6】某房地产投资商准备投资三个项目，每个项目的投资寿命期均为 15 年，不计残值。各项目彼此独立。其投资额和投资后的年净收益如表 10-10 所示。各投资项目分别有 3 个、4 个和 3 个方案，每个项目的各个方案是互斥的。假设基准收益率为 20%。试问，如果该投资商拥有的最高限额资金为 20 000 万元，则该投资商应如何选择最优方案？

表 10-10　某投资项目各投资方案的有关数据

万元

投资项目	投资方案	初始投资	年净收益
A	A_1	5 000	1 500
	A_2	6 000	2 000
	A_3	7 000	2 500
B	B_1	3 000	500
	B_2	4 000	1 200
	B_3	5 000	1 600
	B_4	6 000	2 200
C	C_1	6 000	2 000
	C_2	7 000	2 500
	C_3	8 000	3 000

解：首先采用某一评价指标（NPV 或 IRR）分别对独立项目的各个互斥方案进行优选排序，剔除不合格的方案，然后进行互斥组合方案的优选。

（1）利用内部收益率分别对独立项目的各个互斥方案进行优选

首先，编制各独立项目互斥方案内部收益率表，然后，对各方案的内部收益率进行排序和剔除不合格的方案。具体优选结果如表 10-11 所示。

表 10-11　某投资各独立项目互斥方案的有关数据

万元

投资项目	投资方案	内部收益率	排序	优选结果
A	A_1	42.56%	3	保留
	A_2	49.83%	2	保留
	A_3	55.44%	1	保留
B	B_1	18.04%	4	小于 20%，剔除
	B_2	42.56%	3	保留
	B_3	46.84%	2	保留
	B_4	57.80%	1	保留
C	C_1	49.83%	3	保留
	C_2	55.44%	2	保留
	C_3	59.92%	1	保留

（2）对互斥组合方案进行优选

本投资三个项目在资金为 20 000 万元的约束下，可能的最优互斥组合中应该保证最少有一个方案是其中一个项目的最优方案。这样，可能的最优互斥组合有：$A_1B_4C_1$、$A_1B_4C_2$、

$A_1B_4C_3$、$A_1B_2C_3$、$A_1B_3C_3$、$A_2B_4C_1$、$A_2B_4C_2$、$A_2B_4C_3$、$A_2B_2C_3$、$A_2B_3C_3$、$A_3B_2C_1$、$A_3B_2C_2$、$A_3B_2C_3$、$A_3B_3C_1$、$A_3B_3C_2$、$A_3B_3C_3$、$A_3B_4C_1$、$A_3B_4C_2$、$A_3B_4C_3$。这些组合的初始投资总额、年净收益、内部收益率、内部收益率的排序如表 10-12 所示。

表 10-12　某投资项目组合方案的有关数据（一）

组合方案	初始投资/万元	年收益率/万元	IRR	排序	优选结果
$A_1B_4C_1$	17 000	5 700	50.27%	7	保留
$A_1B_4C_2$	18 000	6 200	52.40%	5	保留
$A_1B_4C_3$	19 000	6 700	54.35%	3	保留
$A_1B_2C_3$	17 000	5 700	50.27%	7	保留
$A_1B_3C_3$	18 000	6 100	51.10%	6	保留
$A_2B_4C_1$	18 000	6 200	52.40%	5	保留
$A_2B_4C_2$	19 000	6 700	54.35%	3	保留
$A_2B_4C_3$	20 000	7 200	56.14%	1	优选
$A_2B_2C_3$	18 000	6 200	52.40%	5	保留
$A_2B_3C_3$	19 000	6 600	53.09%	4	保留
$A_3B_2C_1$	17 000	5 700	50.27%	7	保留
$A_3B_2C_2$	18 000	6 200	52.40%	5	保留
$A_3B_2C_3$	19 000	6 700	54.35%	3	保留
$A_3B_3C_1$	18 000	6 100	51.10%	6	保留
$A_3B_3C_2$	19 000	6 600	53.09%	4	保留
$A_3B_3C_3$	20 000	7 100	54.92%	2	保留
$A_3B_4C_1$	19 000	6 700	54.35%	3	保留
$A_3B_4C_2$	20 000	7 200	56.14%	1	优选
$A_3B_4C_3$	21 000	7 700	57.80%		剔除

从表 10-12 可以看出，最优的投资方案组合为 $A_2B_4C_3$ 和 $A_3B_4C_2$，它们的内部收益率最高，又充分利用了投资公司的所有资金，效率也是最高的。

实际上，从最优互斥组合中也可以看出，同时包含三个最优方案的 $A_3B_4C_3$ 应该是最优的，但它突破了资金限制，因此被剔除。这样，只能从包含两个最优方案的互斥组合中寻找最优的方案组合，这样的组合有 $A_1B_4C_3$、$A_2B_4C_3$、$A_3B_2C_3$、$A_3B_3C_3$、$A_3B_4C_1$、$A_3B_4C_2$ 六个（见表 10-13），直接计算这六个组合方案的内部收益率并排序，可以使计算结果更加简便，而且也可以更快地发现 $A_2B_4C_3$、$A_3B_4C_2$ 是收益率最高的投资方案组合，也是应该选择的最优方案。

表 10-13 某投资项目组合方案的有关数据（二）

组合方案	初始投资/万元	年收益率/万元	IRR	排序	优选结果
$A_1B_4C_3$	19 000	6 700	54.35%	3	保留
$A_2B_4C_3$	20 000	7 200	56.14%	1	优选
$A_3B_2C_3$	19 000	6 700	54.35%	3	保留
$A_3B_3C_3$	20 000	7 100	54.92%	2	保留
$A_3B_4C_1$	19 000	6 700	54.35%	3	保留
$A_3B_4C_2$	20 000	7 200	56.14%	1	优选

综合练习

一、基本概念

决策；投资决策；确定性决策；风险型决策；不确定型决策；投资方案比选；差额投资收益率；差额投资回收期；净现值；净现值率；差额投资内部收益率；等额年值

二、思考题

1．房地产投资决策问题构成条件包括哪些？
2．房地产投资决策的内容包括哪些？
3．房地产投资决策按决策信息的不同性质可以划分为哪几种？
4．房地产投资决策的要求有哪些？
5．房地产投资决策的程序一般包括哪几个阶段？
6．房地产投资方案包括哪几种类型？
7．房地产投资方案比选指标包括哪些？
8．综合评价法的步骤一般包括哪些？
9．房地产投资项目比选一般有哪些方法？
10．互斥方案比选的原则是什么？

推荐阅读

1．[美]盖伦·E.格里尔．房地产投资决策分析[M]．第 4 版．龙胜平，张锷，梁超群，等，译．上海：上海人民出版社，2005．

2．刘涛，刁节文．基于实物期权的房地产开发投资决策理论研究[M]．北京：经济科学出版社，2008．

参 考 文 献

1．俞明轩．房地产投资分析[M]．第 2 版．北京：首都经济贸易大学出版社，2008．

2．刘秋雁．房地产投资分析[M]．第 2 版．大连：东北财经大学出版社，2007．

3．谭善勇．房地产投资分析[M]．北京：机械工业出版社，2008．

4．刘宁．房地产投资分析[M]．大连：大连理工大学出版社，2009．

5．胡晓龙．房地产投资与分析[M]．北京：中国电力出版社，2008．

6．丁芸等．房地产投资分析与决策[M]．北京：中国建筑工业出版社，2005．

7．张红，殷红．房地产金融学[M]．北京：清华大学出版社，2007．

附录A　可行性研究报告案例

海南红树湾温泉度假城可行性研究报告

一、项目基本情况

1.1　项目名称

海南红树湾温泉度假城。

1.2　项目性质

滨海·温泉第二居所，休闲度假、旅游产品商业街及旅游城镇。

1.3　项目选址

海南省××市海湾镇。

1.4　规划及开发范围

海南东线高速红树湾出口至海湾镇中间。

1.5　项目投资单位

（略）

1.6　项目建设单位

（略）

二、项目投资宏观背景环境

2.1　海南省

2.1.1　海南省概述

（略）

2.1.2　海南省旅游度假资源丰富、独特、珍稀又密集

（略）

2.1.3　海南省生态环境良好

（略）

2.2 ××市

2.2.1 地理环境

（略）

2.2.2 土地人口

（略）

2.2.3 气候条件

（略）

2.2.4 众多的热带作物和生物资源

（略）

2.2.5 土特产资源

（略）

2.2.6 优越的水产资源

（略）

2.2.7 丰富的淡水资源

（略）

2.2.8 独特的旅游资源

（略）

2.2.9 ××市地理位置图

（略）

2.3 红树湾

2.3.1 红树湾概述

红树湾在高山镇东2公里，方圆8平方公里，海拔184米。红树历史悠久，历代兴建的古迹悠久，现仅存的有××庵、××寺、××古塔、××书院、××堂等。主要旅游胜地有××岭旅游区，××岭有8景、36洞及一泉。红树温泉旅游区在红树华侨农场境内，是境内最大的旅游胜地。红树湾海滨旅游度假区已列为省级重点旅游开发区。

2.3.2 资源丰富

红树矿产资源有矽钛矿、瓷土、石灰石、花岗岩、水晶、钨矿、硫铁矿等。钛矿分布在东南沿海沙滩及长丰、红树等地，约占全岛总储量的70%。主要水产资源有马鲛鱼、红鱼、石斑鱼、鲻鱼、鱿鱼、虾、蟹等40余种。珍贵林木资源有坡垒、青皮、母生、油丹、毛丹、陆均松等，其中单一青皮林是世界上现存的唯一的一片纯青皮林。珍稀药用植物有见血封喉、红壳树、大血树、沉香、龙血树、益智、巴戟、巴豆等10多种。热作资源有橡胶、胡椒、椰子、咖啡、腰果、槟榔等。

红树温泉号称“世界少有，海南无双”，富含矿物成分，水中含有丰富的矿物质，蒸腾的水汽带有淡淡的清香。根据《海南省××市红树温泉热矿水勘探及环境评价报告》（19××），红树温泉有 10 口温泉井，平均温度为 53℃，属于氟、硅型温热级优质矿泉水，对皮肤病、关节炎和神经衰弱症等有治疗、医疗保健作用。

红树有五星级饭店 1 家、四星级饭店 11 家、三星级饭店 26 家、二星级饭店 9 家。

2.3.3 红树地理位置图

（略）

2.4 旅游度假业已成为海南省国民经济的支柱产业

2.4.1 中国旅游业发展前景

世界旅游组织预测，到 2020 年，中国将成为世界最大的旅游目的地和世界四大旅游客源国之一。《中国旅游业发展“十五”计划和 2015 年、2020 年远景目标纲要》也已明确，我国旅游业发展要体现两个适度超前的原则：一是旅游业发展速度要比国民经济总体发展速度适度超前；二是旅游业发展速度要比世界旅游业发展平均速度适度超前。这个纲要计划到 2020 年我国入境旅游人数达到 2.1 亿～3 亿人次，为 2000 年的 250%～360%；其中外国人 3 100 亿～4 500 万亿人次，为 2000 年的 300%～440%。国际旅游外汇收入 580 亿～820 亿美元，为 2000 年的 360%～500%。国内旅游收入 2.1 亿～3.0 万亿元人民币，为 2000 年的 660%～940%。届时旅游业总收入将超过 3.6 万亿元人民币，为 2000 年的 800%，相当于届时国内生产总值的 11%，实现成为世界旅游强国的战略目标。中国旅游业将在 21 世纪前 20 年实现质的飞跃，必然拉动海南旅游业的快速发展。

2.4.2 海南省旅游业概况

海南旅游业保持较快发展。2005 年，旅游业实现增加值 57.42 亿元，比 2004 年增长 12.3%。全省接待旅游过夜人数 1 516.47 万人次，比 2004 年增长 8.1%，“十五”期间平均每年递增 8.5%。其中，接待海外旅游者 43.19 万人次，比 2004 年增长 40.0%；接待国内旅游者 1 473.28 万人次，比 2004 年增长 7.4%。全年旅游总收入 125.05 亿元，比 2004 年增长 12.6%，“十五”期间平均每年递增 9.7%。其中境外旅游收入 10.49 亿元，比 2004 年增长 57.4%；国内旅游收入 114.56 亿元，比 2004 年增长 9.9%。旅游饭店客房开房率 53.6%，比 2004 年下降 0.7 个百分点。年末全省共有星级宾馆 223 家，比 2004 年增加 8 家。其中，五星级宾馆 11 家，增加 1 家；四星级宾馆 41 家，增加 4 家；三星级宾馆 99 家，增加 7 家。

今年[①]4 月份，海南郑重向国务院申报建立“海南国际旅游岛综合试验区”。仅进入三亚的俄罗斯游客，就从数百人发展到 9 万人，10 年间增长了近 1 000 倍。

2.4.3 海南省旅游业发展规划

海南省作为中国唯一的热带海岛省份，丰富的热带旅游资源和海岸线，使海南有潜力成为面向中国内地、港澳台地区、东北地区的休闲旅游胜地，海南所独有的气候、海洋、

① 此处的时间为报告时间，即 2007 年，不影响对案例的学习。

岸线、热带植被、温泉、沙滩是构成建设旅游胜地最为宝贵的自然资源。

根据以上优势条件，海南省和世界旅游组织进行了《海南省旅游的总体发展规划》，该规划对海南的旅游业现状、旅游发展优势区域的布局、旅游服务设施的安排和旅游整理发展策略进行了详细的论述。根据该规划的研究成果，旅游业的发展应遵循以下三个原则：以海南特色为基础；可持续发展；开发多种旅游产品。

该规划将海南省划分为七大旅游区：海口是海南省的行政及商业中心，因此可以发展为“城市生活”类的旅游目的地。文昌距离海口仅一小时车程，可以发展为商务旅客周末和假期的旅游胜地。博鳌可以对文昌起补充作用，服务于会议旅游、奖励旅游、会展市场。三亚的海岸景色宜人，应发展为海滨旅游胜地。五指山是山区，也是许多少数民族的聚居地，因此该地区旅游业的重点应放在生态和文化吸引方面。旗子湾位于海南岛西岸，交通不便，所以应发展成偏远的旅游目的地，服务于爱好安静的游客。红树/红树湾包括海滩、湖泊和植被茂盛的山地，应建成度假休闲、康体疗养的胜地。

上述七个地区有不同的发展主题和目标市场，可以互相补充，避免海南旅游业内发生冲突和竞争。应发展成综合性旅游胜地，为游客提供各种活动、景点和娱乐设施。

根据《海南省旅游发展总体规划》，突出度假旅游，根据海南省“一省两地”的产业发展战略，充分把握了把海南建成世界著名、亚洲一流的度假休闲旅游胜地的意图，打破了以往国内旅游规划编制中以资源为导向的常规，坚持以市场为导向，始终从国际旅游市场对度假休闲旅游胜地产品的需求出发，对如何开发海南得天独厚的旅游资源，如何调整海南旅游产品结构做出了科学规划，设计了“海南岛：热带中国”的对外促销口号。

三、市场调研分析

3.1 房地产投资统计

2006年以来，海南省委、省政府高举邓小平理论和“三个代表”重要思想伟大旗帜，以科学发展观为指导，带领全省各族人民认真贯彻国家宏观调控等一系列重大战略部署，积极稳妥推进“大企业进入、大项目带动”发展战略，进一步调整优化产业结构，努力转换经济增长方式，海南省经济呈现出速度加快、结构优化、效益提高、活力增强、物价稳定的良好运行态势，海南房地产市场健康运行。2006年，房地产业完成增加值34.29亿元，比2005年增长0.3%。房地产开发投资89.27亿元，比2005年增长26.0%。其中，商品房投资68.49亿元，比2005年增长12.7%。房屋施工面积1 004.88万平方米，比2005年增长9.1%；房屋竣工面积106.61万平方米，房屋销售面积195.19万平方米，房屋销售面积明显大于竣工面积。2007年上半年房地产开发投资49.02亿元，同比增长26.6%。

3.2 旅游房地产市场的发展趋势

3.2.1 旅游房地产市场前景分析

居住是人们生活的一种状态，它有四种基本表现方式——永久性居住、长期性居住、常居性居住、短期居住。旅游房地产基本属于短期居住。

旅游房地产开发方兴未艾，开发声浪不断响起，近年来逐步成为中国房地产市场的一大热点，大有高潮卷起之势。巨大的旅游休闲人群和客流量直接拉动了旅游休闲地产的发展，目前全国带有分时度假、产权酒店等概念的旅游房地产项目已经成为人们关注和投资的热点。

3.2.1.1　国家政策面支持

目前房地产业是国家全面宏观调控的重中之重，但作为房地产业的子行业的旅游房地产却独善其身。

（1）旅游房地产并不需要占用农田，旅游房地产与城市地产的市场需求错位不存在拉动城市房价的问题。

（2）旅游房地产的发展将会大力拉动地方经济，增加税源，旅游休闲业投资主体的多元化将进一步拉动第三产业发展、增加就业机会。我国相对落后的乡村聚集了大约 70%的旅游休闲资源，浓郁的乡土文化、独特的民俗风情、多彩的民族特色、甜美的田园风光，使乡村旅游度假充满了魅力。近年来，各地兴起了一大批特色鲜明、形式多样的乡村旅游度假活动，不仅活跃了旅游度假市场，丰富了旅游度假产品，满足了大众化旅游休闲度假消费需求，而且为这些地方的乡村改变落后面貌做出了积极贡献。

（3）强大的休闲度假需求可以使房地产公司可持续发展，旅游地产的发展有助于社会主义新农村建设、缩小城乡差距并减少城市压力、逐步实现城乡一体化。

国家正在研究出台法律法规保障“带薪假”制度的施行。目前全国的法定假日一年已达 114 天，接近全年的 1/3，人们旅游有比较充足的时间，每年的“春节”“五一”“十一”三个黄金周推动了国内旅游休闲市场的迅猛增长，并发展成为世界上规模最大的国内旅游市场。据国家旅游局透露，2006 年的三个黄金周，旅游人次达到 3.5 亿，同比增长 13%。旅游业的兴旺像一块磁石吸引和带动了相关各产业的发展，在激活市场、扩大就业、调整产业结构、改善生活质量以及帮助贫困地区脱贫致富等方面发挥了积极作用。但问题是人们都集中在黄金周期间出游，对全国交通、景点、食宿等造成了非常大的压力，越来越多的人也对黄金周出行充满恐惧。因此，国家如果考虑制定“带薪休假”政策，能够分流出行人群，大大缓解各方压力，这对旅游休闲地产无疑是利好消息，将对国民经济增长产生巨大的拉动作用。国际发展成功的经验表明，当旅游需求，即观光旅游转化为休闲度假旅游时，对休闲度假房产的购买需求必然产生。

政府的支持，无形中为我国旅游房地产行业的发展提供了一个广阔的发展平台，这是我国旅游房地产行业可持续发展的坚实基础和动力保证。

3.2.1.2　我国城市化进程加快

20 年来，我国经济持续快速发展，人均 GDP 以连续接近或超过 10%的年增长速度高速增长，城市人口逐年增长，城市居民消费能力逐年提高，中产阶层崛起，大量外资企业涌入中国，大批先富起来的人们具备了度假居住所需的经济基础。

从城市基础设施，尤其是高速公路的发展来看，北京、上海、广州、深圳等大城市路网系统发展迅速；从人均汽车的拥有量来看，北京已达到8个人一辆车的水平，上海12个人一辆车，广州、深圳约10个人一辆车。专家预言，在中国的大城市5年之内就会进入5个人一辆车的时代。便利的交通使得住处距离不再是难以逾越的障碍。

3.2.1.3　房地产市场的细分、专业化发展

随着国家对房地产行业宏观调控力度的加大，以及对部分一线城市房价的直接打压，大多数房地产开发商都在重新解读宏观政策面、寻找出路。房地产业的洗牌、细分、专业化发展已经开始。部分开发商已经将旅游房地产作为专业化方向。

同时部分省市由于过度开发，房地产项目建设供大于求，出现了大量空置商品房。有开发商尝试把其中一部分改造为宾馆、青年旅馆、分时度假酒店、汽车旅馆等，转为类型多样的旅游接待设施等旅游物业，作为消化这些空置房的有效途径。

3.2.1.4　旅游休闲经济时代的到来

2006年，我国旅游业在国内旅游、入境旅游、出境旅游三个方面齐头并进，快速发展。2006年中国国内旅游人数超过13.8亿人次，旅游收入超过6 000亿元人民币；我国入境旅游继续快速发展，全年接待总人数超过1.2亿人次，旅游创汇超过330亿美元；出境旅游屡创新高，2006年我国出境旅游总量超过3 400万人次，中国公民出境旅游目的地已达132个，中国出境旅游增长速度大大高于世界平均水平。全年旅游总收入将达到8 800多亿元人民币。旅游业已成为我国拉动经济发展的优势产业，成为第三产业中最具活力与潜力的新兴产业，是第三产业中新的增长点。

随着人民生活水平的提高、休闲时间的增加，对旅游休闲产业的需求就更大。中国旅游房地产正迎来一个前所未有的市场机遇。按中国现在每年10亿多人次水平的旅游人数和8 000多亿元的收入计，预计到2020年，中国将成为世界第一大旅游目的地国家和第四大客源输出国，旅游度假需求将在未来10年中以每年8.5%的速度增长，旅游休闲活动的巨大增长空间带动住宿业、餐饮业的需求，将掀起新一轮的产权投资和度假休闲双重消费热潮。尽管人们对旅游休闲地产的怀疑仍然存在，尽管旅游休闲地产仍然有许多的不足，但其极为广阔的发展前景，以及作为旅游加地产这两个黄金产业的交叉型产业，正逐渐为人们所认识，旅游地产的使用者市场和个人投资市场不容忽视。

旅游房地产因其具有优越的环境和居住空间的休闲性、舒适性及功能方面的实用性，在中国有着巨大的发展空间。

3.2.2　海南旅游房地产业的发展趋势

进入21世纪后，海南旅游业的日益兴旺，不仅重启了海南当前百业待兴的良好开端，而且促进了以岛外人士“第二居所”为主要市场特征的海南第二支柱产业——旅游房地产业的形成和发展。“将海南建成中国的后花园、全中国与世界人民的度假村”的旅游房地产发展理念，已为海南新一轮的经济建设注入了全新的产业动力，为投资者提供了正确的投资导向。

经过十多年来的旅游行业创建和市场开发，目前海南已成为我国旅游经济比较发达的省份，并已跻身我国六大旅游目的地之列。2005 年，海南全省旅游接待人数已达 593 万人次，自 1996 年以来，年均客源增长率达 17.3%。旅游业的高速发展进一步改善了海南的人居环境和度假环境，吸引了大量的国内、国际人士到海南置业、投资，开辟“第二居所”或“候鸟式居所”。2001—2005 年 5 年间，海南全省商品房销售面积为 760 万平方米，其中外销商品房面积为 527 万平方米，外销率达 69.3%（其中三亚市的商品房销售面积为 282 万平方米，外销商品房面积为 251.7 万平方米，外销率接近 90%）。5 年之间，海南的商品房平均销售价格已从低于成本价的数百元/平方米猛升至 3 960 元/平方米，而以三亚市为代表的一线海景房的销售价格，更是从 2003 年以前的 2 200 元/平方米跃升至目前的万元价格台阶！即便如此，权威经济分析人士和行业专家均还普遍认为：海南有限的高品位人居资源，尤其是滨海度假资源，相对于国内、国际市场的巨大需求，显然还是被严重低估和“贱卖”了。

如表 A-1 所示，为全国各省市购买海口房产排名表。

表 A-1　全国各省市购买海口房产排名表

2007 年 1—7 月　　套，万平方米

省　区	销售套数	销售面积	省　区	销售套数	销售面积
山西	625	6.23	河南	302	2.92
黑龙江	563	5.22	河北	284	2.60
北京	529	5.71	辽宁	274	2.37
广东	513	6.04	江西	264	2.47
江苏	322	2.99	四川	252	2.48
湖北	311	3.08	湖南	223	2.22

3.2.3　户型面积分析

2007 年海南房产的 80%由外省客户购买，根据海南省房地产管理部门公布的有关数据，岛外人士比较钟爱 90 平方米以下的小户型，特别是在三亚，岛外人士前来购房多数选择小户型。数据表明，90 平方米以下小户型的购买对象中 81.25%为岛外人士，其中三亚 90 平方米以下小户型的购买对象中 96.67%为岛外人士，海口 90 平方米以下小户型的购买对象中 72%为岛外人士。岛外人士中意小户型，主要是因为总投资金额较小。

根据房地产企业反映，消费者的偏好在不同地区有所不同，从近一两年来的销售情况看，海口市住宅建筑面积以 90～120 平方米最受消费者的喜爱，其次是 90 平方米以下的住宅。消费者最喜爱的住宅户型是三房二厅，其次是二房二厅。三亚市住宅建筑面积以 90 平

方米以下最受消费者的喜爱，这主要因为两地客户群体有明显差异，在海口置业的主要是养老、过冬的人群，由于居住的时间相对较长，大多会选择宽敞、舒适的二房或三房，而在三亚，以产权式酒店为多，客户群以投资、短期度假为主。

3.3 客户分析

随着中国全面建设小康社会的开展、国内居民收入水平的提高、消费观念的改变，度假休闲渐成时尚。据调查，北京、上海和广东这3个省市2002年人口总计超过1亿人，人均年消费分别为9 183元、10 932元和9 126元。北京、上海人均月收入3 000～8 000元的度假游客分别占度假游客总量的 60%、50%。广州大多数度假游客的家庭人均月收入为2 000～5 000元。北京度假游客度假时间为5～7天的占40%，上海占20%。中国正在形成一个高档消费的旅游客源市场。

根据三亚房管局《三亚房地产市场分析报告（2006年1—9月）》显示：三亚市商品住房的销售对象主要是岛外市场，2006年1—9月销售总套数为5 922套，岛外销售为5 101套，岛外市场占总销售套数的86.14%。

本项目是呼应海南省建设国际性热带滨海旅游度假岛而开发的高端旅游度假服务设施，同时针对中国“第二居所”市场而开发的高端旅游度假与住宅产品。

3.3.1 旅游房地产项目的目标客户群

（1）无暇照料老人的城市富有家庭。

（2）具有投资、度假多重需求的城市中产阶层，各地的离退休干部，高收入的文化界人士和工作压力较大的企业高管人员。

（3）被中国和平、稳定的发展局势所吸引的各类国际投资置业人士（目前海南的国际置业客户主要来自俄罗斯、韩国及欧美地区）。

（4）有资金实力的投资客户。

3.3.2 房地产项目的主要区域市场划分

（1）以避寒、养老为主的东北市场。

（2）以投资与“候鸟式”度假为主的上海、华东市场。

（3）以度假、养生为主的北京、华北市场。

（4）以晚年移民为主的西北市场。

（5）以“候鸟式”度假为主的西南、华南市场。

（6）以守望人民币升值的国际投机商与境外置业群体。

四、项目开发分析

4.1 项目背景分析

红树温泉旅游设施建设早在19××年就已经开始。经过近10年的建设，红树已经建设成为具有热带田园风光特色，以温泉养生为主题，以旅游度假、娱乐活动为主要内容的旅游度假地。

红树拥有比较完备的旅游度假酒店和相关的餐饮、娱乐设施，并以温泉、生态环境为特色，已经成为海南省三大旅游接待基地之一。根据××市旅游局的调查，红树地区的酒店客房数为4 357间，床位数达到8 675床，其中拥有五星级酒店1座、四星级酒店6座、三星级酒店26座。建成了红树热带花园、热带植物园、热带风情园、射击场、观鸥园等一批景区、景点。但是由于开发时期的特殊性，时逢海南建省以来的建设高峰，建设开发的持续受到时势影响，致使旅游区内出现“半拉子”工程或已批用地未建等不良资产后遗症现象，同时由于近年来三亚的快速崛起，大批客源由原来的从海口进出转变为从三亚直接进出，以及随着相关设施的老化，红树出现了市场客源减少、逐步萎缩的现象。现在的红树整体形象不佳，给外地观光客留下的印象是“城市不像城市，旅游区不像旅游区”。

随着三亚的迅速崛起，海南在国内和国际的知名度迅速提升，加上国内经济持续快速的发展，来海南旅游的国内和国外游客也呈现快速增长的趋势，海南旅游业的发展面临了良好的机遇，已经形成以海口、琼海、建宁、三亚为核心的东部海滨旅游发展带。××市委、市政府在“十五”发展规划中将旅游业作为振兴××市经济的支柱产业之一，重点发展以“红树温泉度假区、红树湾、明镜湾、海鸥湾”为核心的“一区三湾”旅游区，以保持海南旅游重要旅游接待基地的地位。

4.2 项目选址

4.2.1 项目区位

海南东线高速红树湾出口——海湾镇11公里的2/3处，距离海口市约180公里，距离三亚市约108公里，处于海南两大旅游核心城市的中间，交通优势十分优越。

红树新城（一期）红树湾温泉度假城项目占地约1 000亩。

4.2.2 项目区位图

（略）

4.3 大红树地区的旅游业

世界旅游组织的研究显示，红树地区旅游业的发展结构不良。要改善该地区的形象，未来的发展中应重新确立重点。发展应该着眼于进行综合性开发，瞄准家庭休闲、消遣和娱乐市场。红树地区具有良好的自然资源，如红树的温泉，上官山的山地，红树湾、明镜湾和海鸥湾等风景优美的海湾。另外，该地区已修建了数个人工旅游项目，如红树热带植物园、海南红树热带花园、热带风情园、东南亚风情村、海鸥湾海滨高尔夫球会和华尔兹高尔夫球场。未来的发展应平衡并融合各种自然资源，而且要完善优质发展项目以改善红树形象。世界旅游组织的研究建议，在红树的整体旅游业发展中应包括上官山地区的生态旅游和红树湾的综合旅游度假区。

4.4 项目建设的重要意义

4.4.1 海南省委、省政府对有关促进海南中、西部地区经济、社会发展战略举措的要求

红树位于海南中东部，本项目的建设符合海南省政府从整体上促进海南南部旅游业向海南中部的纵深发展，促进海南中部旅游业和相关产业的共同繁荣，促进海南中部投资环境、人居环境、旅游环境改善的要求。

4.4.2 推进城乡一体化

城乡一体化是未来海南旅游度假产业发展的必然趋势。随着国民收入的不断提高，我国的自驾车旅游和自助式度假旅游正在蓬勃兴起，其旅游活动范围、时间、度假休闲方式都发生了巨大的变化。预计当国民人均收入水平达到 2 000 美元之后（2010 年以后），我国的“自由（游）人”将超过团队观光游人数，成为我国旅游度假产业发展的市场主流。海南，尤其是海南南部海滨地区作为我国最佳的避寒、度假、养老、休闲旅游胜地，其独特、丰富的乡村自然生态和旅游度假资源，将成为与其热带滨海旅游资源品位相齐的旅游度假之地。

4.4.3 推动“新农村”运动的发展和相关产业的共同繁荣

通过本项目的建设实施，通过旅游度假区及周边乡村度假项目的开发，以公园化的人居环境和海南乡村地区得天独厚的自然资源优势、土地价格优势，作为海南高性价比的产权式度假公寓的创建条件，吸引岛外人士到乡村地区养生、度假、置业或投资，必将带动红树地区“新农村”运动的发展和相关产业的共同繁荣，最终实现对海南贫困地区人民群众生活及其经济、社会发展的终极关怀。

4.5 项目周边旅游资源

4.5.1 红树湾旅游区

红树湾旅游区的功能定位为高档次、低密度的滨海温泉度假休闲和热带植物观光旅游目的地。

红树湾被世界旅游组织专家誉为海南现存未被开发的最美丽海湾。它由两个新月形的海湾组成，东南临碧波荡漾的南中国海，其他三面为青翠山坡所环抱，数条小溪从山上蜿蜒而下，流入大海。长约 6 公里的洁白沙滩，细腻绵软，近岸处的海水清澈见底，随着海床不断加深，海水也由浅蓝变化为深蓝。环抱着洁白沙滩的是绵延数十公里的青皮林带，这片生长于海边的珍稀植物，给红树湾带来了清新湿润的空气，又像一道巍然屹立的绿色长城，呵护着两湾新月形的海滩。

散落在区内的农舍多为黎族村落，世代以耕作和捕鱼为生，民风淳朴，至今仍保持着海南特有的原始生活风貌，椰树掩映下的农舍，田间耕作的水牛，黄昏时分的炊烟缭绕，一派热带田园的恬静，宛若世外桃源。

（风景照片略）

4.5.2 红树热带植物园

（风景照片略）

红树热带植物园位于海南省东南部××市红树旅游区。植物园创建于1957年，占地面积为600亩，汇集有1 200多种热带植物，是一座集科研、科普、生产、加工、观光和植物种质资源保护为一体的综合性热带植物园。

红树热带植物园规划为五大功能区：植物观赏区、生产示范区、科研开发区、立体种养区和生态旅游区。植物园依山傍水，风景秀丽，令人心旷神怡，流连忘返。“到海南必到红树，来红树定去植物园”道出红树侨乡这颗绿色明珠的奥秘。

植物园先后被国家旅游局评定为“国家AAAA级旅游区（点）”、首批“中国农业旅游示范点”，被国家旅游局、共青团中央联合命名为首批旅游景区（点）全国“青年文明号”，被共青团中央命名为“中国青少年教育基地”等荣誉称号。

创建一流的环境、一流的秩序、一流的服务、一流的管理是植物园不懈的追求，今天红树热带植物园已通过ISO9001质量管理国际标准认证和ISO14001环境管理国际标准认证。欢迎您到红树热带植物园这块美丽而又神奇的土地来！

红树热带植物园是海南旅游开发的一颗璀璨的风景明珠，它以独特丰富的热带植物而闻名于世，有植物品种1 200多个。植物园汇集有咖啡、胡椒、香草兰、可可等热带经济作物和榴莲、山竹子等名优稀特果树、林木及园艺植物品种，保存有见血封喉等野生植物资源和珍稀物种，引进国内外名贵的热带植物种类，合理配置，结合林草等优美景观的相间布局，是一座物种资源丰富，园林景观优美，具有科研、科普、观光和植物种质资源保护功能的综合性热带植物园。

4.5.3 红树热带花园

（热带花园照片略）

红树热带花园位于海南省建宁红树温泉旅游度假区的杏黄山下，是一座融自然、人文、园林与生态保护为一体的大型综合性景区。始建于199×年，占地5 800亩。目前，园内生物种类繁多、热带雨林繁茂昌盛，初步恢复了本地区的生物多样性，形成了良性循环的生态环境。

花园融自然、人文、农艺、园林与环境生态保护为一体，集旅游观光、休闲度假和科普教育于一身，是热带雨林和人工造园的极佳结合，是热带植物的“王国”和珍稀濒危植物的宝库。

4.5.4 红树热带风情园

红树热带风情园位于海南省红树华侨旅游度假城内，占地20万平方米，是一个荟萃亚洲各国文化、建筑风格、民族歌舞的大型文化旅游景区，目前该园已建起了陈列馆、泰国村寨、越南村寨、印尼村寨、马来村寨以及新加坡风光。具有风情浪漫、椰风海韵醉游人，景色如画，温泉奇特，游客可以在园内了解到印尼、马来西亚、泰国、越南、新加坡及印度等国家的建筑风格。

4.5.5 红树现有酒店统计

海南省现有经国家旅游局和海南省旅游局评定的全省星级饭店 220 家。其中五星级饭店 11 家、四星级饭店 40 家、三星级饭店 98 家、二星级饭店 62 家、一星级饭店 9 家。其中在红树有五星级饭店 1 家、四星级饭店 11 家、三星级饭店 25 家、二星级饭店 8 家，如表 A-2 所示。

表 A-2　红树星级饭店名录（2007.3）

序　号	名　称	星　级	地　址	评定时间
1	红树华尔兹大酒店	五星	红树温泉旅游城	2000.8
2	红树海湾明珠酒店	四星	红树明珠大道	1998.7
3	红树鑫岛大酒店	四星	红树温泉旅游城	2001.12
4	红树金杏温泉度假村	四星	红树温泉旅游城	2005.5
5	建宁银滩温泉假日酒店	四星	红树温泉旅游城	2005.9
6	红树月明山庄	四星	红树温泉旅游城	2006.2
7	海南红树金太阳假日酒店	四星	红树温泉旅游城	2006.4
8	建宁仙桃温泉大酒店	四星	红树温泉旅游城	2006.9
9	红树富豪温泉度假酒店	四星	红树温泉旅游城	2006.1
10	红树鑫港酒店	四星	红树温泉旅游城	2006.1
11	红树温泉宾馆	四星	建宁红树农场	2007.3
12	红树温泉金源酒店	四星	××市红树旅游区	2007.3
13	建宁乐园酒店	三星	××市万城路人民中街	2005.9
14	红树宙斯度假酒店	三星	红树温泉旅游城	
15	红树新元温泉山庄	三星	××市红树农场	2000.12
16	建宁大酒店	三星	××市万城文明北路	2000.12
17	红树帝殿酒店	三星	红树温泉旅游城	2001.1
18	红树康悦假日酒店	三星	红树温泉旅游城	2001.1
19	红树桃源温泉酒店	三星	红树温泉旅游城	2001.11
20	红树浪潮度假村	三星	红树温泉旅游城	2001.11
21	建宁兴国大酒店	三星	××市红专西街	2001.12
22	红树健兴温泉度假村	三星	××市东和农场旅游区	2001.12
23	红树民富旅游度假村	三星	红树华侨农场 51 队	2002.9
24	红树花繁度假村	三星	红树温泉旅游城	2002.9
25	建宁万春园大酒店	三星	××市万州大道西侧	2002.9
26	红树南海温泉度假村	三星	××市红树旅游城	2002.9
27	红树金泉温泉酒店	三星	××市红树农场	2003.1

续表

序　号	名　称	星　级	地　址	评定时间
28	红树温泉迎宾馆	三星	建宁红树农场	2001.12
29	红树汇源假日酒店	三星	红树温泉旅游城	2002.9
30	红树金冠酒店	三星	红树温泉旅游城	2006.2
31	建宁红树景天酒店	三星	红树温泉旅游城	2006.5
32	建宁红树乐金宵大酒店	三星	红树温泉旅游城	2006.5
33	建宁红树碧海温泉酒店	三星	红树温泉旅游城	2006.1
34	建宁红树温泉假日酒店	三星	红树温泉旅游城	2006.1
35	红树祥云温泉酒店	三星	红树温泉旅游城	2006.1
36	海南太阳温泉旅游度假村	三星	红树温泉旅游城	2006.1
37	红树元天温泉酒店	三星	红树温泉旅游城	2007.3
38	建宁明新园酒店	二星	红树明珠大道	2004.3
39	红树泰利度假村	二星	红树温泉旅游城	2001.1
40	红树五洲温泉酒店	二星	红树温泉旅游城	2001.11
41	红树风情园酒店	二星	红树温泉旅游城	2001.11
42	红树温泉金凤度假村	二星	红树温泉旅游城	2001.11
43	红树银海温泉度假中心	二星	红树温泉旅游城	2001.11
44	红树卧龙宾馆	二星	红树温泉旅游城	2001.11
45	建宁凤岭国际大酒店	二星	建宁高山镇文明南路	2001.11

4.6　项目定位

4.6.1　充分发挥海南的热带滨海资源优势，逐步将红树建成我国一流的热带滨海度假、休闲胜地

海南岛的森林覆盖率为55%，建成自然保护区72个，面积268.5万公顷，是全国环境质量最好的省份。它的地缘条件、植被状况与同纬度的夏威夷、巴厘岛等黄金海岸滨海度假区，共同组成一条环绕地球的翡翠链，这个区域又被称为“上帝后花园”。

阳光、海水、沙滩、森林构筑的海南岛富含负离子层。良好的自然环境成为宝岛生灵的护卫神。岛上人均寿命80余岁，有“健康之岛”“长寿之岛”之称，许多中老年性疾病在海南都会得到不同程度的减缓，因此海南又有“天然大氧吧”之称。

海南具有深厚的文化底蕴，在这可以让您感受到浓郁的民族风情和最具魅力的热带风光，一年一度的“海南博鳌亚洲论坛年会”、三亚世界小姐决赛和“世界之最”的南海观音佛门胜地，成为海南旅游的新亮点。

4.6.2　红树名片——温泉

海南的温泉资源丰富，平均每1 000平方公里就有1处温泉，现已探明的温泉有34处。海南多数温泉矿化度低、温度高、水量大、水质佳，属于治疗性温泉。

红树温泉号称“世界少有，海南无双”，富含矿物成分，水中含有丰富的矿物质，蒸腾的水汽带有淡淡的清香。根据《海南省××市红树温泉热矿水勘探及环境评价报告》（199×）显示，红树温泉有 10 口温泉井，平均温度为 53℃，属于氟、硅型温热级优质矿泉水，对皮肤病、关节炎和神经衰弱症等有治疗、医疗保健作用。

4.6.3　以东线高速和东环铁路快速通道为依托

海南东线高速目前已经成为海南生命线，是旅游客流和城际客流的主通道，随着 2007 年 9 月 29 日东环铁路开工建设，依托东线高速和东环铁路快速通道，以红树新区建设为契机，通过完善、扩展新区的基础配套设施和启动新区滨海温泉旅游度假项目群，带动整个红树的快速发展。

4.6.4　设计定位

充分利用月牙河构筑水景观的绿化体系，将滨河景观引入项目区，并利用滨水地段构筑情调空间，为游客提供人与环境合一的旅游度假体验。

采取“适当集中”和“分散隔离”的规划布局策略，将能有效聚集“人气”的娱乐、餐饮、商业购物集中在相对中心的区域，将对环境、噪声有较高控制要求的酒店、度假村以绿化或景观水面隔离的方式安排在较为宁静的区域。

构筑以广场、步行街道、滨河散布道路、小型绿地等多样手法创建特色休闲空间，给旅游者提供驻留空间。

4.6.5　规划布局特点

以宾馆酒店、度假村为核心，通过构建新的水系，将区域内部景观和滨水景观结合，力求从整体环境上提升旅游区的环境品位，达到整治的最终目的——建设一个具有独特风光的休闲度假区。

规划布局充分坚持“人与环境合一”的规划理念，充分发挥紧临月牙河的景观条件，以现有河、湖、池塘为基础，构造一条带状的水系贯穿整个红树温泉旅游区，构造以水空间为主题、层次丰富的景观系统，区内沿规划的景观水体修建一条休闲步道，结合水体，完善旅游区的步行体系，丰富景元素。

根据现状用地布局特点和发展需求，规划以两条主干道路形成的十字交叉区域为中心，组织娱乐、演出、餐饮、购物等功能，形成整个休闲度假区有吸引力的活动中心区。酒店、度假村用地围绕着活动中心布置，中心区与酒店之间以绿化和景观水系分隔，以达到“动、静”隔离的效果，整个区域的空间布局是“一个中心、多组团”的布局形态。

4.6.6　项目定位细分

商业街定位：

主要服务于国内外旅游度假客户群体，具有产权投资与休闲娱乐度假服务功能，是项目的核心区，同时作为项目休闲度假公寓生活区的社区部分配套，承担部分社区服务功能，并使其成为带动旅游房地产项目开发、销售和提高项目品质的配套工程。

高档度假公寓式酒店定位：

星级度假公寓式酒店，超级连锁管家式服务。

“红树湾”海滨度假公寓定位：

以温泉为主体，配合月牙河水系开发，充分利用红树依山傍水的地理特色，打造全国人民的“第二居所”，建设以面向国内外成功人士、高收入阶层、高端老年人士和中小型投资商为主进行产权销售的近海河景度假公寓项目群。

别墅区定位：

因地制宜、综合利用月牙河的资源条件，合理利用和创造优美空间作开发原则。善用充裕的中央低地、蜿蜒的水系和周围山脉的强烈对比，构筑“有山、有水、有丰富的热带植物”为特色的环境特征。

4.7　主要规划建设内容及开发规模

4.7.1　主要控制性规划指标（待批）

（1）总体容积率（以 1 000 亩建设用地为基数）：1。

（2）总建筑面积：约 66.7 万平方米。

（3）总体建筑密度：≤40%（以多层建筑为主、别墅为辅）。

（4）绿地率：≥60%。

（5）建设周期：5 年。

4.7.2　基础配套设施系统工程

基础配套设施系统工程主要包括以下几方面。

（1）项目区道路、步行街。

（2）绿化带、生态保护系统工程。

绿化系统以轴线的构图方法形成连续的空间绿化景观视廊，给游客一个连续流动的空间体验。规划三条绿化轴线，形成景观走廊。这三条绿化走廊分别以水面为景观构成要素，结合一定宽度的绿地、建筑小品、小岛、开敞空间等设施，构造一个流动的游览空间。将整个项目打造成一个椰林树影、鸟语花香、小桥流水的生态热带公园。

（3）广场、停车场。

（4）项目区供（变）电系统工程。

（5）项目区道路及管（线）网体系分步建设工程。

（6）项目区公益服务设施、园林绿化系统工程。

（7）卫生清理及环卫设施工程体系。

4.7.3　功能区建设项目

功能区的主要建设项目如下。

（1）“红树湾”海滨主题商业街

以旅游购物为主，结合海南特殊的气候条件，营造休闲度假的氛围。

（2）热带风情度假景观区

绿化景观区以营造的月牙河水系为主体，通过月牙河水面、山地绿化、绿化隔离带、步行道路、广场、道路绿化、街头绿地等手法构建一个绿化层次丰富、拥有热带滨河风光的景观体系。绿化景观区分为山地绿化景观区、滨河绿化景观区、农田观光区。

（3）“红树湾”海滨度假公寓区

在规划区东南部和东部，地势条件相对其他区域较高，拥有幽雅的山体坡地，山地良好的植被系统和公寓建筑、绿化交相辉映，别具风味。在设计上应以分散的布局和环境紧密融为一体。

在月牙河畔和规划的项目区域内水域，建设位于滨水河畔的酒店式公寓，设计上除了应体现热带景观和度假休闲的特色外，对于公寓组团内部的庭院设计应与滨水绿化空间有机地结合起来考虑，在组团与组团之间应取消围墙，以连通的步行道路将连续的水体绿化和内部庭院绿化结合起来。

平面布局以自由式布局为主，为游客提供良好的度假空间。

（4）高档度假公寓式酒店项目区

新型连锁公寓式酒店，为客户提供管家式服务。

（5）TOWN HOUSE 及定制式半山别墅区

规划中以突出坡地河流、热带雨林的特色和提升资源价值为原则。

（6）国际健身康复疗养中心

引入国际知名健身俱乐部、SPV 会所和知名医疗保健机构，充分发挥海南优质空气优势，建设优质的有氧健身康复疗养项目。

4.7.4 用地规划与建筑面积

（1）“红树湾”海滨主题商业街	约 3 万平方米
（2）热带风情度假景观区	约 0.7 万平方米
（3）“红树湾”海滨温泉度假公寓区	约 42 万平方米
（4）高档温泉度假公寓式酒店项目区	约 15 万平方米
（5）TOWN HOUSE 及定制式半山别墅区	约 5 万平方米
（6）国际健身康复疗养中心	约 1 万平方米

4.8 项目开发周期

项目区拟采取“整体规划、分步开发，基础先行、滚动发展”的投资开发原则，初步设想如下：

开发周期约 5 年，预计 2008 年完成开发前期准备工作，2009 年开工建设，2013 年全部竣工，投入运营。

4.8.1 第1～2年

完成项目区土地变性、出让/划拨、地质勘探、总体规划设计、报批和项目区核心配套设施建设工程、核心区景观工程的开工建设，为项目区的全面开发提供充分的基础与市场推广平台。

4.8.2 第2～3年

（1）项目区核心基础配套工程、核心景观工程项目全面完成，滨海主体商业区进入工程施工阶段。

（2）公寓式酒店、别墅区全面开工建设。

（3）度假公寓区一期样板工程10万平方米商品住宅主体工程基本封顶，达到取得预售许可证的条件，并在年内实现全面开盘销售。

4.8.3 第3～5年

（1）滨海主体商业街陆续进入经营阶段。

（2）度假公寓区一期样板工程10万平方米商品住宅全面竣工交付。

（3）度假公寓区按照市场销售进度的实际情况陆续开展后期度假住宅组团的建设。

（4）公寓式酒店投入试运营。

（5）别墅区陆续竣工交付。

五、项目投资构成、总投资估算

5.1 基本参数

（1）项目容积率为1。

（2）绿地率为60%。

（3）规划用地面积为66.7万平方米。

（4）建筑面积为66.7万平方米。

（5）预计建设约8 000套房屋。

5.2 土地出让地价款

即为取得该项目用地而支付的地价款，主要包括向政府缴付的土地使用权出让金和根据土地原有状况需要支付的其他费用等。本项目占地 1 000 亩，20 万元/亩，地价款预计20 000万元。预计分两期支付，每期付10 000万元。

5.3 建安工程成本（含装修费）

即建造房屋建筑发生的建筑工程费用、设备采购费用和安装工程费用、装修费用等。本项目预计发生131 000万元。其中：

（1）“红树湾”海滨温泉度假公寓　　70 500万元

（2）高档温泉度假公寓式酒店　　36 000万元

（3）“红树湾”海滨主题商业街　　4 500 万元
（4）TOWN HOUSE 及定制式半山别墅　　20 000 万元

5.4 前期费用

按项目投资总额的 4%估算，预计为 6 000 万元。其中：

（1）前期规划、设计、可行性研究所需费用支出按项目总投资额的 2%估算，本项目预计为 3 000 万元。

（2）水文、地质勘测以及土地平整等阶段性支出按投资总额的 2%估算，本项目预计为 3 000 万元。

5.5 公建配套费用

公建配套费用是指本项目内为居民服务配套建设的各种非营利性的公共配套设施（又称公建设施）的建设费用，主要包括商业设施、酒店配套、休闲广场及停车场等。本项目预计支出 2 000 万元。

5.6 基础设施费用

基础设施费用是指建筑物 2 米以外和项目用地规划红线以内的各种管线和道路工程。费用包括供水、供电、供气、排污、绿化、道路、路灯、环卫设施等建设费用，以及各项设施与市政设施干线、干管、干道的接口费用。按本项目拟建设的基础配套设施系统工程，预计支出 10 000 万元左右。

5.7 开发期税费

开发期税费主要是指计入因进行本项目开发所发生的一切税费，主要包括土地增值税、营业税和企业所得税。因本项目的增值额占扣除项目金额的比例低于 20%，按国家政策免征土地增值税。营业税按预计销售额的 5.4%估算，为 13 230 万元，企业所得税按 15%的税率计算，预计 5 500 万元。

5.8 财务费用

财务费用是指为筹集资金而发生的各项费用。在本项目中主要是指借款利息、金融机构手续费、代理费等。本项目累计投资额为 150 000 万元，计划外部筹集 45 000 万元，按 7%的年利率计算，开发期内需资本化的利息为 15 750 万元。

5.9 开发及管理费用

开发及管理费用是指开发企业在开发现场组织管理和开发企业管理部门为组织和管理项目的开发经营活动而发生的各项费用，主要包括管理人员工资、职工福利费、办公费、差旅费、折旧费、修理费、工会经费、职工教育经费、劳动保险费、董事会费、咨询费、审计费、排污费、绿化费、房地产税、车船使用税、土地使用税、各种摊销费用、业务招待费、坏账损失等。本项目按投资总额的 6%预计管理费用，计 9 000 万元。

5.10 销售费用

即在销售开发产品过程中发生的各项费用，以及专设销售机构的各项费用，主要包括工资性支出、差旅费、销售机构折旧费、修理费、物料消耗、广告费、宣传费、代销佣金等。本项目按预计销售额的5%估算，总计11 250万元。

5.11 不可预见费用

不可预见费用是指在施工过程中因自然灾害、人工、材料、设备、工程量等的变化而增加的费用。本项目预计1 500万元。

5.12 投资总额估算表（见表A-3）

表A-3 投资总额估算表

项　目	单方造价/元/平方米	总投资额/万元
土地费用	300	20 000
建筑安装费用	1 964	131 000
前期费用	90	6 000
公建配套费用	30	2 000
基础设施费用	150	10 000
开发期税费	280	18 730
财务费用	236	15 750
开发及管理费用	135	9 000
销售费用	184	12 250
不可预见费用	22	1 500
合计	3 391	226 230

六、可行性研究财务数据的选定和预测

6.1 销售收入的测定

6.1.1 “红树湾”海滨温泉度假公寓

可售面积42万平方米，预计销售单价5 000元/平方米，可实现销售收入210 000万元。

6.1.2 TOWN HOUSE及定制式半山别墅

可售面积5万平方米，预计销售单价8 000元/平方米，可实现销售收入40 000万元。

6.1.3 高档温泉度假公寓式酒店及商业街

可售面积3万平方米，预计销售单价5 700元/平方米，可实现销售收入17 000万元。

6.1.4 预计总销售收入

预计累计可实现销售收入267 100万元。

6.2　项目经营管理收入与支出

本项目预计开发周期5年，2013年开始正式运营。

预计每年可实现自营收入4 000万元，运营成本和费用900万元，毛利率估计为77.5%。（未计算资产折旧）

6.3　经营税费

按5.4%的地方综合营业税率计算，每年可上缴地方财政营业税及附加216万元。

6.4　所得税

经以上测算，预计年运营利润总额为2 884万元，暂按16%的税率计算，每年可上缴地方财政所得税461.44万元左右。

注：国家新的企业所得税法于2008年1月1日实施，但截至目前海南尚无正式的实施条例出台，未来的所得税率不好预计，但估计会高于15%。本项目中暂按16%预计。

七、项目经济效益分析

本项目开发累计为当地财政贡献税收收入15 500万元，以后经营期每年贡献税收收入不低于700万元，对红树的经济发展提供了资金支持。由于本项目的目标客户基本上为岛外人士，项目营业后预计可为红树其他旅游服务行业带来附加消费2亿～3亿元，同时能大大提高红树的国内国际知名度，从而吸收更多的投资。

八、项目盈利能力分析

8.1　全部投资现金流量表（见表A-4）

表A-4　全部投资现金流量表

万元

项　目	合　计	2008	2009	2010	2011	2012	2013	2014	2015	2016	2017
现金流入	287 100	0	0	0	64 000	66 000	71 100	74 000	4 000	4 000	4 000
租售收入	267 100	0	0	0	64 000	66 000	67 100	70 000	0	0	0
自营收入	20 000	0	0	0	0	0	4 000	4 000	4 000	4 000	4 000
现金流出	233 802	23 900	49 850	40 350	35 570	41 280	21 616	16 580	1 552	1 552	1 552
开发建设投资	169 000	23 000	45 500	36 000	24 500	30 000	10 000	0	0	0	0
运营费用	9 000	900	900	900	900	900	900	900	900	900	900
销售费用	13 355	0	0	0	3 200	3 300	3 355	3 500	0	0	0
财务费用	15 750	0	3 150	3 150	3 150	3 150	3 150	0	0	0	0
不可预计费用	1 500	0	300	300	300	300	300	0	0	0	0

续表

项　目	合　计	2008	2009	2010	2011	2012	2013	2014	2015	2016	2017
经营税金及附加	15 791	0	0	0	3 520	3 630	3 911	4 070	220	220	220
土地增值税	0	0	0	0	0	0	0	0	0	0	0
所得税	9 406	0	0	0	0			8 110	432	432	432
净现金流量	53 298	−23 900	−49 850	−40 350	28 430	24 720	49 484	57 420	2 448	2 448	2 448
累计净现金流量		−23 900	−73 750	−114 100	−85 670	−60 950	−11 466	45 954	48 402	50 850	53 298

8.2　财务盈利能力分析

主要是考察开发项目的财务盈利能力水平。用净现值、投资回收期和年平均利润率三个指标进行评价。前两个指标考虑了资金的时间价值。

8.2.1　净现值（FNPV）

按5%的折现率计算，本项目的净现值为6 374万元，所以原则上本项目可行。

8.2.2　投资回收期

项目投资回收期为6.6年。

8.2.3　项目投资利润率

项目投资利润率为7.3%；项目经营年利润率为60%。

九、结论和建议

本项目通过初步的规划定向与投资分析，结果表明，该项目充分考虑了项目区地理资源、海域资源和环境的统筹规划和开发，充分实现了项目所在地区的经济、社会、环境效益的高度统一。符合海南岛申报国际旅游岛，创建世界著名、亚洲一流的热带滨海度假休闲目的地的功能定位及总体发展规划要求，同时也体现了开发企业的投资实力，其对红树新城的开发建设，必将促进红树地区城市建设的升级换代，同时推动当地“新农村”的建设和旅游业的蓬勃发展，增加就业率，带动当地经济发展，对促进旅游及房地产消费起到双重积极的作用，具有显著的社会、经济、文化效益。

通过以上的分析和策略，海南红树湾温泉度假城项目在投资和开发中，预期收益率不太高，但长期运营收益非常稳定，不可预测的风险虽然较大，但可控性较强，因此本项目的投资开发在市场上、操作上、财务计划上可行。

就本项目而言，市场的分析和项目的整体定位，以及项目投资经济分析是基于经验和经济学的角度来定的，具有客观性和一般性，符合市场规律及投资经济原理，配以合理的营销手段，实现项目的推广销售目标，并最终实现本项目的盈利目标。本项目的实施运作，其社会效益远大于经济效益，将会对海湾镇带来一个翻天覆地的变化。一个项目带动起一个城市，将会改变红树在海南的旅游城市的地位。

附录B　项目申请报告案例

北京市通州区NYN镇
商业金融、市政设施、住宅及配套
（HB园区二期东区）
项目申请报告[①②]

第一章　申报单位及项目概况

一、项目申报单位概况

（一）公司基本情况

① 单位名称：北京HSBF房地产开发有限公司

② （营业执照登记内容略）

（二）建设单位概况

（略）

二、项目概况

（一）项目名称

北京市通州区NYN镇商业金融、市政设施、住宅及配套（HB园区二期东区）项目。

（二）项目建设背景

（略）

（三）项目建设地址及范围

该项目位于北京市通州区NYN镇，本项目规划用地东至×村东路，西至HK大道，南至国家HB园园区大道，北至国家HB园DJ路。

---

① 本报告所有数据在计算时使用了自动化计算系统，存在取整、四舍五入等计算误差，不影响报告的使用与学习。

② 本报告形成时间为2007年，该日期不影响案例的学习。

项目规划总用地面积约260 383平方米，其中建设用地面积129 070平方米；代征城市公共用地131 313平方米（其中代征道路用地面积70 954平方米，代征绿化用地面积60 359平方米），地上规划总建筑面积472 649平方米。

（四）项目位置图

（略）

（五）开发建设内容与规模

本项目相关规划指标如表B-1所示。

表B-1　技术指标表

用 地 性 质	用地面积/平方米	地上建筑面积/平方米
居住	20 831	62 493
商业金融	55 270	266 835
文化娱乐	15 852	39 630
体育	5 802	11 604
医疗卫生	2 710	3 252
教育科研	21 113	84 452
市政公用设施	3 018	4 383
道路广场用地	4 474	
代征道路	70 954	
代征绿化	60 359	
总计	260 383	472 649

三、项目开发方案

（一）规划理念

（略）

（二）规划结构与布局

1．功能分析

本案用地中有较大面积的城市绿地，配套用地集中，环境、位置都相当好，适宜居住，适宜开发大型商业金融业设施。本项目由5个地块组成，分别为D、E1、E2、H、I地块，其中D地块为商业金融用途（规划意见书中标注的D1-1-2地块），E1地块为住宅及配套用途（规划意见书中标注的D1-1-3地块），E2地块为教育科研用地（规划意见书中标注的D1-1-4地块），I地块为文化娱乐设施、商业金融、市政配套用地（规划意见书中标注的

D1-2-7、D1-2-9、D1-2-10 地块），H 地块为社区医疗、体育会所、办公和商业金融、市政设施用地（规划意见书中标注的 D1-2-2、D1-2-3、D1-2-4、D1-2-5 地块），分别如表 B-2～表 B-7 所示。

2．经济技术指标

表 B-2　总经济技术指标表

项 目 名 称	面积/平方米
总建筑面积	472 649
地上规划总建筑面积	472 649

表 B-3　D 地块经济技术指标表

地　　块	项 目 名 称		面积/平方米
D1-1-2　商业金融	地上	商业（1～6 层）	62 310
		办公（7～10 层）	35 192
	总建筑面积		97 502
	容积率		5
	绿化率（%）		35
	建筑高度（米）		45
	建筑密度（%）		40

表 B-4　E1 地块经济技术指标表

地　　块	项 目 名 称	面积/平方米
D1-1-3　住宅	住宅	57 468
	总建筑面积	57 468
	容积率	3
	绿化率（%）	35
	建筑高度（米）	45
	建筑密度（%）	25
D1-1-3　住宅配套	配套建筑（1 层）	5 025
	总建筑面积	5 025
	容积率	3
	绿化率（%）	35
	建筑高度（米）	45
	建筑密度（%）	25

表 B-5　E2 地块经济技术指标表

地　　块	项 目 名 称	面积/平方米
D1-1-4　LOMO 研发工作室	A 楼建筑面积	9 900
	B 楼建筑面积	13 510
	C 楼建筑面积	17 320
	D 楼建筑面积	18 650
	E 楼建筑面积	25 072
	地上总建筑面积	84 452
	容积率	3
	绿化率（%）	35
	建筑高度（米）	45
	建筑密度（%）	25

表 B-6　H 地块经济技术指标表

地　　块	项 目 名 称		面积/平方米
D1-2-3 体育会所	地上	健身房（1～2 层）	4 641
		运动场馆（3～5 层）	6 963
	总建筑面积		11 604
	容积率		5
	绿化率/%		35
	建筑高度/米		22
	建筑密度/%		40
D1-2-2 社区医院	地上二层	预防保健区	300
		康复区	1 326
	地上一层	诊疗区	1 626
	总建筑面积		3 252
	容积率		5
	绿化率/%		35
	建筑高度/米		12
	建筑密度/%		40
D1-2-4 商业金融	地上	办公（2～12 层）	103 648
		商业（1 层）	5 800
	总建筑面积		109 448
	容积率		5
	绿化率/%		35
	建筑高度/米		45
	建筑密度/%		40

续表

地　块	项 目 名 称		面积/平方米
D1-2-5 消防站	地上	消防站、开闭站	3 622
	总建筑面积		3 622
	容积率		5
	绿化率/%		35
	建筑高度/米		17
	建筑密度/%		40

表 B-7　I 地块经济技术指标表

地　块	项 目 名 称		面积/平方米
D1-2-7　文化娱乐（北楼）	总建筑面积		20 288
	地上建筑面积		20 288
	其中	KTV（1～6 层）	20 288
	容积率		2.5
	绿化率/%		35
	建筑高度/米		24
	建筑密度/%		40
D1-2-7　文化娱乐（南楼）	总建筑面积		19 342
	地上建筑面积		19 342
	其中	咖啡厅（1 层）	1 700
		茶座（2 层）	3 528
		KTV（3～6 层）	14 114
	容积率		2.5
	绿化率/%		35
	建筑高度/米		24
	建筑密度/%		40
D1-2-9　商业金融	总建筑面积		59 885
	地上建筑面积		59 885
	其中	商业（1 层）	5 804
		办公（2～11 层）	54 081
	容积率		5
	绿化率/%		35
	建筑高度/米		45
	建筑密度/%		40

续表

地　　块	项 目 名 称	面积/平方米
D1-2-10　供热	供热站	761
	容积率	0.4
	绿化率/%	35
	建筑高度/米	6
	建筑密度/%	40

3．交通分析

人车分流系统和园林式人行道路是本小区交通规划的设计理念，也是“以人为本”设计主旨的重要体现。

（1）区域交通系统

本项目用地位于通州区 NYN 镇，境内有六环路、五环路、京沈高速、京津塘高速四条高速路。本项目紧邻东六环路，交通便捷。

项目位于京津塘高速路与北京市城市六环路交汇处的西南侧，是北京市东南交通枢纽的中心地带，项目距北京天安门仅 20 公里，向西半小时可以到达京津塘高速公路，北侧六环路连接京哈、京沈、京开、京石等高速公路，驱车半小时可以到达首都国际机场，一小时可以到达天津新港。项目北侧临近北京经济技术开发区（BDA）。

（2）区内人行交通规划

本着“以人为本、人车分流”的设计原则，以两条东西、南北主干道贯穿整个社区，构成行车系统“主干”，再通过“主干”上的景观节点过渡，延伸出若干条曲径通幽的宅间步行道，穿梭于公共绿地间，从而形成完善的区内人行系统。

（3）区内自行车交通规划

从安全性的角度出发，规划的自行车道设于小区外环路内部，与机动车道分开。并按照 2 辆/户的标准，在住宅的地下一层设置自行车停车库。

4．绿化分析

绿化景观的设计理念：“公园式”的社区绿化系统，将绿地设计与广场设计、道路设计、建筑设计相结合，共同营造优美的“公园式”环境景观。

5．公共配套服务设施

国家 HB 园区自建设以来已建成一定规模，其配套服务设施已基本建成，本项目可结合位置及周边情况，将其打造为集文化、运动、休闲类的综合商业体，体现房地产的开发创意，建设开放型商业，注重项目内部资源的公众分享性，将项目好的配套留给社会，服务社会。

本着“人文关怀”的设计原则，在组团公共绿地中设置社区服务中心，以便于老年人和残疾人使用。社区居委会、服务中心等使用频率较高的配套设施布置在配套公建的首层。

6．管网综合

（1）供热

本项目I地块设燃气锅炉房，在D、E、H地块分别设热交换站，提供各地块住宅及配套公建采暖及空调热水，热水温度为60°C～80°C，气压为中压天然气。

I、E地块的住宅和公寓楼设集中供暖系统，采暖系统分高、低区，按使用空间划分采暖系统，户内采用双管系统、分户热计量收费方式，热计量表设于公共管井内，户内采用散热器采暖。

（2）供电

办公、商业金融及住宅区域，使用荷载2.0千瓦/平方米。灵活隔断1.0千瓦/平方米，商场及楼梯区域，使用荷载3.5千瓦/平方米。

（3）中水

本区域内，D、E区和H、I区分设中水加压泵房供水。

中水水源：市政中水，主要用于绿化、景观及道路浇灌，E、D区中水加压泵房设在E区地下车库；H、I区生活给水加压泵房设在H区地下车库。

（4）给水

本区域内，D、E区分设给水加压泵房供水。

市政自来水水源：双路供水，满足小区生活及室外消防用水量的要求，在区域内给水管线布置成环状，在管网上按消防要求布置地下式消火栓，会所及商业由市政管网直接供给。其他2层以上用水由给水站房供给。

（5）污水

区域污水经化粪池后，污水通过管线进入HB园区内污水处理厂。

（6）有线电视网络

项目紧邻的HB园区内已开通拥有45套节目的有线电视系统。本项目可由园区内接入。

（7）天然气

本项目可由HB园区内接入。

（三）公共建筑设计

1．定位

项目结合位置及周边情况，将打造为集文化、运动、休闲类为一体的综合商业体。

2．安排的项目内容

项目建设总规模为地上规划总建筑面积472 649平方米，如表B-8所示。

表 B-8　经济技术指标表

项目名称		面积/平方米
总建筑面积		472 649
地上建筑面积		472 649
地上	商业金融	266 835
	居住配套	62 493
	教育科研	84 452
	医疗	3 252
	体育会所	11 604
	市政设施	4 383
	文化娱乐	39 630

3．交通组织

为避免对住宅的影响，居住区内将不设出入口。机动车出入口的设置本着“右进右出”的原则。用地内交通自成环路，不与住区道路合用。

四、项目建设管理

（一）项目建设管理方式

公司成立专门项目管理班子，负责本项目实施各阶段中的日常工作，同时负责与国家有关部门、当地政府各部门的沟通，确保项目的顺利进行；项目管理班子及时了解工程项目的进度、投资完成情况及其他各项指标的执行情况，并掌握其中的薄弱环节和存在的问题，及时采取有力的措施调整解决，保证各项计划的实现。

（二）项目招投标管理

1．招标依据

（1）《中华人民共和国招标投标法》。

（2）《工程建设项目招标范围和规范标准规定》（国家发改委2000年3号令）。

（3）《北京市工程建设项目招标范围和规模标准规定》（市政府令[2001]89号）。

（4）《关于印发北京市工程建设项目招标方案核准办法的通知》（京发改（2006）664号）。

2．招标范围

根据京发改[2006]664号中规定“勘察单项合同估算金额在50万元人民币以上的、设计单项合同估算金额在20万元人民币以上的、施工单项合同估算金额在100万元人民币以上的、监理单项合同估算金额在10万元人民币以上的”“重要设备、材料等货物的采购，单项合同估算价在 100 万元人民币以上的”必须进行招标。

本项目招标工作包括勘察招标、设计招标、工程施工招标、监理招标以及设备和重要材料采购招标等。

3．招标组织形式

项目建设单位不具有编制招标文件和组织评标的能力，故本项目拟采用委托招标形式进行招标。

4．招标方式

本项目建设资金为非国有资金，因此本项目拟采用邀请招标方式进行招标。

5．招标方案（见表 B-9）

表 B-9　招标方案表

项　　目	采 购 细 项	单项合同估算金额/万元	招标方式（公开招标或邀请招标）	招标组织形式（自行招标或委托招标）	不采用招标形式	备　　注
勘察	1．地质勘察 3 603.95 3 603.95 3 603.95	180	邀请招标	委托招标		
	2．					
	3．					
设计	1．方案设计	150	邀请招标	委托招标		
	2．初步设计	150	邀请招标	委托招标		
	3．施工图设计	180	邀请招标	委托招标		
施工	1．建安工程	52 601	邀请招标	委托招标		含重要材料
	2．					
	3．					
	4．					
监理	1．施工阶段	300	邀请招标	委托招标		
	2．					
	3．					
设备	1．电梯	5 000	邀请招标	委托招标		
	2．空调					
	3．消防					
重要材料	1．钢材、水泥	30 741				已含在施工内
	2．					
	3．					

续表

项　目	采购细项	单项合同估算金额/万元	招标方式（公开招标或邀请招标）	招标组织形式（自行招标或委托招标）	不采用招标形式	备　注
其他	1．土地取得费	71 896			不采用	
	2．不可预见费	1 181			不采用	
	3．销售费用	4 672			不采用	
	4．管理费用	699			不采用	
	5．其他费用	4 740			不采用	可研、环评、交评等

五、建设进度

（一）工程建设安排

本项目计划于2008年7月开工，2011年3月底竣工，总开发周期为三年。商业金融、居住、教育科研、医疗、体育、市政设施、文化娱乐、供热用房等，同期施工，同期交用。同时在整个工程建设周期内适当考虑了奥运因素对工程的影响。

（二）实施计划

（1）2008年3月至6月完成立项批复等前期相关手续的办理。

（2）2008年6月底前完成场地平整、临时路、临时水、临时电的接入、各总包施工单位的暂设搭建和人员设备进场、对各栋号的钉桩放线，现场降水井点布置完毕并开始降水。

（3）项目开工，2008年7月1日，开始各栋号的土方开挖及护坡工作，2008年10月底完成。

（4）住宅复合地基施工及检测，车库钎探验槽，2008年12月初完成。

（5）±0.00以下基础施工，2009年3月底完成。

（6）结构施工至±0.00，2009年11月底完成。

（7）结构施工至封顶，2009年12月底完成。

（8）外墙装修，2010年7月完成。

（9）设备安装及内装修，2010年7月至2010年12月底完成。

（10）红线内市政管线施工，2010年12月初至2011年3月底完成。

（11）小区内环境绿化工程，2010年12月初至2011年3月底完成。在绿化环境施工过程中开始办理相关竣工验收事项及组织备案工作，并于6月中旬完成备案。2011年3月底前完成整体小区竣工交用工作。

六、投资估算

通过详细测算，项目预计总投资 141 749 万元。包括土地费用（土地开发补偿费、地价款、相关税费）、前期工程费、建安工程费、公共配套设施费、基础设施费、企业管理费（含开发间接费）、财务费用等，如表 B-10～表 B-12 所示。

表 B-10 前期工程费

名 称	金额/万元	折合规划建筑面积单价/元/平方米
可行性研究费	120	2.5
环境影响评价	50	1.1
地震安全性评价	69	1.5
工程勘察费	180	3.8
工程设计费	480	10.2
竣工图编制费	180	3.8
施工图审查费	86	1.8
工程招标代理服务费	150	3.2
工程建设监理费	300	6.3
建设单位招标代理服务费	90	1.9
合计	1 705	

表 B-11 建安造价

名 称	面积/平方米	单价/元/平方米	总价/万元
商业金融	266 835	1 200	32 020
居住	62 493	1 100	6 874
教育科研	84 452	1 000	8 445
医疗	3 252	1 000	325
体育	11 604	900	1 044
市政设施	4 383	743	326
文化娱乐	39 630	900	3 567
合计	472 649		52 601

根据投资测算结果，项目开发期内共需资金 141 749 万元（不计财务费用），主要通过自有资金、预售收入再投资两种途径筹措资金。

居住、文化娱乐、体育及商业用房预售回款，暂定于 2009 年 12 月开始有销售收入。

表 B-12 总投资估算

序号	名称		取费标准	金额/万元
1	土地取得费用			71 896
地价款		土地出让金		69 802
		契税	3%	2 094
		小计		71 896
2	前期工程费			1 705
3	基础设施建设费		190	8 994
4	建安工程费	直接工程费		52 601
5	销售费用	根据销售收入得出	1.70%	4 672
6	管理费用	按前四项得出	1%	699
7	不可预见费	按2～4项得出	2%	1 181
8	总计	1～7项之和		141 749

第二章 发展规划、产业政策和行业准入分析

一、发展规划分析

（一）本项目的建设符合北京市城市建设的总体发展规划

北京以往一直是处于“单中心”的发展模式，但是随着经济的发展与人口的增加，单中心格局已不能够支持城市未来的发展。将来要通过东南部产业带的建设来实现空间战略性转移，疏导新北京产业发展方向，把城市的一些功能从市中心转移出来。“多中心”是指在市区范围内建设不同的功能区，分别承担不同的城市功能，以提高城市的服务效率和分散交通压力，如CBD、奥运公园、中关村等多个综合服务区的设定，在“两带”上建设若干新城，以吸纳城市新的产业和人口，以及分流中心区的功能。目前北京已形成一个格局，即行政、经济、社会、科技、文化等有关的机构还都集中在三环以内，所以整体看还是一个单中心格局。“多中心”不仅能解决市中心负荷过重问题，同时还能保持首都功能和首都社会经济的发展。吴良镛院士认为“多中心”其实是“新的分散集团式”，是对20世纪50年代“子母城”和80年代“卫星城”提法的继承，同时又面对了现实问题，具有创新性和前瞻性。“多中心”与旧的卫星城并不矛盾，只是更加有规律、有组织、有发展方向地对北京进行再次布局。

本项目位于NYN镇国家HB园区内，HB园区符合北京市多中心的发展规划，本项目的建设对HB园区的发展具有非常重大的作用。

（二）本项目的建设符合NYN镇国家HB园区的整体发展战略

通州区NYN镇是北京市重点发展的10个小城镇之一，目前已有全国HB产业骨干企业进驻，具备一定的产业规模。国家经贸委在批复中要求北京市有关部门抓紧编制国家HB园区发展规划，依托园区内现有环保骨干企业，大力扶持以环境咨询、信息和技术服务、环境工程以及污染防治设施运营服务等为主要内容的HB产业服务体系建设，使HB园区成为集环保技术开发、产品制造、环保咨询服务等功能于一体，环境整洁优美的综合性园区。

国家经贸委全力支持北京2008年奥运会绿色行动计划的主要措施包括：对与绿色奥运相关的技术开发、示范工程及重点项目给予资金和政策支持；支持绿色照明示范工程大宗采购，对使用经过认证或标识的高效照明电器产品的用户给予补贴。

本项目的建设符合园区的总体规划设计，本项目有地上商业金融建筑面积266 835平方米，可以满足园区内对商业设施的需求。

二、产业政策分析

2003年起，为控制投资过快增长，央行121号文和国务院18号文相继出台，以规范房地产市场促进其健康发展。2005年，房地产宏观政策以“国八条”为中心，侧重稳定房价、打击投机行为和落实政府责任制。2006年是实行宏观调控政策的延续年，从“国六条”到“九部委新政”，以调整住房结构为主题。

（一）调整住宅供应结构政策

1．新旧“国八条”

2005年的“旧国八条”将稳定住房价格放在首位，并提出要大力调整住房供应结构与用地供应结构，增加普通商品房和经济住房土地供应；“新国八条”将“强化规划调控，改善商品房结构”放在第一位；充分体现了宏观调控政策向调整住房供应结构方面的倾斜。

2．“9070”政策

“九部委新政”的“9070”政策要求套型建筑面积90平方米以下住房（含经济适用住房）面积所占的比重，必须达到开发建设总面积的70%以上，这一条迫使开发商的产品主要定位中、小户型商品房，对2007年和未来的住房供给结构将产生重要影响。虽然北京对已办相关手续但未开工项目的实施细则没有正式出台，但此政策已对北京房地产开发商未来的开发计划产生了一定影响。

3．两个1 000万

北京市政府要在3年内建立1 000万平方米经济适用房、1 000万平方米限价房，从而对房价起到一定的控制作用。而在具体的执行过程中，市政府还提出2007年要收购、新建30万平方米廉租房，建设300万平方米中低价位房和200万平方米经济适用房的具体政策。

北京住房保障办公室成立的主要任务就是确保3年内1 000万平方米的经济适用房和1 000万平方米的限价房供应，对限价房、经济适用房、廉租房等进行管理。

预计2008年政府将继续调整住房供应结构，加强保障性住房和两限房的投资建设（2008年年内北京将确保300万平方米“两限房”全部动工建设）。

（二）规划政策

1．城市规划

《北京城市总体规划（2004—2020年）》提出了“两轴—两带—多中心”的城市空间布局，并规划了11个新城和多个城市职能中心，来缓解城市中心区的压力。北京城市规划区按照市区（即中心城市）、卫星城（含县城）、中心镇、一般建制镇四级城镇体系布局。新城是新的城市空间结构中的重要节点，根据新规划，发展新城11个，以疏解中心城区的压力。这些新城分别是通州、顺义、亦庄、大兴、房山、昌平、怀柔、密云、平谷、延庆、门头沟。

新城中未来将重点发展位于东部发展带上的通州、顺义和亦庄3个新城。3个新城将成为北京中心城人口和职能疏解及新的产业聚集的主要地区，形成规模效益和聚集效益。

2．住宅建设规划

《北京住房建设规划（2006—2010年）》的重点是切实加强经济适用住房和廉租住房等保障性住房建设，优先保证并积极引导中低价位、中小套型普通商品住房建设，有效调控其他商品住房建设的健康有序发展。到2010年，北京居住用地总面积约410平方公里，住房总建筑面积达到约4.2亿平方米。考虑到住房审批与实际建成形成有效供应的滞后性，“十一五”期间，新增住房建筑面积约1.23亿平方米，年均新增约2 500万平方米；规划审批居住用地总量约90平方公里，年均约18平方公里。新建商品住房建设规模约9 250万平方米，套数约90万套。

奥运之前住宅建设规划目标是稳定市场、调整结构，这一点与2006年的“九部委新政”、2007年的政策导向——调整住宅供应结构，加强保障性住房建设是一致的。

奥运之后住宅建设规划目标是稳定市场、调整布局，中心城和新城住房建设规模比例逐步达到1:1左右，这一点体现了2008年之后住宅市场的发展方向，住宅建设继续向新城倾斜。

（三）土地政策

1．一个重申

“九部委新政”再次重申对闲置土地的处置条件，从而打压囤积土地行为，逼迫开发商加速将土地投放市场，减少市场投机，以形成土地的有效供应。

2006年的土地政策重点是节约集约用地；2007年的土地政策将继续以收缩地根、提高集约度为主，土地供应会趋于紧张，价格将继续上涨；政府应按时向市场投放土地，打击投机行为和提高土地利用率，以保证未来的可持续发展。

2．两个目录

2006年版的《限制用地项目目录》和《禁止用地项目目录》将大型商业设施项目，低密度、大套型住宅项目（指住宅小区建筑容积率低于1.0、单套住房建筑面积超过144平方米的住宅项目）等列入限制用地项目目录，并且禁止占用耕地，亦不得通过先行办理城市分批次农用地转用等形式变相占用耕地；对别墅类房地产开发项目及党政机关、国有企业、事业单位新建培训中心项目等国家明令禁止投资的项目，则列入禁止用地项目目录。

3．一个标准

2007 年 12 月 23 日，国土资源部公布《全国工业用地出让最低价标准》（国土资发[2006]307号）。《全国工业用地出让最低价标准》规定，全国各地工业用地必须采用招、拍、挂方式出让，其出让底价和成交价格均不得低于所在地土地等别相对应的最低价标准。该《全国工业用地出让最低价标准》是招、拍、挂政策的扩展和延伸，也进一步抬升了整体地价水平。

（四）税收政策

2006年的“九部委新政”规定营业税的征收从2年为限提升至5年，大大增加了炒房者的风险和成本。另外，2006年7月18日国税总局下发了《关于个人住房转让所得征收个人所得税有关问题的通知》（国税发74号文）和2006年11月14日北京地税局出台的《关于个人转让二手房征收土地增值税问题的通知》，均从流转环节来抑制投机行为。加上目前北京市住宅租售比过低，住房投机行为得到了很好的抑制。

物业税的征收是完善我国现行不动产税制的必然结果；物业税也是2007年讨论的热点，对购房者的影响主要局限于心理方面，其实际作用和影响还未显现。

（五）金融政策

1．严格开发贷

严格房地产开发信贷条件，明确开发贷款项目的资本金比例不低于35%。提高开发商的资金门槛，规范房地产市场。

2．区别住房贷

对购买自住住房且套型建筑面积90平方米以下的仍执行首付款比例20%的规定，其他提高到30%。配合“9070”政策，此政策意在调整住房需求结构，使其偏向中小户型供应，保证中低收入人群利益。

未封顶楼盘禁止住房贷：2006年9月27日，北京市银监局对各股份制商业银行下达了《现场检查意见书》，做出了“凡是一手住房项目均必须主体结构封顶后方可发放按揭贷款”“对贷款购买第二套住房者，各商业银行必须严格执行基准利率”等规定。该《现场检查意见书》会加大房地产开发商资金压力，延长竣工期，增加开发风险。另外，由于不能获得银行的贷款支持，购房者的支付能力将会降低，使得该部分需求转向三级二手房和租赁市场。

3．央行加息

2006 年 4 月、8 月和 2007 年 3 月、8 月，央行数次加息，目的是限制购房需求，巩固宏观调控成果等。但住房刚性需求会影响此政策效果。

影响：一方面加息会产生一定的心理影响，造成更多购房者进入观望状态；另一方面可能会使一部分购房者选择提前还贷。

4．存款准备金率和定向票据

2007 年存款准备金率的上调和定向票据的发放，对房地产市场直接影响不大，主要是控制银行放款的规模。

5．外资准入

2006 年 7 月 11 日，商务部、建设部等六部委下发了《关于规范房地产市场外资准入和管理的意见》，对境外机构和个人购房进行了严格管理。2006 年 9 月 4 日，北京市建委发布了《关于规范房地产市场外汇管理有关问题的通知》，提高了外商企业投资中国房地产的门槛，对境外资金购房条件设限，缩小了外资购房的范围。此举在一定程度上控制了境外资金对国内房地产的投资行为，特别是对一手高端物业的投资；由于政策并没有涉及二手房，部分境外资金会转向二手高档住宅市场。

6．存量房交易资金监管

2007 年 3 月 22 日，北京市建委发布了《北京市存量房交易结算资金账户管理暂行规定》，将于 2007 年 4 月 15 日试行，实施存量房交易资金监管之后，对于抑制房产的投机行为以及规范市场操作行为会起到一个相对明显的作用，可以剔除由于市场不规范导致房价非正常上涨的因素，从而有助于稳定房价。

此外，交易资金监管制度将来对一手商品房的实施，会收紧房地产开发商的资金链，对其造成一定的冲击力。

（六）一级土地市场

1．土地供应量分析

北京市 2002 年土地供应总量为 4 559 公顷，2003 年为 6 438 公顷，2004 年由于“8 • 31 大限”土地供应量达到了 9 498 公顷；2005 年土地实际供应总量为 6 384 公顷，2006 年为 6 509 公顷，2005、2006 两年基本上完成了总的土地供应计划。土地供应总量包括基础设施、工矿仓储、科教文和行政办公、经济适用住房、住宅商品房和商服等用地供应量。

2007 年初，为准确掌握已出让项目形成实际住宅供应的变化情况，合理分析未来几年住宅的入市销售潜力，北京市国土局再次对土地市场实际情况进行更新调查。2007 年初最新数据显示，北京市 2002—2005 年已供应土地却又未形成实物供应的土地面积约 3 200 公顷，可建住宅面积约 6 300 万平方米。

由于“8・31 大限”的提前放量供应，实际上，2008 年左右土地的需求是完全能得到满足的。北京市商品住宅用地供应充裕，已供应土地静态可以满足两年的市场需求。

如表 B-13 所示为 2006 年和 2007 年土地交易总体情况

表 B-13　2006 年和 2007 年土地交易总体情况

项　　目	2006 年	2007 年	同比增长
土地交易宗数	86	85	−1.2%
土地交易面积（公顷）	799.4	897.92	12.3%
规划建筑面积（公顷）	884.7	1 233	39.4%
土地成交金额（亿元）	237.85	438.1	84.19%
土地平均地面价格（元/平方米）	2 975	4 879	64%
土地平均楼面价格（元/平方米）	2 688	3 553	32.18%

2．土地供应特点

2007 年土地出让平均地面价格 4 879 元/平方米，比 2006 年上升近 64%。另外，土地供应郊区化的趋势已经显现出来，同时这一趋势也拉低了土地平均地面价格。把区域位置因素考虑进来，实际上，北京 2007 年土地的出让价格水平是稳中上扬的。

3．未来土地供应趋势

根据北京市土地整理中心公布数据显示，2007 年正在交易和即将入市的建设用地面积合计 886.7 公顷，供应量较大的近郊区为朝阳、海淀、丰台，远郊区为通州、顺义、昌平，此外还包括亦庄。目前处于一级开发的土地共 45 块，建设用地面积合计 1 331.5 公顷。

三、行业准入分析

为加强对北京市房地产开发行业的管理、促进房地产市场健康发展，根据国家有关规定，结合北京市实际情况，北京市政府制定《北京市房地产开发行业管理规定（97 修正）》，申请成立开发公司，必须持上级主管部门的批准文件，报市建委审批。经批准可以成立开发公司的，应当依法向工商行政管理部门申请登记，领取营业执照；未经批准和未领取营业执照的任何单位不得从事房地产开发经营活动。申请成立开发公司的，按北京市相关政策要求，必须具备下列条件。

（1）有固定的经营活动场所。

（2）有必备的注册资金，在城近郊区从事房地产开发经营的，注册资金为 1 000 万元以上（含 1 000 万元），在远郊区、县从事房地产开发经营的，注册资金为 500 万元以上（含 500 万元）。

（3）有符合城市规划要求的从事开发建设的用地；多家合作开发的，有开发用地使用权一方应报请上级主管部门批准。

（4）有具备与开发建设规模相适应的经济师、会计师、土建工程师职称的专业人员。

北京 HSBF 房地产开发有限公司以房地产开发为主业，同时涉及物业经营、物业管理等业务，是房地产开发国家暂定资质的企业。北京 HSBF 房地产开发有限公司自成立以来开发了 ZJDJ 项目，占地 29.9 公顷，开发面积约 90 万平方米。

北京 HSBF 房地产开发有限公司具有丰富的房地产开发、建设、销售和服务经验，完全符合北京市建设委员会和北京市国土资源局在该项目招标公告中提出的对项目开发建设单位的资格条件要求。

本项目建设地点位于通州区 NYN 镇。目前已取得的批准文件有：

（1）北京市国土资源局《中标通知书》。

（2）北京市规划委员会《规划意见书》（2007 规意选字×××号）。

（3）《关于通州区 NYN 镇商业金融、市政设施、住宅及配套（HB 园区二期东区）项目节能专篇审查意见》（京发改能评[2008] ×××号）。

第三章　资源开发及综合利用分析

一、资源开发方案

本项目对能源的需求主要为电、水、气等。

（一）供水规划（略，具体规划见附录 B 中第一章的项目开发方案）

（二）中水规划（略，同上）

（三）燃气规划（略，同上）

（四）供热规划（略，同上）

（五）供电规划（略，同上）

二、资源利用方案

（1）太阳能利用：屋里面可以考虑放置太阳能真空管集热器和多晶硅太阳能光电板，实现太阳能光热综合利用与建筑一体化。屋顶面积可解决大部分的热水需求。

（2）绿色照明：包括了天然采光与人工照明。良好的照明不仅能保证舒适、安全的照明环境，同时能降低建筑能耗。在自然采光的公共区域设定时或光电控制的照明系统。在公共室外的公共空间照明可以采用一些太阳能庭院灯，以减少小区内公共照明能耗及运行维护费用。

（3）雨水回收和中水利用：屋面雨水收集，经沉淀和简单过滤后引入景观水面，汛期多余雨水送入中水系统，供浇灌、冲厕等使用。

（4）建筑节能：首先，建筑体型应尽量简洁，外围护结构面积尽量小；其次，针对外围护结构的不同部分，如外墙、屋面、外窗、外门及热工缺陷等方面进行考虑，选择合理经济的设计方案；最后，选择合理的外遮阳形式，可以在夏季遮挡过多的太阳辐射，降低空调负荷，保证室内具有良好的热环境和光环境。

（5）智能化系统：住宅小区智能化系统包括综合管理智能系统及家居智能管理系统。为小区安全管理奠定高科技保障。

（6）节能减噪：在门窗设计上满足节能标准的前提下，提高门窗的隔声气密性的等级，降低噪声污染，为居民创造真正宜居的生活环境。

① 居住建筑执行北京市地方标准《居住建筑节能设计标准》（DBJ01-602—2004）。

② 公共建筑执行北京市地方标准《公共建筑节能设计标准》（DBJ01-621—2005）。

③ 建筑抗风性能多层部分（公建）不低于4级，中高层不低于5级，气密性能不低于4级，水密性能不低于3级，保温性能不低于7级，隔声性能不低于5级，传热系数不大于7级。

④ 屋面保温性能传热系数不大于0.6，隔声降噪执行国家《民用建筑隔声设计规范》（GBJ118—1988）。

⑤ 室内环境污染执行《民用建筑工程室内环境污染控制规范》（GB50325—2001）。

三、资源节约措施

北京市规划委员会于2005年12月20日出台了《节约型居住区指标体系》，该体系分为三个层次，涉及节地、节能、节水、节材和管理五个方面共39项指标。该体系从不同角度归纳了节约型居住区的定义和量化标准，主要达到节地、节能、节水、节材的目的。

节约型居住区是指具有适当建设规模并达到节地（节约、集约利用土地）、节能（太阳能、风能、地热利用，提高建筑保温隔热率）、节水（节水器具使用、中水利用）、节材（延长材料使用寿命、合理使用可回收利用材料）等标准的住宅区。居住区建设在城市建设中所占比重极大，建设节约型居住区在构建节约型社会中占有极为重要的地位，抓住节约型居住区建设就抓住了城市建设的根本。

1．节地方面

主要包括规划设计节地和建筑设计节地两个方面，通过控制容积率指标，提高单位用地面积上的开发建筑面积；合理安排建设用地的人口容量；合理利用地下空间；合理设置配套设施，保证集约利用土地。

（1）规划设计

要通过合理规划用地结构和有效组织功能空间，合理安排户均面积，合理安排区内道路的布局以及区内配套设施的布置，设计合理的地上地下建筑物的容积率，局部区域设置立体停车设施等措施，以达到减少占用土地的节地效果。

（2）建筑设计

户型设计达到平面布局合理的要求，功能空间关系紧凑，并且要能够充分利用。提高标准层使用面积的系数，选择合理的面宽和进深，力求在有限的面积中获得更多的有效使用空间。

2．节能方面

普及公共节能设备、节能照明，控制单位面积实际采暖能耗，实施普及自然采光通风设计、外遮阳的设施，分室温控，设置屋顶绿化，普及太阳能热水系统、太阳能路灯系统等，有效地节约了有限的能源。

3．节水方面

节水器具的普及保证用水器具无漏水现象，保证了使用的经济性；中水的利用、雨水储存池的设置，节省了原本用于绿地灌溉和冲厕的洁净的水资源；透水铺装率、下凹绿地率的控制，在节水的同时有效地补给了城区的地下水。

4．节材方面

本项目严格采用节能环保新技术，坚决不使用建设部、北京市淘汰限制的建材产品。

推广使用利废和可再生材料。推广使用部品化材料，避免现场加工造成材料浪费。提倡建筑装修一次到位，节约使用材料。推广施工余料中可再生资源及垃圾分类收集处理，便于材料回收。

（1）施工余料中可再生资源有组织回收

在施工招标时，要求施工单位在施工组织设计中写明施工中余料、垃圾回收利用的具体措施，并在实际施工中检查、督促施工单位的落实情况。

（2）部品化建材使用

住宅及配套公建在阳台栏杆、护窗栏、楼梯栏杆、入口玻璃雨罩、住宅空调室外格栅、成品风道及风帽等项在工厂加工制作，现场安装。

（3）利废和可再生材料使用率

根据节约指标提供的墙体材料、多层及高层的结构形式，合理选择外墙及内墙的材料，如利用工业废渣、粉煤灰、煤矸石等生产的建筑砌块和各种水泥制品，以提高利废和可再生材料率。

（4）建筑装修一次到位率

在户型设计上防盗门、外窗等一步到位。不影响使用的次要设施，能不装的不装，由住户直接安装。在室内电源、电视插座等设计上一定要多研究位置，多配。通过以上手段提高建筑装修一次到位率，降低住户的二次拆改率。

（5）垃圾分类收集

在规划设计中考虑在适当的位置设置或摆放有醒目垃圾分类标识的收集装置，在区内实现生活垃圾的分类收集。

第四章 节能方案分析

一、用能标准和节能规范

（一）相关法律、法规、规划和产业政策

（略）

（二）建筑类相关标准及规范

（略）

二、能耗状况和能耗指标分析

（一）能源分布情况

略，具体见附录B中第一章的项目开发方案。

（二）项目年能耗指标及估算

依据《全国民用建筑工程设计技术措施》《全国民用建筑工程设计技术措施节能专篇》的指标要求，对该项目用能情况进行初步计算，得出本项目能源消耗总量如表B-14所示。

表B-14 能源消耗种类及年总能源消耗量表计算说明

能源消耗种类	消 耗 量	折 算 系 数	折标煤总量/吨/年
电（万千瓦时/年）	4 520.868	1.229	5 556.15
折标煤小计			12 865.74

（1）天然气的低热值取33.5兆焦耳/立方米。

（2）按照能源对应的电热当量计算法折标系数取值。

（3）电力（当量）为1.229吨标准煤/万千瓦时。

（4）天然气折标系数为12.143吨标准煤/万立方米。

三、节能措施和节能效果分析

（一）节能措施综述

本项目设计中各项参数严格执行《公共建筑节能设计标准》（DBJ01-621—2005）及《居住建筑节能设计标准》（北京市地方标准——DBJ01-602—2006）。

1．方案阶段的节能措施

本项目按照现行建筑节能政策、法规和技术标准进行规划和设计，从建筑布局到单体设计，对节能设计进行充分考虑，严格执行节能设计标准、规范和技术规程的要求。在前期用能设备选择中，充分考虑减排节能，选择最适合本项目的耗能设备方案，充分利用自然采光，加强过渡季节的自然通风、新风热回收等节能措施。

2．设计阶段的节能措施

（1）对于项目主要用能设备的选择，在合理计算的基础上确定采暖、制冷、供电、供气、供水系统，提出节能措施，计算能耗指标。

（2）机电设备选用耗能低、效率高的设备，不选用已公布淘汰的机电产品以及产业政策限制的产品序列和规模容量。

（3）变配电系统选择国家认证机构确认的节能型设备；在照明设计上，采用紧凑型荧光灯、细径直管荧光灯等新型高效光源及电子镇流器，降低建筑照明用电量。

（4）卫生器具采用节水型新产品。

（5）在适当位置安装电、水、气等的管道装置流量表，以加强能源使用管理。

（6）网络的运行控制设计尽量采用先进的手段，选用高可靠性的先进配电设备。

3．施工阶段的节能措施

（1）严格按照节能技术标准实施，选择合格的、非淘汰产品和材料，确保节能措施落到实处。

（2）严格落实设计中对屋面的保温措施、围护结构外墙外保温、节能门窗的使用等节能措施，保证工程质量。

4．能源监测管理及人员设置

（1）在本项目的使用过程中，设备机房内配有专门运行管理人员，对运行管理人员进行岗前培训。

（2）对采暖、空调、通风及给排水的水泵系统进行监测和控制，具体配置内容根据建筑功能、标准、系统类型等因素，通过技术经济比较确定。

（3）集中空调部分对空气温度、湿度进行监测和控制。

（4）空气处理机组风机的变速控制。

（二）相关专业的节能措施

1. 建筑专业的节能措施

本项目住宅部分围护结构热工性能满足北京市《居住建筑节能设计标准》（DBJ01-602—2006）的各项要求；本项目公建部分的围护结构热工性能满足《公共建筑节能设计标准》（DBJ01-621—2005）的各项要求。

（1）住宅部分

本项目住宅部分采用全现浇钢筋混凝土剪力墙结构。建筑外门窗设计采用隔热性能良好的塑钢双层玻璃窗，其玻璃夹层厚度保持在12毫米左右。外墙及屋面保温采用保温性能良好的挤塑聚苯板保温材料。

（2）甲类公建部分

本项目D、H、I地块商业金融建筑为公共甲类建筑。结构体系采用全现浇钢筋混凝土框架体系，建筑外门窗设计采用隔热性能良好的断桥铝合金双层玻璃窗，其玻璃夹层厚度保持在12mm左右。外墙及屋面保温采用保温性能良好的挤塑聚苯板保温材料。

（3）乙类公建部分

本项目H体育会所和社区医院、I文化娱乐南楼及北楼、E2地块建筑为公共乙类建筑。LOMO研发工作室（教育科研）、车库及会所结构体系均采用全现浇钢筋混凝土框架体系。建筑外门窗设计采用隔热性能良好的断桥铝合金双层玻璃窗，其玻璃夹层厚度保持在12mm左右。外墙及屋面保温采用保温性能良好的挤塑聚苯板保温材料。

（4）幕墙设计

① 本工程部分公共建筑外墙采用石材、铝板、玻璃幕墙的组合形式，根据设计中规定的幕墙形式、尺寸及分格要求，由具备设计资质的幕墙专业公司进行详细设计，玻璃幕墙与建筑主体相连处构造待选定幕墙厂家后设计。

② 玻璃幕墙的设计、制作及安装做法均执行《玻璃幕墙工程技术规范》（JGJ102—2003），金属及石材幕墙的设计、制作及安装做法均执行《金属与石材幕墙工程技术规范》（JGJ133）。

③ 幕墙的气密性不低于《建筑幕墙物理性能分级》（GB/T15225）中规定的三级。

④ 本项目玻璃幕墙处设可开启窗口，开启面积大于12%。可充分利用过渡季节的自然通风，减少空调开启时间，降低能耗。

（5）外窗设计

本项目公建部分外窗采用断热铝合金中空玻璃窗，住宅部分外窗采用塑钢中空玻璃窗，玻璃厚度及空气层厚度由门窗厂家根据保温要求、立面分格及当地风压值确定。中空玻璃的外观质量及性能满足《中空玻璃》（GB11944）的相关规定。外窗的性能指标满足《建筑外窗空气声隔声性能分级及检测方法》（GB/T8485—2002）、《建筑外窗水密性能分级及检测方法》（GB/T7108—2002）、《建筑外窗水密性分级及检测方法》（GB/T7107—2002）的四级要求。

2．电气专业的节能措施

（1）本项目变配电系统选择国家认证机构确认的节能型设备，通过负荷计算选用正确的装机容量，减少设备本身的能源消耗，提高系统整体效率。

（2）变压器选用低损耗环氧树脂浇铸型干式变压器。变压器的选用满足《三相配电变压器能效限定值及节能评价值》（GB120052—2006）的要求，空载和负载损耗允许偏差在7.5%以内，总损耗允许偏差范围在5%以内。

（3）变配电所设置在负荷中心，本项目将变配电所设置在地下室，有利地降低了配电线路的损耗。采用低压集中补偿方式，整个电力系统设置自动补偿装置，确保整个配电系统的功率因数在任何时间不可少于0.9。并要求气体放电灯单灯就地补偿，补偿后的功率因数为0.95，提高功率因数和供电质量。

（4）谐波治理。低压配电系统中动力配电系统的主干线的谐波骚扰强度要达到《公共建筑电磁兼容设计规范》（DG/TJ08-1104—2005）中规定的二级标准，同时用电设备的谐波极限要满足该规范中的有关标准，对于不能满足规范要求的设备要在动力配电系统主干线上靠近骚扰源处设有源或无源滤波装置，并注意避免发生电网局部谐振。

（5）所有电灯需以节约能源光管/灯泡和低能量损耗的镇流器作选择。足够用量需储存作日后维修之用。所有荧光灯配电子镇流器，使其功率因数不低于0.95。二盏以上灯具房间内开关均选用双联开关，分别控制各灯具。以上措施满足《建筑照明设计标准》（GB50034—2004），设计指标均能满足标准要求。

3．照明系统节能措施

（1）除声光控、调光、特低安全电压供电和特殊要求需采用白炽灯外，其余应选用细管径直管（T8或T5）荧光灯、紧凑型荧光灯、金属卤化物灯、高压钠灯、LED灯等高效节能或长寿命光源。

（2）灯具选择方面，需选用除适合其使用场所要求的外，一般均为高效型，其效率不低于70%。

（3）住宅楼梯间、前室、走廊等公共场所的照明采用声光控开关控制，节约能源，但在火灾时，应能将其中的应急照明强行点亮。

（4）地下车库、室外、其余公共场所的照明采用楼宇或智能照明控制系统实时控制，并可分多回路控制。当采用楼宇或智能照明自控时，对路灯根据室外亮度控制，对庭院灯、立面照明等根据需要定时或手动集中控制，对公共场所照明根据季节和时间实时控制，避免无人时还在开灯。

（5）地上部分灯具的控制应采用与窗平行分组开闭方式。

（6）庭院及路灯采用新型太阳能光电电源照明，灯具采用高压钠灯或金属卤化物灯、LED 灯、紧凑型荧光灯等。

（7）个别场所（小规模建筑）可考虑使用天然光导光。

4．给水排水专业的节能措施

（1）采用合理的供水系统，充分利用市政供水压力，根据用水设备、用水卫生器具和水嘴的供水最低工作压力要求，结合市政供水水压、水量，确定直接利用市政供水的层数为二层以下（含二层）。

（2）采用管内壁光滑、阻力小的给水管材，适当放大管径以减少管道的阻力损失和水泵的扬程。

（3）根据管网水力计算进行选择水泵，水泵工作在高效率区，选择的水泵的效率满足节能产品对于水泵效率的性能要求。

（4）变频调速供水采用恒压变量的方式运行，是较为有效的节水措施之一，具体设计参考《全国民用建筑工程设计技术措施——给水排水》。

（5）在建筑物的引入管、需计量的水管上设置水表，便于计量。水表的选择、安装等均符合《建筑给水排水设计规范》（GB50015—2003）中有关条款的要求。

（6）卫生器具采用节水型新产品。卫生器具及配件符合《节水型生活用水器具》（CJ164—2002）标准规定。坐便器水箱容积不大于 6L，所有的卫生器具及配件均为节水型合格品。给水水嘴采用陶瓷芯等密封性能好、能限制出流流率并经国家有关质量检测部门检测合格的节水水嘴，公共卫生间采用非手触式卫生洁具。

（7）分质供水。

拟建项目用水来源为市政自来水和中水水源，生活用水（除冲厕）来源于市政自来水，冲厕用水、绿化、车库地面冲洗及道路喷洒用水来源于市政中水。分质供水可使不同性质的水资源得到合理利用，并减少新水用量，同时减轻市政污水处理设施负荷。

（8）对雨水的利用，在屋面设置雨水斗，用立管排至室外散水，经土壤及绿地向地下渗透后排至路面雨水检查井。广场铺地采用嵌草砖，开孔率可达 30%，孔中植草，能有效地净化径流和美化环境；场地雨水经绿地、透水铺装地面入渗。考虑在地下设置雨水储存池，对区内建筑屋顶及道路的雨水进行一定程度的收集，用于非雨季节的绿地灌溉。

（9）绿地节水灌溉率。

根据自身绿地面积及分布情况，合理布局喷灌喷头及管线，保证了绿地节水灌溉率。

5. 暖通与空调专业的节能措施

（1）在系统硬件产品选择上，以选择高效节能型产品作为一个主要原则，主要产品的能耗性能满足《公共建筑节能设计标准》（DBJ01-621—2005）及《居住建筑节能设计标准》（DBJ01-602—2006）的要求，即冷水机组在额定工况下的制冷性能系数≥5.1，户式空调机的能源效率（EER）符合《单元式空气调节机能效限定值及能源效率等级》（GB19876—2004）

中对于节能型产品的要求，能效等级为 2 级，COP 值为 2.6。

（2）选配合理的输送设备和输送系统，做到设备使用系数高、能源浪费低、占用空间小、运行简单、初投资和运行费用低、分区计量明确、对环境污染小的目的。

（3）根据管网水力计算进行选择水泵，水泵工作在高效率区，选择的水泵的效率满足节能产品对于水泵效率的性能要求，保证空调系统输送能效比（ER）符合《公共建筑节能设计标准》（DBJ01-621—2005）的要求，合理设计系统管网，保证管网的水力失调度满足要求。

（4）冷却水通过电子水处理仪杀菌、除垢，冷却水泵加压，经过冷水机组送到屋顶冷却塔进行冷却，实现冷却水循环使用；冷却塔补水分别由地下室冷却补水泵给各自系统补水；在地下一层设置有各自冷却水泄水、补水的水箱、水泵房。冷却水循环系统中冷却塔、冷却水循环水泵等组件通过电磁阀连锁运行。

（5）空调水系统中的空调凝水采用集中排放，直接集中排至项目的雨水排放管道，由市政加以集中回收、利用。

（6）合理选择冷（热）水管道的保温材料，热力输配管道的绝热层厚度按照《设备及管道保冷设计导则》（GB/T 15586）中对经济厚度的要求。

（7）保证采暖系统耗电输能比（HER）符合《全国民用建筑工程设计技术措施节能专篇——暖通空调·动力》的要求，合理设计系统管网，保证管网的水力失调度满足要求。

（8）在采用风机盘管加新风系统的地方，总新风量的 40%设置热回收装置，以节约能源消耗；在采用全空气系统的地方，过度季全新风运行，以获取室内舒适的空气质量。

（9）供热系统采用垂直双管式供热系统，并在每组散热器上设置恒温阀，散热器选择外表面为非金属性涂料或表面刷非金属性涂料。在供热系统中采用气候补偿器，通过对室外温度标化的跟踪，调节一次侧的旁通水量的大小，以提供合理的二次侧的供水温度，达到节约供热能耗的目的。

（10）本项目供热系统进行了水力平衡计算，各并联环路之间（不包括共同段）的计算压力损失相对差额不大于 15%，当通过调整环路布置和管径不能满足要求时，采用各种措施达到系统的水力平衡。另外，供热系统在每个入口均设置静态平衡阀，以避免设计不当造成水力不平衡。

（三）节能效果分析

本项目建设方案严格按照《北京市公共建筑节能设计标准》（DBJ01-621—2005）及《北京市居住建筑节能设计标准》（DBJ01-602—2006）的要求，分别从建筑、电气、采暖、通风、空调、给水等专业角度综合考虑各个环节的节能方案和措施，设计指标预计可达到同行业国内先进水平。

本项目预计公共建筑部分节能设计标准在 1980 年的基础上达到 50%的节能率；居住节

能设计标准在1980年的基础上达到65%的节能率。

第五章 建设用地、征地拆迁及移民安置分析

一、项目选址及用地方案

项目位于通州区NYN镇，紧邻东六环路，总用地面积约260 383平方米，其中建设用地面积129 070平方米，代征城市公共用地131 313平方米（代征绿化用地60 359平方米，代征道路用地70 954平方米）。目前该宗地由北京ZJ房地产开发有限公司完成土地一级开发工作，宗地市政条件达到“七通一平”（“七通”指通路、通电、通供水、通中水、通雨污水、通气、通暖；“一平”指项目宗地范围内场地平整）。

项目的建设未压覆矿床，利于防洪和排涝，不会影响通航和军事设施。

二、土地利用合理性分析

（一）项目与城市规划相容性

根据《北京城市总体规划（2004—2020）》和《通州区国民经济和社会发展“十一五”规划》，北京市将积极引导人口的合理分布，通过疏散中心城的产业和人口，大力推进城市化进程，促进人口向城郊、新城和小城镇集聚。拟建项目的建设符合北京市及通州区的城市规划。

（二）与通州区HB园区的建设规划符合性

国家经贸委已做出批复，同意北京市在通州区NYN镇建设国家HB园区。今后5年，国家将投资7 000多亿元用于生态建设和环境保护，预计此举将拉动我国HB产业总产值以年均15%左右的速度迅猛增长。

通州区NYN镇是北京市重点发展的10个小城镇之一，目前已有全国HB产业骨干企业进驻，具备一定的产业规模。国家经贸委在批复中要求北京市有关部门抓紧编制国家HB园区发展规划，依托园区内现有环保骨干企业，大力扶持以环境咨询、信息和技术服务、环境工程以及污染防治设施运营服务等为主要内容的HB产业服务体系建设，使HB园区成为集环保技术开发、产品制造、环保咨询服务等功能于一体，环境整洁优美的综合性园区。

项目的建成将使HB园区内人们的生活更加便利。

（三）项目平面布置功能分区明确，布置紧凑合理

根据规划相容性分析及项目选址合理性分析，本项目选址及平面布局符合当地规划、

环境质量及环境保护的要求，选址及平面布局合理。

三、征地拆迁及移民安置分析

目前，该宗地已达到场地平整，具备“七通”和“一平”的用地市政条件。

本项目用地范围不涉及征地拆迁。

第六章　环境和生态影响分析

一、环境和生态现状分析

通州地域辽阔、资源丰富、历史悠久。古老的文化渊源，优越的地理位置，优美的自然风光，丰富的自然资源，良好的经济环境，为社会经济发展提供了有利的条件。

（一）地理位置

通州区位于北京市东南部，京杭大运河北端。区域地理坐标为北纬 39°36′～40°02′、东经 116°32′～116°56′，东西宽 36.5 公里，南北长 48 公里，面积 907 平方公里。

西临朝阳区、大兴县，北与顺义区接壤，东隔潮白河与河北省三河市、大厂回族自治县、香河县相连，南和天津市武清县、河北省廊坊市交界。紧邻北京中央商务区（CBD），西距国贸中心 13 公里，北距首都机场 16 公里，东距塘沽港 100 公里，素有“一京二卫三通州”之称。

（二）自然情况

通州区地处永定河、潮白河冲积平原，地势平坦，自西北向东南倾斜，海拔最高点 27.6 米，最低点仅 8.2 米。其土质多为潮黄土、两合土、沙壤土，土壤肥沃，质地适中。境内大小河流 13 条，运河蜿蜒，势若游龙；潮白河碧波千顷，渔歌唱晚。三河三路两侧百米绿色通道颇为壮观，形成天然生态屏障。

通州区气候属大陆性季风气候区，受冬、夏季风影响，形成春季干旱多风、夏季炎热多雨、秋季天高气爽、冬季寒冷干燥的气候特征。年平均温度 11.3℃，降水 620 毫米左右。

（三）民风民俗

通州区为京东重要郊域，民风民俗深受京城影响。全区人口由 21 个民族构成，主要少数民族为回族、满族，回族主要聚居在通州镇南街、张家湾镇和 NYN 镇。

区内市民居住环境以楼房为主，周围乡镇多以正房为主形成院落。

乡间时令节日依旧，春节、上元节、清明节、端阳节、中秋节尚有遗俗，其他各节日都搞纪念庆祝活动。

区内饮食习俗无明显变化，农村饮食习俗与城镇无异，小楼的烧鲇鱼、大顺斋的糖火烧和中华老字号通州腐乳，被称为“通州三宝”，现今仍存在。

二、生态环境影响分析

本项目施工建设期和使用期两个阶段的主要污染源和污染物各不相同。本项目施工期的主要污染源和污染物是扬尘和噪声，使用期主要污染源和污染物为生活污水和固体废物污染。

（一）施工建设期

依据本工程特点，现场施工中，需要使用大量建筑材料，在装卸、堆放、搅拌过程中会产生大量粉尘。同时会产生建筑垃圾、施工及挖土方产生的弃土、装修垃圾及施工人员产生的生活垃圾和河道污染泥等。

施工噪声污染主要来自各种土方、旧水泥等硬质路面开凿、道路施工等，机械噪声，噪声都很高，声功率几乎都在 100dB（A）以上。

（二）使用期

使用期的水污染主要为生活污水和施工过程中的土方阶段降排水、冲车水、混凝土养护水及路面清洗水。施工活动产生的污水主要污染物为泥沙悬浮颗粒和矿物油；生活污水含有较大量的有机物和悬浮物。

三、生态环境保护措施

（一）施工期的综合治理措施

（1）现场施工中，需要使用大量建筑材料，在装卸、堆放、拌和过程中会产生大量粉尘，故建材的堆放及混凝土拌和应定点、定位，并采取防尘措施。施工期间尽量选用烟气量较少的内燃机械和车辆，减少尾气污染，施工道路经常保持清洁、湿润，以减少汽车轮胎与路面接触而引起的扬尘污染，同时车辆应限速行驶。施工土渣必须覆盖，严禁将渣土带入交通道路，遇有 4 级以上大风要停止土方工程，同时禁止在现场搅拌混凝土。

（2）施工中做到无高噪声及爆炸声，打桩不在夜深人静时进行，吊装设施噪声满足环保要求。

（3）地块周围树立高于 3 米的简易屏障，或在使用机械设施旁树立屏障，减少施工机械的噪声影响。

（4）混凝土拌和等高噪声作业及施工车的进出口，尽可能远离居民住宅，施工车场地尽量平整，降低颠簸声，以减少施工噪声对居民生活的影响。

（5）环保措施与工程进度做到“三同时”。

（6）施工中不产生超标准的空气污染。

（7）建筑垃圾及时清理、文明施工。

（二）使用期的治理措施

（1）室内卫生间采用污、废水分流系统，排水系统均设置专用通气立管。

（2）废水处置产生的恶臭废气，采取活性炭过滤处理。

（3）设施专为管理，加强保养与维修，保证其良好运行状态和效率。

（4）生活垃圾定点收集，统一运往城市垃圾处理场集中处理。

（5）住房及配套设施建设产生的污染物数量较少，对生活污水，目前已有成功的治理措施，可防止污染。废气排放数量也较小，只要采取通风措施，不会形成危害。噪声采取消音、隔音材料与措施后，其影响也有限。三废的重点应放在固体生活垃圾上，加强管理，定时清扫、回收处理，可以还一个洁净的环境。

四、地质灾害影响分析

本项目用地尚未聘请专业机构进行地质勘察，但从项目周边用地的地质情况推测，本项目地块应适合进行房地产开发建设，不会产生地质灾害。

五、特殊环境影响

本项目用地无文物古迹、自然遗产、自然景观。施工过程中，加强保护和钎探，按照有关规定作业和维护。

第七章　经济影响分析

一、经济费用效益或费用效果分析

（一）投资估算

根据对目前北京市房地产开发成本的调查及投资方提供的有关资料，初步测算项目总投资为141 749万元，包括土地取得费71 896万元，如表B-15～表B-17所示。

表B-15　前期工程费

名　称	金额（万元）	折合规划建筑面积单价（元/平方米）
可行性研究费	120	2.5
环境影响评价	50	1.1

续表

名　称	金额/万元	折合规划建筑面积单价/元/平方米
地震安全性评价	69	1.5
工程勘察费	180	3.8
工程设计费	480	10.2
竣工图编制费	180	3.8
施工图审查费	86	1.8
工程招标代理服务费	150	3.2
工程建设监理费	300	6.3
建设单位招标代埋服务费	90	1.9
合计	1 705	

表 B-16　建安造价

名　称	面积/平方米	单价/元/平方米	总价/万元
商业金融	266 835	1 200	32 020
居住	62 493	1 100	6 874
教育科研	84 452	1 000	8 445
医疗	3 252	1 000	325
体育	11 604	900	1 044
市政设施	4 383	743	326
文化娱乐	39 630	900	3 567
合计	472 649		52 601

表 B-17　总投资估算

序　号	名　称		取 费 标 准	金额/万元
1	土地取得费用			71 896
	地价款	土地出让金		69 802
		契税	3%	2 094
		小计		71 896
2	前期工程费			1 705
3	基础设施建设费		190	8 994
4	建安工程费	直接工程费		52 601
5	销售费用	根据销售收入得出	1.70%	4 672
6	管理费用	按前四项得出	1%	699
7	不可预见费	按 2～4 项得出	2%	1 181
8	总计	1～7 项之和		141 749

（二）资金筹措

本项目资金筹措全部为自有资金，后期资金由销售收入再投入，如表B-18所示。

表B-18　资金筹措表

万元

序　号	项　目	合　计	2008年3月至2008年8月	2008年9月至2009年2月	2009年3月至2009年8月	2009年9月至2010年2月	2010年3月至2010年8月	2010年9月至2011年3月
1.1	土地取得费	71 896	69 802	2 094	0			
1.2	前期工程及基础设施费	10 690	6 414	2 138	2 138			
1.3	建安工程费	52 601		15 783	10 522	5 261	10 522	10 513
1.4	销售费用	4 672	0	0	0	2 336	1 402	934
1.5	管理费用	699	381	100	63	38	60	57
1.6	不可预见费	1 181	128	250	250	153	200	200
1.7	建设投资合计	141 749	76 725	20 365	12 973	7 788	12 183	11 714
2	资金筹措							
2.1	自有资金	110 068	76 725	20 365	12 978			
2.2	销售收入再投入	31 685			0	7 788	12 183	11 714

（三）项目销售收入测算

经过对项目各部分价格和销售情况的调查，做了下面的项目销售收入测算分析，如表B-19所示。

表B-19　销售收入估算表

名　称		2008年3月至2008年8月	2008年9月至2009年2月	2009年3月至2009年8月	2009年9月至2010年2月	2010年3月至2010年8月	2010年9月至2011年3月	合　计
商业部分	百分比/%	0%	0%	0%	20%	50%	30%	
	面积/平方米	0	0	0	53 367	133 418	80 051	266 835
	售价/元/平方米	8 000	8 000	8 000	8 000	8 160	8 160	
	销售收入/万元	0	0	0	42 694	108 869	65 322	216 885
居住	百分比/%	0%	0%	0%	20%	50%	30%	
	面积/平方米	0	0	0	12 499	31 247	18 748	62 493
	售价/元/平方米	5 000	5 000	5 000	5 000	5 100	5 100	
	销售收入/万元	0	0	0	6 250	15 936	9 561	31 747

续表

名称		2008年3月至2008年8月	2008年9月至2009年2月	2009年3月至2009年8月	2009年9月至2010年2月	2010年3月至2010年8月	2010年9月至2011年3月	合计
教育科研	百分比/%	0%	0%	0%	20%	20%	60%	
	面积/平方米	0	0	0	16 890	16 890	50 671	84 452
	售价/元/平方米	6 500	6 500	6 500	6 500	6 630	6 630	
	销售收入/万元	0	0	0	10 979	11 198	33 595	55 772
文化娱乐	百分比/%	0%	0%	0%	20%	20%	60%	
	面积/平方米	0	0	0	7 926	7 926	23 778	39 630
	售价/元/平方米	6 500	6 500	6 500	6 500	6 630	6 630	
	销售收入/万元	0	0	0	5 152	5 255	15 765	26 172
合计		0	0	0	65 075	141 258	124 243	330 576

（四）项目投资计划与现金流量分析

项目税后投资回收期为2.14年，税后财务净现值（i_c=8%）101 846万元为正值，财务内部收益率（FIRR）29.77%高于基准收益率，项目具有可行性，如表B-20所示。

表B-20 项目现金流量表

万元

序号	项目	合计	时间					
			2008年3月至2008年8月	2008年9月至2009年2月	2009年3月至2009年8月	2009年9月至2010年2月	2010年3月至2010年8月	2010年9月至2011年3月
1	现金流入	279 337	0	0	0	54 988	119 363	104 986
1.1	销售收入	330 576	0	0	0	65 075	141 258	124 243
1.2	销售税金	−18 181	0	0	0	−3 579	−7 769	−6 833
1.3	土地增值税	−33 058	0	0	0	−6 508	−14 126	−12 424
2	现金流出	141 739	76 725	20 365	12 973	7 788	12 184	11 704
2.1	土地取得费	71 896	69 802	2 094				
2.2	前期工程及基础设施费	10 690	6 414	2 138	2 138			
2.3	建安工程费	52 061		15 783	10 522	5 261	10 522	10 513
2.4	销售费用	4 672			0	2 336	1 402	934
2.5	管理费用	699	381	100	63	38	60	57
2.6	不可预见费	1 181	128	250	250	153	200	200

续表

序号	项　目	合　计	时　间					
			2008 年 3 月至 2008 年 8 月	2008 年 9 月至 2009 年 2 月	2009 年 3 月至 2009 年 8 月	2009 年 9 月至 2010 年 2 月	2010 年 3 月至 2010 年 8 月	2010 年 9 月至 2011 年 3 月
3	税前现金流	137 598	−76 725	−20 365	−12 973	47 200	107 179	93 282
			1	0.93	0.86	0.79	0.74	0.68
3.1	净现值	73 211	−76 725	−18 939	−11 157	37 288	79 312	63 432
3.2	累计净现值		−76 725	−95 664	−106 821	−69 533	9 779	73 211
4	应纳税所得额累计	137 598	−76 725	−97 090	−110 063	−62 863	44 316	137 598
5	所得税	45 407	0	0	0	0	14 624	30 783
6	税后现金流	92 191	−76 725	−20 365	−12 973	47 200	92 555	62 499
6.1	净现值	41 457	−76 725	−18 939	−11 157	37 288	68 491	42 499
6.2	累计净现值		−76 725	−95 664	−106 821	−69 533	−1 042	41 457
7	融资安排							
7.1	本金投入	110 068	76 725	20 365	12 978			
7.2	销售收入	330 576	0	0	0	65 075	141 258	124 243
7.3	销售收入再投入	31 685			0	7 788	12 183	11 714
8	本金现金流	175 101	−76 725	−20 365	−12 978	65 075	126 634	93 460
8.1	净现值	101 846	−76 725	−18 939	−11 161	51 409	93 709	63 553
8.2	累计净现值		−76 725	−95 664	−106 825	−55 416	38 293	101 846

（五）敏感性分析

由表 B-21 可知，在销售价格下降 10%时，项目财务净现值从 101 846 万元下降到 88 418.00 万元，财务内部收益率从 29.77%下降到 26.49%，投资净利润率从 83.76%下降到 66.76%，可见项目对销售价格比较敏感，但从表 B-21 上可以看出，在销售价格下降 10%，项目仍有较大的利润空间。

表 B-21　项目销售价格敏感性分析

序　号	经济指标	基准方案	销售价格变动	
1	变动幅度		−10%	10%
2	财务净现值/万元	101 846	88 418.00	119 276.00
3	财务内部收益率/%	29.77	26.49	32.62
4	投资净利润率/%	83.76	66.76	100.76

由表 B-22 可知，在总投资上升 10%时，项目财务净现值从 101 846 万元上升到 105 284 万元，财务内部收益率从 29.77%上升到 30.32%，投资净利润率从 83.76%下降到 75.13%，可见项目对总投资比较敏感，但从表 B-22 上可以看出，在总投资上升 10%的情况下，项目仍有较大的利润空间。

表 B-22　项目投资变动敏感性分析表

序　号	经 济 指 标	基 准 方 案	总　投　资	
1	变动幅度		−10%	10%
2	财务净现值/万元	101 846	98 408.00	105 284.00
3	财务内部收益率/%	29.77	29.12	30.32
4	投资净利润率/%	83.76	92.38	75.13

（六）项目经济合理性分析

经测算，本项目开发建设单位的总投资为 141 749 万元。资金来源为自筹。投资利润总额为 92 191 万元，投资净利润率为 83.76%。财务净现值为 101 846 万元，财务内部收益率为 29.77%，大于基准收益率 10%，投资回收期为 2.14 年，项目在财务上可行。根据敏感性分析结果，项目有一定的抗风险能力。

综合分析，本项目在经济上可行。

二、行业影响分析

（一）房地产行业现状分析

我国房地产业自改革开放以来从无到有二十多年的发展建设，经历了从单一追求数量到数量与质量并举、从零敲碎打到规模化发展、从产品结构单一到向多元化迈进的发展历程，并有力地带动了相关配套产业的发展。

随着房地产开发行业相关政策法规的不断完善，加之日趋激烈的市场竞争，我国房地产业在淘汰与整合中逐渐向规范化方向发展。国家通过房改政策、住房供应政策、住房二级市场政策、税费政策、金融政策等多项政策的拉动，带来了个人住房消费的实质性启动，带动了全社会住宅建设投资的稳步增长，使住宅建设逐渐形成产业化。

房地产业广阔的发展空间也吸引了实力雄厚的我国港台地区房地产开发商大举进军大陆房地产市场，这些开发商在资金实力、规划设计、开发规模、楼盘品牌、产品营销等方面具有明显优势，必将大大加剧国内房地产业的竞争与重新洗牌。

（二）项目对关联产业的影响

本项目用地位于通州区 NYN 镇，在长期自然发展和政府积极引导下，通州区的区位优势、资源优势、产业优势和环境优势日益明显，本项目的建设符合城市规划要求，对改善区域环境、提升区域功能起到积极作用。

北京 HSBF 房地产开发有限公司具有开发本项目的能力，本项目的开发可以缓解北京市住宅市场供给压力，可以给国家 HB 园区内提供足够的商业配套设施，且可以带动建材市场发展，以及提供就业机会。项目不会导致行业垄断。

三、区域经济影响分析

（一）北京市房地产市场运行情况分析

2007 年 1—12 月，全市房地产开发投资增速继续提高，商品房新开工面积和销售面积降幅趋缓。由于市场供需结构矛盾依然突出，房屋销售价格指数继续高位运行。

1．房地产开发运行情况

（1）房地产开发投资增速继续回升。1—12 月，我市完成房地产开发投资 1 626.1 亿元，比去年同期增长 19.4%，增幅同比提高 4.3 个百分点。继 1—5 月投资增速达到今年以来的最低点 10.8%后，从下半年开始，投资增幅较快回升，1—12 月比前三季度提高 1.9 个百分点，如图 B-1 所示。新建商品房中，住宅完成投资 798.7 亿元，比去年同期增长 15.4%。

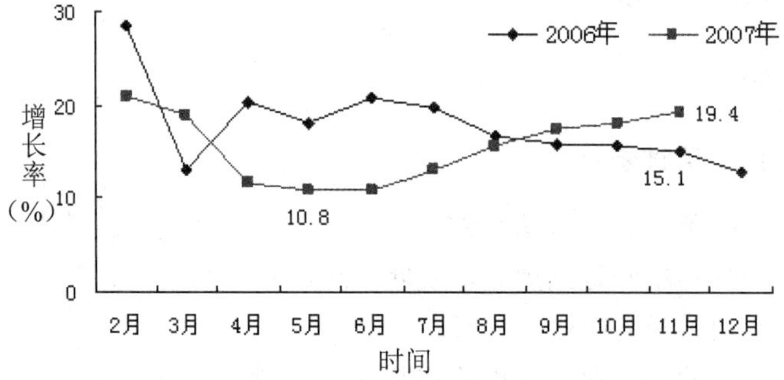

图 B-1　房地产开发投资增速趋势图

（2）商品房施工面积低速增长，新开工面积降幅趋缓，房地产住宅市场供应持续下降。1—12 月，我市商品房施工面积保持低速增长，截至 12 月底，达到 9 906.1 万平方米，比去年同期增长 5.1%。其中，本年新开工面积 2 138.3 万平方米，下降 9.4%。

在商品房中，住宅施工面积和新开工面积呈持续下降趋势。如图 B-2 所示，截至 12 月底，全市住宅施工面积为 5 646.9 万平方米，其中本年新开工面积 1 368.4 万平方米，分别比去年同期下降了 3.3%和 9.6%。今年以来，住宅施工和新开工面积降幅逐渐趋缓，分别比前三季度缩小 2.8 个和 7.4 个百分点。

（3）商品房竣工面积由增转降。今年以来，我市商品房竣工面积呈先增后缓趋势，上半年增速攀升为今年以来最高20.1%后逐渐趋缓，1—12月，商品房竣工面积达1 820万平方米，基本与去年同期1 821.8万平方米持平，同比略降0.1%。住宅竣工面积为1 252.4万平方米，增速自年初以来首次出现下降趋势，同比下降5.3%。

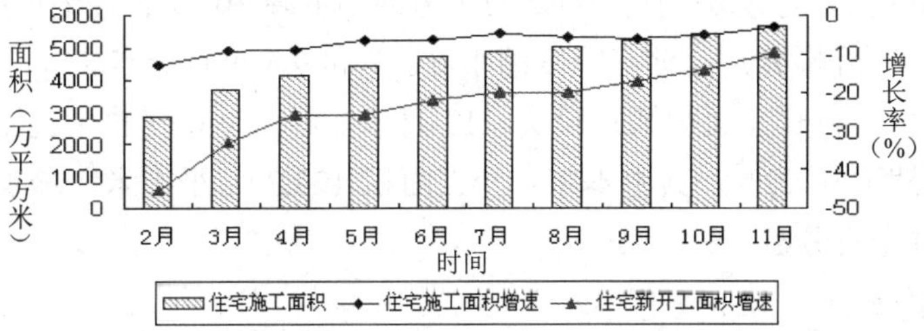

图B-2 住宅开发面积增长趋势图

（4）商品房期房、现房销售面积降幅趋缓。1—12月，我市商品房现房和期房销售面积继续呈下降趋势，现房销售442.9万平方米，期房销售1 442.5万平方米，分别比去年同期下降24.5%和2.9%。与前三季度相比，降幅均缩小6.1个百分点。其中，住宅现房销售321.2万平方米，下降30.8%；住宅期房销售1 228.6万平方米，下降6%，降幅分别比前三季度缩小6.6个和9.5个百分点。

（5）经济适用房住宅新开工面积增长较快。12月末，经济适用房住宅施工面积395.8万平方米，比去年同期下降22%，其中本年新开工面积123.3万平方米，增长61.4%，增幅比前三季度提高30个百分点。

2．房屋销售价格指数变动情况

房屋销售价格涨幅进一步扩大。1—12月，我市房屋销售价格总指数累计为111%，涨幅比去年同期提高2.3个百分点，比前三季度提高0.9个百分点。房屋销售价格总指数自去年6月之后持续高位运行，从今年7月开始房价涨幅进一步加剧。从结构分析看，1—12月新建商品房价格指数累计为111.4%，二手房价格指数累计为110%。

商品住宅销售价格保持较快增长。在新建商品房中，住宅销售价格指数累计为112.4%，其中12月为117.4%；非住宅价格指数累计为106.2%，其中12月为108.6%。二手房中，住宅销售价格指数累计为110%，其中12月为112%，比上月提高0.3个百分点。

从分区域指数看，远郊区县价格指数最高。1—12月，东城区、西城区、崇文区、宣武区四个城区，房屋销售价格指数最低，累计为107%，朝阳区、海淀区、丰台区、石景山区四个近郊区，累计为111.7%，十个远郊区县房屋销售价格指数最高，累计为112.4%。

（二）北京市细分房地产市场分析

1．住宅市场

2007年1—12月住宅施工面积和新开工面积呈持续下降趋势。截至11月底，全市住宅施工面积为 5 646.9 万平方米，其中，本年新开工面积 1 368.4 万平方米，分别比去年同期下降 3.3%和 9.6%。今年以来，住宅施工和新开工面积降幅逐渐趋缓，分别比前三季度缩小 2.8 个和 7.4 个百分点。

2007 年 1—12 月住宅现房销售 321.2 万平方米，下降 30.8%；住宅期房销售 1 228.6 万平方米，下降 6%，降幅分别比前三季度缩小 6.6 个和 9.5 个百分点。

经济适用房住宅新开工面积增长较快。12 月末，经济适用房住宅施工面积 395.8 万平方米，比去年同期下降 22%，其中本年新开工面积 123.3 万平方米，增长 61.4%，增幅比前三季度提高 30 个百分点。

2．写字楼市场

2007 年写字楼供应达到一个高峰，全年共有约 205 万平方米的新增写字楼供应，其中甲级写字楼项目 25 个，新增供应 142 万平方米。租售净吸纳量 102 万平方米，入住量达到 1 072 万平方米，空置率上升至 20.78%。其中，甲级和超甲级吸纳量约 90 万平方米，入住量达到 527 万平方米，空置率提升至 15.81%。

2007 年北京写字楼市场的关键词是：限外、解禁、上市、顶级和物业税。2007 年是北京写字楼企业重新寻找市场机会的一年，在国家持续限外调控和央行频频加息的背景下，写字楼的营销模式正涌现出更多的创新。以远洋地产、SOHO 中国为代表的本土新一代商业房地产企业成功赴港上市，为 2007 年北京写字楼市场增添了浓重的亮色。以华贸中心、凯晨世贸中心、银泰中心、金地中心为代表的一大批面向未来的顶级写字楼的落成，使北京写字楼的整体品质再上一个台阶。

在写字楼销售市场，2007 年大单成交活跃，国内机构依然是写字楼销售市场的需求主体。一方面，外资机构出于人民币升值、房价持续涨幅及物业升值等因素的考虑，意图通过各种渠道进入到房地产市场，但国家自去年开始的“限外政策”持续出台，特别是 12 月开始实施的《外商投资产业指导目录》，别墅、高档写字楼、中介等开发项目被列入“限制外商投资产业目录”。从 2007 年写字楼销售市场外资机构大单成交锐减上不难看出，限制外资投机行为过热的初衷已基本实现。另一方面，国内机构依然是写字楼销售市场的需求主体，金融保险行业成为 2007 年大单成交的最大亮点。如华润基金购买第五广场 8 万平方米，平安集团购买美邦国际中心 10 万平方米，交通银行购买了航宇大厦 8.8 万平方米，兴业银行购买了朝阳广场 12 万平方米。另外，2007 年北京写字楼散售市场同样可圈可点，如东方梅地亚中心、瑞辰国际中心、自然新天地 A 座等项目的销售业绩均超出市场预期，销售率达到了 90%以上。

在写字楼租赁市场，2007 年市场呈现出需求旺盛、整体空置率持续走高的态势，租金价格比 2006 年下跌了 3%。CBD 及周边仍是外资公司关注的重点，金融保险、咨询顾问、传统制造行业等外资公司对该区域需求继续保持旺盛，如东亚银行在世纪财富中心租赁了28 000 平方米的面积，富士通则在远洋国际中心租赁了 7 000 平方米的面积。

出于本地化和业务拓展的需要，2007 年“外资继续向西”，多家外资金融机构在金融街地区租赁大面积写字楼，如花旗银行租赁卓著国际金融中心 6 500 平方米等。

中关村依然是高科技公司的首选，如百度在普天大厦租赁了 9 000 平方米的写字楼面积，联发科技在融科资讯中心租赁了 5 000 平方米的写字楼面积。

2007 年写字楼租赁市场最大的看点来自东二环区域。由于得天独厚的地区优势，被规划为“交通商务带”的东二环，已经被看作是未来将与 CBD、金融街、中关村传统的三大商圈相并称的京城“第四商圈”，仅东二环西侧就有中国石油大厦、中青旅大厦等十多个自建并自用的项目，总体量近 100 万平方米。随着东直门综合交通枢纽的建成，新保利大厦等高端写字楼项目入驻，东二环区域受到中外企业的一致看好。如诺基亚在国华投资大厦租赁了 5 000 平方米的写字楼面积。

从供需关系上看，2007 年写字楼市场新增供应量与 2006 年相比略有增加，市场需求保持旺盛。经有关数据显示，年上市写字楼租售项目数量达 50 余家，供应量达 204.99 万平方米。

从租售价格上看，租金和售价开始出现背离，租赁市场在供应量持续攀升的压力下导致租金下跌，销售市场在住宅市场持续涨价的刺激下导致售价弹升。根据北京写字楼信息网的统计数据，截至 2007 年 12 月末，北京写字楼市场平均售价 19 172 元/平方米，与 2006 年相比上涨 14.1%，平均租金 162 元/平方米·月，与 2006 年相比下降 3.0%，空置率达 20.8%，与 2006 年相比上升 12.4%。

随着 2008 年北京奥运脚步的临近，写字楼市场也随之变化。由于奥运会的召开，有一些企业开始制定新一年的寻租或扩租计划，销售市场上一些处于观望中的大客户，或将于二季度公布大单成交。

经调查，2008 年北京写字楼供应量将超过 2007 年，预计平均售价、平均租金将小幅上涨，空置率进一步上升。

3．商业地产

中国连续多年 GDP 的大幅增长以及城市化的不断深入促进了国内商业的逐步繁荣。2007 年 1～12 月，北京市累计完成社会消费品零售总额达 3 800.2 亿元，比上年增长 16%，增幅为 1997 年以来最高。一方面，快速增长的商品零售业带动了北京商业市场的持续繁荣发展；另一方面，随着中国国内百货业、连锁业、服务业的率先开放，越来越多的国际商业巨头均在加快进军中国市场，因此对于商铺的需求日益增大。受到上述两个因素的影响，市场对商铺的需求快速扩大。

整体上看，受奥运契机的推动，2007 年北京商铺市场呈现快速发展的局面。全年入市的商业项目有 28 个，放量约 250 万平方米。大型商业项目有 12 个，百货商场 5 家，购物中心 7 家。从分布区域来看，东部地区集中在 CBD、东四环等商圈，西部地区集中在中关村、金融街和西单等商圈。

四、宏观经济影响分析

北京作为我国的首都，是全国的政治、文化与国际交往中心。改革开放以后北京市委、市政府提出了“首都经济”的概念，根据立足北京、服务全国、面向世界的发展思路，北京市经济结构和布局得到调整，经济增长方式加速转变，全市国民经济持续快速健康增长，综合经济实力保持在全国前列。

从经济环境来看，近年来，北京市经济保持持续快速的发展态势。自 2001 年至今，北京市经济增长均保持在较高水平，2007 年的 GDP 增长率约为 11.4%，相比 2006 年略有减少，如图 B-3 所示。

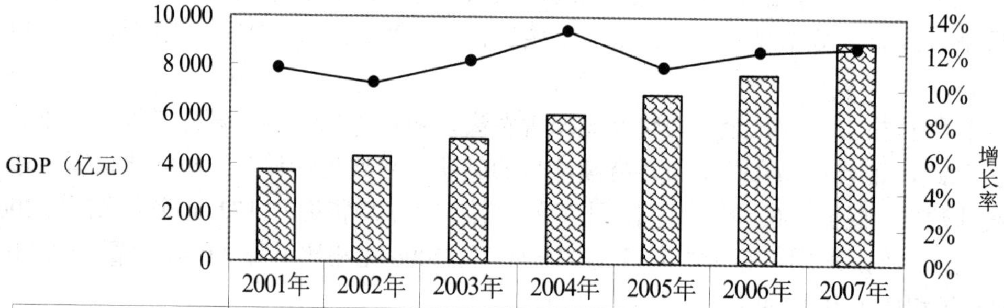

	2001年	2002年	2003年	2004年	2005年	2006年	2007年
GDP（亿元）	3 710.5	4 330.4	5 023.8	6 060.3	6 886.3	7 720.3	9 006.2
GDP增长率	11%	10.20%	11.50%	13.20%	11.10%	12%	12.30%

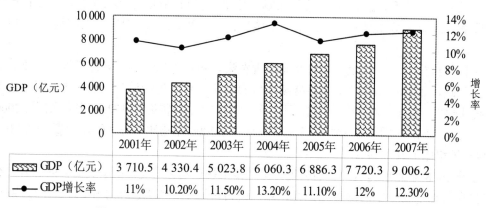

图 B-3　北京市 2001—2007 年 GDP 及其增长率变动情况

2007 年，北京市经济继续保持平稳较快增长。居民收入稳步增加，工业生产增势稳定，投资、消费增长加快。但价格特别是食品类价格涨幅持续上升，给低收入居民带来较大影响。

城乡居民收入稳步提高，价格（特别是食品类价格）涨幅扩大，全市城镇居民人均可支配收入 21 989 元，比 2006 年增长 13.9%，扣除价格因素，实际增长 11.2%。其中，20%低收入户人均可支配收入 10 435 元，增长 15.9%。农村居民人均纯收入 9 559 元，比 2006 年增长 10.9%，扣除价格因素，实际增长 8.2%。其中，20%低收入户人均纯收入 3 783 元，增长 15.5%。

（一）工业生产增势较为稳定

1—11 月，全市规模以上工业企业实现增加值 1 782.4 亿元，按可比价格计算，比 2006 年同期增长 13.7%，增幅比 1—10 月回落 0.4 个百分点。其中，11 月当月实现增加值 179.5

亿元，增长 10.5%，增幅比上月回落 3.3 个百分点。

交通运输设备制造业继续低速增长。1—11 月，交通运输设备制造业实现工业增加值 137.8 亿元，比 2006 年同期增长 8.9%，增幅同比回落 7.9 个百分点。主要是受轿车产量大幅下滑的影响。1—11 月，全市生产轿车 18.4 万辆，下降 25%。

通信电子设备制造业、医药制造业和电力热力的生产供应业增势依然较好。1—11 月分别实现增加值 346.3 亿元、61 亿元和 266.8 亿元，增幅分别达到 26.5%、22.2%和 18.3%。

工业出口增速略有回落。1—11 月，全市规模以上工业企业完成出口交货值 1 693 亿元，比 2006 年同期增长 26.3%，增幅比 1—10 月回落 1.4 个百分点。

（二）投资增速继续加快

2007 年，北京市继续贯彻国家宏观调控政策，投资运行适度合理，结构调整效果明显。1—11 月，北京市全社会固定资产投资累计完成 3 213.6 亿元，比上年同期增长 19%。其中，城镇固定资产投资完成 2 981.6 亿元，增长 20.4%；农村投资完成 232 亿元，增长 3.5%；城镇投资中，房地产开发投资完成 1 626.1 亿元，增长 19.4%。

（三）消费品市场活跃

2007 年，全市累计实现社会消费品零售额 3 800.2 亿元，比 2006 年增长 16%，增幅为 1997 年以来最高，若扣除价格因素，实际增长 15.1%，高于 2006 年 2.5 个百分点。其中，吃类商品实现零售额 931.8 亿元，穿类商品实现零售额 356 亿元，用类商品实现零售额 2 185.1 亿元，与 2006 年相比，吃、穿、用类商品分别增长 14.5%、13.8%和 18.7%。

第八章 社会影响分析

一、社会影响效果分析

本项目用地位于通州区 NYN 镇内，本项目的建成将改善当地环境状态，符合城市规划要求。

对项目一般性的社会影响的分析和评价如表 B-23 所示。

表 B-23 项目社会影响分析表

序号	社会因素	影响的范围、程度	可能出现的后果	措施建议
1	对居民收入的影响	对居民收入不构成直接影响	间接使居民收入得到增加	
2	对居民生活水平与生活质量的影响	改善当地居民生活环境，提高生活质量	居民生活水平和生活质量会得到改善	增强对周边居民的亲和力

续表

序　号	社会因素	影响的范围、程度	可能出现的后果	措施建议
	对居民就业的影响	原地块上的效益不佳的村办企业从业人员需要再就业	新增就业机会远远超出受影响的就业岗位	除合理补偿外，加强对当地人员的就业吸纳
4	对地区基础设施的影响	完善当地基础设施	有利于城市化进程	处理好整体的协调和相互支持
5	对地区交通的影响	对六环路有一定影响	车流量加大，道路负荷度增加	制定合理有效的交通组织和交通管理

二、社会适应性分析

（一）当地政府对项目的支持

项目得到北京市政府、通州区政府的高度重视和各有关部门的大力支持。

（二）当地群众对项目的支持

该项目改善了当地居民的居住条件和居住环境，项目建成后，将在很大程度上缓解周边区域普通居民的住房需求，项目的实施得到了当地居民的大力支持。

综上所述，本项目具有较好的社会效益、很高的互适性。项目的建设可以为国家HB园区内的企业及居民提供足够的配套设施，为园区内居民带来更大的便利，极大地改变项目周边环境，改善区域城市面貌，促进了区域发展；还可以使得国家土地资源得到合理的最大利用。

三、社会风险及对策分析

本项目的开发建设符合北京市城市建设的总体规划，有利于改善周边居住环境，为国家HB园区的居民生活带来更大的便利，促进经济发展和城市建设。

项目的开发建设有利于改善用地范围内原有居民的居住及生活条件，完善区域的市政配套设施，提升区域品质，提高该区域同类物业档次，社会效益较高。

（一）风险定性分析

本项目存在投资大、建设期较长的特点，存在着土地预期收入实现风险、财务风险。因此，在开发建设过程中，要加强投资的管理、工程进度的管理，并采取有效的措施，严格控制预算。将土地的开发建设与土地出让结合起来，进行科学的财务运作，尽量避免和减少风险因素的发生。

我们将根据该工程质量总目标编制质量计划，并制定质量控制点，招标相应资质的监理公司进行监理，请专业设计院进行部位验收、中途质量验收、竣工验收，从而规避这方面的风险。

项目在发展过程中要受到国内市场的波动、国家政策的导向、全球局势的稳定等方面的影响。这些市场风险、经济风险都会对该地区未来的经营产生影响。

国家和地方政策变化对土地一级开发产生影响，现阶段在项目运转和操作过程中必然存在许多过去未曾遇到的问题，将带来一些政策层面的风险。对此，应尽可能理顺土地开发与管理、资金管理等方面的主体关系，为项目实施奠定坚实的基础，从而化解这方面的风险。

（二）风险防范措施

（1）制定切实可行的成本控制措施。

（2）工程建设可采取公开招投标方式选择优秀的监理、施工公司。

（3）加快前期核准、规划设计等前期手续的办理进度。

第九章 结论与建议

一、结论

根据北京市总体发展规划，作为城市功能设施的一部分，本项目的开发建设具有重要的意义。

通过上述综合分析可知，项目有着良好的经济、社会和环境效益，并能保证资金链的平衡，同时具有较强的抗风险能力。表明本项目在经济、社会、环境、技术上均是可行的。

本项目将成为整个通州区新的生活、办公区，成为整个 NYN 地区的一个地标性综合体，将对本地的经济、社会产生非常深远的影响。

二、建议

在工程建设中应多听取有关专家的意见和建议，有关论证、设计、施工要紧密配合，对于建设过程中出现的问题，应用科学的方法进行分析、比较、论证。在设计和施工中，吸取周边其他项目的建设经验，采用合理、可行、有效的技术手段，确保工程万无一失。

因为本项目施工质量要求较高，投资相对较大，建议建设方采用招标方式择优选取有类似工程施工经验的施工单位进行现场施工，在严把质量关、保证工程质量的前提下，合理科学地控制成本，努力降低造价，确保工程按期交付使用。

附　件

- 北京市国土资源局《中标通知书》。
- 北京市规划委员会《规划意见书》(2007 规意选字×××号)。
- 《关于通州区 NYN 镇商业金融、市政设施、住宅及配套（HB 园区二期东区）项目节能专篇审查意见》(京发改能评[2008]×××号)。
- 报告编制方企业法人营业执照。